互联网法律新思维与适用

New Thinking and Application of Internet Law

李佳伦 著

人民出版社

国家社科基金后期资助项目
出版说明

后期资助项目是国家社科基金设立的一类重要项目,旨在鼓励广大社科研究者潜心治学,支持基础研究多出优秀成果。它是经过严格评审,从接近完成的科研成果中遴选立项的。为扩大后期资助项目的影响,更好地推动学术发展,促进成果转化,全国哲学社会科学工作办公室按照"统一设计、统一标识、统一版式、形成系列"的总体要求,组织出版国家社科基金后期资助项目成果。

全国哲学社会科学工作办公室

目 录

第一章 中国互联网基本法律制度发展状况 …………………… 1
  第一节 中国互联网内容管理宏观政策与基本制度的发展阶段 ……… 1
  第二节 中国互联网内容管理的主要制度 …………………………… 3
  第三节 中国互联网内容管理的主要成就 …………………………… 26
  第四节 对互联网内容管理制度建设的思考 ………………………… 28

第二章 互联网法律价值及其冲突与整合 ……………………… 33
  第一节 互联网价值的释义 …………………………………………… 33
  第二节 互联网价值体系的内容 ……………………………………… 34
  第三节 互联网价值的冲突与整合 …………………………………… 42

第三章 互联网虚拟人格的新思维与适用 ……………………… 45
  第一节 网络虚拟人格保护的困境与前路 …………………………… 45
  第二节 网络虚拟人格在民法典中的制度构造与突破性适用 ……… 57

第四章 互联网侵权责任构成的传统要件新解 ………………… 72
  第一节 网络侵权行为 ………………………………………………… 73
  第二节 网络侵权行为的损害事实 …………………………………… 77
  第三节 网络侵权行为中的因果关系 ………………………………… 79
  第四节 网络侵权行为人的过错 ……………………………………… 82

第五章 "通知——反通知"规则的新思维与适用 …………… 94
  第一节 网络侵权责任中的通知及其效果 …………………………… 94
  第二节 网络侵权责任中的反通知及其效果 ………………………… 104

第六章 互联网服务提供者责任的新思维与适用 ……………… 131
  第一节 网络服务提供者对网络内容的判断义务 …………………… 131

第二节　影响网络服务提供者采取措施及时性的因素 …………… 153
　　第三节　网络服务提供者责任案件判决及评析 …………………… 167

第七章　互联网转载侵犯人格权的新思维与适用 …………………… 179
　　第一节　网络媒体转载侵权责任的概述 …………………………… 179
　　第二节　网络媒体转载的环境 ……………………………………… 192
　　第三节　网络转载侵权责任的构成 ………………………………… 200
　　第四节　网络媒体转载侵权责任承担 ……………………………… 222

第八章　区块链信任危机中的法律对策 ……………………………… 245
　　第一节　区块链技术下法律治理面临的信任危机 ………………… 245
　　第二节　我国区块链法律治理的一般性措施 ……………………… 251
　　第三节　我国区块链法律治理的具体调整措施 …………………… 256

第九章　保护互联网内容流转的判例实证研究（2012—2020） …… 265
　　第一节　案例样本说明与概况分析 ………………………………… 265
　　第二节　网络内容流转的本体 ……………………………………… 269
　　第三节　网络内容流转价值的法官智慧 …………………………… 274

第十章　电商直播中的法律关系新脉络与优化救济 ………………… 280
　　第一节　电商直播中"带货网红"主播主体新定位及其法律责任 …… 280
　　第二节　电商直播中的法律关系与消费者权利救济 ……………… 284

第十一章　互联网约谈制度评价 ……………………………………… 292
　　第一节　约谈：一种国家治理方式的缘起 ………………………… 292
　　第二节　约谈在互联网内容治理中的运用 ………………………… 295
　　第三节　互联网约谈的风险分析 …………………………………… 304
　　第四节　互联网约谈制度的评价与完善 …………………………… 308

第十二章　互联网属地管理原则的内在逻辑 ………………………… 313

参考文献 ………………………………………………………………… 324

第一章 中国互联网基本法律制度发展状况

1994年4月初,我国首次正式接入互联网,自此,网络技术的发展和普及为我国公民改变私人生活和参与公共事务开拓了新的途径。我国互联网发展初期,核心领域的宏观政策与管理制度主要集中在互联网域名制度、互联网对外宣传制度、信息和网络安全制度等几大方面,而以上制度都是互联网内容管理过程中的重要领域。我国互联网内容管理制度的进一步发展,又主要体现在互联网新闻信息服务制度、网络视频节目管理制度、网络游戏管理制度等的深化发展。需要明确的是,互联网内容是指互联网用户、互联网平台等互联网主体在自由意识的支配下(明知)或在其权限范围内(应知)利用特定技术方式,发布在互联网平台上、可被其他互联网主体受领的文字、图片、视频等数据信息。但是广义上的互联网内容管理并不局限于互联网内容本身,还包括支撑互联网内容可被他人受领的技术、维持互联网内容安全和品质的规则。以此为基础,本章聚焦于类型化的中国互联网内容管理的宏观政策和基本制度,以及中国维持互联网内容安全和品质的宏观政策和基本制度。

第一节 中国互联网内容管理宏观政策与基本制度的发展阶段

2000年以前,互联网在中国都没有得到大范围的普及。[①] 2000年后,随着互联网发展渗透的行业领域不断深化,我国应对互联网技术变化的管理制度不断推陈出新。根据不同时期信息化管理制度对互联网安全问题的回应,可以将我国互联网内容管理制度发展分为以下三个阶段:

---

① 互联网在全世界首次登场是1991年8月6日,当时,中国还处于互联网的研究试验阶段。期间,中国只有极少数科研部门和高等院校开始了互联网技术的研究,当时的网络应用也仅限于小范围内的电子邮件服务。直到1994年4月初,中美科技合作联委会在美国华盛顿举行。会前,中国科学院副院长胡启恒代表中方向美国国家科学基金会(NSF)重申连入Internet的要求得到认可,中国才算是正式接入互联网。但是在2000年以前,互联网在中国都没有得到大范围普及。

一、我国互联网内容管理制度发展的第一阶段(1994—2000)

早期颁布的网络内容管理政策主要针对单个计算机或局域网,制定的法规偏重于规范计算机国际联网、单机系统安全及计算机系统应用方面的安全防范。1994年5月,我国完成了中国国家顶级域名服务器的设置,结束了.CN顶级域名服务器一直放在国外的历史。在1993年《无线电管理条例》基础之上,1994年《计算机信息系统安全保护条例》发布,这是我国首部有关计算机信息安全的法律规范。随着互联网的迅速发展,国家开始对互联网安全制订各种政策,对互联网的硬件产品等级分类、运行安全保障和互联网保密都做了详细的规定,尤其是2000年全国人大通过了第一部互联网信息安全法律条文即《全国人民代表大会常务委员会关于维护互联网安全的决定》,它标志着我国互联网安全法律体系的基本形成。[①] 这个阶段制定的网络信息安全管理政策涉及面较广,也较全面。这个阶段的网络内容管理政策涵盖国际联网安全、系统安全、运行服务安全、商务交易安全、信息传播和信息服务安全六个领域。此时,既有的计算机领域管理制度已经为互联网在我国的进一步发展提供了可能性,做好了制度准备,奠定了制度基础。

二、我国互联网内容管理制度发展的第二阶段(2001—2010)

随着互联网的进一步发展,我国网络内容管理政策开始逐步向各行业和领域渗透。我国各个部委、行业监管单位、地方政府出台了多个部门规章、规范性文件和地方性法规,政策制定逐步渗透到各行业、领域,逐步完善了互联网安全涉及的各个方面。在这一阶段,随着电子商务的迅速发展,针对发展过程中出现的各种问题,国家也出台了不少相关政策来保证电子商务交易的安全。第二阶段的网络内容管理政策涉及面广,而其中又以商务交易方面的政策最多,这主要与此阶段电子商务的高速发展相关,国家制定相关的制度规范,以保证电子商务的健康发展。[②] 2000年起,国家实施重点新闻网站建设工程,第一批中央重点新闻网站崛起,并逐渐向综合信息门户转型。网络视频节目和网络游戏管理制度也集中在2003年到2009年期间逐步建立起来。2003年以来,国家大力扶持网络游戏的研发和宣传工作。2006年以来,低俗内容和著作权争议视频节目被下架。

---

① 刘守芬、孙晓芳:《论网络犯罪》,《北京大学学报(哲学社会科学版)》2001年第3期。
② 张平:《互联网法律规制的若干问题探讨》,《知识产权》2012年第8期。

三、我国互联网内容管理制度发展的第三阶段(2011—至今)

互联网的进一步普及给个人、企业和社会造成了极大的伤害,引发了社会各界的广泛重视,特别是网络黑客、网络谣言、网络诈骗、网络侵犯知识产权和公民人格权等案件频频出现,急需加强管理,制定配套政策与制度。[①] 在迈向信息化社会的过程中,国家高度重视信息安全保障体系的建设,着重加强在信息安全方面政策的制度。2011年文化部时隔8年对《互联网文化管理暂行规定》进行修订,其实早在2004年文化部就已经出台了修订决定,但直到2011年4月才落实。2012年以后,全国人大常委会及国务院先后颁布了《全国人民代表大会常务委员会关于加强网络信息保护的决定》《国务院关于修改〈信息网络传播权保护条例〉的决定》《国务院关于修改〈计算机软件保护条例〉的决定》3项决定意见,可见,国家对互联网内容安全管理的重视提升到了一个新高度,在用户隐私、信息安全、表达自由等权利领域的保护和打击网络犯罪方面都十分周全。在对未成年人特殊保护的制度方面,2010年文化部出台的《网络游戏管理暂行办法》,2013年文化部等15个部委发布的《未成年人网络游戏成瘾综合防治工程工作方案》等,都体现了超越朴素家庭关系的多元管理机制。此阶段的政策内容主要集中于对信息安全的保护,国家在细化《全国人民代表大会常务委员会关于维护互联网安全的决定》的基础之上,修订《计算机信息系统安全保护条例》、通过《国家安全法》等,保障我国的网络信息安全。2017年实施的《国家安全法》首次明确提出了"网络空间主权"的概念,这是国家主权理论在网络空间领域的延伸适用。2017年出台的《互联网域名管理办法》提出的"中文域名技术研究",为中国互联网的中文域名技术研发带来了新机遇和新挑战。中国作为人口大国、互联网大国,对使用互联网的网民依法保障自己的人身、财产安全制度构造进行探索和创新,为互联网国际规制贡献了制度经验。

第二节 中国互联网内容管理的主要制度

纵观当今各个国家的互联网内容管理与治理政策法规,全球化互联网治理呈现出许多共同特点,主要包括:第一,基本都反对"网络自由"与"互

[①] 黄河、王芳菲:《新媒体如何影响社会管理——兼论新媒体在社会管理中的角色与功能》,《国际新闻界》2013年第1期。

联网自治"。随着互联网的发展和普及,最早的网络自由逐渐凸显出了权利滥用的恶果和网络秩序失控带来的损失,各国充分意识到了主权国家管理和干预的重要性。第二,坚持技术中立与监管并重。许多互联网发达国家都制定了网络监管计划和行动,例如美国的"棱镜计划",英国的"监听现代计划",韩国、印度、俄罗斯信息安全部门的过滤系统,等等。第三,多元化的协同治理模式。包括政府在内,民间机构、行业协会、国际组织、跨国公司、学术机构、专家学者等多元利益相关方参与实践的治理模式正蓬勃兴起,这种多元化协同治理模式也是顺应互联网发展规律的最佳治理模式。然而,我国互联网宏观管理制度与其他国家相比,在制度确立方式、政策制定机构的法律地位、国家网络安全观等方面体现出了自身的独特性,这与我国政策先行、重视顶层设计的互联网管理价值取向和国家组织结构有十分重要的关联。

我国没有就互联网管理问题制定专门的法律,而是将互联网内容管理的规范嵌入既有法律体系中,同时颁布行政法规、部门规章、部门工作性文件、地方性法规等政策法规,将管理理念向各领域、各地方进行延伸和适用。为了保持并强化互联网的安全性与稳定性,我国互联网内容管理力求涵盖互联网社会行为的方方面面。由于我国文化传统和意识形态等因素的影响,导致这些管理制度的设计和司法实践与其他国家、国际组织不尽相同。根据我国历史上法律体系的演进,分析现有法律法规内容的集散情况,不难看出域名制度、信息和网络安全制度、新闻信息服务制度、网络视频节目管理制度和网络游戏管理制度是我国互联网内容管理制度中管理需要最迫切和受到最多关注的。

表 1-1 我国互联网内容管理宏观政策与核心管理制度

	法律法规名称	核心管理制度	颁布机构	效力级别	发布时间和时效性
1	《中国互联网协会反垃圾邮件规范》	列举阻止和消除垃圾邮件传播的8项具体措施	中国互联网协会	行业规定①	2003年2月25日(现行有效)

---

① "行业规定"并非严格意义上的宏观政策,但是由于我国互联网宏观政策和基本制度都溯源自中国互联网协会的行业规定,表中列举的行业规定都对后续宏观政策的制定和出台具有铺垫性影响,因此列入此表,用斜体标注。

续表

	法律法规名称	核心管理制度	颁布机构	效力级别	发布时间和时效性
2	《反垃圾邮件立法专题研究报告》	成立专项研究工作组	中国互联网协会	行业规定	2003年6月（现行有效）
3	《互联网公共电子邮件服务规范》	电子邮件服务商的承诺、服务过程规范、客户服务规范和服务标准指标	中国互联网协会	行业规定	2004年9月2日（现行有效）
4	《无线电管理条例》	无线电管理、维护空中电波秩序	国务院、中央军委	军事法规	1993年9月11日发布，2016年11月11日修订（现行有效）
5	《计算机信息系统安全保护条例》	安全保护制度、安全监督制度并重	国务院	行政法规	1994年2月18日发布，2011年1月8日修订（现行有效）
6	《全国人民代表大会常务委员会关于维护互联网安全的决定》	国际联网安全、系统安全、运行服务安全、商务交易安全、信息传播及信息服务安全6个领域	全国人大常委会	有关法律问题的决定	2000年12月28日发布，2009年8月27日修订（现行有效）
7	《全国人民代表大会常务委员会关于加强网络信息保护的决定》	个人身份信息、隐私保护、商业信息保护	全国人大常委会	有关法律问题的决定	2012年12月28日（现行有效）
8	《信息网络传播权保护条例》	信息网络传播权保护、网络服务提供者责任	国务院	行政法规	2006年5月18日发布，2013年1月30日修订（现行有效）
9	《计算机软件保护条例》	软件著作权的使用和转让	国务院	行政法规	1991年6月4日（失效）2001年12月20日、2011年1月8日两次修订，2013年1月30日修正（现行有效）

续表

	法律法规名称	核心管理制度	颁布机构	效力级别	发布时间和时效性
10	《国家安全法》	国家安全制度和保障	全国人大常委会	法律	1993年2月22日（失效）2009年8月27日（失效）2015年7月1日（现行有效）
11	《网络游戏管理暂行办法》	网络文化经营许可制度、列举游戏禁止的9类内容、虚拟货币的发行和流通规则、实名制	文化部（已撤销）	部门规章	2017年12月15日 2019年7月23日（已废止）
12	《互联网文化管理暂行规定》	互联网文化经营许可、互联网文化单位责任	文化部（已撤销）	部门规章	2017年12月15日（现行有效）
13	《未成年人网络游戏成瘾综合防治工程工作方案》	规范网吧经营活动、网络游戏监管；研究网瘾综合防治联动制度	文化部（已撤销）、国家工商行政管理总局（已撤销）	部门工作文件	2013年2月5日（现行有效）
14	《中国互联网络域名注册暂行管理办法》	域名统一管理制度、域名注册、审批、变更、注销制度	国务院信息化领导小组	部门规范性文件	1997年5月30日（现行有效）
15	《互联网域名管理办法》	网域名服务及其运行维护、监督管理制度	工业和信息化部	部门规章	2017年8月24日（现行有效）
16	《计算机信息网络国际联网管理暂行规定》	规范从事国际联网经营活动的个人和单位的准入条件和责任范围	国务院	行政法规	1996.02.01发布 1997年5月20日修订（现行有效）
17	《计算机信息网络国际联网安全保护管理办法》	安全保障责任、安全监督制度	国务院	行政法规	1997年12月16日发布 2011年1月8日修订（现行有效）
18	《计算机信息系统国际联网保密管理规定》	保密制度、保密监督制度	国家保密局	部门规章	1999年12月27日（现行有效）

续表

	法律法规名称	核心管理制度	颁布机构	效力级别	发布时间和时效性
19	《关于加强信息安全保障工作的意见》	安全等级保护制度、完善密码技术和信任体系、完善安全监控体系、重视应急处理等	国家信息化领导小组	部门工作文件	2003年8月26日（现行有效）
20	《关于信息安全等级保护工作的实施意见》	明确信息安全等级保护制度的原则、基本内容、职能分工等	公安部、国家保密局、国家密码管理局、国务院信息化工作办公室（已撤销）	部门规范性文件	2004年9月15日（现行有效）
21	《电子签名法》	数据电文证据效力、电子签名与认证制度	全国人大常委会	法律	2004年8月28日发布，2015年4月24日、2019年4月23日两次修订（现行有效）
22	《关于开展信息安全风险评估工作的意见》	信息安全风险评估制度	国家网络与信息安全协调小组	部门工作文件	2006年1月5日（现行有效）
23	《互联网网络安全信息通报实施办法》	网络安全应急预案制度	工业和信息化部	部门规范性文件	2009年4月13日（失效）
24	《全国人民代表大会常务委员会关于加强网络信息保护的决定》	个人隐私性信息保护、网络服务提供者责任	全国人大常委会	有关法律问题的决定	2012年12月28日（现行有效）
25	《网络安全法》	关键信息基础设施的运行安全、网络信息安全与其检测预警、应急处置制度	全国人大常委会	法律	2016年11月7日（现行有效）
26	《互联网信息服务管理办法》	互联网经营活动准入条件、信息服务提供者责任	国务院	行政法规	2000年9月25日发布，2011年1月8日修订（现行有效）
27	《互联网站从事登载新闻业务管理暂行规定》	从事登载新闻业务的法律资格和规范化行为	国务院新闻办公室、信息产业部（含邮电部）（已撤销）	部门规范性文件	2000年11月17日（现行有效）

续表

	法律法规名称	核心管理制度	颁布机构	效力级别	发布时间和时效性
28	《互联网电子公告服务管理规定》	开展电子公告服务的法律资格和规范化行为	信息产业部(含邮电部)(已撤销)	部门规章	2000年11月6日(现行有效)
29	《互联网新闻信息服务管理规定》	许可、运行、监督检查制度	国务院新闻办公室、信息产业部(含邮电部)(已撤销)	部门规章	2005年9月25日发布,2017年5月2日修订(现行有效)
30	《互联网论坛社区服务管理规定》	信息审核、公共信息实时巡查、应急处理、个人信息保护等制度	国家互联网信息办公室	部门规范性文件	2017年8月25日发布(现行有效)
31	《互联网新闻信息服务单位内容管理从业人员管理办法》	从业人员的行为规范、教育培训、监督管理制度	国家互联网信息办公室	部门规范性文件	2017年10月30日发布(现行有效)
32	《互联网新闻信息服务新技术新应用安全评估管理规定》	确定评估等级,审查评价其信息安全管理制度和技术保障措施	国家互联网信息办公室	部门规范性文件	2017年10月30日发布(现行有效)
33	《互联网文化管理暂行规定》	网络文化活动经营许可制度、网络文化产品制度、单位自审制度	文化部(已撤销)	部门规章	2003年5月10日发布(失效)2011年2月17日、2017年12月15日两次修订(现行有效)
34	《互联网视听节目服务管理规定》	全国性社会团体责任、从业许可制度、网络视听节目著作权保护制度、从业单位主要出资者和经营者责任等	国家广播电影电视总局(已撤销)、信息产业部(含电部)(已撤销)	部门规章	2007年12月20日发布,2015年8月28日修订(现行有效)
35	《互联网等信息网络传播视听节目管理办法》	业务许可制度、业务监督制度	2003、2004年版:国家广播电影电视总局(已撤销);2015年版:国家新闻出版广电总局(已撤销)	部门规章	2003年1月7日发布,2004年7月6日、2015年8月28日两次修订(现行有效)

续表

	法律法规名称	核心管理制度	颁布机构	效力级别	发布时间和时效性
36	《互联网信息搜索服务管理规定》	落实主体责任,建立健全信息审核、公共信息实时巡查、应急处置及个人信息保护等信息安全管理制度	国家互联网信息办公室	部门规章	2016年6月25日(现行有效)
37	《移动互联网应用程序信息服务管理规定》	健全信息内容审核管理机制、互联网应用商店服务提供者	国家互联网信息办公室	部门规范性文件	2016年6月28日(现行有效)
38	《互联网直播服务管理规定》	区分直播与转载责任、建立互联网直播发布者信用等级管理体系、直播服务提供者责任	国家互联网信息办公室	部门规范性文件	2016年11月4日(现行有效)
39	《国家版权局关于网吧下载提供"外挂"是否承担法律责任的意见》	网络著作权保护、明知规则、不知情而拒不删除的归于故意	国家版权局	部门性规范文件	2004年4月16日(现行有效)
40	《关于加强网络游戏产品内容审查工作的通知》	网络文化经营许可申请、审核、进口等制度	文化部(已撤销)	部门工作文件	2004年5月1日(已失效)
41	《关于禁止播出电脑网络游戏类节目的通知》	未成年人保护制度	国家广播电影电视总局(已撤销)	部门规范性文件	2004年4月12日(现行有效)
42	《关于开展对"私服"、"外挂"专项治理的通知》	清查、收缴、追查制度	新闻出版总署(已撤销)、信息产业部(含电部)(已撤销)、国家工商行政管理总局(已撤销)、国家版权局、全国扫黄打非工作小组	部门工作文件	2003年12月18日(现行有效)

续表

	法律法规名称	核心管理制度	颁布机构	效力级别	发布时间和时效性
43	《网络游戏管理暂行办法》	经营许可、内容审查、自审、虚拟货币禁止流通制度、游戏运营企业责任	文化部（已撤销）	部门规章	2010年6月3日发布，2017年12月15日、2019年7月10日两次修订（失效）
44	《关于进一步加强和改进未成年人思想道德建设的若干意见》	舆论引导、净化环境、加强管理	新闻出版总署（已撤销）	部门规范性文件	2004年5月31日（现行有效）
45	《关于净化网络游戏工作的通知》	统一思想、净化网络游戏市场	文化部（已撤销）、信息产业部（含邮电部）（已撤销）	党内法规	2005年6月9日（失效）
46	《关于规范进口网络游戏产品内容审查申报工作的公告》	申请许可、审查、终止、变更运营制度	文化部（已撤销）	部门工作文件	2009年4月24日（失效）
47	《关于加强网络游戏虚拟货币管理工作的通知》	严格市场准入、防范风险、加强监管	文化部（已撤销）、商务部	部门规章	2009年6月4日（现行有效）
48	《"网络游戏虚拟货币发行企业"、"网络游戏虚拟货币交易企业"申报指南》	申报及流程	文化部（已撤销）	部门工作文件	2009年7月20日（现行有效）
49	《关于改进和加强网络游戏内容管理工作的通知》	经营单位自律、游戏内容监管、社会监督制度	文化部（已撤销）	部门规范性文件	2009年11月13日（已失效）
50	《民法典》	明确数据、虚拟财产为民事客体、可流转、可继承	全国人民代表大会	法律	2020年5月28日（现行有效）
51	《行政许可法》	法律主体从事行政许可事务的申请、审批等制度	全国人民代表大会	法律	2003年8月27日发布，2019年4月23日修订（现行有效）

续表

	法律法规名称	核心管理制度	颁布机构	效力级别	发布时间和时效性
52	《反恐怖主义法》	网络反恐宣传教育、及时阻断传播、保留证据等制度	全国人民代表大会	法律	2015年12月27日发布,2018年4月27日修订(现行有效)
53	《反间谍法》	禁止网络泄密的公民义务和国家安全机关责任	全国人民代表大会	法律	2014年11月1日(现行有效)
54	《刑法(修正案九)》	网络服务提供者的网络信息安全管理义务、提供网络服务帮助犯罪、故意传播虚假信息、侵犯个人信息等	全国人民代表大会	法律	2015年8月29日

一、互联网域名制度

1990年10月,钱天白教授代表中国正式在国际互联网络域名分配管理中心注册登记了我国的顶级域名.CN,并建立了我国第一台.CN域名服务器。① 从此中国有了自己的网上标识.CN,也意味着中国的网络有了自己的身份标识。由于当时我国尚未实现与国际互联网的全功能联接,我国.CN级域名服务器暂时建在了德国卡尔斯鲁厄大学。后来为尽快建立我国域名体系,中国科学院计算机网络信息中心召集在京部分网络专家,调查了各国的域名体系,讨论并初步提出了我国的域名体系。1994年5月21日,在钱天白教授和德国卡尔斯鲁厄大学的协助下,中国科学院计算机网络信息中心完成了中国国家顶级域名服务器的设置,改变了中国的.CN顶级域名服务器一直放在国外的历史,由钱天白和中国互联网络信息中心(简称CNNIC)工作委员会副主任委员钱华林分别担任我国.CN域名的管理联络员和技术联络员。② 中国科学院计算机网络信息中心开始为中国互联网络

---

① 参见唐潇霖、钱华林:《中国互联网的见证人》,《互联网周刊》2003年第25期。
② 参见方兴东、陈帅:《中国参与ICANN的演进历程、经验总结和对策建议》,《新闻与写作》2017年第6期。

用户提供在.CN下注册域名的服务。1997年1月14日原国务院信息化工作领导小组办公室发布了组建中国互联网络信息中心(CNNIC)专家组成员的文件,任命胡启恒院士任专家组组长,钱天白任副组长。① 专家组的主要职责是:研究提出中国互联网络域名设置方案,研究提出中国互联网络域名注册管理办法;研究提出中国互联网络地址申请管理办法;提出中国互联网络信息中心(CNNIC)的实施方案建议;对中国互联网络信息中心(CNNIC)的运行和管理进行评定。1997年5月30日原国务院信息化工作领导小组办公室发布《中国互联网络域名注册暂行管理办法》,确立了我国域名的体系和管理体制。同时,宣布成立CNNIC工作委员会并正式授权中科院组建和管理中国互联网络信息中心(CNNIC),行使国家互联网信息中心的职责。《中国互联网络域名注册暂行管理办法》的颁布和CNNIC的成立使.CN域名的管理向着有法可依、有序管理的方向健康发展,标志着我国互联网的发展、运行和服务进入了不断完善和规范的发展轨道,这是我国互联网发展中的一件大事。

与网络虚拟空间规模的无限性相比,域名实际上是一种有限的资源。域名以数字或字母为表现形式,为通往目的网址提供一条准确路径。与广播频谱资源类似,域名的表达方式客观决定了它的稀缺性,这导致了域名需要集中管理和分配。ICANN(The Internet Corporation for Assigned Names and Numbers)是全球互联网域名解析管理和分配机构,该机构属于注册在美国加州的国际组织,具有非营利性。ICANN将.CN后缀的中文域名资源授权CNNIC管理和分配。ICANN与CNNIC在中国域名使用和管理等工作中发挥了重要职能。《中国互联网络域名管理办法》2017年已经工业和信息化部第32次部务会议审议通过,取代了原信息产业部2004年11月5日公布的《中国互联网络域名管理办法》(原信息产业部令第30号),自2017年11月1日起正式施行。《中国互联网域名管理办法》不但规定了国内域名的注册、服务标准以及使用过程中的监督检查制度,而且特别在第一章第1条和第6条中规定了"中文域名技术研究",目的是实现中文域名与英文域名的对接。这不仅意味着中国互联网的中文域名技术研发将迎来新机遇和挑战,而且也为国际互联网社群中的中国语言、中国文化建立了传播桥梁。

---

① 参见《WINDOWS时代》,《知识经济》2005年第3期。

表 1-2 我国互联网域名核心管理制度

	法律法规名称	核心管理制度	颁布机构	效力级别	发布时间和时效性
1	《中国互联网络域名注册暂行管理办法》	域名统一管理制度、域名注册、审批、变更、注销制度	国务院信息化领导小组	部门规范性文件	1997年5月30日（现行有效）
2	《互联网域名管理办法》	网域名服务及其运行维护、监督管理制度	工业和信息化部	部门规章	2017年8月24日（现行有效）

二、信息和网络安全制度

互联网健康发展的基础就是信息安全。目前，网络信息安全已经成为了全球关注的焦点，已经有超过50个国家制定了网络信息安全战略。[①] 尤其是欧美等发达国家已经将网络安全问题提升至国家战略的高度。

1988至1996年间，网络安全管理对象主要是计算机单机或者局域网。因此，政策的关注点主要是计算机单机系统的安全、计算机应用的安全以及计算机硬件、数据的安全。1994年，国务院出台《计算机信息系统安全保护条例》，这是我国历史上首部有关计算机信息安全的法律规范。虽然该条例的内容还存在不少的漏洞，部分规范也并不具体，但是，该条例开启了我国计算机安全保护的先河，是后续相关政策的基础。1996年，国务院信息化工作领导小组颁布的《计算机信息网络国际联网管理暂行规定》首次将管理对象的范围延伸到互联网。该规定作为我国首部对互联网进行规范的政策法规，其制定过程正处于互联网国际互联的发展初期，其关注的重点主要放在对硬件接入的规范上，而并未对网络的运行服务安全和信息安全作出规定。1997年至2000年间，互联网在我国迅速发展，国家开始制定管理互联网安全的各类政策。这个阶段的政策关注的重点主要是对网络运行及网络信息的安全。2000年，全国人大制定了我国首部互联网信息安全法律，标志着我国互联网安全法律体系的初步形成。1997年，公安部基于1994年和1996年两部行政法规的基础上，制定了《计算机信息网络国际联网安全保护管理办法》。作为前两部行政法规的延伸，该办法首次提出了针对网络安全的管理制度，明确规范了网络互联及使用过程中各方责任人的责任，是我国

[①] 参见曹如中、曾瑜、郭华：《基于网络信息安全的国家竞争情报体系构建研究》，《情报杂志》2014年第8期。

首部对网络使用者责任承担作出详细规定的管理办法,具有重大意义。

2000年,国家保密局出台了关于互联网信息安全保护的《计算机信息系统国际联网保密管理规定》。该规定明确提出在网络信息的保密等方面,网络使用者的各项责任,但对于网络技术的安全并未涉及。同年由全国人大颁布的《全国人大常委会关于维护互联网安全的决定》在我国互联网安全发展史上起着里程碑的作用,这是我国历史上首次将互联网安全纳入法律保护范围,标志着互联网安全立法走向成熟和规范。2000年之后,随着互联网在我国的进一步发展,各个部委、行业监管单位、地方政府相继出台了多个部门规章、规范性文件和地方性法规,政策制定开始逐步渗透到各行业、领域,政策的内容也变得更加完整,逐步涉及互联网安全各个方面。例如2003年出台的《关于加强信息安全保障工作的意见》,2004年出台的《关于信息安全等级保护工作的实施意见》,2005年国务院颁布出台的《电子签名法》,2006年原国家信息化领导小组颁布的《关于开展信息安全风险评估工作的意见》,工业与信息化部2009年出台的《互联网网络安全信息通报实施办法》等。2009年以后,随着我国互联网技术的不断提升,我国网民的人数已跃居全球第一,网络的应用已渗透到人民生活的方方面面。我国在国际互联网的地位也与日俱增,我国网络信息安全管理政策体系迈向了下一个面向网络、以人为本的阶段。①

2011年以后,随着互联网的进一步普及,病毒泛滥、黑客猖獗、信息泄密、网页被篡改等各种信息安全事故频发,给个人、企业和社会造成了极大的伤害,引发了社会各界的广泛重视。在迈向信息化社会的过程中,国家高度重视信息安全保障体系的建设,着重加强在信息安全方面的制度建设。2012年以后,全国人大常委会及国务院先后颁布了《全国人民代表大会常务委员会关于加强网络信息保护的决定》《国务院关于修改〈信息网络传播权保护条例〉的决定》《国务院关于修改〈计算机软件保护条例〉的决定》,可见,国家对网络安全的重视提升到了一个新高度。2014年2月27日,我国首次成立中央网络安全和信息化领导小组,这意味着我国已经将网络的安全升至国家战略层面。

2016年11月7日出台的《网络安全法》是为保障网络安全,维护网络空间主权和国家安全、社会公共利益,保护公民、法人和其他组织的合法权益,促进经济社会信息化健康发展而制定,并自2017年6月1日起施行。

---

① 参见陈平:《数字化城市管理模式探析》,《北京大学学报(哲学社会科学版)》2006年第1期。

《网络安全法》是我国第一部全面规范网络空间安全管理的基础性法律,是我国网络空间法治建设的重要里程碑,是依法治网、化解网络风险的法律重器,是让互联网在法治轨道上健康运行的重要保障。2018年3月,根据中央印发《深化党和国家机构改革方案》,中央网络安全和信息化领导小组改为中央网络安全和信息化委员会,习近平任主任。2018年4月20日,全国网络安全和信息化工作会议召开,习近平总书记强调,信息化为中华民族带来了千载难逢的机遇,我们必须敏锐抓住信息化发展的历史机遇,加强网上正面宣传,维护网络安全。网络安全的重要地位再一次被提升到关乎国家和民族命运的历史高度。

表1-3 我国信息和网络安全核心管理规范制度

	法律法规名称	核心管理制度	颁布机构	效力级别	发布时间和时效性
1	《计算机信息网络国际联网管理暂行规定》	规范从事国际联网经营活动的个人和单位的准入条件和责任范围	国务院	行政法规	1996年2月1日发布,1997年5月20日修订(现行有效)
2	《计算机信息网络国际联网安全保护管理办法》	安全保障责任、安全监督制度	国务院	行政法规	1997年12月16日发布,2011年1月8日修订(现行有效)
3	《计算机信息系统国际联网保密管理规定》	保密制度、保密监督制度	国家保密局	部门规章	1999年12月27日(现行有效)
4	《关于加强信息安全保障工作的意见》	安全等级保护制度、完善密码技术和信任体系、完善安全监控体系、重视应急处理等	国家信息化领导小组	部门工作文件	2003年8月26日(现行有效)
5	《关于信息安全等级保护工作的实施意见》	明确信息安全等级保护制度的原则、基本内容、职能分工等	公安部、国家保密局、国家密码管理局、国务院信息化工作办公室(已撤销)	部门规范性文件	2004年9月15日(现行有效)
6	《电子签名法》	数据电文证据效力、电子签名与认证制度	全国人大常委会	法律	2004年8月28日发布,2015年4月24日、2019年4月23日两次修订(现行有效)

续表

	法律法规名称	核心管理制度	颁布机构	效力级别	发布时间和时效性
7	《关于开展信息安全风险评估工作的意见》	信息安全风险评估制度	国家网络与信息安全协调小组	部门工作文件	2006年1月5日（现行有效）
8	《互联网网络安全信息通报实施办法》	网络安全应急预案制度	工业和信息化部	部门规范性文件	2009年4月13发布
9	《全国人民代表大会常务委员会关于加强网络信息保护的决定》	个人隐私性信息保护、网络服务提供者责任	全国人大常委会	有关法律问题的决定	2012年12月28日（现行有效）
10	《网络安全法》	关键信息基础设施的运行安全、网络信息安全与其检测预警、应急处置制度	全国人大常委会	法律	2016年11月7日（现行有效）

三、互联网新闻信息服务制度

20世纪90年代末，我国互联网发展进入第一次狂热发展的顶峰。各类网站良莠不齐，内容混杂。2000年到2003年，随着席卷全球IT界的网络寒潮，不计其数的互联网企业倒闭。就新闻网站而言，1999年始，国务院新闻办公室就开始大力维护网络新闻传播秩序，2000年开始实施重点新闻网站建设工程，人民网、新华网、中国网、国际在线、中国日报网、中青网等确定为第一批中央重点新闻网站，千龙网、东方网、北方网等迅速崛起。① 国务院新闻办公室对网络新闻传播秩序的维护起到了预期的效果，官方背景的新闻网站迅速成长，向综合性信息门户发展。

（一）善后为主，治理被动

我国从20世纪90年代起，网民人数持续增长，从2000年的890万，到2003年底已发展到7950万，互联网迅速渗透到中国社会的各行各业，与此同时也产生了大量的问题。② 这一时期的中国政府充当"消防员"的角色，哪里出现了问题去哪里"灭火"，政府对互联网的治理较为被动。2002年以前，我国互联网新闻信息服务制度呈现出善后为主、治理被动的特点。2002

---

① 《重点新闻网站发展历程》，2019年1月29日，见 https://m.xzbu.com/7/view-7939020.htm。
② 参见王臻：《隐喻的魅力——网络流行语"井喷"的社会背景分析》，《新闻知识》2009年第3期。

年,位于北京海淀区的"蓝极速"网吧在 6 月 16 日凌晨燃起了大火,造成 24 人丧生、13 人受伤。这一事故加快了国家采取措施集中治理各类网吧的行动。同年 7 月 1 日,在全国展开了"网吧等互联网上网服务营业场所专项治理"行动。互联网的社会影响更加凸显出来。

（二）规制内容,促进发展

针对 20 世纪 90 年代末快速发展的互联网,特别是丰富庞杂的网络内容,政府这一时期将管理重点放在内容管理上,具体新闻服务内容管理政策文本之间的关系见图 1-1。

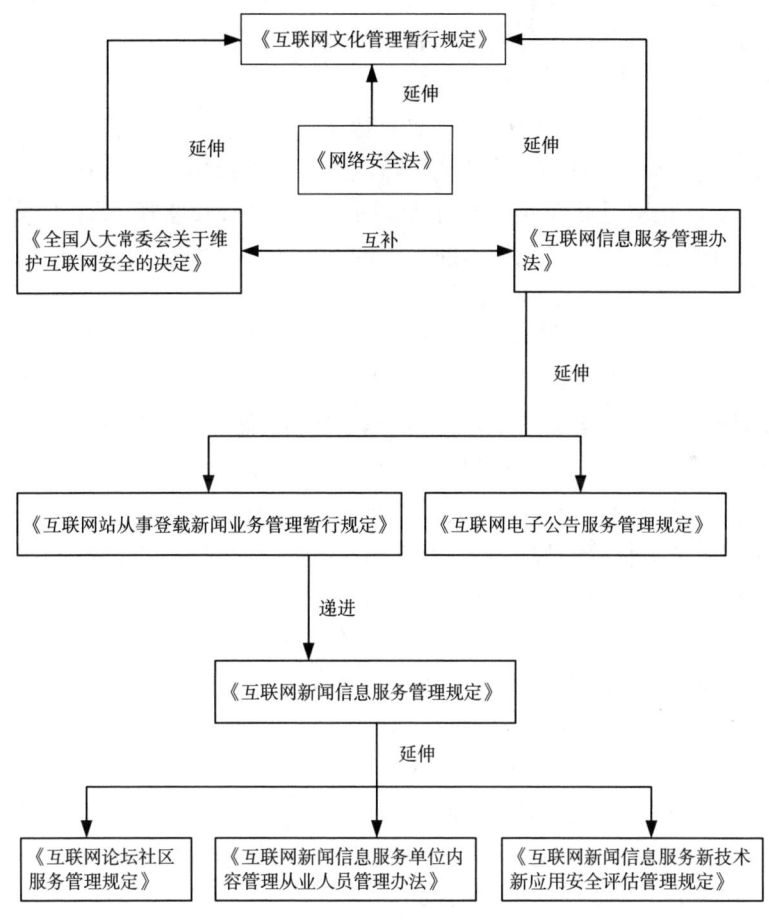

图 1-1 我国互联网新闻服务管理规范关系图①

---

① 互联网新闻信息服务制度法律政策文本之间的关系不完全是图中简单的互补、递进和延伸关系,更多的是具体各项制度之间的交融协同,因此图 1-1 中对相关法律政策文本关系的界定仅展示关键、核心制度之间的关系。

2000年4月,国务院新闻办成立网络新闻宣传管理局。2000年10月,上海成立网络新闻宣传管理处。之后,各省市宣传部门皆有相应的网络内容管理机构。2000年由于出台了大量重要的网络管理规范,被称作网络立法年。在促进网络媒体健康发展方面,2000年我国先后颁布实施了《全国人大常委会关于维护互联网安全的决定》(2000年12月)、《互联网信息服务管理办法》(2000年9月)、《互联网站从事登载新闻业务管理暂行规定》(2000年11月)、《互联网电子公告服务管理规定》(2000年11月)等法律、法规和部门规章。这实现了中国互联网新闻信息传播管理法律法规从无到有的突破,扭转了网站登载新闻的无序局面,互联网新闻传播工作开始走上依法管理的轨道,并逐步建立起了依法管理的机构和队伍。按照《互联网站从事登载新闻业务管理暂行规定》的要求,国务院新闻办公室及各省、自治区、直辖市人民政府新闻办公室加强管理工作,严格审批,控制登载新闻网站总量,优化新闻网站布局;全面清查违规登载新闻行为,维护法规严肃性;加强对已获取登载新闻资格网站和网上舆论的日常监管,规范互联网新闻传播秩序;建立查处违规行为的工作制度。这一举措使网络媒体的管理得到了规范,确保了正确的舆论导向。

2017年5月2日,《互联网新闻信息服务管理规定》已经国家互联网信息办公室室务会议审议通过,自2017年6月1日起施行。为了具体落实《互联网新闻信息服务管理规定》的法律适用,国家互联网信息办公室分别于2017年8月到10月公布了《互联网论坛社区服务管理规定》《互联网新闻信息服务单位内容管理从业人员管理办法》《互联网新闻信息服务新技术新应用安全评估管理规定》,以上3部规范性文件是对《互联网新闻信息服务管理规定》中具体制度规则的补充和细化。《互联网论坛社区服务管理规定》的实施不仅明确了服务平台的主体责任,即商业责任和社会责任,也进一步完善了网络实名制。《互联网新闻信息服务单位内容管理从业人员管理办法》从行为规范、教育培训、监督管理等方面对新闻信息服务从业人员作出了义务本位的严格规范。《互联网新闻信息服务新技术新应用安全评估管理规定》提出了新技术新应用安全评估制度,根据新闻舆论属性、社会动员能力及由此产生的信息内容安全风险确定评估等级,为审查评价其信息安全提供了制度依据和保障。

2017年12月15日根据文化部发布的《文化部关于废止和修改部分部门规章的决定》(文化部令第57号),修订后的《互联网文化管理暂行规定》正式实施。《互联网文化管理暂行规定》(2017修订)根据《网络安全法》《全国人民代表大会常务委员会关于维护互联网安全的决定》和《互联网信息服务管理办法》等制定,目标是为了加强对互联网文化的管理,保障互联网文化单位的合法权益,促进我国互联网文化健康、有序地发展。

四、网络视频节目管理制度

自2005年以来,国内视频服务类网站步入快速增长阶段,除传统的门户网站和宽带视频网站之外,近年来如短视频、直播等视频节目形态更是发展迅猛,这类依托于网站和社交网络的视听节目形态,引起网民的极大关注。① 视频分享网站的节目来自网民上传,节目内容主要是自拍、自制视频和影视剧。据国家广电总局统计,国内视频分享网站的各类视听节目中,电影、电视剧、动漫等影视作品占全部节目的比重接近30%,且网络影视剧侵权严重。除影视作品外,大量表演秀、自拍类、串编类、恶搞类视频也获得网民追捧,甚至成为暴力、血腥、情色视听节目传播的温床。自2007年以来,中国网络视频市场规模成倍增长并呈持续发展的趋势。② 随着高新技术特别是信息网络技术的迅速发展,宽带技术应用的日趋成熟,网络视听节目服务已成为崭新的大众传播媒介,拥有日益扩大的影响力。它不仅成为信息传播的重要形态与应用热点,也成为境内外各种资本竞相投资的热点。我国有影响力的网站普遍开办了视听节目服务,互联网视听节目服务业,既是一个新兴的媒体,也是一个新兴的文化产业,在其传播健康思想文化的同时,一些低俗内容也在蔓延。因此,对它的管理业已成为互联网络内容监管的重要组成部分。

(一) 监管各司其职

进入21世纪以来,网络传播有害及不良视听节目引起中共中央和有关部门的高度重视。2002年,中共中央办公厅(以下简称中办)即出台相关文件,要求加强治理。2004年,中办、国务院办公厅(以下简称国办)正式下发了《关于进一步加强互联网管理工作的意见》(中办发〔2004〕32号),对各部门在互联网内容监管上的职责进行了明确分工,并于2007年以中办16号文的形式,对有关管理工作进行了修订和补充。视听节目内容监管在上述文件中获得了突出体现。2008年,国家广播电视总局将社会管理司更名为传媒机构管理司(网络视听节目管理司),下设网络传播管理处。由2005年3月国家广播电视总局成立的直属司局级机构——信息网络视听节目传

---

① 参见舒泳飞、刘社瑞:《内容自制:视频网站差异化突围之道》,《编辑之友》2013年第12期。
② 参见熊澄宇:《新媒体思考:我国网络传播的现状与趋势》,《中国广播电视学刊》2008年第8期。

播监管中心,负责履行职能,加强监管。2006年1月,公共监管机构——国家广播电影电视总局(以下简称广电总局)信息网络视听节目传播监管中心正式成立。北京、广东、重庆、浙江、广西、河南、湖北、河北等地信息网络视听节目传播监管中心也逐步建立。这些机构依据政策法规,履行对以互联网视听节目为重点的新媒体视听节目监管职责。

2006年以来,国家各级视听节目监管机构关闭了一大批未取得业务牌照或未取得著作权人同意进行影视节目传播的网站,清理了大量暴力、血腥、情色、淫秽类节目、栏目和网站。① 在2007年党的十七大,2008年南方雪灾、汶川大地震、北京奥运会,2009年国庆六十周年等重大时期的网络信息安全、文化安全保障工作中,全国视听节目内容监管的基本框架趋于成熟,监管体系进一步完善。

(二) 监管的法律依据

视听节目内容监管是我国信息网络内容监管的重要方面。目前三网融合所涉及的内容监管,也主要是针对视听节目传播方。视听节目内容监管目前的法律文本依据主要有7部,分别是:(1)《行政许可法》;(2)中办、国办《关于进一步加强互联网管理工作的意见》(中办发[2004]32号);(3)中办、国办《关于加强网络文化建设和管理的意见》(中办发[2007]16号);(4)《国务院对确需保留的行政审批项目设定行政许可的决定》(国务院令第412号);(5)《国务院办公厅关于印发国家广播电影电视总局职能配置内设机构和人员编制规定的通知》(国办发[1998]92号、国办发[2008]89号);(6)广电总局、工信部《互联网视听节目服务管理规定》(国家广播电影电视总局令第56号);(7)《互联网等信息网络传播视听节目管理办法》(国家广播电影电视总局令第39号)。其中,广电总局和工信部于2007年12月联合颁布的《互联网视听节目服务管理规定》(广电总局56号令)在具体的视听节目内容监管中适用较多。该规定对"互联网视听节目服务"做了官方定义,并在第3条提出"对互联网视听节目服务实施监督管理"。因此网络视听节目内容监管可定义为"对信息载体为视音频的节目形态实施监督管理",网络视听节目内容监管是互联网管理、网络文化管理和信息安全的重要组成部分。

2015年,广电总局根据8月28日国家新闻出版广电总局令第3号公布的《关于修订部分规章和规范性文件的决定》,同时修订了《互联网视听节目服务管理规定》《互联网等信息网络传播视听节目管理办法》,并于同

---

① 参见黄薇荸:《网络视听节目内容监管的探析》,《信息网络安全》2010年第8期。

日开始实施。国家互联网信息办公室于 2016 年 6 月 25 日和 28 日相继公布《互联网信息搜索服务管理规定》和《移动互联网应用程序信息服务管理规定》。国家互联网信息办公室于 2016 年 11 月 4 日发布《互联网直播服务管理规定》,旨在加强对互联网直播服务的管理,保护公民、法人和其他组织的合法权益,维护国家安全和公共利益。上述法规的出台反映了我国互联网宏观政策对迅速发展的网络视听服务产业文化传播的重视,这些法规实施的过程中,下架、关停了大量的视听内容,确实为促进网络视听节目健康有序发展作出了贡献。

表 1-4 我国主要网络视频节目管理规范制度

	法律法规名称	核心管理制度	颁布机构	效力级别	发布时间和时效性
1	《互联网文化管理暂行规定》	网络文化活动经营许可制度、网络文化产品制度、单位自审制度	文化部(已撤销)	部门规章	2003 年 5 月 10 日发布,2011 年 2 月 17 日、2017 年 12 月 15 日两次修订(现行有效)
2	《互联网视听节目服务管理规定》	全国性社会团体责任、从业许可制度、网络视听节目著作权保护制度、从业单位主要出资者和经营者责任等	国家广播电影电视总局(已撤销)、信息产业部(含电部)(已撤销)	部门规章	2007 年 12 月 20 日发布,2015 年 8 月 28 日修订(现行有效)
3	《互联网等信息网络传播视听节目管理办法》	业务许可制度、业务监督制度	2003、2004 年版:国家广播电影电视总局(已撤销);2015 年版国家新闻出版广电总局(已撤销)	部门规章	2003 年 1 月 7 日发布,2004 年 7 月 6 日、2015 年 8 月 28 日两次修订(现行有效)
4	《互联网信息搜索服务管理规定》	落实主体责任,建立健全信息审核、公共信息实时巡查、应急处置及个人信息保护等信息安全管理制度	国家互联网信息办公室	部门规章	2016 年 6 月 25 日(现行有效)

续表

	法律法规名称	核心管理制度	颁布机构	效力级别	发布时间和时效性
5	《移动互联网应用程序信息服务管理规定》	健全信息内容审核管理机制、互联网应用商店服务提供者	国家互联网信息办公室	部门规范性文件	2016年6月28日（现行有效）
6	《互联网直播服务管理规定》	区分直播与转载责任、建立互联网直播发布者信用等级管理体系、直播服务提供者责任	国家互联网信息办公室	部门规范性文件	2016年11月4日（现行有效）

五、网络游戏管理制度

1998年我国国内出现网络游戏，2000年网络游戏转变为市场运营，2002年网络游戏在国内进一步发展，当时我国始终没有出台任何一份关于网络游戏或者网络游戏文化方面的法律或规范性文件。① 2003年到2009年期间，国家大力扶持网络游戏的研发和宣传，国家对待游戏的态度从监管转变为扶持，社会各界对待网络游戏的态度逐渐从青少年游戏成瘾的谈虎色变，转变为对网络游戏作为消费产品的接纳。2010年以后，随着网络游戏的产业化和规范化发展，相应的法律法规逐步与既有法律体系对接完善，网络游戏领域的纠纷和争议能够得到较好的解决。根据上述我国网络游戏管理制度不同时期的发展特征，可以分为以下三个阶段：

（一）摸索阶段（1998—2002）：从游戏服务营业场所到游戏本体

在此期间，网络游戏由于没有专门性的法律法规进行规制，因此产生的纠纷和争议均由其他既有法律解决，这段时间属于网络游戏法律规制的摸索期。随着网络游戏的飞速发展，国家版权局颁布了《国家版权局关于网吧下载提供"外挂"是否承担法律责任的意见》；文化部颁布了《关于加强网络游戏产品内容审查工作的通知》；国家广电总局发出了《关于禁止播出电脑网络游戏类节目的通知》；新闻出版总署、信息产业部、国家工商行政管理总局、国家版权局、全国"扫黄打非"工作小组办公室发出了《关于

---

① 参见张丽滢、高英彤：《我国网络游戏法律规制的历史演进探析》，《北华大学学报（社会科学版）》2016年第4期。也有学者认为我国网络游戏在1996年以前是准备阶段，1997年至2001年为起步阶段，经过2002到2005，自2006年步入成熟阶段。见张晓明、胡惠林：《2006年：中国文化产业发展报告》，社会科学文献出版社2006年版，第208页。

开展对"私服""外挂"专项治理的通知》……这些《通知》和《意见》范围涵盖了网络游戏的内容管理、网络游戏的"私服"、"外挂"等问题,参与规制的政府部门逐步增多,部门间的联手协作逐步加强。① 可见,早期的游戏内容管理制度规制的对象从网络安全和网络游戏服务物理空间转移到了游戏本身。

(二) 快速发展阶段(2003—2009):从监管到扶持

2003年9月,科技部正式将"网络游戏通用引擎研究及示范产品开发""智能化人机交互网络示范应用"两个项目纳入国家863计划,并向有关技术研发企业投入500万元科研资金,这是我国首次将网络游戏技术纳入国家科技计划,给网络游戏企业极大的心理支持;2004年新闻出版总署启动了"中国民族网络游戏出版工程",计划2004年至2008年的5年内出版100种大型优秀民族网络游戏出版物;同年7月27日,上海华东师范大学、中国社会科学院文化研究中心和上海宽视网络有限公司联合筹建的上海国家动漫游戏产业振兴基地在上海正式挂牌成立,这是我国第一个动漫游戏基地。② 10月,文化部以"网融世界、创意中国"为主题在北京展览馆举办了第二届中国网络文化博览会,网博会期间还举办了中国国际网络文化论坛。③ 可见,我国对网络游戏的态度是接纳的,但另一方面,对网络游戏的规制和管理也没有放松。

从2003年7月1日起《互联网文化管理暂行规定》开始实施到2009年《网络游戏管理暂行办法》出台前,是我国网络游戏法治化的快速发展期。这期间,网络游戏相关的规范性文件主要包括,文化部单独或联合多部门下发的《互联网文化管理暂行规定》,中共中央国务院《关于进一步加强和改进未成年人思想道德建设的若干意见》,文化部、中央文明办、信息产业部、公安部、国家工商行政管理总局《关于净化网络游戏工作的通知》,文化部、信息产业部《关于网络游戏发展和管理的若干意见》,中宣部和文化部等六部门下发《关于加强文化产品进口管理的办法》《关于进一步加强网吧及网络游戏管理工作的通知》《文化部部署集中开展文化市场执法检查工作》,

---

① 参见彭桂芳:《我国网络游戏产业的政府规制研究(1996—2007)》,华中师范大学硕士学位论文,2008年,第23页;张济华:《我国网络游戏产业的规制问题研究》,云南大学硕士学位论文,2010年,第37页。

② 参见张济华:《我国网络游戏产业的规制问题研究》,云南大学硕士学位论文,2010年,第18—19页。

③ 参见彭桂芳:《我国网络游戏产业的政府规制研究(1996—2007)》,华中师范大学硕士学位论文,2008年,第23页。

文化部办公厅《关于规范进口网络游戏产品内容审查申报工作的公告》，文化部、商务部《关于加强网络游戏虚拟货币管理工作的通知》《"网络游戏虚拟货币发行企业"、"网络游戏虚拟货币交易企业"申报指南》，文化部办公厅《关于立即查处"黑帮"主体非法网络游戏的通知》，文化部《关于改进和加强网络游戏内容管理工作的通知》等。[①]《关于进一步加强和改进未成年人思想道德建设的若干意见》的发布是我国不断加强和改进未成年人思想道德建设工作的一个缩影。加强和改进未成年人思想道德建设一直以来都是关乎民族发展未来的大事，一直备受每个家庭、社会、党和国家的关注和重视。如何在促进网络游戏产业发展和加强改进未成年人思想道德建设中找到平衡点，一直是我国网络游戏治理制度的价值追求。文化部、商业部进一步出台文件，规制网络游戏装备和虚拟货币自由流转，这是对虚拟物流转纠纷的及时有效的回应，有助于稳定我国网络游戏装备、虚拟财产等公民合法财产的市场秩序。

（三）全面推进阶段（2010至今）：法律效力层级节节攀升

从2010年至今，是网络游戏法律规制的全面推进阶段。这一阶段的网络游戏法律规范性文件包括2010年文化部出台的《网络游戏管理暂行办法》，2011年文化部颁布施行的《互联网文化管理暂行规定》，2013年文化部等15个部委发布的《未成年人网络游戏成瘾综合防治工程工作方案》等。[②] 修订后的管理制度中增加了对网游行业市场准入的标准，例如网游企业的注册资金不能低于1000万元等，这对网游企业生产创造规模、企业素质、企业实力、信誉、责任能力的要求都较高，以确保网游企业生产出高质量的文化产品。2020年5月28日通过的《民法典》将虚拟财产保护的问题明确列入民法客体保护制度当中，对网络游戏装备、虚拟货币等数据和网络虚拟财产的法律地位作出了回应。我国编纂民法典的重大意义在于保护公民人身和财产安全、维护社会主义市场经济体制等。《民法典·总则编》专设一条规定虚拟财产，这标志着我国传统的民事客体保护范围扩张到了部分网络领域，包括网络游戏装备、虚拟货币、网店在内的公民虚拟财产的流转和继承有法可依，这标志着以网络游戏装备为代表的虚拟财产将作为公民的合法财产，获得与实体财产同等的法律保护。

---

① 参见张丽滢、高英彤：《我国网络游戏法律规制的历史演进探析》，《北华大学学报（社会科学版）》2016年第4期。

② 参见张丽滢、高英彤：《我国网络游戏法律规制的历史演进探析》，《北华大学学报（社会科学版）》2016年第4期。

表 1-5 我国主要网络游戏管理规范制度

	法律法规名称	核心管理制度	颁布机构	效力级别	发布时间和时效性
1	《国家版权局关于网吧下载提供"外挂"是否承担法律责任的意见》	网络著作权保护、明知规则、不知情而就不删除的归于故意	国家版权局	部门性规范文件	2004年4月16日（现行有效）
2	《关于加强网络游戏产品内容审查工作的通知》	网络文化经营许可申请、审核、进口等制度	文化部（已撤销）	部门工作文件	2004年5月14日（现行有效）
3	《关于禁止播出电脑网络游戏类节目的通知》	未成年人保护制度	国家广播电影电视总局（已撤销）	部门规范性文件	2004年4月12日（现行有效）
4	《关于开展对"私服"、"外挂"专项治理的通知》	清查、收缴、追查制度	新闻出版总署（原新闻出版署）（已撤销）、信息产业部（含电部）（已撤销）、国家工商行政管理总局（已撤销）、国家版权局、全国扫黄打非工作小组	部门工作文件	2003年12月18日（现行有效）
5	《网络游戏管理暂行办法》	经营许可、内容审查、自审、虚拟货币禁止流通制度、游戏运营企业责任	文化部（已撤销）	部门规章	2010年6月3日发布，2017年12月15日修订（现行有效）
6	《关于进一步加强和改进未成年人思想道德建设的若干意见》	舆论引导、净化环境、加强管理	新闻出版总署（原新闻出版署）（已撤销）	部门规范性文件	2004年5月31日（现行有效）
7	《关于净化网络游戏工作的通知》	统一思想、净化网络游戏市场	文化部（已撤销）、信息产业部（含邮电部）（已撤销）	党内法规	2005年6月9日（失效）
8	《关于规范进口网络游戏产品内容审查申报工作的公告》	申请许可、审查、终止、变更运营制度	文化部（已撤销）	部门工作文件	2009年4月24日（现行有效）

续表

	法律法规名称	核心管理制度	颁布机构	效力级别	发布时间和时效性
9	《关于加强网络游戏虚拟货币管理工作的通知》	严格市场准入、防范风险、加强监管	文化部（已撤销）、商务部	部门规章	2009年6月4日（现行有效）
10	《"网络游戏虚拟货币发行企业"、"网络游戏虚拟货币交易企业"申报指南》	申报及流程	文化部（已撤销）	部门工作文件	2009年7月20日（现行有效）
11	《关于改进和加强网络游戏内容管理工作的通知》	经营单位自律、游戏内容监管、社会监督制度	文化部（已撤销）	部门规范性文件	2009年11月13日（现行有效）
12	《民法典》	明确数据、虚拟财产为民事客体，可流转、可继承	全国人民代表大会	法律	2020年5月28日（现行有效）

第三节　中国互联网内容管理的主要成就

我国互联网内容管理经历了近30年的治理实践，取得了丰富而巨大的成就，调和了互联网内容管理与发展之间的矛盾，实现了管理与发展的统一。应坚持以促进互联网产业良性发展为宗旨，推动国民经济有序发展；坚持以人为本，重视互联网文化对市民生活的提升；坚持维护互联网安全，促进国家和社会的稳定与和谐。①

一、我国互联网内容管理达到了较高的效率和效益

互联网在中国之所以发展迅速，不仅仅是技术本身使然，更是国家对互联网、新媒体、新产业的重视。在国家扶持的前提之下，互联网近30年给我国的政治、经济、文化带来了正面的影响，发挥了积极的作用。随着移动互联网的迅速发展，社交媒体、电商的蓬勃发展，从移动互联网到物联网，凭借互联网为个体赋能，人民群众的智慧得到最大化发挥，我国新经济模式快速

---

① 参见王四新、徐菱骏：《网络立法：重构网络生态环境》，《新闻与写作》2016年第7期。

地与传统经济整合发展,为社会创造了更多的行业空间和就业机会。我国互联网内容管理制度一直秉承对新生事物的接纳态度,管理互联网的同时,应与监管相结合,以网治网,才能产生较好的效率和社会效果。这既体现了国家对国民个体的尊重和认可,也彰显了全民对国家活动的参与和驱动。一方面,扶持导向的政策对互联网产业的健康发展起到了引导和关怀作用;另一方面,互联网企业在政策的关照下,在发展的起步阶段即获得了可观的商业利益,与此同时,履行企业的社会责任,持续提供优质的内容。

二、我国互联网内容管理为丰富的人民文化生活提供了制度保障

从我国互联网文化服务制度发展来看,我国从互联网发展初期就十分重视互联网传播的文化价值。1998年底至2000年上半年是中国互联网超速发展期间,文化部作为较早主动关注网络文化建设的政府部门,在发展和顺应网络文化活动和网络文化产品发展趋势和规范化工作中贡献极大。为了摸清当时文化网站建设的状况和存在的问题,1999年11月至2000年3月,文化部组织中华文化信息网主办了中国文化网站调查评估活动,对全国文化网站发展状况进行了全面的调查。① 针对出现的问题,文化部提出并联合团中央、广电总局、全国学联、国家信息化推进工作办公室、中国电信、光明日报、中国移动等8家单位于2000年12月7日正式启动了网络文明工程,其宗旨是"文明上网、文明建网、文明网络"。② 在行政许可制度的指导下,针对网络文化活动经营建立了严格的申请许可制度,网络文化产品与服务也形成了网络文化产品制度、单位自审制度等权利、义务与责任明晰的管理体制,不仅授权网络平台和网络文化产品企业采取必要措施、财产保全等前置性执法行为,而且激励产业自主创新发展,重视知识产权保护,丰富了人民文化生活。

在保护未成年人、净化网络环境方面,2014年4月中旬至11月,全国"扫黄打非"工作小组办公室、国家互联网信息办公室、工信部、公安部在全国范围内统一开展了"扫黄打非·净网2014"专项行动,移动互联网传播淫秽色情信息问题成为重点整治的三大问题之一。③ 另外,在新兴文化产业中,实施严格的网络文化经营许可申请、审核、进口等制度,侧重未成年人保

---

① 参见王平:《社会主义精神文明下的网络文化建设》,《哈尔滨学院学报》2004年第6期。
② 参见张倩:《网络教育负效应的纾解对策》,《福建师范大学学报(哲学社会科学版)》2008年第2期。
③ 参见常江:《以先锋的姿态怀旧:中国互联网文化生产者的身份认同研究》,《国际新闻界》2015年第5期。

护,例如重视未成年人的网瘾问题。对非法网络文化经营活动采取清查、收缴、追查等手段。随着互联网文化服务产业的进一步升级,可见我国互联网内容管理十分重视互联网文化服务内容的质量,文本化的规范进而为我国丰富的市民文化生活提供了重要的制度保障,使人们的网络文化活动有法可依。

三、我国互联网内容管理制度提升了我国的国际形象和影响力

以讲好中国故事、发出中国声音、展示中国实力为出发点的互联网对外宣传工作一直备受国家和人民的重视。互联网在中国发展初期,我国利用互联网开展对外宣传主要依靠中央对外宣传办公室的管理。随着互联网的发展,中央对外宣传办公室的职能根据国家和社会的需求不断扩大,中央对外宣传办公室(国务院新闻办公室)的职能包括制定互联网新闻事业发展规划,指导协调互联网新闻报道工作,组织协调网上新闻工作,指导新闻网站的规划和建设,承担互联网新闻国际交流与合作工作。我国共产党和政府参与互联网信息治理的部门有十多个,其中,中共中央直属机构中主要有中央宣传部、中央对外宣传办公室(国务院新闻办公室)、中央网络安全和信息化领导小组办公室(国家互联网信息办公室)等;国务院组成部门和直属机构中主要有工信部、文化部、公安部、新闻出版广电总局等。作为互联网发展大国,我国现阶段整合互联网对外宣传资源,完善互联网对外宣传体系建设,持续提升对外宣传效果,扩大中华民族优秀文化的国际影响力,极为重要。互联网的中文域名技术研发、民族特色的文化产品出口为在国际互联网社群中展示和传播中国语言、中国文化提供了很好的契机。而且,在全球化互联网治理的大环境下,中国长期以来形成的互联网内容管理制度经验和丰富的实践情况,使中国在国际互联网内容治理领域能够充分展现实力、贡献智慧。

第四节 对互联网内容管理制度建设的思考

一、互联网内容管理制度是落实网络强国的法治保障

2014年,我国提出将"互联网+"行动计划作为一项国家战略,力图以"推动移动互联网、云计算、大数据、物联网等与现代制造业结合,促进电子商务、工业互联网和互联网金融健康发展,引导互联网企业拓展国际市场"。党的十八大以来,以习近平同志为核心的党中央高度重视网络安全

和信息化工作,由此我国开始全面实施网络强国战略。由于互联网的迅猛发展,互联网在沟通、娱乐等原有功能的基础上又具有了政策导向、知识传播、学习教育、监督维权等功能,成为当今社会不可或缺的一部分;电子政务、互联网金融、在线学习、网上投票、社交网络等新兴领域正在使我们的生活方式发生着深刻变革。① 互联网内容管理制度正是对互联网本身无序属性的一种规制,为落实我国网络强国战略提供重要法治保障。

二、应急管理措施的制度化尤为重要

我国的网络应急管理工作主要由 2011 年 5 月成立的国家互联网信息办公室负责。成立于 2002 年 9 月的国家计算机网络应急技术处理协调中心(以下简称 CNCERT),也是我国网络安全应急体系的核心协调机构。CNCERT 属于非政府组织,与国内 32 家单位共同签署了《中国互联网协会漏洞信息披露和处置自律公约》,以行业自律的方式共同规范安全漏洞信息的接收、处置和发布,应对网络安全事件的频频发生。我国应急管理措施在保障重大自然灾害和意外事件中的公民人身财产安全、优化赈灾物资调配、维护国家公共安全等方面的贡献非常突出。应急管理措施迁移运用到网络内容管理早已不是纸上谈兵,实际上 CNCERT 在查找和监控僵尸网络和僵尸程序领域颇具成效。2014 年 4 月至 9 月,工信部、公安部、国家工商行政管理总局联合开展了全国范围内的打击治理移动互联网恶意程序专项行动,从移动应用商店、恶意程序控制端两个方面入手,加强治理。② 在工信部指导下,CNCERT2014 年上半年协调应用商店下架恶意程序 5654 个,下架率达 96.5%,应用商店恶意程序数量有所下降。③

根据上面的界定,广义上互联网内容管理并不局限于互联网内容本身,还包括支撑互联网内容可被他人受领的技术、维持互联网内容安全和品质的规则。一方面,应急管理措施保障互联网技术联通普惠;另一方面,应急管理措施辅助网络内容安全和品质保持在合理范围内。应急管理措施本质上与范式、固化的管理制度是矛盾的。但是应急管理措施确实在及时控制网络损害扩大的危机上效果良好。应急管理措施解决互联网内容管理问题的思路包括以下两个方面:首先,运用批判法学思想而非法律解释学思想指导管理行为。其次,在不可预测和不确定状态下,仍然时刻全力以赴。究其

---

① 参见戈亮、李文强:《互联网发展的法治保障研究》,《犯罪研究》2017 年第 5 期。
② 参见孟楠:《工信部加大网络新技术治理力度》,《信息安全与通信保密》2015 年第 2 期。
③ 参见王晓涛:《消除 App 乱象,从大型热门应用商店入手》,《中国经济导报》2014 年 12 月 8 日。

本质,应急管理措施与管理范式是不同市场观念的产物。我国预防和应对网络突发公共事件的能力逐年提升,各级协同应急指挥中心和 CNCERT 等政府与非政府组织,将应急管理与范式管理全面结合,不断进行连续监控和评估,开展互联网网络安全事件的预防、发现、预警和协调处置等工作,保障公民的生命和财产安全,保障基础网络的正常运行。我国应急管理策略已经形成"事前监测防范、事中应急处置、事后追踪溯源"的管理体系,应急管理措施机构的赋权和管理程序制度化变得尤为重要,但是值得注意的是,应急管理措施的制度化不应该改变其本身的灵活性和竭力性。

三、平衡公民合法权益和网络秩序

从互联网内容宏观管理机构的设立和职能层面来讲,2011 年 5 月,国家互联网信息办公室成立,机构设在国务院新闻办,专门负责互联网新闻管理、网络信息协调、网络应急管理、网络信息服务以及网络信息研究等工作。目前,在中央统一领导下,形成了以国家互联网信息办公室、工业和信息化部、公安部为职能机构,分别主管互联网信息内容、互联网行业发展、打击网络违法犯罪的"三位一体"互联网管理工作格局。国家互联网信息办公室在维护网络秩序,净化网络环境工作方面的突出贡献就是管控网络谣言的泛滥。我国网络舆情监测和研究机构早在 2008 年就开始大量涌现,不少机构对外提供有偿服务,使得这一市场变得鱼龙混杂。一些商业公司和个人博主、版主为吸引眼球造势,甚至发表敏感问题的网络调查。一些商业公司还自行发起建立网络舆情研究中心、中国舆情联盟等所谓组织,随意开办中国民意调查等舆情网站,专门收集负面舆情,涉嫌网络造谣传谣。对此,2010 年下半年,国家互联网信息办公室会同相关网站开启了微博辟谣工作,针对微博中恶意、有害的不实信息及时进行查证和辟谣,微博平台可以将之标注为"谣言"。[①] 2013 年以来,国家互联网信息办公室、公安部等多个部门共同采取措施整治网络谣言,规范网络秩序,净化网络环境,取得了显著效果。一批利用互联网制造和故意传播谣言以谋取个人私利、非法攫取经济利益的人员受到查处。

从互联网内容宏观管理的利益诉求角度而言,全球范围内的互联网内容管理工作都不能仅仅依靠寡头组织机构运作。多元化的、冲突的利益诉求要求互联网内容管理必须通过政府、国际组织、行业协会、社会团体、学术机构、跨国企业、民间社团、专家学者、用户等冲突方的协同合作。在行政机

---

① 参见赵馨:《新浪微博的公关之路》,《新闻传播》2013 年第 5 期。

关召集和助力的行政工作中,应当将协同合作的新行政理念贯穿始终,以平衡公民合法权益和网络秩序为中心思想,去传统公私角色分割,去僵化冷漠,动员所有利益相关方都参与到规则的制定执行活动中。设置专门的机构履行互联网内容管理的职责,短时期内可能效率高、成绩突出,但是新技术新问题的涌现,将分散和弱化现有机构组织的职能,从而降低管理效率。互联网内容管理问题设计的广度决定了超越机构的协作融合、人才培养势在必行。

从互联网内容宏观管理制度的价值取向来看,进一步加强制度建设和执法力度,关照公民个人信息安全、国家安全、未成年人保护,依法惩治不法分子,切实规范网络信息传播秩序,有利于保护正当的言论自由,有利于保护公民合法权益,有利于新兴产业的创新发展,有利于维护社会公共秩序。

四、继续完善互联网内容管理制度

党的十八大以来,以习近平同志为核心的党中央高度重视网络安全和信息化工作,2014年中央网络安全和信息化领导小组成立,主要负责研究制定网络安全和信息化发展战略、宏观规划和重大政策,推动国家网络安全和信息化法治建设,不断增强网络安全保障能力。2016年4月19日,习近平主持召开网信工作座谈会,对目前世界范围内面临的网络安全形势进行深刻总结:从世界范围看,网络安全威胁和风险日益突出,并日益向政治、经济、文化、社会、生态、国防等领域传导渗透。特别是国家关键信息基础设施面临较大风险隐患,网络安全防控能力薄弱,难以有效应对国家级、有组织的高强度网络攻击;并提出了要树立正确的网络安全观,加快构建关键信息基础设施安全保障体系,全天候全方位感知网络安全态势,增强网络安全防御能力和威慑能力。网络安全为人民,网络安全靠人民,维护网络安全是全社会共同责任,需要政府、企业、社会组织、广大网民共同参与,共筑网络安全防线。①

近年来,我国先后出台的《国家安全法》《反恐怖主义法》《反间谍法》和《刑法(修正案九)》等基本法律都包含了与网络安全相关的条款。更为引人注目的是,《网络安全法》自2016年11月施行,这对我国的网络安全立法具有重大意义,这是我国第一部全面规范网络空间安全管理方面问题的基础性法律,标志着我国进入了网络安全基本法立法阶段。通过对法律

---

① 习近平:《在网络安全和信息化工作座谈会上的讲话》,人民出版社2016年版,第15—16、17、18页。

条文进行解读,可以看出《网络安全法》是对我国网络安全相关法律法规的制度总结。然而,鉴于网络安全问题的复杂性,《网络安全法》不可避免地存在一定程度的争议。由此可见,仍然需要进一步对网络安全具体制度进行细化和落地。虽然《民法典》《刑法》等高位阶的法律已经对网络行为进行了一定程度的规制,但是与此同时亟待更多高位阶的法律回应网络相关问题的适用情形,以完善我国网络内容管理的顶层制度设计。在完善我国互联网内容管理制度的执法层面,为了防止现行有效的高位阶法律被僵化解读或适用散漫,有以下三个方面对策建议:首先,系统化的法律解释和案例研究必不可少。其次,以具体的制度为基准,建立不同效力级别的法律法规、政策动议之间的关联和互动。最后,回归互联网本质属性,以联通普惠、开放共享为互联网内容管理的价值追求,防止互联网内容管理制度被割据网络资源、侵犯隐私、窃取国家秘密、主权国家重构国际秩序等行为利用。

第二章　互联网法律价值及其冲突与整合

互联网的价值在于互联网能满足人类各种需要的属性,而互联网价值体系的内容则包括公民自由、网络安全稳定、计算机科技创新开放、全球化的数据联通普惠和迅捷共享。"公民自由"建立在其正当性的基础之上:一方面,从互联网主体角度来看,互联网主体侵犯他人自由的刑与罚需要被规制;另一方面,从互联网治理的客体角度来看,互联网自由体现在互联网内容的流转。互联网的安全稳定不仅要求互联网的运行状态持续安全稳定,而且数据安全有助于网络生态的良性发展。计算机科技创新开放是贯穿互联网技术发展和互联网治理始终的价值追求。全球化的数据联通普惠和迅捷共享等都属于互联网长远发展必须保有的价值。互联网价值冲突的整合能够促使互联网价值目标的实现,并为互联网生态社会的平衡作出贡献。

第一节　互联网价值的释义

"价值"本来是个哲学范畴内的概念,但也扩展应用在其他学科和领域之中。哲学上的"价值"概念从属于关系范畴,其基本内涵是指客体能够满足主体需要的效益关系,是表示客体的属性和功能与主体的需要之间的一种效用、效益或效应关系的哲学范畴。而伴随着价值概念在政治、经济、物理等不同学科领域的广泛应用,价值概念的内涵也在不断被扩展。但不变的是,价值的本性始终是一种事物能够满足另一种事物的某种需要的属性。就互联网价值而言,互联网的产生和发展能够满足人的需要,能够有助于实现人在社会交往中的某些积极、正面的目的,就会产生肯定的评价,从而产生互联网价值。简而言之,互联网价值就是互联网能满足人类种种需要的属性。

从互联网的产生机理来看,互联网作为人类实践活动的创造成果,其与人之间形成了主体与客体之间的关系,即创造与被创造关系。互联网、网络、网络空间常常被人们称作现代计算机技术发展的产物,是人类的智慧创造物。在哲学意义上,互联网是一种因人类需求而被解蔽之物。互联网满足了人类所需,包括物质需求与精神需求。互联网作为一种"解蔽之物",

逐步演变成了人们日常生活中比较常见的一个概念,从而被赋予了功能性的特征。由此可见,不论是互联网的产生还是网络空间的最终形成均离不开人类,可以说它们均是因人类的创造性活动而得以产生并展现,并在现代技术的支撑之下为人类提供服务,最终受控于人类。而互联网的价值本身也在于其满足人类需求这一层面。

从互联网的文本解释来看,互联网的价值表明互联网对满足人的需求起正面作用,因此互联网价值是指互联网从功能、属性方面对人类实践活动起正面和积极作用的那部分价值。相反,那些对人类实践活动起负面作用的不被认为是互联网应当保有和追求的价值。互联网价值目标是对人类实践活动具有积极推动作用的那部分属性,但却并不意味着互联网给人类带来的只有正面积极的作用,它也会附加一些人类所意想不到的负面消极影响。正如海德格尔所说,人类想掌控技术的欲望成为了技术的一切,但人类掌控技术的欲望越强,技术就越能威胁人类并脱离人类的掌控。① 这也意味着互联网价值目标的实现也伴随着对负面消极影响的消解与破除,同时也需要解决因人类过度的需求所引起的其他问题。

从互联网的价值判断角度来看,互联网价值判断虽然与事实判断所关注的重点不同,但是互联网价值判断与事实却有着千丝万缕的联系。随着互联网的发展,在人类社会既有的经济、文化、法治发展结构下,一定存在对互联网的价值共识,而这些最低限度的共识和准则就需要权威机构运用公允方式去固定和维护。

第二节 互联网价值体系的内容

互联网价值体系的内容主要包括公民自由、安全稳定、创新开放、联通普惠与迅捷共享五个方面,它们共生共存和良性互动,一同构成了动态、有机的互联网价值体系。

一、公民自由

(一)宪法视角下的公民自由的正当性

在互联网发展的历史洪流中,"互联网自由"和"网络自由"的理论和实践一直没有停止,可以说互联网的历史是互联网自由与管制的妥协史。互

---

① Cf.See Heidegger Martin, translated and with an introduction by William Lovitt, *The Question Concerning Technology and other essays*, Harper & Row Publishers.Inc.,1977,pp.5-8.

联网创造之初的"自由"已经与目前全球互联网治理语境下的"自由"相距甚远。自由从放任无边,发展成为了自由化规制。这是任何权利从野蛮生长到面对制度化、体系化保障的发展需求的必经之路。1996 年美国著名网络活动家约翰·巴洛(John Barlow)在《网络空间独立宣言》中表明,网络空间不存在于任何主权国家边境之内。① 2006 年美国颁布《全球互联网自由法案》(Global Online Freedom Act)开始提倡全球化的互联网自由,但近年来,美国借由该法案不断修订更新,从微观层面,推行限制互联网内容过滤软件的出口政策;从宏观层面,将互联网自由作为打击其他国家互联网监管政策的外交政策和国际战略。不可否认,早期排斥国家、政府干预的去中心化的互联网自由,极富号召力,极容易唤起人们对自由的原始向往,这与二战以后自由主义复兴,再次成为理论研究中的显学相一致。

(二) 刑法视角下对侵犯他人自由的刑与罚

侵犯他人自由的犯罪行为与刑罚是由刑法规定的。② 自由刑与财产刑是传统刑罚结构的两大主体。以我国诽谤罪为例,改革开放以来网络诽谤行为被认定为诽谤罪的案例少之又少。自 1979 年刑法规定侮辱罪和诽谤罪以来,除几起小说诽谤案外,只有两起新闻诽谤案:一是 1985 年杜融诉《民主与法制》杂志社及记者沈崖夫、牟春霖案;二是 1986 年李宝善等因《"文革"幽灵在这里游荡》一文诉《民主与法制》特约记者石莘元等案。两案均发生在《民法通则》还没有颁布实施之前,因此适用刑法的相关规定。此后的网络诽谤行为基本均由《民法通则》和 2017 年出台的《民法总则》中的侵犯具体人格权规则处理。究其原因,多数观点认为有限的刑事司法资源应当用于国家安全、社会秩序、公共利益等犯罪领域,而侵犯公民财产权利和人格权的,尽量适用民事责任,以排除妨碍、消除影响、恢复原状、赔礼道歉、赔偿损失等为主要的责任承担方式。因此,我国法官在审判活动中对自由刑向网络空间延伸适用的态度是谨慎的。但是仍有学者认为《刑法》设立网络自由刑是必要的,原因有二:一是网络社会中"时间"概念及其长短的标准与现实社会存在差异,应建立与网络社会相符合的"时间"观念和刑期的尺度;二是建立网络主体的"自由"权利观念。③ 网络自由是传统自

---

① Cf. John Perrry Barlow, *A Cyberspace Independence Declaration*, 2019/12/6, see https://www.eff.org/cyberspace-independence.

② 参见高铭暄、马克昌:《刑法学(第八版)》,北京大学出版社、高等教育出版社 2017 年版,"绪论"第 1 页。

③ 参见孙道萃:《网络刑事制裁范畴的理论视域与制度具象之前瞻》,《西南政法大学学报》2019 年第 4 期。

由观念的网络化延伸,只有网络刑法的自由权利观念与网络社会的权利观相衔接,与网络宪法体系中的权利体系相配合,才能确立刑法中具有结构科学、轻重适度的自由刑体系与剥夺的梯度表。① 值得注意的是,如果建议保留网络自由刑,那么应当建立与网络犯罪行为、网络犯罪主体、主观方面等相契合的罚则规则,确保实现网络刑法中的罪、责、刑三者相适应。2014年10月10日起施行的《最高人民法院关于审理利用信息网络侵害人身权益民事纠纷案件适用法律若干问题的规定》及2019年11月1日起实施的《最高人民法院、最高人民检察院关于办理非法利用信息网络、帮助信息网络犯罪活动等刑事案件适用法律若干问题的解释》都是我国司法解释层面对网络自由刑的实践性指导。

(三) 民法视角下互联网内容流转自由

以美国学者为代表的观点认为,互联网全球互联技术下的网络空间是一种类似南极、公海、外层空间的人类共享空间领域,即全球公共领域(Global Commons)。② 这一理论导致以主权国家领土为适用地域的国内法在网络空间的适用性缺乏依据。然而,国家对领土内的公民以及他们的行为的绝对管领力是不能让渡给任何其他主权国家、国际组织的,尤其是这些国际组织极容易成为其他主权国家的外交政策傀儡。全球公共领域理论倡导互联网内容在全球内流转自由,意图通过网络内容自由流转来让全球民众接收到主权国家监管下接收不到的内容,以实现有损主权国家利益的目的。全球公共领域理论意图架空主权国家引来的危机得到了世界范围内的广泛关注,并被《塔林手册》和《塔林手册2.0》公开反对。鲍尔斯(Powers)与杰布隆斯基(Jablonski)在2015年的著作《真正的网络战争:互联网自由的政治经济学》(The Real Cyber War: The Political Economy of Internet Freedom)一书中从政治经济学角度展开分析,关注推动"互联网自由"政策背后的政治、经济和地缘政治因素,认为这一政策并非是新兴技术民主价值的理想型投射,而是服务于美国的经济和地缘政治利益。③ 这些观点并非毫无依据,至少值得思考的是,互联网内容流转的自由与威胁互联网安全内容流转的自由是并存的,因此这种自由流转一定是相对的,而不是绝对的。

---

① 参见孙道萃:《网络刑事制裁范畴的理论视域与制度具象之前瞻》,《西南政法大学学报》2019年第4期。
② Cf. US Department of Defense, *The Strategy for Homeland Defense and Civil Support*, http://www.defenselink.mil/news/Jun2005, last visited on Dec. 10, 2019.
③ 参见刘小燕、崔远航:《话语霸权:美国"互联网自由"治理理念的"普适化"推广》,《新闻与传播研究》2019年第5期。

二、安 全 稳 定

20世纪80年代德国社会学家贝克(Ulrich Beck)提出"风险社会"概念,描述并解构人类社会从工业革命到风险社会的变异,风险与传统工业革命的陈旧思维的冲突不期而至,对政治、经济等各种制度的合法性与合理性的反思风起云涌。① 随着互联网大数据为核心的网络3.0时代的到来,网络空间的安全问题已经被许多国家上升至国家战略层面,传统现实空间适用的刑法作为网络公共空间秩序问题的基本保障,亟须作出灵活的变通。国际刑法层面,2001年11月欧盟和美国、加拿大等国家共同签署的《网络犯罪公约》(Cyber-crime Convention)是全球首部针对网络犯罪行为的国际公约。2003年1月《网络犯罪公约补充协定:关于通过计算机系统实施的种族主义和排外性行为的犯罪化》被认为是《网络犯罪公约》在种族问题上的延伸和发展。欧盟起草的《关于攻击信息系统的理事会框架决议》一经通过便生效,决议要求成员国有义务在2007年3月16日前,将决议要求移植到本国法律。国外法律层面,美国在"9·11事件"发生之后,先后通过了《爱国者法》《国土安全法》《保护美国法》等,加强互联网安全法治保障。我国也先后通过了《网络安全法》《反恐怖主义法》《刑法修正案(九)》等法律。

例如,我国《网络安全法》第76条的"网络安全"所保护的权益包括两个层面:一是网络稳定可靠运行的状态,因此,"防止对网络的攻击、侵入、干扰、破坏和非法使用"是保护网络安全的有效路径;二是网络安全与数据安全彼此依存的关系。②

(一) 互联网稳定可靠的运行状态

1998年秋天,首次互联网大规模攻击事件在美国大爆发,造成全网6万台计算机中的10%受到了波及。③ 与计算机病毒并行的,还有蠕虫软件,其通过长期潜伏,不断自我复制以占用系统资源,最终导致系统运算能力下降,与拒绝服务攻击的结果并无二致。1997年,早在我国《刑法》出台之时,就有了破坏计算机信息系统罪,这是最早为破坏计算机信息系统犯罪设立的一个独立的罪名,意在制裁篡改计算机信息系统中存储、处理或者传输的

---

① 参见[德]乌尔里希·贝克:《风险社会》,何博闻译,译林出版社2004年版,第52—57页。
② 参见李源粒:《破坏计算机信息系统罪"网络化"转型中的规范结构透视》,《法学论坛》2019年第2期。
③ 参见[美]劳拉·德拉迪斯:《互联网治理全球博弈》,覃庆玲、陈慧慧等译,中国人民大学出版社2017年版,第100—101页。

数据的犯罪,以保护计算机信息系统功能的完整、安全与可靠。2015年11月1日起施行的《刑法修正案(九)》增设了拒不履行信息网络安全管理义务罪、非法利用信息网络罪和帮助信息网络犯罪活动罪。《刑法修正案(九)》施行以来,各级公检法机关依据修改后的刑法规定,严肃惩处相关网络犯罪。截至2019年9月,全国法院共审理相关网络犯罪案件260件,判决473人。其中,非法利用信息网络刑事案件159件,判决223人,帮助信息网络犯罪活动刑事案件98件,判决247人。①

(二) 互联网安全与数据安全的关系

我国《网络安全法》第76条对"网络数据"的定义是:通过网络收集、存储、传输、处理和产生的各种电子数据。从技术角度出发,网络数据是通过计算机技术形成的、以二进制信息单元"0"和"1"表示的结构化或非结构化、保存于电子存储介质中的电磁记录。② 互联网安全与数据安全有密切的关系。首先,数据成为信息的载体。个人数据和计算机资源的越权访问、身份越权窃取数据等都会造成互联网安全威胁。其次,海量数据引发规模质变。网络空间收集和存储的数据包括国家秘密、企业的商业秘密、公民的个人隐私等等,这些数据如果面临大规模泄露的风险,将会严重威胁国家安全、社会秩序、公共利益和公民身体财产安全。最后,数据挖掘产生经济利益。面对海量的互联网数据信息,尽管数据挖掘与大数据交易是技术中立的产业,如果涉及数额足够大,非法数据交易也将影响经济秩序。我国首例爬虫行为入罪案(上海晟品公司爬虫行为入罪案)清晰展示了爬虫行为从不正当竞争的民事违法转化到使用了伪造device_id绕过服务器的身份校验,伪造UA及IP绕过服务器的访问频率限制等规避或突破计算机系统保护措施的手段获取数据,构成非法获取计算机信息系统罪刑事入罪的变化。③

三、创新开放

为了实现解放和发展生产力的目的,首要的是解放和发展科学技术。④

---

① 参见周加海、喻海松:《〈关于办理非法利用信息网络、帮助信息网络犯罪活动等刑事案件适用法律若干问题的解释〉的理解与适用》,《人民司法(应用)》2019年第31期。
② 参见刘一帆、刘双阳、李川:《复合法益视野下网络数据的刑法保护问题研究》,《法律适用》2019年第21期。
③ 参见北京市海淀区人民法院(2017)京0108刑初2384号刑事判决书;刘艳红:《网络爬虫行为的刑事规制研究——以侵犯公民个人信息犯罪为视角》2019年第11期。
④ 参见张文显:《法理学(第四版)》,高等教育出版社、北京大学出版社2011年版,第271页。

解放和发展科学技术首先要求用权利形式固定和保护科学技术活动本身及其成果。其次,加强科学技术活动组织化、体系化,从而科学地展开对科学技术活动的支持和管理,促进科学技术活动的奖励机制制度化,实现管理制度创新,节约成本。

(一) 互联网发展中的创新开放

计算机科学技术的发展及其成果是互联网创新发展的原动力。面对互联网科技创新的出现,政策法规应当给予扶持和鼓励。面对金融领域的代币创新发展,一味地遏制效果并不理想,只能疏而不能堵。我国政府对金融创新目前采取的审慎态度难以改变,面对非法定货币,更不会允许贸然发行,所以政策清退过后,法律要立刻进行突破可能非常困难。①

科学地组织与管理互联网创新活动是互联网创新发展的重要保障。去中心化带来的大量分散、隐蔽的网络用户已经是政府很难控制的对象了,作为网络空间的重要枢纽——网络平台的治理成为重要命题。经营互联网平台是互联网前沿科技发展与行业分工催生出的行业,互联网平台的发展融合与侵权行为、犯罪行为不期而遇。面对大数据杀熟、算法歧视、隐私采集、假新闻等互联网生态伴生的乱象,如何顺应互联网价值中立,如何发挥企业在社会治理中的功能,如何杜绝以虚假平台掩盖犯罪事实等,都是科学组织与管理互联网创新活动中的重点难点问题。互联网平台拥有一定的控制能力,但这种控制能力又并非体现在详尽审查某项具体交易上,而是程序设计和"算法",与平台本质不符的监管规则无法解决问题,反而可能导致对互联网创新能力的压制。②

(二) 互联网治理中的创新开放

互联网金融创新模式加剧了金融风险,调和互联网创新与打击互联网犯罪行为的矛盾是司法活动中的难题。为了解决互联网领域案件的突出问题,我国互联网司法活动在近年来作出了一系列改革。这些改革包括设立互联网法院试点、健全司法智能化服务、构造互联网裁判规则等。

为了推进互联网专业化的审判,建立互联网专门法院,与我国传统的铁路法院、林业法院、海事法院等专门法院地位一致,与提供专业化便民裁判的思路一脉相承。2017年8月杭州互联网法院作为试点法院,成为我国最早设立的互联网法院。2018年北京互联网法院和广州互联网法院也紧随

---

① 参见杨东:《Libra:数字货币型跨境支付清算模式与治理》,《东方法学》2019年第6期。
② 参见赵鹏:《论私人审查的界限——论网络交易平台对用户内容的行政责任》,《清华法学》2016年第6期。

其后。设立互联网法院的初衷是为了落实中央深改组决议,用互联网方式审理涉互联网案件,主动适应互联网发展大趋势的一项重大制度创新。我国目前互联网法院为维护网络安全、化解涉网纠纷、保护人民群众权益、促进互联网和经济社会深度融合提供了有力的司法服务和保障,取得了良好的效果。①

全面推进智慧司法,促进信息化、智慧化技术应用于司法审判活动中,将互联网技术作为工具,同时也重视互联网技术为司法程序和规则体系带来的新问题及如何解决这些新问题,实现"智审、智执、智服、智管",形成科技理性和司法理性的融合效应,促进审判体系和审判能力现代化。② 具体的互联网司法智能化应用包括立案风险主动拦截、案件繁简甄别分流、电子卷宗文字识别、语音识别转录、案件智能画像、庭审自动巡查、法条及类案精准推送、文书自动生成、文书瑕疵纠错、裁判风险偏离度预警。截至2019年10月31日,全国3363个法院建设了电子卷宗随案生成系统,全国67%的案件随案生成电子卷宗并流转应用,部分地方法院已基本实现全流程无纸化办案。③

伴随着互联网科技的发展,我国互联网司法实践不断应对着科技创新对传统法律构造提出的挑战,发展与变造互联网裁判规则,反思诉讼程序智能化路径,这是我国宝贵的互联网司法改革成果,是我国司法能力现代化的体现,是全球互联网治理中的中国智慧。

四、联通普惠

互联网创始之初,匿名化的网络空间曾经一度成为人们逃离现实生活中身份、地位、性别、种族、收入等标签的世外桃源,动机和目的是对平权的天然心理需求。随着互联网对社会经济、政治、文化生活的渗透,目前世界各国都放弃了将互联网视为法外之地的治理理念,互联网匿名化和去中心化的特征逐渐被削弱。但是现如今,当我们在互联网社交媒体抒发情绪的时候,无论是否匿名,内心还是保留着一份传统的期待:渴望在虚拟空间得到一份不想被现实打扰的个人宁静和世界连结。然而人毕竟不能终日沉溺

---

① 参见杜前、倪德锋、肖芃:《杭州互联网法院服务保障电子商务创新发展的实践》,《人民司法(应用)》2019年第25期。
② 参见周强:《全面落实司法责任制切实提升审判质效和司法公信力》,《人民司法(应用)》2019年第19期。
③ 参见最高人民法院:《中国法院的互联网司法白皮书》,人民法院出版社2019年版,第22—27页。

在互联网中的自我呈现和世界联通中,甚至侵害他人的权益,一旦这种侵害行为触及了国家安全、社会秩序、公共利益、他人的人身和财产损害,不管在任何领域都不是法外之地。

以互联网为代表的信息技术革命推动了大数据、云计算、人工智能、物联网等新兴技术与实体经济进行深度融合,促进了数字产业蓬勃发展,人类进入以数字化、网络化、智能化为特征的大数据时代,数字社会的雏形逐渐显现。① 通过网络的互联互通、无缝衔接,人们的一言一行、一举一动、每时每刻都被以电子数据的形式记录、收集和存储起来。无论是"自然人"还是"社会人"或者"经济人",在数字经济和数字社会的浪潮中都已经变成"数字人"。②

当然,法律在面对新兴权利、财产类型受到侵害时,要作出合理的回应和评价。《刑法》第六章妨害社会管理秩序罪旨在保护应当予以遵守的社会行为准则,以及国家管理活动所调整的社会模式、结构体系和社会关系的有序性、稳定性、连续性。③ 一方面要强调刑法对数据权益这一独立性法益的保护,一方面也要防止做扩大化解释适用。而其中的非法利用信息网络罪所保护的法益为国家对信息网络安全的管理秩序。④ 有观点认为非法利用信息网络罪保护作为安全法益与管理秩序交叉地带的一般意义上的网络安全管理秩序。⑤ 或者是确保网络信息的"合法性、安全性、纯净性、真实性和正当效用性,从而维持正常、稳定的网络管理秩序,塑造健康、安全的虚拟网络空间"。⑥

计算机科学的长远发展不仅要讲求实用功能,还要求科技发展的正能量输出,也有学者称之为科技乐观主义理念,总而言之要达到工具理性与价值理性的矛盾统一。互联网金融科技领域尤其强调绿色、开放和普惠。在互联网普惠金融领域,应面向特殊群体提供无障碍金融服务,完善我国微小

---

① 参见刘一帆、刘双阳、李川:《复合法益视野下网络数据的刑法保护问题研究》,《法律适用》2019 年第 21 期。
② 参见张新宝:《我国个人信息保护法立法主要矛盾研讨》,《吉林大学社会科学学报》2018 年第 5 期。
③ 参见张明楷:《刑法学》(第 5 版),法律出版社 2016 年版,第 1031 页。
④ 参见高铭暄、马克昌主编:《刑法学》(第 7 版),北京大学出版社、高等教育出版社 2016 年版,第 535 页。
⑤ 参见孙道萃:《非法利用信息网络罪的适用疑难与教义学表达》,《浙江工商大学学报》2018 年第 1 期。
⑥ 参见胡莎:《非法利用信息网络罪适用问题研究——"被虚置"与"口袋化"》,《法治社会》2019 年第 3 期。

企业、农民、城镇低收入人群、贫困人群、残疾人、老年人等互联网弱势群体的信息稀缺制度。①

五、迅捷共享

1996年5月,中国历史上第一家网吧"威盖特"在上海出现,网吧当时叫电脑室,上网价格达40元/小时,当时全国的平均工资大约是500元每月,猪肉大约是3块一斤。价格决定网速,网速创造价值。经历了2G、3G、4G至5G时代的变迁,随着无线宽带的普及、网速的提升和资费的下降,我国互联网营业场所管理政策出台,手机的使用普及等种种因素,网吧的地位已经今非昔比。数字化、信息化变革对经济、政治、文化的巨大影响,使我们马上就要见证互联网史无前例的迅捷程度对无人驾驶、远程医疗、智慧城市的催熟。

互联网的共享价值、共享文化一直以来都是互联网转载行为对抗版权等数字权利的"免责事由"。互联网免费的午餐与互联网共享文化不同。以我国数字音乐付费制度推行艰难为例,表面上表现为著作权人和网络服务提供者因各自商业模式的不同而在许可模式构建上的理念冲突,但根本原因依然是网络付费意识当前在我国社会公众中尚未普及,普通网络用户还不适应为其所享受到的网络服务"买单",从而导致网络服务提供者难以通过直接转嫁版税成本的方式实现自身商业模式的正常运作,而被迫选择一种"烧钱"模式。②

第三节　互联网价值的冲突与整合

一、互联网价值目标的冲突

正如上文所述,互联网法律价值主要表现在公民自由、安全稳定、创新开放、联通普惠与迅捷共享五个方面。众所周知,"公民自由"并不是绝对的,而是建立在对已有社会规范、法律制度、行为守则等具有约束力的标准遵从之上。互联网价值中的"公民自由"自然也不例外。然而,20世纪90年代兴起的"网络自由主义"理论鼓吹网络空间应当独立于现实空间并不受法律规制,甚至提出网络空间不应当适用国家主权理论,各国对网络空间

---

① 参见张双梅:《中国互联网金融立法与科技乐观主义》,《政法论坛》2018年第4期。
② 参见佟雪娜、谢引风:《数字在线音乐付费服务模式探讨》,《科技与出版》2014年第12期。

的统治不会受到国界的约束。而这种"自由"理论的宣扬背后隐藏的却是对网络安全、互联网生态环境稳定等其他价值目标的威胁与损害。与此同时,互联网价值目标之间存在着冲突,而且这种冲突也会直接影响互联网生态的治理。从治理手段与治理模式来看,互联网生态治理不仅面临着"法律与代码、技术以及网络架构"规制方式的竞合,还面临着"国际法与国内法""制定法与判例法""公法与私法""实体法与程序法"等多种法律规制方式的竞合与不同立法价值之间的博弈。再详细分析,也不难发现,创新开放、联通普惠、迅捷共享等价值目标在互联网生态环境中的推广与实现也会附带一些新型的社会纠纷与社会矛盾。上文中提到的共享经济模式实质上是以上三大价值目标得以实现的标志:共享经济的出现是一种经济模式的创新,它不仅实现了资源共享、信息开放,还提升了经济效率。但是一旦发生社会纠纷,其所带来的社会影响力也更加广泛深远。例如,我国近几年出现的"共享单车"经济在经过几轮激烈的竞争之后,很多公司因资金周转不灵等问题而被迫破产,很多消费者也因此至今都未收回他们两年前交出去的单车押金。尽管每一笔单车押金数目并不大,但是受害者的群体所在地分散且数量众多。如果他们都将共享单车公司诉诸法院,法院必将面临十分巨大的审判压力。这意味着要解决互联网价值体系内的冲突应当是一个需要纵观全局、综合考虑的问题,而不应当采取打补丁或打地鼠式的方式,等到问题出现时才去解决问题。

二、互联网价值目标的整合

尽管互联网价值目标之间存在冲突,但是各个目标之间也存在着整合的可能性。在本质上,公民自由、安全稳定、创新开放、联通普惠以及迅捷共享这五大目标之间并不是完全分离的,他们的实现在某种程度上是相辅相成的。一方面,互联网所带来的种种价值共同塑造着我们所赖以生存的社会环境。公民自由、安全稳定、创新开放、联通普惠以及迅捷共享已经成为了互联网生态环境不断追求的价值目标。另一方面,互联网各个价值目标也不是彼此分离、各自为政的一种状态,而是处于一种互相影响、有时甚至是互相牵制的状况。例如,互联网共享经济模式异军突起,Airbnb 和 Uber 此种以"共享"作为其经营理念的互联网共享平台公司,共享经济又对于推动创先发展与普惠联通等目标的实现起着重要的作用。[1] 再如,跨国公司之间的小额清偿程序对于提高跨国债务清偿效率,实现互联网信息共享的

---

[1] 参见江海洋:《论共享经济时代使用盗窃之可罚性》,《财经法学》2019 年第 6 期。

优势具有重要的影响。也正因为此,共享经济信息有利于防范在信息不对称的传统视角下的不正当竞争和垄断行为,保障公平交易,防止资本扩张影响国内与国际市场安全稳定。互联网价值目标的积极实现与不断完善,不仅为互联网生态主体之间的交流沟通创造了更为便利的条件,也不断改善着整个互联网生态的环境,从而达到一种良性发展的状态。从互联网生态的演变历程来看,互联网价值目标的内涵也是不断发展并趋于完善的。互联网生态社会的平衡发展与整个互联网价值目标的实现共同形成了一个相辅相成的关系网络。

第三章　互联网虚拟人格的新思维与适用

第一节　网络虚拟人格保护的困境与前路

我国《民法典》总责编首次确立了数据和虚拟财产的客体地位,但网络虚拟人格的固有部分保护容易被忽略。在个人网店的名誉被侵害的情况下,通常只能主张经营者个人的名誉权受到了侵害而得到救济。至于游戏人物的虚拟人格的名誉以及操作游戏的自然人的名誉,在特定的能够识别并将二者联系起来的群体中,可看作是重合的;在其他情况下,二者被视为不同客体,也就是说,对于上述名誉的侵害,视为一个侵权行为侵害了不同的客体。网络虚拟人格的保护方式有两种:一是把虚拟人格归为虚拟财产,从而使虚拟人格被自然人人格吸收,这也是目前《民法典》体现的保护方法;二是承认虚拟人格的准人格性,让虚拟人格和自然人人格在一定程度上相互分离,在虚拟人格商业化过程中弱化其人格属性。

一、网络虚拟人格保护的困境

（一）将个人网店视为个体工商户的原理和问题

1.个人网店的属性是个体工商户。

网店是自然人、法人或非法人组织以营利为目的,经相关网络服务提供者审查认可,在虚拟平台上设立的用于销售商品或提供服务的店铺。[1] 有学者从表现形式角度将网店分为三种:一是自然人用户在专门的网络交易平台上注册并经营的网店,二是在非网络交易服务平台上开设的独立网店,三是作为实体店铺在网络上的延伸的网店。[2] 从是否进行过工商登记的角度可以分为两种:一是依法进行工商登记的网店,例如营利法

---

[1] 参见"舒某诉海南天涯在线网络科技有限公司侵害名誉权纠纷案",审理法院:上海市黄浦区人民法院,审判字号:(2010)黄民一(民)初初字第3802号。

[2] 参见赵晨笑:《个人网店的民事主体定位》,《山东审判》2016年第3期。

人网店、依法登记的个体工商户网店等,二是未经工商登记的网店,未经工商登记的个人网店不包括用于进行不以营利为目的的、偶发性的商行为的个人网店,例如无偿赠予的个人网店、出让个人闲置物品的个人网店等。

个人网店能否被定性为个体工商户?根据网店经营的三种模式,首先个人网店经过工商登记的,无疑属于个体工商户;其次有实体店铺增加网店或转化成网络经营的,肯定也是已经获得了工商行政登记,在建立和营业虚拟店铺时,只要网络平台监督其提供的产品和服务质量与实体店一致,没有出现与工商行政登记事项不一致的情形即可;最后,未经工商行政登记的个人网店的本质到底是什么?在个人网店名誉受到侵害的情况下,根据以往的审判,通常判定店主不能以网店的名义提起诉讼,其理由是网店不是适格的民事诉讼主体。① 不能将网络交易服务平台的实名认证程序与国家法律认可同日而语,通过网络交易服务平台实名认证程序的个人网店性质与合伙企业、法人、个体工商户等依法进行工商登记的网店的性质完全不同,这也是区分网店是否办理工商登记的意义所在。笔者认为,未依法进行工商登记的个人网店,本质上属于个体工商户。未经工商行政登记的个人网店在线上进行经营行为是可行的。网络交易服务平台上注册的网店店主在经营活动中,通常会被要求进行个人实名认证,但是该实名认证的门槛较低。② 经网络平台实名认证的个人网店虽然不能与工商行政登记同日而语,但至少核实了店主或作为经营主体的自然人的身份,使得网店拥有经营的可能性,这也是网络平台审核能力的最大化发挥。按照法教义学的观念,或许会认为未经过工商登记的个人网店的经营行为有瑕疵,但这并不影响个人网店与买家订立的合同的效力。个人网店进行工商行政登记一直是被鼓励和倡导的,但是很多经营者为了避税和规避潜在责任,拖延登记的现象大量存在。归根结底,在市场的作用下,个体网店也应为了提高自身竞争力而尽快办理工商登记。进而,笔者认为,应当肯定个人网店工商行政登记的溯及力,直到个人网店获得工商登记为止,应当认定其自始的经营行为都具有持续正当性,而不应该只从登记之日开始。与大量未经工商行政登记的线下经营行为相比,未经工商行政登记的线上行为具有店主实名认证,交易时间、方式、资金流处处留痕等优势,无论在经营者诚信程度、证据存留和营

---

① 参见"舒某诉海南天涯在线网络科技有限公司侵害名誉权纠纷案",审理法院:上海市黄浦区人民法院,审判字号:(2010)黄民一(民)初初字第3802号。
② 以淘宝网注册为卖家程序为例,实名认证需要提供真实姓名、身份证号、面部识别拍照或视频等,通过淘宝网审核可获得卖家身份和资质。

业额等方面都更加稳定和透明,基本实现了网络经营互动的规范性和可追溯性,①实在不应该过分打压,以便顺应我国现阶段"十三五"规划促进扶持微小经营、电商扶贫的政策导向。② 根据 2013—2017 年 5 月底国务院、国务院办公厅发布的现行有效的 12 个含"网店"相关内容的通知,不难看出,基本都涵盖了"网店实名制"和"改善创业环境"两方面内容。③ 一方面,完善网店实名制意味着加强网店产品、服务的质量及其责任分担、责任追偿问题的解决,建立网络经营者诚信认证体系,预防和惩罚贩假、虚假经营行为;另一方面,鼓励电商扶贫,包括技术扶贫、人才扶贫等,全面支持电商创业。要求网店实名制是众望所归,而对网店工商行政登记并没有严格的准入要求,这更尊重和便利了网店的经营,体现国家充分谅解了网络经营模式对地缘性的突破,使得线上问题基本通过线上进行解决,认可网店实名制也能达到工商行政登记同等的保障交易安全的法律效果。因此,对已经实名认证、尚未进行工商登记的个人网店管理也可比照个体工商户。

根据《民法典》第二到四章中对民事主体制度的层次架构,民事主体分为自然人、法人和非法人组织。个人创设的网店不满足《民法典》第 58 条规定的法人应当具有独立名称、机构组织、住所、财产等实体要件,也不满足须经法律、行政法规进行审批等形式要件。因此,个人网店不是法人。我国《民法典》沿袭了《民法通则》对个体工商户、农村承包经营户作为自然人处理的思路。④ 区别

---

① 参见 2017 年 1 月《国务院关于印发"十三五"市场监管规划的通知》第三章中规定:"……推动网络身份认证、网店实名制,保障网络经营活动的规范性和可追溯性。"
② 参见 2016 年 11 月《国务院关于印发"十三五"脱贫攻坚规划的通知》第一章第三节"电商扶贫"中规定:"对贫困户通过电商平台创业就业的,鼓励地方政府和电商企业免费提供网店设计、推介服务和经营管理培训,给予网络资费补助和小额信贷支持。"
③ 这 12 个通知包括:2017 年 1 月《国务院关于印发"十三五"市场监管规划的通知》(注〔5〕)、2016 年 11 月《国务院关于印发"十三五"脱贫攻坚规划的通知》(注〔6〕)、2015 年 10 月《国务院办公厅关于促进农村电子商务加快发展的指导意见》、2015 年 10 月《国务院办公厅关于加强互联网领域侵权假冒行为治理的意见》、2015 年 9 月《国务院办公厅关于推进线上线下互动加快商贸流通创新发展型升级的意见》、2015 年 6 月《国务院办公厅关于运用大数据加强对市场主体服务和监管的若干意见》、2015 年 6 月《国务院办公厅关于促进跨境电子商务健康快速发展的指导意见》、2015 年 5 月《国务院关于大力发展电子商务加快培育经济新动力的意见》、2014 年 8 月《企业信息公示暂行条例》、2014 年 6 月《国务院关于印发社会信用体系建设规划纲要(2014—2020 年)的通知》、2014 年 5 月《国务院办公厅关于做好 2014 年全国普通高等学校毕业生就业创业工作的通知》和 2013 年 2 月《国务院办公厅关于落实中共中央国务院关于加快发展现代农业进一步增强农村发展活力若干意见有关政策措施分工的通知》。
④ 魏振瀛教授认为,《民法通则》起草时农村承包经营已在全国实行,个体工商业有很大发展,立法机关基于政策考量,个人财富和民生产业应以法律形式稳固,即便民法原理上不能认为个体工商户、农村承包经营户是民事主体。见曹兴权:《民法典如何对待个体工商户》,《环球法律评论》2016 年第 6 期。

在于《民法通则》"核准登记"到了《民法典》变更为"依法登记"。依法登记是备案性质还是行政许可性质？从我国母法《宪法》第 11 条中"对非公有制经济依法实行监督和管理"的语序中可见"监督"优先于"管理"，没有经过依法登记的自然人商主体本质上还是个体工商户，不会经过登记就发生瞬间实质转变。因此，应当对"登记准入"做适当软化和缓和。将"依法登记"作为个体工商户的构成要件，与民法的自愿基本原则和保护私权的根本目的自相矛盾。我国自改革开放以来，公权力干预在市场经济中逐渐撤离，政府、行政机关的公共服务功能已经适当扩大，"监督和管理"不应当作为了限制自然人商主体从事商业活动的目的解释。因此不应把对个体工商户的"依法登记"作为准入要件理解，即不能作限权解释。

根据《民法典》第 110 条对民事权利规定的文义解释，个人网店未经过工商登记的，阻止其成为个体工商户。民事主体是指根据法律规定，能够参与民事法律关系，享有民事权利和承担民事义务的当事人。一方面，民事主体需要经过国家法律认可，但网店作为民事主体恰恰没有得到法律的认可，所以推导出网店不享有名誉权；另一方面，个体工商户的本质归属于自然人，网店店主只能以自己的自然人主体身份主张自然人名誉权受侵害，但无权主张其网店的名誉权。有的观点认为，个人网店的主体资质、经营范围准入门槛很低，对网店名誉的保护难免不周，而且不进行工商行政登记是为了避税，根据权利与义务相一致的原理，个人网店应当对权利保护不足适当容忍。但是不能因为不纳税就否定其经营权利，否则将混淆逻辑，例如不能因为不缴纳学费就否定学生的受教育权。营业活动应该是一般的民商事行为，属于一般权利能力主体都具有的行为能力，除特殊营业资格需要审批登记的之外，营业资格的认定应遵循人人平等的原则，人的权利不得受到歧视。①

2. 个人网店"个体工商户说"引发的问题。

既然个人网店是个体工商户，那么按照民法理论和《民法典》的体例规定，个体工商户是被归属于自然人范围里的，从而可以推导出个人网店在性质上属于自然人。但是网店的名誉与自然人的名誉权仍然是两个不同的客体，很难将二者混为一谈。不能将网店名誉包含在自然人名誉权的范围内部。个体工商户这种特殊的自然人既不是法人，也不是自然人的下位概念，仍旧没有超出自然人范围。但是，随着个体工商户的商业化趋势，个体工商

---

① 参见杨震：《民法总则"自然人"立法研究》，《法学家》2016 年第 5 期。

户"自然人说"在商号、亲属关系多人经营模式的冲击下,可能进入难以自圆其说的困境中。① 进而,作为个体工商户的个人网店的个体经营字号以网络为媒介表现和传播,从物理营业场所裂变到网络平台后,个体工商户"自然人说"需要解释的内容会更多。

(二) 通过对实体人格的损害来认定对虚拟人格的侵权行为

2005年,我国首例网络游戏纠纷引发的名誉权诉讼审结,②二审否定了一审的判决,自此网络虚拟人格不是民事主体观点似乎有了定论。被侵权人以虚拟人格受到侵害为由提起诉讼,在判断侵权责任构成与否时,法院通常是通过侵权行为对实体人格的损害进行认定的。该案一审判决是唯一一起认定虚拟人格受到侵害的案件,但是被二审改判,未能生效。二审判决认定虚拟人与实体人等同,实体人有权利起诉。被告,即网络游戏平台认为虚拟人与实体人无关,同时举证多个用户使用该虚拟账号,导致虚拟人与实体自然人分离程度较高,对虚拟人的处罚不侵犯实体自然人的线下权利。一审判决也没有直接否认虚拟人与实体人的分离,而仅仅认为在能够识别虚拟人与自然人等同的关系群体中,其名誉权确实受到了损害。网络虚拟人与实体人的分离程度是判断网络虚拟人格是否应受到保护的因素之一。网络虚拟人是自然人向网络服务提供者提出请求而设立产生的,其中部分自然人与网络服务提供者签订了网络服务合同,网络虚拟人的权利属性是相对的。自然人的权利能力始于出生,自然人的人格权是绝对性的。被侵权人认为的"侵权行为",如果是在签订网络服务合同是就已经约定好的,那么网络虚拟用户一旦违规,网络服务平台的处罚行为不应当认定为是侵权行为。网络服务平台处罚不当,也属于违约行为,构成侵权。

上述案件中,一审法院判决意在强调个体工商户与经营者的统一性,认为自然人人格权具有包容性,而二审法院的改判反而在强调游戏角色的人格特征不够明显,不能被实体人格包容。由此可见,网络游戏虚拟人格名誉与玩家名誉是分离的,网店名誉与店主名誉也是分离的,只是分离程度各异。

---

① 参见徐建平、史珂:《试述浮动抵押在个体工商户融资担保中的作用》,《云南大学学报(法学版)》2016年第5期。
② 参见"张凌诉北京联众电脑技术有限责任公司侵权纠纷案",一审审理法院:吉林省吉林市船营区人民法院,审判字号:(2004)船民一初字第660号;二审审理法院:吉林省吉林市中级人民法院,审判字号:(2004)吉中民一终字第728号。

二、网络虚拟人格保护的前路

（一）我国《民法典》的思路

1.实体上保护数据、网络虚拟财产利益。

(1)以数据利益保护虚拟人格的便利和障碍。

有些数据是现实中固有动产的数据化,是动产和网络的结合,在这种情形下,网络更像容器,与数据是物理性结合。有些数据则脱离了网络就不能成立,与网络具有不可分割性。海量的信息不具有稀缺性,不具有价值,不构成民法上的物。数据的物权性或债权性,并非简单的二选一,也不是非此即彼的割裂。因此,在理解数据时采取解释成本更低的方式将其类型化,这实际上是个伪命题。网络上的信息的内容具有多样性,很难归类或抽象出共性,其中有单一性质的信息传输,例如 email;还有复杂的综合性、聚合性的信息传输,例如网络游戏。在有些网络游戏中,用户不仅只是使用网络游戏服务,还可以创设服务内容,包括应受到保护的智力成果的创造。采用一对多的模式分享、发布信息的行为与物权行为更类似,而授权享受服务的行为则更倾向于债权行为。但无论债权或者物权,只是各自倾向,并不纯粹和完全。动产和不动产的分类,完全是传统客观空间框架下的概念,因此很难将数据归属于动产或不动产。既往的分类已经不能满足社会发展现状的需要。明确了性质和归属,并不一定能够有利于解决问题,有时解决问题看似是最终的目的,但是解决的方式和过程也反复验证我们对事物进行定性的方法是否准确。数据没有特定性,也没有独立性,数据的价值依附于其传达的内容;数据也不是无体物,它不在有体物、无体物的分类框架下;数据也不是民事权利客体。① 数据在交易时产生价值,本身不具固有价值,与不动产有相同之处又不完全相同;不动产具有固有价值,但因其稀缺性,在交易时产生的价值要高于固有价值。数据是无固有价值的,然而一旦其表达的内容涉及安全和需要受到保护的问题,就产生了价值,因此数据不是财产。② 数据服务合同是债的关系,但是由于数据本身的主体不确定,而产生了欠垄断性、欠独有性、欠稀缺性的特征,因此数据权利化值得商榷。数据指代的范围在浮动变化,非法律名词的唯法律主义解释,会让方法路径陷入僵局。

网店的产生依附于数据和媒介,当网店整体作为虚拟财产归属于经营者时,经营者的权利和行为体现在对数据的支配上,当网店作为民商事交往

---

① 参见梅夏英:《数据的法律属性及其民法定位》,《中国社会科学》2016 年第 9 期。
② 参见梅夏英:《数据的法律属性及其民法定位》,《中国社会科学》2016 年第 9 期。

中的主体与消费者进行民商事行为时,虽然依附于数据进行信息交互,但是商主体本身所固有的经营能力和经营行为不能与数据的财产属性等同。网络游戏同样依托数据和平台,游戏装备是以数据为表现形式的,在一定群体内可以流转,具有可直接转化为货币价值的可能性,因此可以认为这类数据具有财产性,但是游戏角色因经验值或游戏排名靠前而带来的名誉,归根结底也依附于数据,这类名誉是需要保护的,却很难认可这类名誉可以转化为财产。也有观点认为游戏角色的名誉与自然人的名誉不尽相同,游戏角色的名誉保护是相对性的,因为用户与游戏平台之间是服务合同关系,这种名誉与自然人天赋的名誉权本质是不同的。技术上网络角色的名誉是可以被游戏平台收回的,例如游戏平台无法继续提供服务,游戏数据不再具有价值,属于对所有用户无歧视的收回,相反,对个别用户的权利收回还应当遵循游戏服务合同,不能无原因剥夺个别用户的权利,因此对权利的限制也不能直接转化成对数据财产的侵犯,虚拟人格数据保护的方法解释与之不同。既然我国《民法典》已经确立了数据、虚拟财产是民事主体的民事权利,实际上也是将相对权派生的权利等同为绝对权派生的权利保护,那么相对权派生的人格权保护也可以比照绝对权派生的人格权进行保护。

(2)以网络虚拟财产保护虚拟人格的便利和障碍。

虽然财产的标准还是最终可用货币衡量的经济利益,但财产利益的表现形式是随着经济发展不断更新的[1]。虚拟财产是网络社交工具、网络游戏、网络交易平台等催生的财产表现形式,游戏装备失窃[2]、社交网站账号及网店继承[3]、死者生前经营的网店流转[4]都能够根据虚拟财产理论和既有判决解释。

网店的名誉对营利有至关重要的影响,网店的名誉与经营网店的自然人名誉不是同一客体,不能被自然人名誉权包容,尤其是线上交易行为,这种分离更加明显。基于网店的经营与自然人行为的紧密相关性,自然人可以作为诉讼主体,但是因为网店名誉受侵害,而诉求个人的名誉权受侵害,

---

[1] 参见尹田:《人格权独立成编的再批评》,《比较法研究》2015年第1期。

[2] 参见审理法院:北京市第二中级人民法院,审判字号:(2004)二民终字第02877号民事判决书;审理法院:北京市第二中级人民法院,审判字号:(2009)二民终字第18570号民事判决书;

[3] 参见刘英团:《QQ号可以作为"遗产"继承吗?(时事点评)》,《人民日报(海外版)》2011年10月29日。

[4] 目前仅淘宝网店承认网店流转,流转包括了法定继承和夫妻财产分割,其他交易平台私下转让店铺现象查证困难。见梅夏英:《数据的法律属性及其民法定位》,《中国社会科学》2016年第9期。

有些牵强,尽管除此之外没有其他的解决路径。在理论上,如果法律承认网店的虚拟人格,那么法定诉讼承担可以成立,自然人可以代网店之位提起诉讼。同时,网店的名誉并不是基于数据产生的财产,或者至少并不能直接转化成财产,网店的名誉带来的营利难以计算。例如因为诽谤、诋毁网店销售假货而导致的名誉损害,店主想要以不正当竞争为由提起诉讼,那么需要证明构成不正当竞争的侵权人是同行,而且必须是同行,非同行或同行雇佣的人都不能构成不正当竞争,造成不正当竞争主体资格很容易被规避,想要满足不正当竞争的条件难度很大。再者,损害名誉的事实产生了,固有的名誉可以通过停止侵害、恢复原状、赔礼道歉等防御性救济来保护,在既有判决中已经有所体现①,与虚拟财产的损害赔偿救济的方式广泛性不同,防御性救济更有局限性。若店主想要以诽谤、诋毁侵犯名誉要求对方停止侵害,那么就不需要证明对方是同行,但是条件是要以自己的名义提起诉讼,在网店不具有独立人格情况下,店主不能提起代位诉讼,又回归到网店名誉与经营者名誉混为一谈的问题了。

良好的民事主体制度,应当适应时代发展,保障人格权圆满,满足和保护自然人凭借多种媒介进行的民事行为。《民法典》第 127 条规定了民事主体对数据和网络虚拟财产的权利受法律保护。个人网店本身属于虚拟财产,在继承和夫妻共同财产分割问题上,个人网店是虚拟财产无疑。个人网店的名誉不是网络虚拟财产,虽然是具有可利用价值的客体,但是不属于数据,不能直接转化成可以衡量的货币价值。

2. 将虚拟人的人格、财产保护都归于法律人。

如果说"自然人与公民之分不过是公法与私法区分的技术产物"②,那么自然人和虚拟人之分不过是网络与物理空间二分之下的概念。网络与物理空间线上与线下的二分法实际上是肯定了"网络是空间",但严格意义上,这只是一种比喻,容易造成适用上的误解,例如物理空间中一个人同一时间只能出现在同一物理位置,但是在网络上同一个人可以同时出现在多个位置。③ 归根结底,网络上的任何行为都是用户向网络服务提供者提出

---

① 该案中虽然二审判决否认了虚拟人的诉讼请求,但是两级法院判决对与网络游戏玩家在游戏中获得的经验积分排名带来的名誉都予以肯定,并认为网络游戏平台应当恢复其积分和排行。见"张凌诉北京联众电脑技术有限责任公司侵权纠纷案",一审审理法院:吉林省吉林市船营区人民法院,审判字号:(2004)船民一初字第 660 号;二审审理法院:吉林省吉林市中级人民法院,审判字号:(2004)吉中民一终字第 728 号。
② 参见谢鸿飞:《民法典与人的美德》,《中国法律评论》2015 年第 4 期。
③ Cf. Mark A. Lemley, "Place and Cyberspace", *California Law Review*, Vol.91, No.2 (Mar., 2003), pp.525-526.

的请求行为,是相对性的权利,网络服务提供者为了广泛提供服务的默许容易模糊这种行为的债权性本质。用户在网络平台上享有的绝对权和相对权都是债权派生的。

以法律人的名义保护虚拟人的人格权和财产的原因包括:第一,民事主体本质上,网络虚拟人没有独立的意思表示。第二,民事行为上,网络空间虚拟人的行为依靠实体自然人意志支配下作出的操作行为才能完成,虚拟人的行为是自然人行为的延伸。第三,网络虚拟人的产生是用户与网站的服务合同产生的。第四,民事诉讼资质上,法律人可以请求相对方、提起诉讼请求,虚拟人不是民事主体,更不是适格的民事诉讼主体。这种观点完全可以解决虚拟财产保护问题,但在保护虚拟人的人格利益上,就抹杀了虚拟人和自然人的区别。虚拟人的人格和自然人的人格呈现有限分离的状态,很难说两者完全涉及同一个问题,虽然在维护权益的方式上可以通过自然人的请求来完成对虚拟人的保护,但是在逻辑上,自然人的人格对虚拟人的人格有不可包容性。依照《民法典》设计的思路,由于对民事客体界定的必要性和功能的局限,已经不再规定民事客体,而是通过规范民事权利来保障民事主体的权利。广义地解释,虚拟主体对数据、虚拟财产的权利可以推导出虚拟人的名誉权等人格权利益属于法律保护的范畴。至于实际以何种路径进行救济,只要能够自圆其说即可,不应过多限制。

将虚拟人的人格保护置于自然人人格权保护范围之内,实际上是因为虚拟人类似于自然人,是自然人人格的裂变,可以做一种类比,并以包含概括的方式对虚拟人格进行保护,不打破原有的法律框架,回避创造新的主体类型概念。找一个既有的类似概念,确实可以迅速地解决问题,维持法律的安稳性,但也存在一定的问题,有待进一步探讨。①

(二) 赋予网络虚拟人格准人格权

1. 网络虚拟人格的有限性的准人格权。

之所以将其称之为网络虚拟人格的准人格权而不是人格权,是因为网络虚拟人格具有有限性。虚拟人格的创设只要向网络服务提供者提出请求,按照要求提交信息,就能取得资格,长久以来得不到重视也是因为它的创设具有任意性、随机性,不能摆脱对民事主体的依赖,不能以独立地位得到法律承认。互联网的存续依靠的是不同文化背景下的对信息分享和再传播的共识,以及不断的网络社交行为矫正。虚拟人格是人格权在电控空间

---

① Cf. Mark A. Lemley, "Place and Cyberspace", *California Law Review*, Vol.91, No.2(Mar., 2003), p.542.

的延伸,之所以说虚拟人格是准人格,是因为它还不够圆满,法律确认虚拟人格权的目的是在新媒体环境下,保护变异的人格权中的稳定部分。法律确认虚拟人格有利于更好地保护虚拟人格,有利于对自然人人格权的终极保障。应当承认自然人主体与虚拟主体一定程度的分离,厘清他们各自产生的人格权不完全重合。有观点认为,意思表示是所有私法的最高程度公因式,因此所有私法中的行为、权利和责任都是围绕意思表示展开的①。然而,虚拟人没有自由意志,其意思表示是由操作网络的自然人作出的,因此虚拟人格的局限性是必然的。类似于法人的主体资格拟制性,虚拟人格可以作出一定突破。之所以是一定程度的突破,是因为虚拟人格构造的难点在于其商业化的部分,包括流转、继承、分割问题。例如在承认网店具有准人格的前提下,网店虽然具有准人格权,但是在流转和继承时,虚拟主体在流转中主观抛弃了民事实体主体与虚拟主体之间的不可分离性。整体而论,网店以虚拟财产属性定位更准确,否则个人网店作为准民事主体,由于缺乏完全的独立性,发生流转和继承比照法人的流转和继承规则,解释不通;再如民事实体主体死亡,客观切断了与虚拟主体的不可分离性,分离出来的虚拟主体由于原生的人格属性已经因自然人的死亡而灭失,因此派生出来的虚拟人的隐私等都因"分离"而不具有保护的意义,因为死者的生活安宁不被打扰的基础已经不存在,而其表现出来的合法权利和财产属性的部分则可以发生继承。实际上,大部分情况下虚拟财产的价值属性都集中体现在流转等商业化过程中,其带来的财富也都是通过商业化转化而来的,财产性损害通过进取性救济完成保护,例如除了适用防御性救济的停止侵害、排除妨碍、消除影响、赔偿损失等损害赔偿方式之外,还可以进行金钱赔偿。与此不同,虚拟人格利益受到的侵害,是侧重于防御性救济保护,例如停止侵害、排除妨碍、消除影响、恢复名誉等都是保持权利圆满的责任承担方式。

2. 程序上妥善运用诉讼担当制度。

一般认为诉讼担当分为任意诉讼担当和法定诉讼担当,任意诉讼担当由约定产生,与此不同,法定诉讼担当是基于实体法或诉讼法上的规定,第三人对他人的权利可以以自己的名义进行诉讼②。基于身份关系产生的实体权利与诉讼权利分离,例如母亲为胎儿诉讼担当,直到胎儿出生后取回权

---

① 参见陈华彬:《论我国〈民法总则(草案)〉的构造、创新与完善》,《比较法研究》2016年第5期。
② 参见肖建华:《诉权与实体权利主体相分离的类型化分析》,《法学评论》2002年第1期。

利,再如死者近亲属为代死者提起名誉权诉讼的诉讼担当。我国《民法典》第13条规定自然人的民事权利能力从出生时起到死亡时止,这也是目前大部分国家民法典的共识,将民事法律主体的资格赋予了所有生物学意义上的人。民事主体与诉讼主体有限分离论的依据有二:第一,我国《继承法》实施以来,长久关注胎儿预留份的问题,这一观点也被《民法典》第16条扩张到遗产继承、接受赠予等有利于胎儿利益的情形,都将胎儿视为具有民事权利能力;第二,最高人民法院有关保护死者名誉权的两个批复①,可以推导死者的有限人格权,但在1993年《关于审理名誉权案件若干问题的解答》和2001年《关于确定民事侵权精神损害赔偿责任若干问题的解释》这两个已经失效的文件中避免了提及死者名誉权,而以"死者名誉"替代,与之前两个批复存在矛盾,实际上是最终否定了死者的主体地位,否定了死者具有人格权。胎儿和死者虽然民事权利能力有限,但胎儿具有完全的当事人能力,死者不具有民事诉讼主体能力。民事主体和诉讼主体分离论在法人方面,法人的民事诉讼权利要比民事行为能力宽泛。② 因此从表面上看,民事主体与诉讼主体在自然人与法人领域都出现了分离。值得注意的是,基于民事主体与诉讼主体"有限分离"的误解的推导,无论是自然人还是法人,其民事权利能力与诉讼权利都是保持一致的,未出生的胎儿和已死去的人都不是实体权利的承载者。胎儿和死者的权益保护都是基于国家、社会政策考量,而赋予的特殊关照。虚拟人的人格拟制与胎儿、死者的生命体过渡状态不同,胎儿有成为民事主体自然人的潜能性,一旦"出生"即成为生物人,天然获得民事主体资格,死者是罹于民事主体的状态,法律给予延续性保护。虚拟人一经创设状态自始不变,与法人更接近,要么法律承认其主体地位,要么就是任其处于游离的状态。

    基于财产关系产生的实体权利与诉讼权利分离,为维护财产所有人或财产经营人的利益而成为代位当事人,例如清算主体对破产人的债务人提起的诉讼,就是诉讼担当。经营行为受到国家管理限制,只是经营行为活动的限定,经营者权利能力仍是平等的,并不受限,因此经营者的诉讼权利比实体权利更广泛一说,不能成立。个体工商户不是自然人的下位概念,是归属于自然人的一种变异体,比照自然人的规则适用法律。因此个体工商户不存在独立的民事权利能力问题,也就不涉及独立的民事诉讼权利。如果

---

① 两个批复分别是1989年4月12日最高人民法院对《关于死亡人的名誉权应受法律保护的函》的回复,1990年最高人民法院《关于范应莲诉敬永祥等侵害海灯法师的名誉权一案有关诉讼程序问题的复函》。

② 参见谭启平:《民事主体与民事诉讼主体有限分离论之反思》,《现代法学》2007年第5期。

个体工商户的人格利益保障只能依靠自然人的人格权,当自然人死亡使其民事权利能力归于消灭时,个体工商户经营的商号人格利益是否就理所当然没有保护的价值?为了达到最大化当事人适格的目的,①个人网店店主可以比照诉讼担当制度,以自己名义参加诉讼,但前提是法律承认网店的实体权利,仅仅承认虚拟财产为主体享有的民事权利是不够的。

因此,如果采取确立虚拟人格准人格属性的方式来解决虚拟人的人格权与自然人人格权有限分离的问题,那么在程序法上就一定要运用诉讼承担的方式来解决诉讼主体适格的问题,以达到最大化保护虚拟人格利益的目的。同样是出于最大化保护虚拟人及其财产的目的,《民法典》采取了上文中的第一种解决路径,确立民事主体数据、虚拟财产权利,考虑到虚拟人的创设、流转都依托于数据化网络平台,简便易操作,流转时也只需告知买方账号密码即可,虚拟财产的价值体现在交易上,大量且高效的虚拟财产流转是市场经济良性发展的标志,需要法律的承认和保护,正因如此,确立虚拟财产客体地位时没有过度在意其债权派生性,就是为了鼓励虚拟财产的流转。值得注意的是,根据上文中的第二种解决路径,一定程度承认虚拟人格的人格属性,并不阻碍虚拟财产的流转,而是仅仅在涉及虚拟人固有人格利益时才允许其人格独立于自然人,在虚拟人格受到侵害时,一方面使其侵害的权利与依托的主体能够逻辑自洽,另一方面也体现了民法对高度信息化、全球化经济发展的回应。②

虚拟人和自然人的人格利益受到侵害,只是在特定的能够识别并将二者联系起来的群体中是一体的;在其他情况下,二者根本不是同一个客体,而是一个侵权行为侵害了两个客体,或者仅仅只侵害了虚拟人格。网络虚拟人格的保护方式有二种:第一种是把虚拟人格归为虚拟财产,从而使虚拟人格被自然人的人格吸收,这也是目前《民法典》体现的保护方法。根据这一思路,虚拟人的人格权利益保障完全依靠自然人,如果自然人死亡,虚拟人的利益无法保障,但其仍有保护价值,虚拟财产的部分可以被继承,但是人格权的部分不能发生继承,不能否认这部分权利天然归于消灭,没有保护

---

① 公法诉权说认为,诉权是当事人对国家公法的请求权,不是对相对方或实体法的请求权。因此,民事诉讼法才能从民法中分离出来,成为独立的部门法学科,而诉讼担当制度就是为了解决分离论困境应运而生的,例如遗产管理人制度,广义诉讼担当还包括了诉讼承担和诉讼信托等。参见江伟、邵明、陈刚:《民事诉权研究》,法律出版社2002年版,第12—13页。

② 有的观点认为,现代民法观必须有"整体社会进化观",具体包括回应社会高度的商事化、金融化、信息化、全球化、伦理丧失的需求。见蒋大兴:《论民法典(民法总则)对商行为之调整——透视法观念、法技术与商行为之特殊性》,《比较法研究》2015年第4期。

的价值,如果运用诉讼承担方式通过继承人提起诉讼来保护死者人格权利,那么既然运用了诉讼承担的方式进行救济,也就间接反向承认了虚拟人格有独立性成分存在。网络虚拟人格的保护的第二种方式就是承认虚拟人格的准人格性,让虚拟人和自然人一定程度分离。但是在虚拟人商业化过程中,为了鼓励虚拟财产的高效流转,应当弱化虚拟主体的人格属性,将虚拟人及其财产合并视为虚拟财产。

第二节 网络虚拟人格在民法典中的制度构造与突破性适用

互联网长久以来的存续,依靠的是多重文化背景下,价值共识的分享以及据此发生的行为矫正。虚拟人格是人格权的延伸,是准人格的一种类型。虚拟人格入法有利于更好地保护虚拟人格,有利于对自然人人格权的终极保障。虚拟人格在我国民法典中的构造难点在于其商业化部分的流转、继承规则及限制。虚拟人格的救济包括防卫性和进取性救济。

一、网络虚拟人格的本质

互联网技术发展初期,人们认为互联网是一个自由、无规矩的电控空间,认为使用互联网的行为不是权利能力的表现,否认规则体系在互联网空间适用的可能性,然而,缺乏规则的互联网社区,吸引了不区分性别、种族、年龄、社会地位的几乎所有人。[1] 经过长久以来的自治优化,互联网已经从发展初期乱象丛生,变得越来越注重秩序。

(一) 网络虚拟人格的概念

虚拟人格是指在网络虚拟世界中刻意或者无意形成的虚拟社区中的虚拟形象,形成一定虚拟社区地位,并获得一定的虚拟社区评价。网络的匿名性造成了自然人与虚拟人格一定程度上的分离,这也是网络环境对地缘性传播的突破使然。心理学认为虚拟人格是现实世界中被压抑的人格,其具有在现实世界无法实现的人格及其隐藏于现实人格背后的一套行为模式。[2] 社会学中的"角色理论"认为,与某种社会地位、身份相一致的权利义

---

[1] Cf.Barbara M.Ryga, "Cyberporn:Contemplating the First Amendment in Cyberspace", *Seton Hall Constitutional Law Journal*, 1995, PP.221-224; Llewellyn Joseph Gibbons, "No Regulation, Government Regulation, Or Self-Regulation: Social Enforcement or Social Contracting for Governance in Cyberspace", *Cornell Journal of Law and Public Policy*, Spring, 1997.6.

[2] 参见李莉:《论虚拟人格在网络中的传播》,吉林大学硕士学位论文,2008年第2—3页。

务行为模式构成了角色人格,这种地位更多的来源于社会地位和身份的行为期待,而不是法律。① 在民法理论中,网络虚拟人格权与自然人人格权、法人人格权的来源不同,网络虚拟人格是网络服务合同派生的人格权,实际上是债权产生的绝对权。② 网络虚拟人格不同于法人、团体、③宗教、④精神幻想等产生的拟制人格权。在讨论网络数据到底是物权属性还是债权属性时,大部分观点还是认为网络数据是物权属性的,⑤对这个问题的理解可以辅助解释为什么虚拟人格是债权派生的绝对权,因为通过互联网进行的一切行为都是相对性的,每一次的点击都需要网络服务提供者的同意或授权,只不过这种授权时常是自动默认授予的。⑥ 即便通过互联网产生的权利都是债权产生的,但具体来讲也可以分为债权派生的绝对权和债权派生的相对权,例如与虚拟人格有关的名誉权、隐私权就是绝对权,再如网购买卖双方之间的权利就是相对权。

(二) 网络虚拟人格与实体自然人的合离

很多学者认为人格权当中蕴含着伦理意义,其基础为人类的生命、健康、自由和尊严等伦理性价值。而虚拟人格作为一种非物质空间创立的衍生品与生命体无关,更不要说人道主义、人性了,虚拟人格表现的价值元素与自然人的尊严、自由、安全以及伦理道德的距离遥远。然而,没有生命就不存在意志,因此网络虚拟人格的本质仍然是人与人之间的关系。⑦ "人格"最初源于古罗马,用来划分人们"人格减等"社会生活中的身份,与法国大革命时期《法国民法典》的天赋人权、人人平等并不是一个概念。随着社会交往主体构成形式多元化发展,重提古罗马的人格是为了增加确立团体的民事主体法律地位。德国并没有直接援引"人格"这一概念,而为了将其区别于哲学领域的人格,首次提出了权利能力概念。⑧ 目前,各个国家在法律上承认的民事主体不仅仅包括自然人,还包括法人(团体)等。民事主体都具有人格,即权利能力,应受到民法的保护,只是自然人所具有的生命体

---

① 参见邓泽球、张桂群:《论网络虚拟人格》,《常德师范学院学报(社会科学版)》2002年第2期。
② 参见李佳伦:《网络虚拟人格保护的困境与前路》,《比较法研究》2017年第3期。
③ 参见苏永钦:《体系为纲,总分相宜》,《中国法律评论》2017年第3期。
④ 参见许娟:《法律何以能被信仰?》,《法律科学》2009年第5期。
⑤ 参见梅夏英:《数据的法律属性及其民法定位》,《中国社会科学》2016年第9期。
⑥ Cf. Mark A. Lemley, "Place and Cyberspace", *California Law Review*, Vol.91, No.2 (Mar., 2003), p.524.
⑦ 参见刘海川:《霍布斯的代表与授权理论》,《政治与法律评论》2014年第1期。
⑧ 参见尹志强:《法人人格权的理论解读》,《山东审判》2015年第3期。

特征相关的生命、健康、身体等利益,是作为拟制主体法人(团体)不具备的。然而虚拟人格是否可能作为拟制的民事主体得到法律确认呢?这个过程存在哪些阻碍?自然人是最基本、最合理的民事主体,自然人的存在依赖一个基础——内化与交往行为允许我们确认基本的有效性要求:作为语言使用者,我们是真实的、适当的、真诚的。这三点要求超越文化、历史及其他特定性,构成交往实践的普遍特征。① 偏离自然人本质的两极包括偏公属性和偏私属性。对偏公属性的经典解读是哈贝马斯的"生活被殖民"观点。② 超出一个人正常的生存需求,"任性"太过将影响普遍平等的他人"任性"。偏私属性则是太随意、泛滥,信赖度低的行为,不值得尊重和保护。网络虚拟空间信息的生产者与消费者统一,内容过剩,由于公众注意力稀缺昂贵,个体注意力在自己的生产上,个体注意义务随之降低。

  法律和权利是两个分别包含在不同语境中的不同现象。英语中分别以两个不同的词,"Law"和"Right";德语和法语则只用一个词,分别是"Recht"和"Droit",而用"客观意义的Recht"和"主观意义的Recht"、"客观意义的Droit"和"主观意义的Droit"来区分法律和权利。虽然一词二意,但德国和法国的二元理论观点认为,"客观意义的Recht""客观意义的Droit"和"主观意义的Recht""主观意义的Droit",性质完全不同;只有"客观意义的Recht""客观意义的Droit"才被认为是规则或规范,而"主观意义的Recht"、"主观意义的Droit"则被界说为"利益"或"意志"。③ 法律权利不等同于利益或意志,而是利益中被法律保护的部分,才是权利。早期权利的彰显体现得淋漓尽致,只是在后一阶段,为了认可和保护那些曾独立于这一秩序之外而出现的权利,才加上作为国家秩序的法律。④ 法国革命把政治归结为这三个神圣的词:自由、平等、博爱。人的存在以知觉——感情——认识三者并存为表现形式,人的毕生时间都在用行动来阐释这三者合一的状态。相对应地,与形而上学中的知觉一词相应的政治术语是自由;与认识一词相应的是平等;与感情一词相应的是博爱。人的知觉始于出生,终于死亡,人之所以表现,是因为他的外部世界同时也在向他表现,因此人就产生知觉,他的生命主观性为他带来了客观性。相对性的宇宙和相对性的社会生活

---

① Cf. Habermas, Jurgen, *Moral Consciousness and Communicative Action*, Cambridge: Polity, 1990, pp.88-89.
② 参见李佃来:《公共领域与生活世界——哈贝马斯市民社会理论研究》,人民出版社2006年版,第283页。
③ 参见[奥]凯尔森:《法与国家的一般理论》,沈宗灵译,商务印书馆2014年版,第131页。
④ 参见[奥]凯尔森:《法与国家的一般理论》,沈宗灵译,商务印书馆2014年版,第131页。

中,整个一生即使人只在思想,他也在行动。那么,用来表达人的表现的权利,即表达他生存的权利的词,就是自由。自由并不是任何时刻都在被人所享有,而是人在群体或社会中,自我体现的空间,即行为的权利。所以政治的目的首先就是在人类中实现自由。使人自由,就是使人生存,换言之,就是使人能表现自己。缺乏自由,那只能是虚无和死亡;不自由,则是不准生存。① 权利的内涵中一定包括彼此间的承认,这又意味着必然存在特定的相互交往。②

显然,互联网再造了"言论自由"和"自我认同"的崇尚高峰,激发了人们表现自我和表达的欲望。进而,传统的社会心理学把个人认同的理论总结为以下四个方面:第一,自我认同存在于整个世界的参照系之中;第二,自我在人际交往关系中获得肯定;第三,自我之相对稳定性;第四,自我既是属于社会的,同时也是个人行动的结果。虽然该观点在19世纪末期开始受到解构主义的颠覆,③但是正是这种理性的自我与外界的交往关系,映射出与不同的对象交往时,自我的不同面。随着传统文化的瓦解,人们在自我问题上的认识上表现出分歧:有的坚持自我的统一性,有的回到为维护保守权威而不惜一切代价的激进主义,还有的则承认了多变的自我、饱和的自我,多变而饱和的自我可能是无规律的裂变,可能是有机统一的多元状态。④ 自我无规律的裂变带来不可控的危险,反映了自我内在形式的动态变化,缺乏理性、逻辑。网络空间为自我内在的多面性提供了展示场所,为了实现现实中不能表达的思想,或者为了激励现实生活中的自我实现,虚拟空间中的多重人格是寻找自我认同的最便捷的方式。然而网络虚拟环境的脆弱性会导致理性的破灭,即使再有能力掌控平行人格的主体也将沉迷于无边的自由,并留下无尽的可能性。⑤

在哈贝马斯的眼中,生活世界的殖民化成为现代社会的病根和毒瘤,是真正需要检视的时代困境。因为,一旦生活世界的语言媒体让位给权力和货币媒体,官僚化、法律化、金钱化进程便会削弱公众话语与交往的合理性

---

① 参见[法]皮埃尔·勒鲁:《论平等》,商务印书馆2012年版,第12—13页。
② 参见[意]圭多德·拉吉罗:《欧洲自由主义史》,杨军译,吉林人民出版社2001年版,第1页。
③ Cf. Figueroa Sarriera, H., "In and Out of the Digital Closet", in A. J. Gordo-Lopez and I. Parker eds., *Cyber psychology*, New York: Routledge, 1999.
④ Lifton, Robert Jay., *The Protean Self: Human Resilience in an Age of Fragmentation*, New York: Basic Books, 1993, pp.192, 229-232.
⑤ Cf. Bard, Alexander and Jan Soderqvist, *Netocracy: The New Power Elite and Life After Capitalism*, London: Pearson Education, 2002, pp.205-207.

基础,从而引起技术与道德脱节、伦理要求与表达要求分离、个人进程与社会进程相冲突等社会障碍,并最终导致意义丧失、社会无规律性、个体心理病变等生活世界再生产的畸变形态。① 哈贝马斯的批判基于他对体系和生活世界关系的规范性判断,体系和生活世界之区分,反映的是驾驭问题和相互理解问题之区分。原则上,"驾驭的成就和相互理解的成就是不能够随便互相取代的资源。金钱和权力既不能购买也不能排斥团结和意义。"②也就是说,体系和生活世界是有着不同内在逻辑的生活领域,它们都拒斥相互渗透、相互转化。但资本主义社会的客观现实却是货币和权力媒介的子体系,凭借其强大的渗透力,直指生活世界的行为领域,使生活世界只能病态地挣扎在经济、政治体系的边缘,造成生活世界的非理性化和物化。③

因而,互联网长久以来能够存续,依靠的是多重文化背景下,价值共识的分享,以及以此进行的行为矫正。④ 一般的网络社交礼仪(Netiquette)是指对虚拟空间的信息抱持一种冷静克制、宽容温和的态度,超越网络社交礼仪尺度的行为,必然会引火上身。网络社交礼仪是自媒体平台不言自明的规则,自媒体为公众提供表达个人思想的平台,其范围无疑是全球性的,其最早是从网络日志逐渐发展出来的个人门户和主页。自媒体具有一对多或者多对多的结构特征,是个人传播能力膨胀的标志。自媒体通过互相分享和关注也可以形成一个朋友圈,互相回复、评论、转发。自媒体需要个人进行申请注册,如果我们承认了网络是一个虚拟的空间,那么自媒体用户租用或者说是在网络服务提供者处托管一块自己的空间,个人主页和个人资料都是需要使用者操作和维护的,而转发功能更是使其他用户可以对原始信息进行追根溯源的了解,并且可以通过搜索某一话题标签,了解不同观点,对事实和观点全面认识。虽然自媒体世界主要还是被青春期杀马特式的躁动所主导,但是自媒体表达政治意见的功能正日益扩张。越来越多的传统媒体,例如电视台、颇有口碑的报刊以及官方机构都在自媒体网站上拥有实名认证的自主平台,刊载已经发布在传统媒体上的内容,发表其雇员的作品。网络作品不拘泥于文字,自媒体正在囊括越来越丰富的媒体表现形式

---

① 参见李佃来:《公共领域与生活世界——哈贝马斯市民社会理论研究》,人民出版社 2006 年版,第 283 页。
② Cf. J. Habermas, *The Philosophical Discourse of Modernity*, Cambridge: Polity Press, 1987, p.363.
③ 参见李佃来:《公共领域与生活世界——哈贝马斯市民社会理论研究》,人民出版社 2006 年版,第 282 页。
④ Cf. Llewellyn Joseph Gibbons, "No Regulation, Government Regulation, Or Self-Regulation: Social Enforcement or Social Contracting for Governance in Cyberspace", *Cornell Journal of Law and Public Policy*, Spring, 1997.6.

以吸引大量的用户群,自媒体的兴盛大大降低了思想传播的门槛,低成本的产出也使得思想的质量和可读性降低。经过理性质疑而经久不衰的观点通常正确。一个观点的强大生命力集中表现于,在众声喧哗中仍能够得到认可。① 法律确认虚拟人格有利于更好地保护虚拟人格,有利于对自然人人格权终极保障。法律确认虚拟人格权的本质是,在新媒体环境下,保护变异的人格权中的稳定部分。

二、虚拟人格在民事主体制度中的定位:
自然人人格在虚拟空间之延伸

驯化网络科技的第一步要求我们为了共识性的便利,强行界定网络的内涵和外延,然而,强行的界定建立在我们对互联网的一知半解之上,既包括对互联网巨大科技、社交、商业的无知,又包括对互联网引发的巨大变化潜能的无知。②

(一) 早期民事权利的演进规律

早期,古希腊权利本质的觉醒,依靠的是社会多元等级集团对自己具有独立存在之合法权利的主张,并强调谁的权利都不是来源于对方的授予,虽然各集团权利的内容可能存有差异和不平等,但在权利的合法性来源上却是平等的。③ 法律应当是确定的,并应从"政治生活的喧嚣变迁和立法机构的任性冲动中摆脱出来"。④ 法律赋予的民事主体的范围是封闭的,虽说有权利必有主体,但是仅仅从哲学角度考虑对客观主体的存在为要件,远远不满足法律对主体的要求,立法者的意图举足轻重。民事权利在某种程度代表了生存内容及其延伸,以及生存形式的自我表现,要求自我彻底不被干扰地创造展示自由。⑤

进而,共和国时期罗马人与英国人都坚持同一个理念,法律是有待于发现的东西,而不是刻意制定颁布的东西。社会中的任何人都不能强大到可

---

① Cf. Abrams v. United States, 250 U.S.616, 630.
② Cf. Llewellyn Joseph Gibbons, "No Regulation, Government Regulation, Or Self-Regulation: Social Enforcement or Social Contracting for Governance in Cyberspace", *Cornell Journal of Law and Public Policy*, Spring, 1997.6.
③ 参见[古希腊]柏拉图:《理想国》,郭斌和、张竹明译,商务印书馆1986年版,第167—173页。
④ 参见[意]莫诺·卡佩莱蒂:《比较法视野中的司法程序》,徐昕等译,清华大学出版社2005年版,第163页。
⑤ 参见[意]圭多德·拉吉罗:《欧洲自由主义史》,杨军译,吉林人民出版社2001年版,第22页。

以将自己的意志等同于国家的法律。① 概念是反映事物的特有属性的思维形态。民事权利概念的特有属性包括内容属性和功能属性两个方面：内容属性即"民事利益"属性，功能属性即"民法救济方式和力量"属性，民事权利概念的内涵即"民事利益"属性与"民法救济方式和力量"属性的有机结合。② 我国民法学界有代表性的民事权利概念多强调"民事利益"与"法力保护"相结合的特有属性。③ "法力保护"实际上等同于民法之力的保护，④是"法力保护"与"民法确认"两属性的竞合，"法力保护"蕴含于民法赋予民事权利的特有的救济方式之中，并通过这种救济方式得以实现。⑤ 民事权利是人作为人基于其本性，生存和发展的基本需求，不是指某一个人或某一部分人，而是指某一民族文化共同体中的个体，彼此所结成的关系中的个体，因而个体要求某项利益升华为权利，那么这项利益必须是共同体中每个个体共存的需求，即"按照一个普遍的法则能够与每一个人共存的自由"。⑥ 简单而言，普遍的法则之下的个体"任性"互相保持一致，就是正当行为，"任性"的界限是对人身权和财产权的所谓"请求权"。

因而，民事主体的权利不仅仅表现在利益性上。民事主体权利的实现大多需要赋予权利主体相应的请求权，请求他人给付，他人负有履行义务，使得请求得以实现，否则违背请求内容则需承担责任，这种请求的权利实际上是法律所赋予的力量。利益属性和力量属性相结合才能称之为权利。权利的力量属性昭示救济，无救济则无权利。民事权利概念的内涵也就是"民事利益"属性与"民法功能"属性的有机结合。与"民事利益"这一内容属性相对应的外延包括财产权利、人身财产混合性权利。民法救济方式和力量所对应的外延，包括支配权、请求权、形成权与抗辩权。⑦

---

① 参见[意]布鲁诺·莱奥尼等：《自由与法律》，秋风译，吉林人民出版社2004年版，第16页。
② 参见钱福臣、魏建国：《民事权利与宪政——法哲学视角》，法律出版社2010年版，第19页。
③ 参见王利明：《民法总则研究》，中国人民大学出版社2003年版，第202页；梁慧星：《民法总论》，法律出版社2007年版，第71页。
④ 民事权利的法律确认问题，逻辑上首先应由作为母法的宪法确认，其次部门法确认，不局限于民法，刑法和行政法中的民事权利亦然。然而中国语境下的民法对民事权利的确认和救济，有代位宪法之意，并无特别之处。
⑤ 参见钱福臣、魏建国：《民事权利与宪政——法哲学视角》，法律出版社2010年版，第20页。
⑥ 参见[德]康德：《道德形而上学》，载李秋零主编：《康德著作全集》第6卷，中国人民大学出版社2007年版，第238—247页。
⑦ 参见谢怀栻：《民法总则讲要》，北京大学出版社2007年版，第54—55页。

(二) 网络虚拟人格与民事主体人格的关系

如果虚拟人格可以成为民事主体,那么与自然人和法人的关系是什么? 自然人的产生是生物学意义上的"出生",法人的产生,以公司为例,是由发起人提出拟制一个全新的"人"的请求,外观上要求国家行政机关予以认可。虚拟人格的创设是自然人或法人(团体)与网络服务提供者之间的合同产生的,虚拟无形,曾有学者将虚拟财产与智力成果混淆,因为它们共同的特点是近似于无。相较之下,虚拟人格的创设显得很随意,不够慎重,不足以得到法律的尊重和认可。

虚拟人格权被认为是消极的法律利益而非权利,历史上对人格权否认的观点也是如出一辙,认为作为民事权利核心思想的"意思力",并不是成就一项明示利益便顺理成章晋升为民事权利,这正是人格权所欠缺的。意思力集中表现于,被法律认可的特定范围内的自主决定的意思力,即法力。秩序价值所关照的社会整体利益所反射的效果,仅仅是人的行为及其限制,能够惠及个体利益,不足以成就一项权利。我国法律明确为人格权制度中的人格权请求权、自我决定权提供了依据,另外人格权商业化利用问题则丰富于学说和判例。① 人格权利成立的另一个障碍,表现为人格权的主客体混同,尤其是在对自己的身体的处分和决定问题上,随着辅助医疗技术的发展,对身体、健康等的自由支配行为更加广泛,但是应受到社会发展价值取向的约束。② 虚拟人格问题的提出,需要解决的问题包括虚拟人格的体系定位和制度构造,以及虚拟人格受侵犯的救济。

早期国内准人格概念是从保护胎儿利益发展而来的,之后学界认识到不只胎儿、死者,而且法人、非法人组织、网络虚拟人格等都并非完全具有法律人格,但也并非全无法律人格。③ 该观点受到杨立新教授的"人格权延伸保护理论"观点的启发,认为法律在依法延伸保护自然人人格权,不仅包括主体在时间上的延伸,也包括主体在空间上的延伸。一方面,时间上的延伸体现为对胎儿和死者的人格权保护;另一方面,空间上的延伸体现为团体化和虚拟化的法律人格之延伸保护。④ 因此,基于延伸理论的特殊主体除了

---

① 参见杨立新:《人格权法》,法律出版社2011年版,第329页;王利明:《人格权法研究》,中国人民大学出版社2005年版,第282页;马俊驹:《人格和人格权理论讲稿》,法律出版社2009年版,第308页;程合红:《商事人格权——人格权的商业利用与保护》,《政法论坛》2000年第5期。
② 参见刘召成:《民事权利的双重属性:人格权利地位的法理证成》,《政治与法律》2016年第3期。
③ 参见张莉:《论胎儿的准人格及其人格利益的保护》,《政法论坛》2007年第4期。
④ 杨立新:《人格权法专论》,高等教育出版社2005年版,第104页。

胎儿、死者,还包括法人、非法人组织以及网络中的虚拟人格,也有学者将他们统称为"准人格"。① 准人格的特征在于:第一,准人格者不具有完整的权利能力,但几乎具有完整的权利能力。第二,准人格者的权利需要借助关联主体代为行使。例如胎儿、法人的行为分别依赖于母亲(或其他近亲属)和法定代表人,同理,网络用户名背后也有实体社会的主体代为进行民事活动。

自然人、法人等民事主体实施网络行为的账号(网络用户名),属于实体社会中民事主体身份的延伸。虚拟社会具有相对独立性,因为虚拟主体与实体社会中的主体一定不是一一对应的,部分实名认证的用户可以指向现实社会中具体的个人,实名认证或足以让公众识别的自然人或法人以外的虚拟主体,例如网络游戏里的用户角色,对其人格权的侵犯不能投射到现实社会,其用户即使感情上受到伤害,也没有发生侵权责任构成要件中的实际损害。② 诽谤言论在域外被浏览、评论、转发次数较多,但域内较少,甚至本人的亲友圈、社交圈鲜有人知,则认定为并没有造成损害结果。③ 实体社会自然人具有的人格权中与生命体特征有关的利益是虚拟人格不具备的,这点与胎儿、死者、法人等类似,通常认为虚拟人格具备的人格利益包括姓名权、肖像权、名誉权、荣誉权、隐私权等。

(三)网络虚拟人格是现实人格的延伸——以网络冒名和域名抢注行为为例

在社交网站上注册用户冒充名人(Twitterjacking)涉及侵犯商标权、形象权、隐私权等,与域名抢注(Cybersquatting)同样是美国《反域名抢注消费者保护法案》(Anticybersquatting Consumer Protection Act)规制的行为,更涉及冒名发布无礼、低俗内容的行为,④类似恶意抢注商标行为。我国2019年修正后的《商标法》第32条规定,申请商标注册不得损害他人现有的在先权利,也不得以不正当手段抢先注册他人已经使用并有一定影响的商标。中国银行业监督管理委员会2010年10月13日发布的《中国银监会办公厅关于加强银行业金融机构域名保护工作的通知》中明确了域名的性质和价

---

① 参见张莉:《人格权法中的"特殊主体"及其权益的特殊保护》,《清华法学》2013年第2期;刘召成:《胎儿的准人格构成》,载《法学家》2011年第6期。
② 参见李会彬:《网络言论的刑法规制范围》,《法治研究》2014年第3期。
③ 参见李会彬:《网络言论的刑法规制范围》,《法治研究》2014年第3期。
④ Cf. Andrew M. Jung, "Twittering Away The Right of Publicity: Personality Rights and Celebrity Impersonation on Social Networking Websites", *Chicago-Kent Law Review*, vol(86), 2011. See from La Russa v. Twitter, Inc., 2009 WL 1569936.

值,域名不仅是企业的品牌形象和商业信誉标志,并且已成为互联网时代的稀缺资源。域名抢注者可利用抢注的域名开设网站散布虚假和不良信息,误导公众,利用抢注的域名开设网站仿冒网上银行,窃取客户信息,实施欺诈行为。

名字可以被定义为识别自然人的标志属性,包括在家庭和社会中人格独立被承认的权利,法律语境下,赋予独立个体重大深远的意义。① 不乏观点认为应该授予用户名(Username)以权利,尤其考虑到公众人物的用户名利益保护,商标法也对公众人物的权利有同样的关注,用户名被他人冒用侵犯,权利人有权要求恢复用户名的使用权,当然,不同的人群对用户名权利的关注在意程度不同,名人和公众人物的用户名权利涉及的利益更广。② 网络虚拟财产是虚拟的网络本身以及存在于网络上的具有财产性的电磁记录。关于网络虚拟财产是否具有财产性,无论是学术界还是司法界都有争议,但是,承认网络虚拟财产的财产性是一种必然的趋势,美国、中国等国的判例也都承认网络虚拟财产的财产性。③ 网络虚拟财产是现实世界中人类劳动和财富的异化。网络虚拟财产是在价值上能够用现有的度量标准衡量的财产。④

三、虚拟人格在我国民法典中的制度构造

法律之于人的价值是将生活资源取得正当化,即享有权利,对应的是义务和责任。⑤ 简单而言,对网络虚拟人格的保护方式有两种:一是把虚拟人格归为虚拟财产,从而使虚拟人格被自然人人格吸收,这也是目前我国《民法典》采取的方法;二是承认虚拟人格的准人格性,让虚拟人格和自然人人格在一定程度上分离,在虚拟人格商业化过程中弱化其人格属性。将虚拟人格纳入准人格的制度进行设计,其内容包括了虚拟人格的流转、虚拟人格的继承和虚拟人格的救济。

---

① Dana Elena MORAR,"The Natural Person's Right to a Name",*Supplement* 2005 *Acta Universitatis Lucian Blaga* 71.See from Gh.Beleiu,Drept civil roman,Introducere in dreptul civil roman. Subiectele dreptului civil" Romanian Civil Law.Introduction to The Romanian Civil Law",*Editura Sansa*,*Bucuresti*,2000,p.389.

② Zonk Pesochinsky,"Almost Famous:Preventing Username-Squatting on Social Networking Websites",Cardozo Arts & Entertainment Law Journal,vol(28),2010-2011.

③ 参见杨立新主编:《民法总则重大疑难问题研究》,中国法制出版社2011年版,第282—283页。

④ 参见杨立新主编:《民法总则重大疑难问题研究》,中国法制出版社2011年版,第283页。

⑤ 参见马俊驹:《关于人格权基础理论问题的探讨》,《法学杂志》2007年第5期。

(一) 虚拟人格被自然人人格吸收

根据我国《民法典》总责编第二到四章中对民事主体制度的层次架构，民事主体分为自然人、法人和非法人组织。我国《民法典》的思路首先是实体上保护数据、网络虚拟财产利益。《民法典》第 127 条规定了民事主体对数据和网络虚拟财产的权利受法律保护。既然我国《民法典》已经确立了数据、虚拟财产是民事主体的民事权利，实际上也是将相对权派生的权利等同为绝对权派生的权利保护，那么相对权派生的人格权保护也可以比照绝对权派生的人格权进行保护。其次是将虚拟人的人格、财产保护都归于法律人的保护。

(二) 将虚拟人格纳入准人格范畴

自然人的人格对虚拟人的人格有不可包容性。依照《民法典》设计的思路，由于对民事客体界定的必要性和功能的局限，已经不再规定民事客体，而是通过规范民事权利来保障民事主体的权利。广义地解释，虚拟主体对数据、虚拟财产的权利可以推导出虚拟人的名誉权等人格权利益属于法律保护的范畴。至于实际以何种路径进行救济，只要能够自圆其说即可，不应过多限制。如果想要赋予网络虚拟人格准人格，那么必须承认网络虚拟人格具有有限性的准人格，然后在程序上妥善运用诉讼担当制度，令实体自然人去参加诉讼活动。

1. 虚拟人格的流转。

虚拟人格的流转实际上是其商业化的实现。虚拟人格商业化的限制不仅需要权利人在可流转的范围内进行权利授权，而且不能违反法律禁止性规定和社会公序良俗。虚拟人格的流转表现为权利人授权他人使用自己的虚拟肖像、虚拟姓名等具有识别性的公开权对象。流转意味着财产性人格权利请求的切断，属于虚拟人格的积极权能。① 究其本质，人格权商业化是人利用自身使人格权内容扩张，决定是否以获得对价给付的方式实现自身价值，决定什么时刻、哪部分的自己去实现商业化。② 当然，不要求对价给付的就是赠与行为，也属于虚拟人格的流转。也有学者认为人格商品化权归属于人格权整体，使得人格权的内容和权能显现出商业价值，承认其作为一种可利用的权利，不但适应时代发展，而且有利于权利的保护。③ 虚拟人格流转的前提是财产性人格权之权利穷竭，即指权利人对该商品上的人格

---

① 参见刘召成：《人格权商业化利用权的教义学构造》，《清华法学》2014 年第 3 期。
② 参见马俊驹：《人格和人格权理论讲稿》，法律出版社 2009 年版，第 310 页。
③ 参见王利明：《人格权法研究》，中国人民大学出版社 2005 年版，第 285 页。

标志的财产性控制的权利穷竭,权利人失去了对该人格标志的用益权,但他人对权利人人格的贬损仍旧受到虚拟人格救济的保护。① 对于传统人格权商业化利用问题,学界两大主流观点分别是财产权说和人格权说,②虚拟人格不仅是虚拟空间构建下产生的承载部分人格因素的表现形式,而且虚拟人格不是完全对应于实体社会中的人格,从虚拟人格中析出财产属性,赋予其可商业化的权能,阻碍比实体社会的人格少,毕竟物化虚拟人格的可责难性明显较小。虚拟人格的可流转性并非破坏了权利的圆满性,而是充分体现了权利人对权利的利用,使其价值得到彰显,在不违反法律和道德前提下,顺应市场经济的需求。

通常的消极义务是指不确定的主体不影响权利所有人正常享有权利。③ 在一个冒名、盗用的身份下,故意制造误解或控制权利人在内的他人使用,造成的法律后果应受到刑法制裁。④ 缺乏授权和意思自治欠缺的虚拟人格流转产生不当得利的,权利人有权要求返还。虚拟人格被他人侵占而产生的盗号,散布虚假信息,引起恐慌、诈骗,利用粉丝(followers)注意力和被盗用虚拟人格的可彰显特征的正面社会价值谋利。

2. 虚拟人格的继承。

美国法律中,公开权因与隐私权分离成为独立的财产权而可以被继承。除此之外,对于人格权的继承问题,各国立法例和判例都偏保守。⑤ 但是,可被商业化的那部分人格权一定可以被继承,判例和学界长久以来的沉默是出于对人格权消极权能的保护。权利主体死亡而丧失对虚拟人格财产性人格权之控制能力,其合法继承人可代为行使虚拟人格。此时被继承人的权利穷竭与商业化后情况类似,客观上被继承人对该商品上的人格标志的财产性控制的权利穷竭,继承人代为行使该人格标志的用益权,也可以授权他人商业化利用,完成权利流转,但任何第三人对被继承人人格的贬损仍旧

---

① 参见姚辉:《关于人格权商业化利用的若干问题》,《法学论坛》2011年第6期。
② 除了财产权说和人格权说,学界观点还包括商事人格说和知识产权说,实际上各学说是从人格权本质属性人格权保护的主要部门法依据角度的分流。见姚辉:《关于人格权商业化利用的若干问题》,《法学论坛》2011年第6期。
③ Cf. Dana Elena MORAR, *The Natural Person's Right to a Name*, Supplement 2005 Acta Universitatis Lucian Blaga 71.
④ Cf. Dana Elena MORAR, *The Natural Person's Right to a Name*, Supplement 2005 Acta Universitatis Lucian Blaga 71.
⑤ 德国联邦最高法院1968年的Mephisto案的判决表明:"除了其中的财产价值部分,一般人格权是一种具有高度人身性的权利,不得转让和继承。"见刘召成:《人格权商业化利用权的教义学构造》,《清华法学》2014年第3期。

受到虚拟人格救济的保护,救济的请求由继承人行使,但是被继承人生前明确放弃权利的除外。

3. 虚拟人格的救济。

(1) 防卫性救济。

虚拟人格的防卫性救济包括停止侵害、排除妨害以及消除危险,恢复名誉、消除影响和赔礼道歉并不是防卫性救济。防卫性救济作为一项独立的救济类型,主要原因是防卫性救济的方式都是基于虚拟人格的支配权属性,原权利需要保持圆满,他人的自由需要受到限制。① 因此,除了证明妨害行为违法性、违法行为与妨害事实之间的因果关系,虚拟人格的防卫性救济不需要证明侵权人是否存在过错,只需要证明原权利圆满状态受妨害或存在受妨害的危险。但是虚拟人格救济区别于人格权救济的关键在于,虚拟人格的防卫性救济之请求权不具有独立性,与法人人格权性质相同,虚拟人格的请求权必须以虚拟人格为基础,某种程度上并不依赖于"人"的存在。

(2) 进取性救济。

虚拟人格的进取性救济就是指造成损害的情况下进行的救济,该损害包括财产损害和精神损害,不包括传统人格权救济中的人身损害。虚拟人格进取性救济具体包括恢复名誉、消除影响、赔礼道歉等恢复原状性的方式,难以恢复或不可替代性的损害,应适用金钱赔偿。恢复名誉、消除影响、赔礼道歉等恢复原状方式的效果虽然有限,严格意义上不能由法律来规定,但是这在包括我国在内的多数国家立法例中均有体现,②包括美国、欧洲大部分国家、非洲,拉丁美洲国家和以日本韩国为代表的东亚国家均有回应权制度。1881 年的法国新闻法率先规定了回应权,并一直延续,该回应权包含两个层面的含义:第一,矫正权(droit de rectification)是由政府行使;第二,回应权(droit de réponse)是由私主体享有的权利,回应权是法国大革命的胜利果实之一。与回应权类似的恢复性方式还有撤回报道(retraction),其程序启动与更正报道基本相同,一是由加害人主动进行,二是由受害人通知加害人,或者部分国家认为可以由法院责令加害人进行。与回应权类似的恢复性方式还有撤回报道(retraction),其程序启动与更正报道基本相同,一是由加害人主动进行,二是由受害人通知加害人,或者部分国家认为可以由法院责令加害人进行。撤回报道与美国法中的撤回令不同,撤回令具有

---

① 参见杨立新:《请求权与民事裁判应用》,法律出版社 2011 年版,第 164—168 页。
② 对人格权请求权的认识不仅要从逻辑概念论证,也要通过立法体例来考量。参见马俊驹《民法上支配权与请求权的不同逻辑构成——简论人格权请求权之独立性》,《法学研究》2007 年第 3 期。

强制效力,是原告胜诉获得损害赔偿的附带结果。与更正报道相比,撤回仅仅是将之前发布的错误信息收回,并不需要公布真实的情况。对于加害一方,撤回报道比更正报道体现的权利割让更小,相当于恢复原状的责任承担方式。撤回报道与更正报道的相同之处在于,侵权人都正面应对了之前发布信息错误的事实,这种承认错误和道歉的意义是回应权制度不能涵盖的,是维护各种形象和双方关系的上策。① 回应权在我国新闻法上体现为更正、答辩制度,但与《民法典·侵权责任编》的适用存在矛盾。我国民法目前侧重以救济权利角度对人格属性权利进行保护,换言之,在《民法通则》中防卫性救济是被进取性救济吸收的,其独立性没有体现出来。但是,防卫性救济在诉讼时效的适用和侵权人过错问题的证明上都表现出与进取性救济的不同,将二者混同的结果就是提高了防卫性救济的成本,架空防卫性救济,不利于权利的保护。虽然对于危害情节轻微,权利人应当适当容忍,轻微的损害不能强制获得救济,有限的司法资源不应浪费,很多国家对小额诉讼规定了最低限额。② 但是,虚拟人格救济本质上就是预防保全为主,而不是损害赔偿为主。如果进取性救济诉讼时效已过,尽管权利人请求赔偿不会得到法院支持,但是仍可以行使防卫性救济来排除妨害,使原权利恢复圆满状态。然而,值得注意的是虚拟人格的防御和保全性质的救济不涉及精神损害赔偿。

  总之,我国《民法典》对虚拟人格的保护方法使得虚拟人的人格权利益保障完全依靠自然人,如果自然人死亡,虚拟人的利益无法保障,但其仍有保护价值,虚拟财产的部分可以被继承,但是人格权的部分不能发生继承,就得不到保护。如果运用诉讼承担方式通过继承人提起诉讼来保护死者人格权利,那么既然运用了诉讼承担的方式进行救济,也就间接反向承认了虚拟人格有独立性成分存在。那何不承认虚拟人格的准人格性,让虚拟人和自然人一定程度分离,但是在虚拟人商业化过程中,为了鼓励虚拟财产的高效流转,应当弱化虚拟主体的人格属性,虚拟人格被虚拟财产吸收。我国编纂民法典不仅要以调整市场经济、推进社会进步为追求,更要注重推动人的发展。③ 早期由于创设虚拟人格的行为简便,创立行为泛滥,因此导致虚拟世界终究超出法律规范之外的固有界定。然而,随着网络技术的发展成熟,

---

① 参见岳业鹏:《媒体诽谤侵权责任研究》,中国政法大学出版社2014年版,第414—422页。
② 参见《美国宪法修正案》第7条规定:"在普通法的诉讼中,其争执价值超过20元,由陪审团审判的权利应受到保护。由陪审团裁决的事实,合众国的任何法院除非按照普通法规则,不得重新审查。"
③ 参见申卫星:《中国民法典的品性》,《法学研究》2006年第3期。

人们对网络的长期依赖和实践,发现网络自有一番社交礼仪。正是由于共同价值的分享,才使得网络交往行为能够持续进行,慢慢侵蚀人们体验实体社会的时间,并实现了与实体社会的交融。虚拟空间能辅助完成信息交互传播、物流、资金流转、劳动成果转化、政治权利行使等,几乎现实世界的大部分行为都可以借助网络空间完成。法律不主动创设,但会去发现,虚拟空间技术的发展,同样等待着立法者的发现与关注。目前我国《民法典》所提供的对虚拟人格的保护固然没有太大的问题,在不打破原有民事主体制度前提下基本能够妥善解决网络虚拟人格问题的争议。但是之所以还要强调虚拟人格的独立于自然人的属性,就是强调虚拟人格在法律逻辑上是存在的,不能长久通过虚拟财产的客体角度去逆向解决制度构造问题,面对新生法律概念也不能总是将其归类为已知概念。尽管虚拟人格的证成过程时常缺乏必要和充实的理论支撑,只能基于人类利益出发,发表"怨言",[①]但只要一直在发现、认识和推进的进程中,就会不断推动法律制度的完善。

[①] 法国19世纪哲学家勒鲁认为孟德斯鸠是为暴君效力的诡辩家,因为孟德斯鸠批判卢梭在论证上缺乏理论依据,只是感情论证,即发表"怨言"。由于当时历史学还没有发展完备,只是一种断章取义的零星叙述,局限了卢梭的研究。但是勒鲁认为,卢梭如同耶稣过去那样为了同一个人类的利益发出怨言,是不朽的永存。参见[法]皮埃尔·勒鲁:《论平等》,王允道译,商务印书馆2012年版,第6页。

第四章　互联网侵权责任构成的传统要件新解

2010年我国《侵权责任法》出台,第36条网络侵权责任作为独立的条文入法,为解决网络环境下的法律纷争提供依据,不断地解释和细化第36条内容是必要的,因此在2021年1月1日生效的《民法典》中网络侵权责任的条款从原来单独的1条扩张成4条,即第1194条到第1197条,对网络侵权责任作出了较全面的构造。网络侵权行为的构成要件包括网络侵权行为、损害事实、因果关系和过错。网络侵权行为的构成要件是网络侵权问题的核心,构成要件的记述性和规范性本质能够客观地为司法工作提供理论依据。

互联网凭借它的惊人传播速度,轻巧地绕开了传统媒体的审查制度,促使互联网成为信息发布的第一平台,深刻影响着其他媒体的报道进程。20世纪80年代开始,我国从纸媒的蓬勃到网媒的相与争锋,昭示了中国媒体结构的变迁。新世纪以来智能手机和移动互联网技术的广泛应用使得人们更是能够随时从口袋里的移动终端获悉新闻,同时支持人们作为移动媒体发布消息。互联网技术的发展势不可挡,我国没有新闻传播法,现有的传统媒体规则在适用于网络侵权案件时捉襟见肘。在应对不断蓬勃的网络技术时,一直不变的追求就是如何在遵守法律的前提下,以人为本,将互联网工具功能最大化发挥。社交媒体披上数字化外衣,互联网是人们表达方式的革新,跨越地缘阻碍,加深了人们彼此连接的更多可能性,互联网法治建设的本质追求是以规则支撑大势所趋之下之交流表达的继续性。之所以强调网络侵权的构成要件并不是为了规范性的对号入座,而是在排除了责任阻却的前提下,防止司法偏向能动主义极端。[1]

---

[1] 参见陈兴良:《构成要件的理论考察》,《清华法学》2008年第1期;梁根林:《虚拟财产的刑法保护》,《人民检察》2014年第1期;张顺:《后果主义论证的证成与具体适用》,《北方法学》2016年第1期。

第一节 网络侵权行为

一、网络侵权违法行为的结构

网络媒体侵权行为是媒体侵权行为的下位概念。网络媒体侵权行为是指以除报刊、图书、广播、电视等传统媒体之外的互联网、手机等任何一种具有影响力的大众传播媒介、其他相关人发布信息导致的侵犯公民、法人或其他组织民事法律权益的行为。网络媒体侵权独立于传统媒体侵权,区别于其他现实社会生活领域发生的损害法益行为,而专指在网络环境这种特殊大众传播媒介活动中发生的侵害侵权责任法法益的行为。

（一）网络侵权行为

网络侵权行为是指自然人、法人或其他组织通过互联网违反法律而实施的作为或者不作为。首先,前提是行为人必须客观上为或不为一定行为,该客观行为与互联网有关系;其次,该行为构成侵权责任的要求是必须客观上违反法律。通常信息不会在互联网上自动上传,只有用户明确的意志支配下作出发布行为,才会达到传播的效果。用户的角色不会因为技术因素产生非人为的转化,没有任何技术可以自动给某主体冠以发布者的身份,发布者主动的表意行为是关键因素。

（二）网络侵权行为的不法性

网络侵权行为的不法性或者可责难性主要体现在对侵权法法益保护对象的侵犯,同时也表现为网络侵权行为人认为网络的匿名性和虚拟性给不良行为的实施做掩护,并且通常网络行为的标准要更加宽容。网络侵权行为的不法性可具体表现为以下三种类型：

1. 网络侵权行为人未尽合理义务。

未尽合理义务表现为明知侵权有可能发生,仍放任侵权的行为。转发人或网络平台未尽到合理审查义务进行发布,或者放任侵权信息散布的,构成侵权。网络侵权人对于他人的绝对性权利、合法债权、人格利益等都负不可侵犯的义务,具体包括：

第一,表达不实言论。网络媒体故意发布歪曲事实的信息内容或因过失未尽合理审查导致转发不实信息的,构成网络媒体侵权责任。失实可作一般性理解,不是要求报道全部属实,而是要求主体或者基本内容上属实,可以以真实部分所占比例作为辅助判断标准。判断信息是否真实或来源是否有可信赖性,依据一般合理人的判断标准。

第二,侮辱诽谤。侮辱强调的是表达的方式侵犯被侵权人合法民事权益,诽谤则不同,其更多的通过虚构事实使法益受损。转载增加的评论内容属于虚构事实,侵害被侵权人民事权益,则构成网络媒体转载侵权责任。①除了直接诽谤之外,还有间接诽谤。间接诽谤表面上并不明显是虚构恶意中伤,甚至可能是完全相反的,但是因与事实不符,造成侵权。间接诽谤意在表示,在整个报道的语言环境下,结合上下文得出的认定为整体诽谤的侵权行为,间接诽谤并不因为个别字句的赞扬歌颂意味而作通篇的报道感情色彩的解释。侮辱主要是通过语言表达贬损人格,不存在间接情况。

第三,毁损信用。毁损信誉包括社会经济评价和公众经济信赖贬损。毁损信用与名誉权受损不是同一个概念,信用利益指商业或经济利益,不包括名誉的部分,因此无论报道是否属实,均可能导致毁损信用。

第四,批评。新闻批评是舆论监督的最好方式,越是经得起评论和争议的信息,越是接近真实,不应过分抑制。但是批评应针对事实部分,超出事实进行人格贬低,就构成侵权。

第五,侵害隐私。原发媒体侵犯他人隐私,转载媒体没有合法根据,明知侵害他人隐私仍转发,造成被侵权人损害扩大的构成侵权。根据被侵权人或其他公众的通知反复要求转载人取下或删除侵害隐私的信息,但是转载人拒不取下的,也构成转载侵权。

2. 网络侵权行为违反保护他人为目的的法律。

网络媒体对其非原创的文章应进行适当的审查,审查义务应低于原创媒体。不同题材的信息所要求的转载审查标准一定不同,例如对普通文学作品的审查力度应弱于纪实文学作品。同等情况下,互联网媒体的审查义务低于传统媒体。权威媒体的审查义务更高,有意识地对原文进行编辑处理,超出原文部分造成侵权的构成一个全新的侵权,例如将儿童文学作品或者动画作品改编成色情文学或动画,违反了法律对未成年人的保护,同时非法使用原作品也构成侵权。再如电商的监管制度缺失,导致经营者通过网络平台销售、提供不符合保障人身、财产安全的产品、服务,违反了法律对消费者权益的保护。网络侵权行为违反保护他人为目的的法律包括以下两种情形:

第一,评论依据不当。网络媒体在转发时附加评论或者对原文不适当的删减造成内容表达与原文不一致,造成的侮辱诽谤应构成转载侵权。转

---

① Cf. Daxton R., Chip Stewart, "When Retweets Attack: Are Twitter Users Liable for Republishing the Defamatory Tweets of Others?", *Journalism & Mass Communication Quarterly*, Summer, 2013, Vol.90 Issue 2, p.239.

载应当注明出处,并尽量在篇幅控制范围内展示与原文一致的表意,否则通过恶意的截取和摘录就很容易得出完全相反的意思表述,这种情况不能作为免责或减责的托词。

第二,非法使用。非法使用主要是指未注明原作者或来源的,以及未经原作者同意,擅自编辑内容,从中获利、侵犯他人民事权益的,违反了法律对智力成果的保护。

3. 网络侵权行为故意违背善良风俗致人损害。

一般的违背善良风俗不作法律问题处理,但是故意为之,而侵犯他人合法民事权益,则应认定为侵权,严重的则构成违法。故意违背善良风俗是实质要素层面的考量,不同于违反法定义务、违反保护他人为目的的法律之形式违法。黑客侵权行为、网络传播病毒侵权行为是典型的故意网络侵权行为,由于情节严重,通常各国都认为是犯罪行为,直接由刑法追究责任,其中给受害人的财产带来的损失,以刑事附带民事案件处理。

二、网络侵权行为类型

(一) 作为和不作为

作为和不作为分为是构成网络侵权行为的客观表现形式,其中作为表现为违反法定不作为义务,相反不作为表现为负有作为义务而不为。作为的网络侵权行为十分普遍,也比较好认定,无论是对绝对权和相对权,其他主体都负有不得侵害的义务。已被认定为侵权的信息,经司法机关判决应该及时刊登声明消除影响、停止侵权行为或采取相关补救措施,但侵权人拒绝上述行为的应认定为违反更正道歉义务,该更正道歉义务属于基于先前行为而产生的义务。

在美国 Batzel v.Smith 一案中①,共同被告 Cremers 收到了 Smith 发来的邮件,内容包含对 Batzel 的诽谤,Cremers 将收到的信息编辑并发布在邮件讨论组和个人主页上,Cremers 是否应当被认为是原创作者并承担网络侵权责任? Cremers 虽然实际上是发布者,但并不是原创作者,信息的内容是由 Smith 提供的,但是 Cremers 没有注明转发来源和原作者的情况下,是否发生身份转化,或者是否能适当减免责任? 第九巡回法庭的结论认为,Cremers 在"加州反 SLAPP 法规"框架下应当归类为网络"用户"。但 Smith 是否是唯一的内容提供者? 是否包括 Cremers 在内的其他转发人,也可以被认为是信息的创作和发布者? 当收到 Smith 的信息之后,Cremers 是深思

---

① 333 F.3d 1018(9th Cir.2003).

熟虑过的,并且经过了一番编辑。Cremers 不是自主使用,而是他主使用,在编辑信息之后,并没有把它当作是自己的原创出版物,因此发布者身份不能简单转化为原创者。但也不能因为证明自己仅仅是发布者的身份,就一定能够避免承担责任,只是发布者不会承担与原发作者同等的责任。原发作者为了规避责任,可能将大部分精力用于摆脱原发作者身份,反过来证明自己是发布者身份,通常发布者专有的权利就是在上传或发布之前对信息和材料进行编辑,同时保留基本格式和源文件信息。"发布"一词的扩大解释,一个行为足以使得原发作者的消息能够在互联网上传播这个结果,那么这也能够满足发布的原始意思,而且将信息放置在一个新的信息内容当中改变了原来信息的重要地位和来源,也仍是"发布"的意思。[1]

(二) 直接行为和间接行为

第一,网络侵权中的直接行为是侵权人自己行为导致侵权后果的样态,即自己责任。早期的侵权都是由自己责任发展而来的,间接侵权是归责的特殊例外之处。

第二,网络侵权中的间接行为一是由于行为人监管范围内的其他人的行为导致侵权,集中表现为父母作为监护人对未成年子女的行为负责,以及雇主对雇员行为承担责任。二是对物件管理不当造成的本不应该在网络上传播的信息泄露。美国法律也承认除了直接侵权之外,还存在间接侵权。间接侵权责任的类型并不是直接由美国国会通过制定法律发展而来,而是由各级法院审判经验不断积累而形成的判例法,然而在不同的案例之间,甚至是不同的巡回法院之间,其判断标准略有差异,但是主要的争议焦点以及核心问题并没有太大差别。

(三) 不同主体类型的网络侵权行为

根据不同的主体类型,可以将网络侵权行为分为:网络用户侵权行为、网络内容服务提供者侵权行为和网络服务经营者侵权行为。

网络用户侵权行为通常是行为超出言论自由和通信自由的必要限度,侵犯他人人格权利益。网络内容服务提供者侵权行为不仅包括上传原创侵权信息,也包括明知侵权信息而转载的行为,转载侵权信息是否告知原创作者并不影响网络侵权行为的构成。网络服务经营侵权行为首先包括经营者之间竞争关系引起的侵权行为,由于这种侵权发生在网络环境,给侵权信息

---

[1] Cf. James P. Jenal, "When is a User Not a 'User'? -Finding the Proper Role for Republication Liability on the Internet", *Loyola of Los Angeles Entertainment Law Review*, Vol. 24, Issue 3 (2004), pp.473-475.

传播形式和损害结果造成特殊影响，因此与线下的不正当竞争行为有区别。其次，网络经营者对网络用户的侵权行为，网络经营者对自己网站的用户侵权或通过其他经营者网站都可对网络用户实施侵权行为，网络经营者对自己网站的用户侵权通常是在"通知——删除""反通知——恢复"中，违反合同约定或不履行法定义务。最后，通过网络教唆、帮助他人进行侵权行为，明知被教唆和被帮助者实施的是侵权行为仍故意为之，构成网络共同侵权。

第二节　网络侵权行为的损害事实

网络侵权行为的客体是我国《民法典》所保护的法益子集，媒体侵权责任用以规范网络媒体、网络用户等网络媒体侵权行为人因其过错行为侵害他人名誉权、隐私权等民事权利和利益的侵权行为。侵权人违反对他人民事权利不可侵犯的法定义务，侵害自然人或者法人的其他人格权利，或者违反保护他人的法律、故意违背善良风俗侵害自然人或者法人的人格利益，通过网络发布行为造成损害的，构成网络媒体侵权责任。首先，网络侵权行为侵犯我国《民法典》保护的民事权利、利益，应构成网络侵权责任。其次，对于作用轻微的并没有损害到被侵权人的权益的行为，不构成网络侵权责任。科技不断进步，民事主体日常交往频繁，网络空间的域交流难免出现矛盾纠纷，为了营造以人为本的虚拟表达空间，促进网络技术发展，网络侵权行为的认定应当比现实中的侵权行为略宽松。

一、网络侵权造成的损害边界

学界对损害的主流认识包括差额说和功能损害说。早期朴素的差额说在德国提出并被采纳，其意在强调侵权行为前后被侵权人财产状况之差，而不是损害产生的结果状态，然而被侵权人主观认为自己应获赔偿的利益与实际财产差额不是一个概念，例如被侵权人早有抛弃所属物之意，此时该物被侵权人灭失，被侵权人主观上认为自己没有损失，但是客观上财产差额却存在。再如，由于物的功能损害，在恢复损害期间，被侵权人权利受到限制而额外支出的财产并不在差额范围之内，或者说将其纳入差额范围内的合理依据必须加以说明，真实损害说认为凡是被侵权人所受的不利，都是损害，一定程度解决了纯粹财产差额说带来的问题。以上差额说的局限，经过发展补正之后的差额说加入了价值判断的考量，但是其应用中仍存在障碍。[①] 功能损

[①] 参见陈聪富：《侵权违法性与损害赔偿》，北京大学出版社2012年版，第127—136页；叶金强：《论侵权损害赔偿范围的确定》，《中外法学》2012年第1期。

害说是晚于差额说发展的理论，侧重于表示被侵权人的损失不仅包括损失的市场价值，而且还包括权利不能继续使用的损失，无论物的使用还是行为的不便利，都属于损害。也有学者例如德国的 Neuner 认为，侵权人通过侵权行为获利部分为直接损害，而被侵权人由此产生的不利益部分为间接损害，至于损害是否实际发生，不影响被侵权人的请求权行使。① 因而功能损害论主要目的是为了填补被侵权人损害寻求替代物或等价物，并规定了被侵权人不能因损害赔偿而不当得利。②

由于网络信息海量，更新极快，追究责任和诉讼的周期可能大于损害持续的时间，网络通过自净功能可以一定程度降低损害程度，避免损失扩大，但是侵权信息也容易再次被挖掘，造成被侵权人二次伤害。1904 年美国 Oakley 案中原告 Oakley 六年时间里起诉了 50 多个转发出版商发布不实消息侵犯其名誉，仅有一起败诉，虽然获得巨额赔偿，但诉讼整整用了 6 年的时间。③ 网络无限程度放大了消息传播的规模，大量的转发和重复的侵权信息容易使被侵权人陷入无止境的诉讼索赔困境，对被侵权人时间精力损耗更大。Oakley 案中转发出版商并没有免责，然而在网络转发行为中，不少转发侵权损害是不可获得损害赔偿的。2012 年 7 月修改的《奥地利普通民法典》认为积极损害与可得利益损失是有区别的，而第三十章损害赔偿法第 1293 条将损害限定为积极损害，指财产、权利或人身遭受的不利益。④ 可赔偿损害或者叫"与法律相关的损害"，是指并非侵权人导致的每一项不利益都需赔偿。《欧洲示范民法典草案：欧洲私法的原则定义和示范规则》第二章"具有法律相关性的损害"，首先该损害侵犯法赋予之权利，其次侵犯法律认为值得保护的利益。⑤ 这实际是对赔偿作出了限定，限定的依据

---

① 参见叶金强:《论侵权损害赔偿范围的确定》,《中外法学》2012 年第 1 期。
② 参见[日]潮见佳男:《人身侵害における损害概念と算定原理》,《民商法杂志》1991 年第 103 卷第 4 号,第 515—616 页。
③ Cf.Butler v.News-Leader Co.,51 S.E.213,214(Va.1905).Thomas R.Julin,D.Patricia Wallace,"Who's That Crack Shot Trouser Thief?",Litigation,28(summer 2002) pp.1-7; Lionel Rothkrug,"Torts: Defamation: Uniform SinglePublication Act: Civil Code Sections 3425.3,3425.4",California Law Review,44(March1956) pp.146-52.Daxton R."'Chip' Stewart, When Retweets Attack: Are Twitter Users Liable for Republishing the Defamatory Tweets of Others?",Journalism & Mass Communication Quarterly, Summer, 2013, Vol.90 Issue 2, pp233-234. Seehttp://en.wikipedia.org/wiki/Annie_Oakley, March 31,2016 visited.
④ 参见《奥地利普通民法典(2012 年 7 月 25 日修改)》,周友军、杨垠红译,清华大学出版社 2013 年版,第 212 页。
⑤ 参见欧洲民法典研究组、欧盟现行司法研究组:《欧洲示范民法典草案:欧洲私法的原则、定义和示范规则》,高圣平,中国人民大学出版社 2012 年版,第 312—313 页。

与法益范围和因果关系相关,在网络侵权中可赔偿损害理念的价值更加突出,但脱离具体案件过分讨论可赔偿与否并不可取。

二、网络侵权造成的财产损害和非财产损害

一般网络侵权损害可分为财产损害和非财产损害,而直接损害和间接损害的说辞则在于表达因果关系遥远程度不同造成的相对性的损害,并不是逻辑严密的分类。

(一) 财产损害

财产损害包括对财产的损坏或侵占。纯粹的网络行为造成财产损害包括侵占网络空间、文件及其他虚拟财产。网络侵权中的财产损害的界定困难,主要是民法上的物随着科技发展,所呈现的表现形式不断丰富,因此传统民法上对物的界定范围不断扩张。

(二) 非财产损害

非财产损害包括人格和身份利益损害,虚拟网络交往中不存在民事主体之间直接的接触,因此人格利益损害中不包括对身体权、健康权、生命权的损害,另外,对身份利益的侵害,仅仅通过网络行为是达不到的。网络侵权的人格利益损害实际就是指精神利益损害,例如名誉权、隐私权等。在我国,单独的精神痛苦不能成为可赔偿的损害,精神损害中除了纯粹的精神痛苦,也包含财产性的成分,例如恢复名誉的必要支出、肖像权被非法使用造成的应得财产利益损失等。然而,知识产权的损害处于财产性与非财产性损害的中间地带,主要体现在著作权和商标权通过网络传播受到侵害。

第三节 网络侵权行为中的因果关系

通常侵权行为与损害结果之间的因果关系不是简单的关联性条件与结果之间的关系。任何损害结果都是在实际行为作用下产生的,因此并没有"若无"的假设。逻辑学认为重点不是在引起上,而是在导致上,被"引起"的范围趋于宏大,所"导致的后果"则属于非偶然。导致实施结果的充分原因并不是一个必要的条件,可能是很多充分条件的总和,因果关系仅是众多必要条件中的一个。[①] 侵权法中的因果关系是客观、科学的,这就要求对结果的无限性进行限定,但是并不等同于批判广义上的因果关系是错误的,只

---

① 参见[英]约翰·斯图亚特·穆勒:《穆勒名学》,严复译,北京时代华文书局2014年版,第82—287页。

是在涉及侵权行为与结果的关系时,我们的评价标准是法律确定下来的,并且这种对侵权行为的评价就是侵权法的目的。打破因果关联的重要因素一是"替代原因",二是"新的介入行为"。①

以美国司法为例,美国联邦法院所承认的三种间接责任的类型分别是:第一,代理侵权责任(vicarious liability);第二,辅助侵权责任(contributory liability);第三,引诱侵权(intentional inducement)。②

首先,代理侵权责任是由雇主责任(doctrine of respondent superior)发展而来,雇主责任要求雇佣人为受雇人的行为负责。演变而来的代理侵权责任前提是第三人有监督控制直接侵权人的能力,且该第三人因该直接侵权而获利,其中第三人居于类似雇主的地位。对于避风港是否能够使代理人免责,基于对数字千年版权法(Digital Millennium Copyright Act,简称DMCA)第512(c)(1)(b)的解释,学界有两种截然不同的观点。

一种观点认为避风港不可以为代理侵权提供免责,原因是,《数字千年版权法》第512(c)(1)(b)虽然没有使用"代理侵权"的字句,但是却适用了当时代理侵权责任的构成要件。③ 并且文字表达形式与代理侵权责任十分类似,所以理论上代理侵权与避风港的范围应该是一致的。另一种观点认为避风港条文的目的是增加代理侵权基本要件之外的附加条件,从《数字千年版权法》第512(c)(1)(b)上来看与代理侵权的要件是不同的,也从来没有法院在判断代理侵权时与《数字千年版权法》第512(c)(1)(b)使用同样的语言。

然而笔者认为,从法条制定的细节及历程来看,在《数字千年版权法》反规避条款中,立法者有明确地免除代理侵权责任,更重要的是,美国国会报告中明确指出了第512(c)条应免除代理侵权责任。④ 根据网络服务提供者所受经济损失的因果关系来看,避风港对于不免责的部分要求的就是更加紧密的联系,在侵权行为中获利的绝对相关性是必须的,相反的,一般的代理侵权责任则不需要有如此紧密的因果关系。⑤ 也有的观点认为避风

---

① 参见[美]哈特、托尼·奥诺尔:《法律中的因果关系》,张绍谦、孙战国译,中国政法大学出版社2005年版,第11页。
② Cf.Cattleya M.Concepcion, "Beyond the Lens of Lenz: Looking to Protect Fair Use During the Safe Harbor Process Under the DMCA", 18 GEO.Mason L.REV., 219, 222(2010).
③ Cf.Mark A.Lemley, "Rationalizing Internet safe harbors", J.TELECOMM.&HIGH TECH L, 101, 104 n.23(2007).
④ Cf. H. R. Rep. No.105-551, pt.2, at 53(1998).- "Subsection(c) limits liability of qualifying service providers for claims of direct, vicarious and contributory infringement…"
⑤ Melville B.Nimmer & Davidnimmer, Nimmer on Copyright §12B.04[A][2][b](2008).

港的不免责直接来自于侵权人不正当经济利益所得(ill-gotten gains),类似于不当得利(unjust enrichment)。例如一定有一部分侵权行为是视频网站的平台提供商有权利、有能力控制的,这部分必须与代理侵权区别对待。视频网站服务提供者完全可以删除或阻却该视频信息的访问,视频网站一定是以盈利为目的的,其获利的渠道就是大量的用户,浏览人数带来较大的浏览量,因此就会有广告销量和利润。在合法影音片段在用户浏览之前,播放受委托广告而收取费用,当然是正当且合法的运营行为,没有任何间接侵权的可能,然而,视频网站如果有一定比例的影视侵权作品,如果这些侵权的影片获取广告费用,则会被认定为代理侵权间接责任。① 在解释网络侵权的规则时应以促进网络时代电子商务以及信息良性传播为目的,尽量在第512(c)(1)(b)的规定下,使用避风港条文为网络服务提供者代理侵权责任提供免责。

其次,辅助侵权由企业责任(enterprise liability)发展而来,其构成要件分别为明知或有可能知道直接侵权行为,以及对于该行为有实质贡献。第三人仅需要知道直接侵权行为人的活动即可,并不需实际知道侵权行为确实实行。② 避风港所要求的知道标准以及红旗标准显然是在严格程度上有区别的。因此辅助侵权构成侵权责任与避风港免除侵权责任的范围会因为红旗标准的范围而有所不同。狭义解释红旗标准,会使成立辅助侵权的网络服务提供者有较大免责可能性;反之红旗标准做扩大解释时,网络服务提供者受到追责可能性提高。因此,避风港的红旗标准与辅助侵权是否最终确认成立之间,是有一种对网络服务提供者间接侵权责任成立与否此消彼长的关系,法院应该以避风港的适用使辅助侵权责任的知道标准提高,而使负担侵权责任与免责之间判断结果一致为上策。③ 当然,如果能够最小化网络储存空间服务提供者的辅助侵权责任,对整个网络行业的结构、网络自由、通知取下的立法目的而言,都是有利的解释。当缩小解释红旗标准时,应同时限缩解释"明知或可能知道直接侵权行为"的辅助侵权行为,必须知道特定侵权行为人身份以及特定被侵权客体。④

---

① Decl.of Hohengarten P205-07[Viacom,718 F.Supp.2d 514](referencing Ex.193,GOO001-00507535,at GOO001-00507539).
② Paul Goldstein, *Goldstein on Copyright* §8.1,at 8:9 n.1(3d ed.2008).
③ R.Anthony Reese,"The Relationship Between the ISP Safe Harbors and the Ordinary Rules of Copyright Liability",32 *COLUM.J.L.&ARTS* 427,443(2009).
④ Gershwin Publishing Corp.v.Columbia Artists Management,Inc.,443 F.2d 1159,1163(2d Cir.1971).

再次,引诱侵权责任之前都是通过代理侵权责任和辅助侵权得以主张的。2005年米高梅制片公司诉戈洛克斯特(MGM Studios,Inc.v.Grokster,Ltd)案,美国联邦最高法院认为这种特殊的第三人间接侵权应独立构成引诱侵权责任。被告促进侵权适用目的,并凭借明确的表达或其他积极措施散布P2P(Pear-to-Pear,指用户之间点对点的信息传输),应构成间接侵权,必须为利用P2P的直接侵权行为负责。① 如果原告主张被告构成引诱侵权责任,被告以避风港免责抗辩,那么一旦原告可以证明被告即网络服务提供者构成引诱侵权责任,那么纵使被告符合免责条件,那么恐怕仍然难逃惩罚。这样宽松认定引诱侵权责任的构成将架空避风港规则。最早引诱侵权责任产生于格什温出版公司诉哥伦比亚艺术家经纪公司(Gershwin Publishing Corp.v.Columbia Artists Management,Inc.)案的间接侵权责任。② 引诱侵权算是辅助侵权责任的分支,而如果引诱侵权确实源于辅助侵权责任,那么其实认为该种应负辅助侵权责任的软件或者装置并非仅有侵权用途,它可能同时具有瞬时非侵权的使用目的,而有认定为无故意的可能。因此,推导到其分支的引诱侵权责任,是否真的处于积极恶意(active bad faith)仍存有疑问。另外,从构成要件上来看,引诱侵权责任的成立并不以主动的恶意为要件,例如一个直接侵权人之外的第三人管控自己的网站,也会被认为是恶意的积极行为,这显然不合理。因此引诱侵权责任与避风港规则不会冲突,而是如同辅助侵权责任与代理侵权责任一样,可以在间接责任成立后适用避风港免责条款。

第四节 网络侵权行为人的过错

人在积累理性经验的过程中,观念中最为稳定的部分暗示自己哪些行为绝不可行,人们对行为的结果有一定预期,因此克制自己不能为所欲为。德国传统构成要件理论将过错作为责任的构成要件,而不是在行为要素上进行考察。原因在于德国刑法第59条明确排除了不知道法律的不应该受到惩罚,如果将主观因素纳入行为构成要件中,则产生语言重复和逻辑谬误,更与构成要件的规范本质属性不符。与主观式自我谴责的过错不同,客观标准的过错要求行为具有可非难性,不应低于一定社会标准,要求行为人对他人负合理的注意义务。网络侵权行为人的主观状态可以是故意,也可

---

① MGM Studios Inc.v.Grokster,Ltd.,545 U.S.913,936-37(2005).
② Gershwin Publ'gCorp.v.Columbia Artists Mgmt.,Inc.,443 F.2d 1159,1162(2d Cir.1971).

以是过失。故意的情况比较容易判断，一般是明知，过失则情况略复杂。网络侵权案件与刑法案件不同之处在于，并不注重考查行为人主观心理层面的故意和过失，而是客观化评价行为人行为，淡化故意与过失对责任的影响，意在着力填补损害。

网络侵权行为的构成要件包括网络侵权行为、损害事实、因果关系和过错。过错标准是网络侵权问题的核心，过错标准的记述性和规范性能够客观地为司法工作提供理论依据。网络侵权行为的过错包括故意、过失。故意分为一般故意和实际恶意。过失分为轻微过失、一般过失和重大过失。迟延置被侵权人于损害扩大的风险境地。风险是否被激发，导致网络服务提供者主观在无过错与过失之间变化。

过错问题是网络侵权构成要件的核心，也是网络侵权行为与线下侵权行为最大的区别。网络侵权属于一般侵权行为，适用过错责任原则，依照我国《民法典》第1165条第1款规定确定网络媒体侵权责任，转载人有过错则有责任，无过错则无责任，网络侵权责任直接适用《民法典》第1194条规定。① 归责原则问题一向是侵权理论的核心和灵魂，也是侵权规则建立的逻辑起点，没有明确网络侵权的归责原则，就如同没有拿到研究网络侵权理论的钥匙。② 对于"归责"的含义，拉伦茨的观点侧重于归责是对于被侵权人的损害填补；道茨奇(Deutsch)的观点侧重于依据行为找出行为人是谁；③台湾地区学者邱聪智认为，判断行为与结果之间的法之价值取舍是关键；杨立新教授认为归责是判断侵权人承担责任的过程，也就是说，归责与责任承担不同，归责的目的是为了责任，归责为责任提供依据，并不能保证责任最终确立。④ 影响归责的因素包括过错和损害结果等，这里面包括了复杂的法之价值取向，在网络侵权中，对人格权、网络平台中立态度、言论自由等多重利益考量都集中体现在归责原则上。

一、故　　意

网络媒体侵权中的侵权人故意主要指一般故意，另外还包括传统媒体侵权中，因公众人物保护受限而确立的实际恶意标准，在新媒体侵权问题上同样适用。

---

① 参见杨立新、李颖：《中国媒体侵权责任案件法律适用指引——中国侵权责任法重述之媒体侵权责任》，《河南财经政法大学学报》2012年第1期。
② 参见杨立新：《侵权法论(第五版)(上)》，人民法院出版社2013年版，第161页。
③ 参见王利明：《侵权行为法归责原则研究》，中国政法大学出版社2003年版，第17页。
④ 参见杨立新：《侵权法论(第五版)(上)》，人民法院出版社2013年版，第162—163页。

(一) 一般故意

一般故意不但表示侵权人在认识上知道行为的损害结果,而且意志上听任或者希望损害结果的发生。网络侵权行为是指自然人、法人或其他组织通过互联网而实施的违反法律的作为或者不作为。首先,前提是行为人必须客观上为或不为一定行为,该客观行为与互联网有关联;其次,该行为构成侵权责任的要求是必须客观上违反法律。通常信息不会在互联网上自动上传,只有用户在明确的意志支配下作出发布行为,才会达到传播的效果。用户的角色不会因为技术因素产生非人为的转化,没有任何技术可以自动给某主体冠以发布者的身份,发布者主动的表意行为才是关键因素。美国1996年《通信规范法》(Communication Decency Act,简称CDA)的第230条规定为网络服务提供者和用户提供了避风港,其中第230条一个简单的表述,任何网络服务提供者和用户都不能被当作任何信息的发布者或发言人,前提是这些信息的来源是其他的内容提供者。该条被誉为是网络服务平台用户的金钟罩,不仅仅是对网络用户的保护,也是对网络服务提供者的保护。但是该条在法庭上被援引和适用的情况却是十分罕见的。该条的争议集中于对网络用户的保护程度是否能同等地适用于对网络服务提供者的保护程度上,这也是网络侵权所涉及的核心问题。简言之,《通信规范法》中规定的以侵权网络用户对转发侵权的内容是否明知为判断标准,为网络用户提供了明显的保护。

一般轻微的违背善良风俗不作法律问题处理,但是故意为之而侵犯他人合法民事权益,则应认定为侵权,严重的则构成违法。故意违背善良风俗是实质要素层面的考量,不同于违反法定义务、违反保护他人为目的的法律之形式违法。黑客侵权行为、网络传播病毒侵权行为是典型的故意网络侵权行为,由于情节严重,通常各国都认为是犯罪行为,直接由刑法追究责任,其中给受害人的财产带来的损失,以刑事附带民事案件处理。2011年10月全国人民代表大会发布的《财政经济委员会关于第十一届全国人民代表大会第四次会议主席团交付审议的代表提出的议案审议结果的报告》中有代表提出议案,面对我国互联网安全存在信息安全问题,例如,网络传播淫秽色情等有害信息严重危害未成年人身心健康、网络黑客袭击、网络病毒、网络欺诈、网络盗窃、网络洗钱等危害网络发展与公共利益的问题,要求系统完善我国互联网法律规范。2015年《国务院办公厅关于印发三网融合推广方案的通知》中强调应强化网络信息安全和文化安全监管,防黑客攻击、防信息篡改、防节目插播、防网络瘫痪等所防范行为,都属于一般故意。

（二）实际恶意

恶意最早源于罗马法 dolus 或 mala fides。① 恶意更多的是在描述心理状态，呈现行为人的动机和目的，属于故意心态中的较恶劣者，对于行为的效力知情并恶意希望损害结果发生。网络侵权行为中故意是指行为人明知信息内容不真实或可能不真实、评论出于恶意、不公平、不正当等，仍坚持进行发布，积极使其进入信息流通流域的主观状态。在对实际恶意的理解，可分为明知、应知和缺乏事实依据三种主观状态。首先，明知是原告掌握被告明知所发布信息为诽谤性言论的令人信服证据。足以令人信服的标准实际上是浮动性的，无形中意味着证明的风险是由原告承担，相对而言，也为原告免于承担责任提供了便利。② 其次，应知是指被告在所掌握的信息和判断中，应该或有理由知道其发布的信息内容是背离客观真实情况的。媒体的专业性以及表达自由的核心思想即被告应知规则的适用障碍。③ 再次，缺乏事实依据的原因众多，媒体为了保持消息的即时性而进行时间竞赛，因此不能花费更多的时间用于审查事实真伪，只能推定消息真实，径自发表。中国媒体自政府撤离后，性质为私主体，与公权力机关不同，其受到自身权力的局限，不能保证具有相当的调查力度和范围；不能排除许多内容表达的是主观的看法，用客观的标准来进行判断对言论本身就是不公平的。

自从美国最高法院1964年对纽约时报诉沙利文（New York Times v. Sullivan）④一案作出判决之后，现在意有所指的实际恶意（Actual malice），已经被特定化为诽谤案件中公众人物名誉权保护的限制。此后，"过错的证明"问题成为了许多诽谤案件中的争议核心要素，公众人物（Public Figure）概念也是由该案确立的。⑤ 该案漫长的审判过程中法官强调实际恶意的证明体现在了大量的媒体侵权案件中，然而问题的关键和繁复在于，法官确立的规则确实提供了指引性，尽管最终的争议焦点是被告应知，也就是

---

① 参见［德］鲁道夫·冯·耶林：《罗马私法中的过错要素》，柯伟才译，中国法制出版社2009年版，第38—41页。
② Cf.Tucci v.Guy Gannett Publishing Co.,464 A2d 161,166(Me.1983);Whitmore v.Kansas City Star Co.,499 S.W.2d 45,51(Mo.App.1973);LacklandH.Bloom,"Proof of fault in media defamation litigation", *Venderbilt law review*,1985(3),vol.38:256.
③ Cf.Buckley v.Littell,539 F.2d 882,896(2d Cir.1976);429 U.S.1062(1977);Goldwater v. Ginzburg,414 F.2d 324,339(2d Cir.1969);396 U.S.1049(1970);LacklandH.Bloom,"Proof of Fault in Media Defamation Litigation", *Venderbilt law review*,1985(3),vol.38:255-258.
④ 376 U.S.254(1964).
⑤ Cf.LacklandH.Bloom,"Proof of Fault in Media Defamation Litigation", *Venderbilt law review*,1985(3),vol.38:249-250.

其主观标准体现在可能意识到信息内容失实,主观状态的客观表征情况可以辅助证明这一点。大量的同类案件中,媒体胜诉率较高,媒体作为被告凭借明确的表达他们的行为处于必要的利益衡量而胜诉。实际恶意基本上都是行为人故意造成的,大量的法庭辩论都是在阐述实际恶意的本质及其如何合理适用。虽然实际恶意标准提出了一些对媒体的保护措施,给公众人物和公共机关维权制造了巨大障碍,但也不至于将所有这些案件中的被告逼上绝路。在此类诉讼中,除非被告恶意,否则以政府官员为代表的公众人物得不到赔偿,恶意表现为明知信息内容属于虚假陈述而发表或转发,或放任不顾信息内容真实与否。

由实际恶意发展衍生出的公正评论、适度容忍、大体真实即正义等规则,都在为公共平台中言论自由的延伸提供理论支撑。从公民和国家的角度来看,如何最大化互联网的工具作用是一个基本出发点,商业化新兴媒体带来便利的同时,也一定带来一些问题,对于互联网对人格权的侵扰,各国法律无一例外都表示关注。保护互联网上的言论自由与保护个人自主同样重要。网络作为个人意见表达的重要场所,已经脱离了传统出版媒介对自由的限制。如果说出版业对不良言论的自由传播负有一定责任,那么网络服务提供者却未必能够理所当然地承担起相同的责任。

在1968年的圣阿芒诉汤普森(St. Amant v. Thompson)一案中①,美国联邦最高法院在扩大"实际恶意"标准的适用范围时,也努力明确认定实际恶意的标准,而这一标准偏向主观化,为了能够准确表达什么是所谓的对事实全然不顾(reckless disregard for the truth),联邦最高法院区分了疏忽和全然不顾不实。只有当被告确有怀疑,但放任怀疑,执意要发表有关消息时,才能证明被告确实构成实际恶意。原告必须证明被告发表的诽谤言论缺乏事实依据,严重怀疑该言论与事实有所出入。被告过错问题在1967年就得到过法院的关注,已经进行过更细致的争论,法院扩张了实际恶意的适用标准更早是发生在柯蒂斯出版公司诉巴茨(Curtis Publishing Co. v. Butts)一案中。② 对于公众人物和公共机关的非煽动诽谤言论,同样应适用实际恶意规则,实际上只将煽动诽谤言论排除在了适用之外。

在1974年的格茨诉罗伯特·韦尔奇公司案(Gertz v. Robert Welch, Inc.)中,③美国联邦最高法院认定"对于事实的虚假陈述不受宪法保障"。

---

① 390 U.S.727(1968).
② 388 U.S.130(1967).
③ 418 U.S.323(1974).

但最高法院对其中的界限并没有一个明确的原则。在该案历时10年的审理过程中,之前判例明确了过失和恶劣规避责任的认定标准。尽管规则在不断发展,但没有足够典型和明确的案件可以提供明确的指引,尤其是对于案件中的关键争议。尤金·沃洛赫(Eugene Volokh)教授认为,美国联邦最高法院对于决定何种失实性表达不应受保护建立了一个相对而言复杂的判断规则,但目前至少有四种言论是最高法院认定不受保护的:首先是以"完全恶意的心理状态"(sufficiently culpable mental state)所进行的虚假陈述,应既承担民事责任也承担刑事责任;其次是故意(knowingly)的虚假陈述,与诽谤有关的法律都处于该种情况;第三是虽然不是故意(negligently),但在某些情况下会导致民事责任的失实陈述;最后是对事实的暗示性的陈述,这些陈述也可能因为"暗含虚假事实"(false factual connotation)而不受保护。沃洛赫教授还提出了第五种言论,即"某些虚假陈述即便是蓄意的谎言,也不应受到惩罚"。

在沙利文案和格茨案中,法官将内容失实因素纳入美国诽谤法的内容中,目的就是为了树立《宪法第一修正案》中保护言论自由的价值追求。正因为考虑到一定程度上的发表纰漏在所难免,法官认为涉及公共机关和公众人物的被诉诽谤言论应被宪法保护。应确保媒体足够的喘息空间,否则就会削弱各方当事人自我检视的余地,导致法律的长臂干预个人生活带来恐惧和威胁。当涉及私人生活领域时,格茨案的法官认为,国家把保护个人名誉视为国家利益,并更大程度顺应个人意愿,实际恶意的适用标准不能被保障。对媒体应当适用严格责任,即使原告是私人时,媒体只能寻求策略性的保护。① 诽谤侵权中证明责任从来都困难重重,大量审判经验总结的规则适用,表明尽管对媒体和原告的责难从未停止,但不可否认经典判例对理论的丰腴作用。②

在我国,网络交易平台的交易行为规范应适用《消费者权益保护法》第44条,但是网络交易平台中交易行为之外的信息流通和传播规则仍应当适用《民法典》第1194条至1197条的规定。网络交易平台购物的售后评价行为构成网购平台的信用评价体系,售后评价即属于信息流通和传播的范围。网购评价中卖家最介意的差评可以分为普通差评与恶意差评,是否恶意影响了责任构成。恶意差评中的恶意,排除了有购买意思、并根据自己切实期

---

① 418 U.S.323,348-55(1974).

② Cf.Lackland H.Bloom,"Proof of fault in media defamation litigation",*Venderbilt law review*,1985(3),vol.38:394.

望与实际收货落差的体验分享。上海某网络侵权责任纠纷案中争议焦点是消费者网络差评是否出于恶意,该案法官认为,"比较常见的恶意差评主要分为两类:一是来自职业差评师的恶意差评。这些职业差评师依靠中差评来获取经常性收入,利用网络平台对卖家商品进行恶意诋毁来影响卖家商誉,同时以此要挟卖家,在获得经济利益后删除差评。该类差评行为毫无疑问属于侵权行为,情节严重的甚至可能触犯我国刑法。二是来自同行之间的恶意差评。差评行为实施主体是同行竞争对手,其目的在于削弱具有竞争关系的卖家诚信度,以降低其市场份额,显然该类差评行为侵犯了其他店主的商誉,属于不正当竞争行为。以上两类属于比较常见的典型恶意差评……"笔者认为,将职业差评师单独列为一类,特征不够显著,因为来自有竞争关系同行的恶意差评、商业诋毁也可能是通过职业差评师作出的,应把"不具有真实购买意图的买家实施差评行为的目的是为了换取不平等的交易条件或希望满足自身一些不合理的要求"的消费者与"恶意差评师"归类为恶意差评谋利者。综上,恶意差评的主体主要有三种:一是以恶意差评谋利的主体,包括真实而苛刻的消费者和机械量产差评的有组织性谋利团体。二是不正当竞争的同行,以差评降低对手市场竞争力。[1] 三是作出内容不真实的或不相关的差评,违背网络社交礼仪的主体。网络用户人人皆知一个不成文的规定,即一般的网络社交礼仪(Netiquette)是网络用户都知晓的不成文的规矩,它是一个口语化的合成词,即 Network Etiquette,实际上是一套长期网络交往习惯形成的规矩,目的是规范和促进网络上的社交行为,从讨论组到邮件列表、博客、论坛等都适用,其目的就是要推广一种对信息内容的包容和温和的对应态度。[2] 那些坚持打破网络社交礼仪的用户几乎总是要招致愤怒的回应,甚至是攻击性言论。通常网络用户任何情况下都应明确地知道打破网络社交礼仪的一切后果。Godfrey 诉 Demon 网络服务商(Internet Service Provider,简称 IPS)一案[3]是英国第一起通过网络公布电子邮件地址导致诽谤诉讼的案件,该案原告坚持打破网络社交礼仪,发布故意挑衅和令人反感的言论,被网友公布了电子邮件地址,其随即收到大量

---

[1] 参见上海二中院判决申某诉王某网络侵权责任纠纷案,审判字号:(2015)沪二中民一(民)终字第1854号。
[2] Etiquette in technology, Wikipedia, see at https://en.wikipedia.org/wiki/Etiquette_in_technology#cite_note-1,10 September,2016.
[3] Godfrey v.Demon Internet Ltd[1999] EWHC QB 244, Case No:1998-G-No 30 in the High Court of Justice, Queen's Bench Division,(Handed Down at Leicester Crown Court),before Mr. Morland,26 March,1999,see at www.bailii.org/ew/cases/EWHC/QB/1999/244.html.

的攻击性邮件,原告认为网络服务商应对此负责。该案首次将网络服务提供者侵权责任纳入1996年《英国诽谤法》第1款适用。通常违反网络社交礼仪导致的侵权行为可非难性较弱、过错程度降低,我国《新浪微博社区公约》《新浪跟帖用户自律》等都属于自媒体领域文本化的网络社交礼仪表现形式。回归到恶意差评问题上,上海某商业诋毁上诉案中,二审维持一审原判,案件争议焦点是侵权公司是否是三个网购用户差评的实际操纵者,以及差评内容能否构成《反不正当竞争法》第14条规定的"捏造、散布虚伪事实",并导致"损害竞争对手的商业信誉、商品声誉"。[①] 对于侵权公司是否对网购用户进行了实际操纵,可以通过比较三个会员账号登录网站的IP(Internet Protocol)地址明细与侵权公司登录支付宝的IP地址明细,从而建立起三个会员账号与侵权公司之间的关联。但是关联性的建立最大的障碍就是用户浏览及支付的IP地址通常不是固定的,而是动态IP。[②] 案件中,正是由于被侵权人无法证明三个用户的差评行为是受到侵权公司实际操纵的,除了主体资格上不能满足反不正当竞争要件,个人用户差评的主观恶意也难以证明,不能排除是用户的真实表达的可能性。即便是能够证明三个用户被侵权公司实际操纵,在证明三个差评在多大程度损害了被侵权人的商业信誉上,同样有难度,更何况普通用户与被侵权人不可能存在竞争关系。

二、过　失

检视过失问题的两大重要因素是注意义务的存在和注意义务的违反。[③] 侵权行为人是否违反其注意义务,应考察其是否适度运用其注意能力,以避免或防止可预见之损害结果发生。关于侵权行为人之注意能力,台湾地区法律事务管理机构采取善良管理人之注意程度,作为判断行为人是否违反注意义务之标准。[④] 该判断的过程属于逻辑学中"量的判断",即将侵权行为人的行为,与善良管理人的应为行为进行范围上的比较,如有范围

---

① 参见上海知识产权法院判决上海凯聪电子科技有限公司与深圳市乔安科技有限公司商业诋毁纠纷上诉案民事判决书,审判字号:(2015)沪知民终字第5号。
② 用户的IP地址由电信运营商分配,固定IP地址是长期分配给一台计算机或网络设备使用的IP地址。由于用户数量众多,IP地址资源相对有限,而且并非所有用户会在同一时间登录网络,因此电信运营商一般是采用分配动态IP的策略。也即用户计算机每一次上网时,电信运营商会随机给用户计算机分配一个IP地址。用户计算机断开网络链接时,电信运营商会将分配出去的IP地址收回并分配给下一个上网的用户计算机。
③ 参见陈聪富:《侵权归责原则与损害赔偿》,北京大学出版社2005年版,第1页。
④ 参见裁判字号:19年度台上字第2746号。

上的差别,则属于违反注意义务。①

(一) 轻微过失

通常轻微的过失是指较小的过失,能够得到被侵权人的容忍和原谅,因此多数情况可免除其侵权责任。网络侵权中大量侵权信息可能在短期被淹没,侵权内容迅速被网络自净功能消化掉,造成被侵权人损害较轻微,则可考虑免除侵权人责任。②

(二) 一般过失

一般过失是主体在通常情况下,缺乏一般人应具备的知识、经验等,没有尽到应尽的合理注意义务,造成损害的,应当承担责任。成本几乎为零的网络信息流动带来了爆炸性和涌动的信息量,可喜可贺的是我们拥有了大量的信息源头,不必再拘束于地域性或者所谓权威的有限视角,能够全面彻底地知晓不同的观点,并且创造一种可互动的平台,使得某一话题能够持续。所谓以互联网为代表的新媒体带来的人的延伸(Extensions of man),包含了外在环境对人性的影响,例如农业技术的发展、基因科技的革新等致使人对外部世界的认知扩大,当然也包括人对智能媒介形式的包容。③ 互联网创造了沟通的多重可能性,虚化了物理距离,实现了天涯若比邻,同时,选择别处生活可能不必远走他乡。而网络媒体之间的互相转载实际就是网络分享文化的重要价值取向。网络转载行为中的过失是指转载人应当能够预见到自己的转载行为将会导致侵权后果,能够尽到却未尽到注意义务。过失通常是转载人没有尽到适当的审查、说明义务或没有采取相关技术措施。过失及恶劣规避责任问题包括:媒体合理注意义务的判断标准和对过失及恶劣规避责任的证明。一方面,媒体合理的注意义务要求对过失进行分析;另一方面,对媒体的注意义务的要求标准应当是普通人的标准还是专业人士的标准极大影响了媒体是否尽到了审慎义务的判断结果。事实上,大部分的信息发布人或者记者对信息的确信程度都达不到百分之百,除了那些由公权力机关发布的数据或消息被认为是可信赖的,发布者不具备追踪每一个消息细节真伪的条件和责任。尽管发布者主观想要谨慎善良,但是客观上并不具有相应高效调查权限。媒体的消息来源时常来自其他的媒体,在转发信息的过程中为了降低自己的注意义务标准,应注明转发来源并不

---

① 参见[德]康德:《逻辑学讲义》,许景行译,商务印书馆2014年版,第98—101页。
② 参见周汉华:《论互联网法》,《中国法学》2015年第3期;杨坦辉、黄云:《名誉权纠纷的法理解析与审理要点》,《人民司法(应用)》2016年第7期。
③ Cf. Corey Anton, Mcluhan, "Formal Cause, and The Future of Technological Mediation", *The Review of Communication*, Vol. 12, No. 4, October 2012, pp. 276-289.

对信息作出改变原意的编辑。媒体有理由怀疑言论的真伪、调查的客观行为以及文字写作和编辑的手法,都会影响对过失及恶劣规避责任的认定。① 例如,发布者粗心大意的注解,或者在采访他人所做的笔记的注解上没有使用引号,导致推定为发布者的言论,而该发布者的书面笔记就会成为原告举证的物证;再如,发布者在措辞的过程中体现的偏见,以及不同地域对词语意思的通用理解差别或翻译带来的语义贬损都可能导致侵权,而这种显然是过失而导致的。② 媒体有理由知道发布内容的准确性,其判断依据分别是:第一,可能失实的不连续信息;第二,追溯不到源头的如空穴来风般的信息;第三,来源不可信赖的信息;第四,模棱两可的言论;第五,真实可能性严重低下的信息;第六,缺乏专业基本知识的信息等。③

作为一个拥有正常心智的人,发布人仍然有理由和有条件能够判断发布的内容是否有很大可能造成侵权,例如报道的蛛丝马迹,报道的来源等。Rosenthal案④中转发者Rosenthal没有创作行为,只是将在被告即原发作者Bolen发给自己的邮件中的信息进行了传播。Rosenthal不是Bolen作品的创作者也不是发言人,因此她不适合为互联网上的信息涉及的不利后果承担民事责任。被侵权人Barrett并不这么认为,他认为对法条的理解应该是多样化的,重新审视美国1996年《通信规范法》的内容会发现,它是美国国会为了加强对互联网猥亵的不良信息的传播而出台的。除了发布者不能免责,其他人都是可以适用免责的。例如,一个色情图片的拍摄者是不良信息的创作者,但是有些用户只是将图片出售给有这种偏好的人,不是通过互联网,仅仅通过类似拷贝在光盘中这样的线下方式,就不会被《通信规范法》追责。但是该案法庭的观点认为,如果这些有光盘的人通过互联网上传不良信息,他们就会被免责,因为他们不是信息的原创者。⑤

(三)重大过失

重大过失是指行为人欠缺一般人应具有的注意义务,并且其疏忽大意极不合理、超出一般人预计的程度,没有谨慎地采取一定措施。对于发布的

---

① Cf.LacklandH.Bloom,"Proof of Fault in Media Defamation Litigation", *Venderbilt law review*, 1985(3), vol.38:355-386.
② Cf.Schrottman v.Barnicle;386 Mass.627,437 N.E.2d 205(1982).
③ Cf.LacklandH.Bloom,"Proof of Fault in Media Defamation Litigation", *Venderbilt law review*, 1985(3), vol.38:347-356.
④ Cf.Barrett v.Rosenthal,112 Cal.App.4th 749;5 Cal.Rptr.3d 416(Cal.App.1st Dist., November 10,2003).
⑤ Cf.James P.Jenal,"When is a User Not a'User'? -Finding the Proper Role for Republication Liability on the Internet", *Loyola of Los Angeles Entertainment Law Review*, Vol.24, Issue 3(2004), pp.468-472.

内容涉及的事实问题,有的事实性报道是显然未经权利人同意而进行报道和披露的,有的是涉及一些相关性不强的个人隐私,或者首发报道本来就触犯公众的底线,也可以说是违反了众所周知的事实,因此发布人的审慎注意义务尤为重要。对于转载附加评论的情况,如果原文中有明显的涉嫌侵权信息,转载人不予理会、不加否定的转发,则认定为有过错。① 如果首发报道对侵权信息作出了补救措施,而转发人拒不进行连续转发补救措施,这也是不妥的行为。转发人删除了首发媒体发表内容的关键部分,造成报道信息失实,也会构成侵权,而首发媒体不需要对此负责。②

网络侵权行为的可责难性主要体现在对侵权责任法法益保护对象的侵犯,同时也表现为网络侵权行为人认为网络的匿名性和虚拟性给不良行为的实施做掩护,并且侥幸地认为网络行为的标准要更加宽松。网络侵权行为的可责难性与前文论述的网络侵权行为的不法性在内容上有重叠,可具体表现为以下两种类型:第一,网络侵权行为人未尽合理注意义务。第二,网络侵权行为违反保护他人为目的的法律。

三、迟延与无过错和过失之间的关系

虽然迟延(Mora)通常不作为主观过错标准,迟延只是在法律观念最开始形成时,与过错同时被提出来的要素概念,与迟延一同被提起的过错要素还包括恶意、欺诈、过失等③但是迟延的问题在《民法典》第1195条中有"及时"二字加以体现和强调,限定网络服务者的行为必须在一段合理的时间内完成,不无道理。对"及时"问题的探讨可以追溯到1215年英国国王在《大宪章》中的宣誓,国王宣誓所表达出对不适当迟延的摒弃,成为了欧洲大陆彼时影响正义贬损问题的法律依据。④ 发展到网络信息时代,迟延对

---

① Cf.Daxton R." 'Chip' Stewart, When Retweets Attack:Are Twitter Users Liable for Republishing the Defamatory Tweets of Others?", *Journalism & Mass Communication Quarterly*, Summer, 2013,Vol.90 Issue 2,p.239.
② 参见魏永征、周丽娜:《〈世界新闻报〉事件和英国隐私保护》,《中国广播》2011年第10期。
③ 参见[德]鲁道夫·冯·耶林:《罗马私法中的过错要素》,柯伟才译,中国法制出版社2009年版,第11、38页。
④ 对"一段合理的时间"的探讨是与私法历史发展共生的问题,英国国王分别在1215年和1278年宣誓称"对待任何与我们交往的人,我们都不能背弃正义或迟延正义"、"合同中不允许交易任何手段和方式阻碍或迟延正义,不得以此侵犯人权和违背国家法律规定"。See P.Brand., "To None Will We Sell, to None Will We Deny or Delay Right or Justice": Expedition and Delay in Civil Proceedings in the English Medieval Royal Courts, Comparative Studies in Continental and Anglo-American Legal History, Band 28: Within a Reasonable Time: The History of Due and Undue Delay in Civil Litigation, Duncker&Humblot,2010, p.57.

正义的贬损程度被无限放大,如同对互联网的无限性的未知和不可预计一样,互联网侵权损害范围之大的程度也难以预计,对"及时"的解释显得尤其重要。

迟延的正义效力必定是贬损的,迟延也不属于不作为的过失,更不属于故意,而是在故意和过失之外制造意外事件之风险,对迟延的通知则令风险移转至迟延人。故意和过失的网络侵权诉讼不仅可以对人也可以对物,而对迟延的网络侵权诉讼只针对人,而不是对物。

从迟延主体角度探讨,广义的网络侵权中的迟延可以分为侵权人的迟延和网络服务提供者的迟延。侵权人的迟延与非网络侵权中的合同履行迟延区别不大,网络侵权中的迟延应特指网络服务提供者的迟延,即收到通知或反通知之后到采取取下或恢复等必要措施的时间迟延。

从迟延的性质上看,迟延可以分为适当的迟延和不适当的迟延。适当的迟延是除去行为通常需要花费的必要时间。适当的迟延可细分为约定的迟延和被容忍的迟延,迟延在被约定和被容忍的经历中完成了向无过错方向的摆动。① 对于是否适当,侵权人和被侵权人可能各持己见,不适当的迟延或者说不及时也可定义为可避免和不必要的迟延,不适当的迟延是朝向过失的摆动。然而在对立双方看来,是否可避免的认知不一定相同,也不一定一成不变,因此将其描述为一种动态的摆动状态,所以主观化的迟延不具争论价值。讨论影响网络服务提供者采取措施及时性的因素,需要尽可能解决双方共识问题。主张网络服务提供者迟延者,应负责举证。《民法典·侵权责任编》的核心价值追求之一就是使被侵权人的损害及时得到填补,"及时"的重大意义不仅表现为填补损失消耗的时间尽可能地短,而且要求"及时"应通常在人们能够容忍的时间范围之内。

---

① 双方约定的迟延符合意思自治,19世纪苏格兰在诉讼程序的休会(Prorogation)是控辩双方合意的程序推迟。See J.Blackie, Delay and its Control in Mid to Late Nineteenth Century Scottish Civil Procedure, Comparative Studies in Continental and Anglo-American Legal History, Band 28: Within a Reasonable Time: The History of Due and Undue Delay in Civil Litigation, Duncker&Humblot, 2010, p.183.

第五章 "通知——反通知"规则的新思维与适用

第一节 网络侵权责任中的通知及其效果

自2010年《侵权责任法》出台以后,学界对第36条规定的网络侵权责任的讨论十分广泛,尤其在《<中华人民共和国侵权责任法>司法解释建议稿》(以下简称《建议稿》)中,对网络侵权责任应当明确的问题进行了说明。① 该《建议稿》共173条,设专章对《侵权责任法》36条网络的侵权责任进行了较为系统的解释,从第72条到第86条共15条,占全部条文的8.67%,可见网络侵权责任还有诸多空白需要进行研究和补充,不去替法律规范说出它们本来要发出的声音也与立法宗旨相违。② 书仅就原《侵权责任法》36条第2款规定的对被侵权人的通知与后果,根据已有的研究做以下阐释。

一、网络侵权责任中被侵权人的"通知"

《建议稿》第76条规定的是关于被侵权人的通知中网络服务提供者采取必要措施的规则:"被侵权人通知网络服务提供者采取必要措施,应当采用书面通知方式。通知应当包含下列内容:(一)被侵权人的姓名(名称)、联系方式和地址;(二)要求采取必要措施的侵权内容的网络地址或者足以准确定位侵权内容的相关信息;(三)构成侵权的初步证明材料;(四)被侵权人对通知书的真实性负责的承诺。被侵权人发送的通知不能满足上述要求的,视为未发出有效通知,不发生通知的后果。"

(一) 通知所涉三方主体

1.网络服务提供者。网络服务提供者(Internet Service Provider,简称ISP),是指依照其提供的服务形式有能力采取必要措施的信息存储空间或

---

① 参见中国人民大学民商事法律科学研究中心"侵权责任法司法解释研究"课题组:《〈中华人民共和国侵权责任法司法〉解释建议稿》,《河北法学》2010年第11期。课题组负责人:杨立新;课题组成员:杨立新、张秋婷、岳业鹏、王丽莎、谢远扬、宋正殷、陈怡、朱巍。

② 参见[德]卡尔·拉伦茨:《法学方法论》,陈爱娥译,商务印书馆2003年版,第194页。

者提供搜索、链接服务等网络服务提供商,也包括在自己的网站上发表作品的网络内容提供者。应当注意的是,原《侵权责任法》36 条第 1 款规定的网络服务提供者包括网络服务提供商和网络内容提供商,第 2 款和第 3 款规定的网络服务提供者纯粹是网络服务提供商,不包括网络内容提供商。网络服务提供者是一个较宽泛的概念,有学者将其分为五类,包括网络接入服务提供者(Internet Access Provider)、网络平台服务提供者(In-ternet Platform Provider)、网络内容提供者(Internet Con-tent Provider,简称 ICP)、网络技术提供者以及综合性网络服务提供者。① 也有学者根据网络服务提供者在提供服务过程中所起的作用的不同,将其分为三类:一是接入服务提供商;二是网络平台服务提供商;三是在线服务提供者。② 从以上对网络服务提供者的两种分类可以看出,不同类型的网络服务提供者由于权限不同,控制范围不同,能否对被侵权人的通知进行审查和采取必要措施,怎样对被侵权人的通知进行审查和采取必要措施,都不能一概而论。但有一点是相同的,那就是,对被侵权人提出的通知,应当进行审查,确认通知所称的侵权行为是否构成侵权责任,是否应当采取必要措施。如果确认构成侵权,且网络服务提供者进而采取必要措施防止侵权损害结果的进一步扩大,就不承担侵权责任,反之,则应当承担侵权责任。

2. 侵权人。网络侵权责任的侵权人与其他侵权人不同,网络侵权人的成立以利用网络实施侵权行为为必要条件,而网络侵权行为的特点是侵权人不明确,在很多情况下,被侵权人和公众无法知晓谁是侵权人,并且网络侵权行为是一种非物质性的侵权行为,侵害的民事利益也是非物质性的。在网络世界,大量的信息高速而廉价地被复制,侵权行为的损害后果是不可估计的,举证也十分困难,因此,网络服务提供者是被侵权人确定侵权人的一个有效途径。侵权人在网络侵权行为中,本来就是侵权人,是应当自己承担侵权责任的人,由于其具有不明确性,被侵权人可能找不到谁是真正的侵权人,因而起诉网络服务提供者承担连带责任。当网络服务提供者承担了赔偿责任之后,能够确认侵权人的,有权向其追偿,侵权人应当赔偿网络服务提供者承担侵权责任所造成的损失。

3. 被侵权人。被侵权人就是有权发出通知,要求网络服务提供者采取必要措施的人。被侵权人可以是自然人、法人或其他组织。被侵权人在确

---

① 参见喻磊、谢绍泹:《网络服务提供者侵权归责原则新论》,《江西科技师范学院学报》2010 年第 4 期。
② 参见李丽婷:《网络服务商在商标侵权中的法律责任》,《中华商标》2010 年 2 月。

认自己受到网络侵权行为侵害,其民事权益受到损害时,享有通知的权利,有权通知网络服务提供者对侵权行为采取必要措施,同时也应当负有行使通知权利时所必须履行的相关义务;同时,在按照通知的要求,网络服务提供者采取了必要措施之后,应当承担相应的后果责任。

(二) 通知的形式——书面通知

1. 书面形式的界定。被侵权人通知网络服务提供者采取必要措施,应当采用书面形式。书面形式是《民法典》第469条第1款(原《合同法》第10条)使用的概念,即"当事人订立合同,有书面形式、口头形式和其他形式"。对书面形式的理解,不能拘泥于传统的白纸黑字和签字盖章式的书面形式,还有数据电文,包括电报、电传、电子数据交换和电子邮件等,都属于书面形式,只不过因为数据电文没有所谓的原件,因此证明力弱于白纸黑色的签名盖章类型的书面形式。①

2. 采取书面形式的原因和意义。我们坚持认为被侵权人向网络服务提供者发出采取必要措施的通知要采用书面形式,有如下三方面原因:第一,采取书面形式有利于明确被侵权人对网络服务提供者提出的请求,具有提示甚至警示的作用;第二,采取书面形式可以起到证据的作用;第三,采取书面形式通知,对于被侵权人也有必要的提示,即发出通知是应当审慎的、慎重的,不能轻易为之,应当负有责任。采取书面形式的法理意义体现为两点,第一,采用书面形式是对被侵权人与网络服务提供者之间意思自治的一种限制,也进一步反映了《民法典·侵权责任编》是具有强制性的法律,其规范大多属于强制性规范,书面通知带有记录在案的意思,让被侵权人通过书面形式,为错误的通知备案,以便在所谓的侵权人主张反通知的时候,追究被侵权人的侵权责任。第二,被侵权人的通知是否采用书面形式,有可能影响到通知的效力,此处是出于网络安全和网络管理秩序的考虑,也更是为了保护公众的利益不轻易受损,形式要件会影响通知行为的效力。

(三) 通知的内容

1. 被侵权人的姓名(名称)、联系方式和地址。被侵权人是自然人的,需要提交姓名;被侵权人是法人或其他组织的,需要提交名称。上述信息应当真实可靠,以便采取必要措施之后,一旦出现错误,网络服务提供者能够找到能够承担责任的人。因此,网络服务提供者需要对被侵权人的姓名(名称)、联系方式和地址进行审查。自然人作为被侵权人,应当提供身份证号、个人基本信息等,法人应当提供法人资格证明。网络服务提供者要对

---

① 参见王利明、杨立新等:《民法学》,法律出版社2005年版,第569页。

被侵权人的个人隐私和商业秘密保密,不得实施侵犯被侵权人隐私权和商业秘密的行为,否则承担相应的法律责任。

2. 涉及侵权的网址,包括要求采取必要措施的侵权内容的网络地址或者足以准确定位侵权内容的相关信息。网络服务提供者对此不能仅仅进行形式审查,足以准确定位的网络地址应为 URL 地址,网络服务提供者应确保被侵权人提供的网络地址为 URL 地址或者能准确定位 URL 地址的信息。① 如果地址出现明显错误,网络服务提供者应及时告知被侵权人纠正,确保准确定位侵权网址。

3. 构成侵权的初步证明材料。被侵权人提供的初步证明材料至少要包括被侵犯的权利归属的证明文件,构成侵权责任要件的事实证据。有人认为"初步"二字十分弹性,容易使人误解。我们认为,网络服务提供者主要从事技术活动的,他们对如何认定一个行为是侵权行为的专业知识背景参差不齐,法律并不苛求他们拥有统一的法律专业知识背景,而是依据一般人对侵权行为的认知即可。不过,网络服务提供者都应当配备法律顾问或者法律部门,他们应当对此进行审查,按照侵权责任构成要件的通说,确认通知的事项是否包括违法行为、损害事实、因果关系和过错要件。

4. 被侵权人对通知书的真实性负责的承诺及必要时的担保措施。学界一直对被侵权人通知是否有必要设置门槛有争议。如若被侵权人要求采取必要措施的"侵权行为"涉及比较大的财产利益,而此时侵权与否尚没有定论,如果经过进一步证明得出了不构成侵权责任的结果,那么会带来"侵权人"财产利益受损的问题。如果"被侵权人"恶意通知,仅仅"承诺"略显单薄。涉及较大财产利益的网络侵权,应当要求被侵权人提供相应数额的担保。"较大"的标准应该由网络服务提供者进行衡量。

(四) 通知的效力

通知必须同时满足上述四个方面要求的条件下,才能发生通知的效力,也就是说上述四方面内容缺一不可,并且应采取书面形式。网络服务提供者自收到满足条件的通知之日起通知生效。其效力是网络服务提供者对侵权人在自己的网络上实施的侵权行为采取必要措施,进行删除、屏蔽或者断开链接。如果"被侵权人发送的通知不能满足上述要求的,视为未发出有效通知,不发生通知的后果",②即网络服务提供者不承担采取必要措施的

---

① 参见袁伟:《著作权人发出要求删除链接的通知时应提供明确的网络地址——从技术角度浅谈〈信息网络传播权保护条例〉第 14 条第 1 款第 2 项》,《电子知识产权》2009 年第 7 期。

② 参见袁伟:《著作权人发出要求删除链接的通知时应提供明确的网络地址——从技术角度浅谈〈信息网络传播权保护条例〉第 14 条第 1 款第 2 项》,《电子知识产权》2009 年第 7 期。

义务。这个意见是正确的。

如果被侵权人的通知有明显的缺失、提供的侵权内容的网络地址或者足以准确定位侵权内容的相关信息明显有误,该通知就会被视为未通知,被侵权人就不会马上获得救济,而且他也不会得知自己得不到救济的结果。这显然会对被侵权人造成进一步的损失。按照一般的理解,被侵权人理应为自己的错误通知承担不能实现通知效果的不利后果,然而,《民法典·侵权责任编》本来就是以解决侵权纠纷为职责,为了避免被侵权人的损失,网络服务提供者对此应当履行适当注意义务,在发现被侵权人提供的信息有明显错误时,应当及时回复被侵权人,省去因被视为未通知而再次通知的烦琐过程,既节省资源又提高了效率。

如果被侵权人通知要求采取措施的网址不在该网络服务提供者采取措施的权限内,例如收到通知的网络服务者是网络接入服务提供者而不是网络内容服务者,网络接入服务提供者也应及时告知被侵权人。若该权限为网络服务提供者相关联的网络内容提供者所有,则网络服务提供者应在被侵权人无法通知的情况下提供网络内容提供者的联系方式或负责转发。通知错误的情况下,通知生效的时间应为补正通知到达之日或者通知到达真正有权采取措施者之日。

对于有效通知的效力能否及于重复的侵权行为也是值得研究的。如果重复的网络侵权行为在通知生效时已经存在,那么有效的通知的效力可以及于这些既有重复的侵权行为,网络服务提供者须对这些侵权行为采取必要措施。如果将来发生的重复侵权行为也要由网络服务提供者主动采取必要措施,那么网络服务提供者将在一定程度上承担权利人的保有自己权利圆满而不被侵犯的义务,却享受不到作为权利人对权利的支配和利益的享受,这对网络服务提供者显然是不公平的。我们认为,应对将来有可能遭受的重复侵权侵害,被侵权人可以利用公告来代替通知,这样在面对大量信息时,既可以缓解网络服务提供者主动排除重复侵权的压力,也可以节省被侵权人多次通知的成本。

二、网络服务提供者对通知的审查

(一)审查须为必要范围

《民法典》网络侵权责任部分没有规定网络服务提供者对被侵权人的通知进行审查。但是,如果没有必要的审查,凡是被侵权人提出通知的,网络服务提供者就一律采取必要措施,有可能会侵害所谓的侵权人的合法权益,侵权人转而追究网络服务提供者的侵权责任,网络服务提供者就要吃官司,承担侵权责任。因此,必要的审查对网络服务提供者而言,是必要的,也是必须的。即使没有法律规定,这样的审查也只有益处,没有害处。

在《民法典》第1195条项下,网络服务提供者没有接到被侵权人的通知,不必主动进行审查。网络服务提供者采取删除、屏蔽、断开链接等必要措施的前提,是接到被侵权人的通知,否则"不告不理"。网络服务提供者作为媒介,不应干涉网络用户的言论自由,也没有限制网络用户言论自由的权利,作为技术的提供者,不具有实质审查用户发表言论内容的权利,也无权依据自己的立场主动采取必要措施。只有在基于《民法典》1197条关于"网络服务提供者知道或应当知道网络用户利用其网络服务侵害他人民事权益,未采取必要措施的,与该网络用户承担连带责任"的规定,在网络服务提供者已经明知网络用户在自己的网站上实施侵权行为时,才负有采取必要措施的义务。对此,应当对网络服务提供者的审查义务适当限缩,因为给予网络服务提供者更高的审查义务,将会促使其乐于运用过滤系统来遏制包含特定语句的有可能造成侵权行为的信息的传播,进而使网络服务提供者的权力扩大,滥用权利,甚至交予技术的机械手段限制网络信息传播,造成网络用户的言论自由的不法拘束,最终导致网络用户的权利受到损害。

对于网络服务提供者收到通知之后到采取必要措施的期间,法律没有明确规定,明确规定的是"及时"。所谓"及时",其实就是网络服务提供者进行审查的期间,不可以过短,也不可以过长,适当而已。在目前情况下,不宜规定具体的时间,而应当根据具体案件,网络服务提供者要审查的内容的不同,在发生争议之后,由法官根据事实作出判断,认定是及时还是不及时,并据此确定网络服务提供者应当承担还是不承担侵权责任。

(二) 审查须高于形式审查

对于被侵权人发来的通知,网络服务提供者一般不会进行也不可能进行例如政府机关或者司法机关的那种实质审查。行政机关和司法机关确认侵权行为必须采用实质审查,网络服务提供者作为私权利的一方,不是实质审查的主体,不享有实质审查的权力。我们认为,即使网络服务提供者对通知进行形式审查,不属于严格的实质审查,但在审查中如果没有尽到适当的注意义务,对于明显的不构成侵权责任的所谓侵权行为采取必要措施,网络服务提供者同样可能要吃官司,要承担侵权责任。因此,要求网络服务提供者适当提高审查标准,审慎对待审查对象,采取类似于英美法系的"合理人"的标准进行审查。"合理人"是"司法概念的拟人化",是指"有平均心智水平的普通人"。合理人不是完美的人,而只是具体社会环境中一个达到中等心智水平的人,他会有各种各样的缺点,会犯生活中的错误,但在特定情形下,他应该保持必要的谨慎和细致,能充分运用自己的知识、经验、注意等能力来判断危险的存在,并采取有效的"防免措施"。① 同时网络服务提供者也要秉承大陆法系"善良家父"的标准来要求自己,像对待自己的事情一样去对待被侵权人的事情,像家父一样循循善诱,谆谆教诲。② 审查的形式应当高于一般的形式审查,低于实质审查。

（三）审查须为被动审查

网络服务提供者的审查行为是由被侵权人的通知生效到达而启动的,因此网络服务提供者不具有审查的主动性。

应当特别注意的是,通知规则是借鉴"避风港规则",并不是《民法典》第1197条规定的"知道或应当知道",原《侵权责任法》36条第3款规定的是"知道"规则。该"知道或应当知道"规则借鉴的是美国法的"红旗标准"。所谓"红旗标准"是用来形容十分明显的侵权行为的。"当有关他人实施侵权行为的事实和情况已经像一面色彩鲜艳的红旗在网络服务提供者面前公然地飘扬,以至于网络服务提供者能够明显地发现他人侵权行为的存在。""此时侵权事实已经非常明显,网络服务提供者不能采取'鸵鸟政策',对显而易见的侵权行为视而不见。"③"红旗标准"的意思就是对待明显的侵权行为,网络服务提供者要主动采取必要措施。"红旗标准"的概念最早出现在美国,一定程度上是对"避风港规则"的限制,是给予网络服务提供者一定免责条款下的义务。"红旗标准"实际上是对"避风港规则"的其中一项要件——没有明知侵权信息或侵权活动的存在,也不知道明显体现侵权信息或侵权活动的事实——所进行的解释和描述。④

"避风港规则"是美国佛罗里达州地方法院和州立法院在1993年和1995年分别对两个相似案件作出相反判决下产生的,1993年的Playboy Enterprises Inc.V.Frena案中,网络用户未经原告许可将其依法受保护的图片上传到被告的BBS上,被告发现后便立即删除。但原告仍要求被告承担侵权责任,其理由是被告在BBS上公开展示和传播了该作品,侵犯了版权人的展示权与传播权。最终法院认为被告在管理网络系统的行为存在过失,应对该网络上发生的侵权行为承担责任。⑤ 1995年联邦法院在Reli-gious

---

① 转引自王利明:《侵权行为法研究》,中国人民大学出版社2004年版,第494页。
② 见周枏:《罗马法原论》下册,商务印书馆2001年版,第496页。
③ 参见王迁:《论"信息定位服务"提供者"间接侵权"行为的认定》,《知识产权》2006年第1期。
④ 17 U.S.C.,§512(c)(1)(A)(i)-(ii).
⑤ Cf.Playboy Enterprises Inc.v.Frena,Dec.9,1993,839F.Supp.1552.转引自胡开忠:《"避风港规则"在视频分享网站版权侵权认定中的适用》,《法学》2009年第12期。

Technology Center V. Netcom 案中作出了相反的判决,1997 年被《数字千年版权法》(即"DMCA")规范为"避风港规则"。① 避免网络服务提供者无条件地承担严格责任,只有在明知或应知,或者"红旗标准"的情况下才承担连带侵权责任,否则,只有在被侵权人提示的情况下,才应当采取必要措施。借鉴这个"避风港规则",我国《民法典》第 1197 条明确规定,网络服务提供者不知网络服务提供者在自己的网络上实施侵权行为,经过被侵权人通知,并且经过审查确认侵权人实施的行为有可能构成侵权责任,就要承担采取必要措施的义务。当该义务不予履行或者履行不当,致使侵权行为的损害后果进一步扩大,网络服务提供者就要对扩大的损害部分,与网络用户承担连带侵权责任。

因此,应当区别网络服务提供者对网络用户实施侵权行为的审查义务,在"红旗标准"原则之下,网络服务提供者在明知的情况下,应当主动采取必要措施。而在"避风港"原则下,对于被侵权人通知的侵权行为,并非承担事先审查义务,而是被动审查,"不告不理"。

三、被侵权人通知的效果

根据《民法典》第 1195 条(原《侵权责任法》第 36 条)的规定,网络服务提供者接到被侵权人的通知,应当及时采取删除、屏蔽或者断开链接等必要措施。这就是被侵权人通知的法律后果。但是仅仅这样规定仍然不够,还需要进行必要的补充。《建议稿》第 77 条、第 78 条和第 83 条还规定了相应的规则,这一观点也得到了《民法典》的认可,最终将"错误通知责任"纳入了第 1195 条第 3 款。

(一) 网络服务提供者及时采取必要措施

网络服务提供者接到被侵权人的符合前述规定的书面通知后,经过审查,确认网络用户即所谓的侵权人实施的行为有可能构成侵权责任的,应当及时删除涉嫌侵权的内容,或者予以屏蔽,或者断开涉嫌侵权内容的链接。上述三种必要措施,究竟应当采取哪一种,首先被侵权人应当提出,网络服务提供者应当进行斟酌,确定采取适当的必要措施。如果被侵权人没有提出采取何种必要措施主张的,网络服务提供者应当采取造成损害尽可能小的必要措施。

---

① See Religious Technology Center v. Netcom on-line Communication Service. Inc., 907F. Supp. 1372(N.D.Cal.1995)。转引自胡开忠:"'避风港规则'在视频分享网站版权侵权认定中的适用",载《法学》2009 年第 12 期。

被侵权人如果主张采取屏蔽或者断开链接为必要措施的,因为其造成损害的后果较为严重,特别是可能损害其他网络用户的权益,因而应当责令被侵权人提供相应的担保。被侵权人不提供担保的,网络服务提供者可以不采取屏蔽或者断开链接的必要措施,只采取删除的必要措施。

在网络服务提供者采取必要措施的同时,应当将通知书转送提供内容的网络用户,即所谓的侵权人。如果网络用户的网络地址不明而无法转送,网络服务提供者应当将通知的内容在信息网络上公告。

除了《民法典》1195条规定的三种必要措施之外,也可以采取其他必要措施,例如网络服务提供者可以根据被侵权人的通知,或者自行对多次警告但仍然在网络上实施侵权行为的网络用户,采取停止服务的必要措施。

(二) 被侵权人通知错误的赔偿责任

通知发送人发出通知不当,网络服务提供者据此采取删除、屏蔽或断开链接等必要措施,给网络服务提供者或网络用户以及其他网络用户造成损失的,也构成侵权责任。

被侵权人通知错误,侵害的是网络用户即所谓的侵权人的民事权益,以及其他网络用户的民事权益。如果采取的是删除的必要措施,造成损害的可能就只有网络用户一人。其他相关人提出侵权的,由于其不是直接受害人,无权提出侵权请求。如果采取的是屏蔽或者点开链接等必要措施,则可能会损害其他网络用户的民事权益。例如2020年对实施侵权行为的网络用户张伟进行屏蔽,则在全国可能有294282个叫做张伟的人①会因此而使自己的民事权益受到损害(因为张伟为全国重名之首),他们都有权主张网络用户和被侵权人承担侵权责任。

作为侵权人的网络用户以及其他网络用户由于被侵权人的通知错误而造成自己的民事权益损害,《民法典》第1195条第3款条没有规定救济办法。对此,应当依照第1165条关于过错责任的规定,确定被侵权人的侵权责任,造成损失的,应当承担赔偿责任。

应当研究的是,如果因通知错误而造成损害的网络用户包括其他网络用户主张通知错误的侵权责任,应当向网络服务提供者主张,还是向被侵权人即通知人主张? 按照侵权责任的责任自负规则,谁通知错误就应当由谁承担侵权责任。所谓的被侵权人通知错误,当然应当由被侵权人承担赔偿责任。不过,在网络服务提供者为网络用户作为侵权人承担连带责任的规

---

① 见2020年1月20日公安部户政管理研究中心发布的《2019年全国姓名报告》。

定中，似乎确定了一方主张另外两方承担连带责任的先例，照此办理，侵权人主张反通知权利，当然可以主张网络服务提供者和被侵权人承担连带责任。问题在于，《民法典》第1195条第2款规定网络服务提供者承担连带责任，是由于侵权人的网络用户往往难以查找，为保护被侵权人，确定网络服务提供者承担连带责任。在受到错误通知损害的网络用户以及其他网络用户主张反通知权利，追究侵权责任，实际上的被侵权人是明确的。同时，法律没有规定连带责任的，原则上是不能承担连带责任的。因此，应当确定的规则是：第一，在网络服务提供者已尽适当审查义务，按照被侵权人的通知要求采取必要措施的，如果网络服务提供者没有过错，则网络用户和其他网络用户只能主张被侵权人即通知错误人承担侵权责任，不能主张网络服务提供者承担连带责任；第二，网络服务提供者对于错误通知没有尽到审慎审查义务，有过错的，网络用户和其他网络用户可以主张网络服务提供者和通知错误人承担连带责任，网络服务提供者承担了赔偿责任之后，可以向通知错误人进行追偿。这样的规则是完全符合侵权责任相关法理的。

随着信息知识化时代的到来，数字化、信息化的文字、音乐、图像、动画的知识的确为我们的生活提供了诸多便利和乐趣，我们的日常生活依赖网络，它提供廉价、快捷、方便、容量惊人的服务，然而网络是个侵权的国度，网络侵权的隐蔽性极高，成本低廉，简便易行，侵权行为人不明确，侵权行为本身非物质化，导致举证难上加难。考虑到纷繁复杂的个案情况，例如被侵权人恶意通知、网络服务提供者和网络用户共同侵权等等，应尽可能地填补法律的空白，使常见的网络纠纷都能有据可循。作为网络侵权的媒介——网络服务提供者扮演着十分重要的角色，是被侵权人确定侵权人身份的方式，也是得到救济的有力途径。网络可以造就一个完整的侵权责任体系，也可以轻而易举地摧毁它，如何进一步明确网络服务提供者的义务和责任，完善被侵权人通知的规则是亟待解决的问题，然而界定网络服务提供者的权责要十分慎重，既要考虑到充分保护被侵权人的利益，又要防止网络服务提供者被责任限制得束手束脚，给广大公众的言论自由、知情权、质询权、监督权等造成不利影响。因此，明确被侵权人通知的相关规则和规则之间的空白，能够更有效地厘清网络服务提供者对侵权行为的义务界限，使网络中的法律状态清晰安定，促进网络社会的健康有序发展。

第二节　网络侵权责任中的反通知及其效果

一、网络侵权责任中的反通知规则概述

互联网(the Internet)是将所有计算机个体连接为能够互相交流和共享素材的平台。互联网是连接全球所有类型的计算机的网络,通过光纤传输信息使网民能够通过FTP(File Transfer Protocol)即任意两台计算机之间文件传输协议利用电子邮件等通讯软件进行沟通和传输数据、程序性文件等,并且使网民通过万维网(World Wide Web,WWW)访问远程的计算机系统,例如在线数据传送等。1969年互联网最早产生于美国,互联网最初应用于战争和军事领域,专业性和局域性很强,只有专业的技术研究人员和军事机构才能接触,后来渐渐发展为开放性的信息平台。互联网的发展不过半个世纪的时间,但其发展速度非常迅猛,随着互联网科学技术的不断创新,人们的日常生活大获裨益。互联网如同一个几乎涵盖所有信息的图书馆,一个世界规模的论坛,带给人们交流和分享的乐趣,使人们的生活和工作更加简捷高效。到2020年6月,我国网民数量暴增至9.4亿,手机网民规模已达到9.32亿。① 网络不但改变着可见的行为模式,碎片化的信息也改变着人们对信息的数量和质量的认可态度。网络是言论宣泄的出口,也是财富和商机的大本营。虽然网络社会也有自律和信息自净的过程,但是网络侵权也是急剧泛滥的。关于网络侵权棘手问题国内学者和法官经过切磋和探讨侵权责任法的适用,总结和归纳了一些合理可行的建议,形成了一本司法解释建议稿,使实务工作者受益良多。② 我国《民法典》第1194条至1197条详细规定了网络侵权责任的适用情况。原《侵权责任法》第36条文字上未提及反通知规则,但《建议稿》对网络侵权责任设立单独的章节,系统地列出了网络侵权责任涉及的多项制度规则,对网络侵权责任的立法具有前瞻性的指导意义,其中就涉及了反通知,这也最终被《民法典》采纳,并专门增加第1196条作为反通知或"不侵权声明"条款。随着数字化信息时代的到来,网络逐渐成为人们重要的生活和行为方式之一,未来网络侵权责任规则将不断添枝加叶,本节仅就网络侵权中反通知的问题来分析网络侵权的

---

① 中国互联网络信息中心:《第46次〈中国互联网络发展状况统计报告〉》。
② 该《建议稿》网络侵权责任部分为第四章第四节,"反通知——恢复"规则集中体现在第81到第83条。

特殊规则。

反通知是一项民事权利,是侵权网络用户或其他相关网络用户认为通知侵犯了自己的合法民事权益而请求网络服务提供者将通知所造成的"取下"后果加以恢复的自由。反通知也是通知的一种类型,是相对于通知而言的称谓。在我国成文法体系中至今还没有关于网络侵权责任中的反通知的规定,只有"通知——取下"规则的规定。应当如何理解和运用"通知——取下"和"反通知——恢复"规则,既能够使被侵权人、侵权网络用户和其他网络用户以及网络服务提供者的权益得到更好的保护,又能够使互联网健康有序蓬勃发展、充分发挥其为公众言论自由提供便利的作用是本书的终极目标。

明确"反通知——恢复"规则的设置原因是有必要的。网络侵权的发生原因是多方面的,包括客观上互联网的隐匿性、主观上网络行为自律不完善。互联网的隐匿性是其本质属性和既定的事实,而且是公众受益大于受损,不可以轻易否定。因此应该从网络行为自律入手,一方面网络用户应自觉合理使用网络资源,另一方面加强网络法治建设,使网络环境下的民事权益纳入法律保障范围内。追求平等民事主体之间利益的均衡是"反通知——恢复"规则的设置目的,也是实现公众言论自由的必然要求。

本节首先对反通知的基础理论进行了整理和总结,交代了反通知的概念、特点、存在的原因和必要性。其中关于"反通知是民事权利"的论述是这部分的重点和难点,反通知属于侵权责任法应当保护权利。反通知规则的设置原因和必要性是研究反通知制度的逻辑起点。美国、日本、欧盟等国家和地区都有较成熟的规制通讯媒体的细则,值得吸收和学习。虽然我国法律条文中没有明示反通知的存在,但是它是确实存在的,否则在逻辑上不能成立。网络虚拟社会是现实社会的投影,法官审理案件时尚且分为控辩双方,让平等双方都有发言的机会,那么网络环境下也应容许抗辩一方有说话的权利。况且,对于其他相关网络用户而言,他们比侵权网络用户而言更无辜。很难说他们发送的反通知有双重性质,一个是基于侵权请求权,一个是基于债权请求权。表面看来,反通知的加入可能造成通知失败,致使整个"通知——取下"和"反通知——恢复"流程走下来又将一切带回到原点,但这并不能说明该制度没有功能。正是这种通知和反通知双方你来我往的交手才将网络服务提供者中立者的身份明确化,体现出法律对言论自由的至高维护。

(一) 反通知的概念

网络侵权责任中的"通知——取下"规则的含义是指被侵权人发现网

络上存在侵犯自己民事权益的侵权行为的事实，向该侵权行为所在的网络平台的网络服务提供者发出具有证明力的有效通知，要求网络服务提供者在其权限范围内对侵权行为采取必要措施的规则。① 而"反通知——恢复"规则则是指侵权行为人认为自己的行为不构成侵权，或者其他相关网络用户认为网络服务提供者的"取下"行为是对公众知情和言论自由的干涉，因此向网络服务提供者发出反通知，要求被采取必要措施的涉侵权的网络信息得到恢复的规则。② "通知——取下"和"反通知——恢复"是一对具有相对性的规则，并不是有了通知规则就有反通知规则，但有反通知规则就一定有通知规则。互联网的独特的运行环境和氛围使得网络侵权行为具有相当强的隐蔽性，我们在不能确定侵权行为人的身份时，只能透过网络服务提供者来寻求帮助，因为网络服务提供者是为侵权行为人提供网络服务的商家，二者之间存在直接的合同关系，网络用户在注册网络服务提供者的系统时需要提交注册信息，签订使用协议，其中包括了联系方式等可以确定用户身份的存档。网络服务提供者是通过经营网络服务平台进行营利的，应当负担一定的职责才能符合正义的要求。③ 网络服务提供者有义务在运营自己管理的网络平台的同时，监控是否有显而易见的侵权行为的发生，或者在接到被侵权人发来的通知和侵权网络用户④及其他相关网络用户发来的反通知时，尽可能高效地采取删除等必要措施。⑤

（二）反通知的特点

1. 反通知的性质是民事权利。

传统法学教育对民事权利的本质的理解认为，内容上特定的利益以及形式上的法律之力共同组成了权利的内容，法律赋予人们捍卫权利的行为自由，以法律之力弥补了单纯利益说的空缺，运用法律的价值判断标准帮助筛选出正义的利益，涤除非正义的利益，这体现了法律背后的统治阶级意

---

① 参见秦天、张铭训：《网络服务提供者不作为犯罪要素解构——基于"技术措施"的考察》，《中国刑事法杂志》2009 年第 9 期；姚宝华：《网络侵权责任立法初探》，《人民司法》2009 年第 23 期；李可眉：《论网络服务提供者的间接侵权责任》，《邵阳学院学报》2010 年第 5 期。

② 参见杨立新：《〈侵权责任法〉规定的网络侵权责任的理解与解释》，《国家检察官学院学报》2010 年第 2 期；张帆：《网络服务提供者侵犯著作权的归责原则浅析》，《中国青岛市委党校行政学院学报》2007 年第 1 期。

③ 参见王泽鉴：《侵权行为》，北京大学出版社 2009 年版，第 543 页。

④ 本文沿用原《侵权责任法》第 36 条中对"侵权人"即侵权网络用户和"被侵权人"的称谓，不论他们是否为实际的侵权人和被侵权人。

⑤ 参见秦珂：《"通知——反通知"机制下网络服务提供者版权责任的法律比较》，《河南图书馆学刊》2005 年第 3 期。

志,国家公权力的权威有利于对权利的全面保障。① 具体到"反通知——恢复"规则,在利益方面表现为反通知人对被指控侵权信息的抗辩,而在法律方面表现为反通知是能够受到法律保护的,因此反通知是利益和法律之力的结合。原《侵权责任法》第36条第2款首次赋予"通知——恢复"规则以"有权"二字,明确了通知本身是民事权利的一种。通知和反通知具有相对性和一致性,如果通知是民事权利,那么反通知也是民事权利。通知是被侵权人的权利,反通知是侵权网络用户和其他相关网络用户的权利。侵权网络用户和其他相关网络用户被"通知——取下"规则所害,自然要提出反通知要求网络服务提供者采取必要措施使之回复原状。通常网络服务提供者运用搜索引擎技术在浩如烟海的网络信息中查找和监测包含关键字的具体侵权信息的位置,这种时间和成本的消耗是不可避免的,搜索引擎技术也支持目前网络服务提供者运用屏蔽的方式限制用户使用权限。由于汉语言的博大精深,一个汉字不止一个含义,断句位置不同表达的意思也不同。凭关键字这种只字片语一竿子打死一片网络信息的做法是技术手段的一大弊端。有时往往该删除和屏蔽的侵权信息没有处理,反而误删了更多信息。值得注意的是,有时关键字为民事主体的姓名或名称时,如果被网络服务提供者加以屏蔽,那么重名的民事主体的利益就会受损,这些本不在通知和反通知法律关系里面的其他相关用户也被牵涉,同样可以行使反通知权利,因为网络服务提供者在取下网络信息的同时对一部分信息是遵照有效通知采取了必要措施,对一部分信息则是因为技术手段的漏洞造成侵权。在《建议稿》第80条第1款提出:通知被网络服务商转发至侵权网络用户时,侵权网络用户可以向服务商发送证明自己没有侵权的反通知,②服务商接到有效的反通知时应当采取恢复被删除的内容的措施,或者取消对关键字的屏蔽,或者采取恢复被断开链接等其他必要措施。《建议稿》第80条第1款与原《侵权责任法》第36条第2款不尽相同,前者没有使用"有权"二字明确赋予民事主体以权利,但是可以看出"反通知——恢复"规则是侵权网络用户在起诉之前对抗"通知——取下"的唯一有力方式,既然通知是民事权

---

① 参见杨立新:《民法总论》,高等教育出版社2009年版,第163页。该学说是大陆法系得到最多支持的德国法学家梅克尔的法力说,为民事权利本质的通说。
② 参见刘西平:《网络服务提供者的版权侵权责任界定》,《电子知识产权》2010年第8期;秦珂:《"通知——反通知"机制下网络服务提供者版权责任的法律比较——兼论图书馆的对策和相关立法问题》,《河南图书馆学刊》2005年第3期;熊敏瑞:《论网络服务提供者版权侵权责任的限制》,《中国市场》2008年第5期;周彬彬:《试论"人肉搜索"纠纷中网络服务提供者的侵权责任》,《信息网络安全》2008年第10期。

利,在对等性上来看,反通知也是民事权利。《建议稿》第 82 条前半段规定,因被侵权人的有效通知主张网络服务提供者采取屏蔽等措施,而造成其他相关网络用户权益受损,其他用户同样有权提出反通知,这从侧面也肯定了反通知的权利性质。既然"有权利必有救济",权利产生救济,救济是保障权利得以实现的一种存在,是权利实现的先决条件。相反救济反推权利,没有权利的救济失去依托,救济的存在证明权利的存在。① 因此我们仍然可以得出反通知是权利的结论。

2. 反通知的权利行使主体。

互联网的特点就是信息量大、可复制性强,网络服务提供者虽然有监控侵权信息的服务宗旨,但是面对海量的信息,他们在处理问题时不可避免地要使用到一些技术手段,而技术手段相对于理性人的判断而言一定是僵化和机械的。因此当网络服务提供者收到被侵权人的有效通知时,运用技术手段对包含关键字的侵权信息一律进行删除或屏蔽、断开链接时,在正当行使了职责涤荡不良信息之外,还可能造成误将没有造成侵权困扰的网络用户的信息一并处理的结果。因此,反通知的权利主体不但包括侵权网络用户还包括其他相关网络用户,其中其他相关网络用户的范围并不是无限大的。笔者十分赞成一种说法,"通知——取下"规则需要有涉侵权的网络用户的参与,这样才能使他们有一个抗辩的机会,避免网络服务提供者仅凭一家之言造成偏颇的断定。②

3. 反通知权利的义务主体。

反通知的义务主体只能是网络服务提供者。反通知是侵权网络用户和其他相关网络用户发送至网络服务提供者的证明通知不合理的材料,能够使网络信息恢复的人只有两个,一个是被侵权人,一个是网络服务提供者。互联网区别于现实社会的最大特征就是在现实社会每个人都有唯一身份证明,但是在互联网中每个人的身份都是虚拟的,每个人不止一个昵称或者用户名。被侵权人本身是通知的发送人,因此不会轻而易举、无缘无故地放弃通知里面的要求的权利内容,不会主动要求恢复侵权信息。并且某些时候,侵权网络用户和其他相关网络用户和被侵权人之间是缺乏直接联系的,他们之间必须要通过网络服务提供者这个媒介才能建立联系。③ 网络用户在

---

① 参见许少波:《民事诉讼当事人诉讼权利的法律救济》,《河北法学》2005 年第 1 期。
② 参见周强:《网络服务提供者的侵权责任》,《北京政法职业学院学报》2011 年第 1 期。
③ 参见刘颖、黄琼:《论〈侵权责任法〉中网络服务提供者的责任》,《暨南学报》2011 年第 3 期。侵权网络用户和其他相关网络用户时网络服务提供者的签约用户,用户在注册是同意遵守的协议是二者之间建立债权债务关系的合同。

网络服务提供者服务的网络平台享受服务之前，必须与网络服务提供者签订一份规定双方权利义务的协议，网络用户在提交了一定个人信息注册身份之后，方可享受网络服务提供者提供的服务，因此网络服务提供者掌握一定的与网络用户进行联络的信息，这是通知能够发送或转送的前提。① 有一种典型的非反通知行为是，如果网络服务提供者应通知要求删除信息后，侵权人以不对信息进行恢复就进行反通知为由进行要挟，企图达到反通知的效果，那么这不属于反通知。要挟和敲诈的对象为被侵权人和网络服务提供者。首先，要挟和敲诈被侵权人已经越过了网络服务提供者这一反通知的义务主体，因此这不属于反通知；其次，要挟和敲诈网络服务提供者不是反通知的正确操作方式，不能满足反通知的行使要件，不但达不到反通知的目的和效果，情节严重反而会构成其他侵权责任甚至触犯刑法。因此，不难看出，无论是通知还是反通知，其接收人都是网络服务提供者，需要采取必要措施的义务主体也是网络服务提供者，反通知的目的是抗辩通知，使通知失效。② 反通知的义务主体是网络服务提供者很容易理解，因为侵权网络用户和其他用户与网络服务提供者之间构成合同关系，运营商有权保证用户正常享受网络服务。被侵权人可能不是网络服务提供者的用户，此时网络服务者为与他没有合同关系的人承担了一定的额外的义务。之所以明确强调被侵权人"有权"进行通知的权利，是因为网络服务提供者本来不应该承担认定自己的用户的行为是否侵权的责任。加诸网络服务提供者这样的额外的义务，也是出于节约资源和成本的考虑，让网络服务提供者承担此项职责也是营利主体分担一定的社会职责，至少比其他主体更加便利一些。

值得一提的是，通知和反通知都是程序性权利，不是实体权利，更不是侵权请求权。只有侵权一方直接向人民法院起诉时所提出的才是民事实体权利。通知和反通知是比诉讼成本更低的救济手段，如果能够通过通知和反通知解决侵权纠纷，那么就不必诉诸法律。如果双方当事人没有进行通知或反通知就直接进入法律程序解决纠纷，也是可以的，通知和反通知并不是诉讼的前置程序。网络服务提供者并不是专业的侵权认定机构，其对之前作出的认定不负法律责任。

4. 有效的反通知使通知失效。

网络服务提供者在"通知——取下"和"反通知——恢复"规则中仅扮

---

① 参见郑高建、周元军：《商业诽谤犯罪中网络服务提供者行为的技术与法律分析》，《信息网络安全》2011年第1期。
② 参见杨树：《结合〈侵权责任法〉探讨网络新闻侵权问题》，《新闻知识》2011年第3期。

演中介的角色,表面上看通知和反通知的发送都是加诸网络服务提供者的义务,但是厘清三方之间的法律关系之后,不难发现,通知间接指向侵权网络用户,反通知间接指向被侵权人,其他相关网络用户是技术手段使用误差的无辜权益受损群体。通知的目的是使侵权行为停止继续侵害,反通知的目的是使通知失效,并使网络信息恢复到原始状态,恢复到通知没有发送之前的状态。

(三) 反通知规则设置的原因和必要性

1. 反通知规则设置的原因。

网络在一定程度上制造了无数的虚拟社会,每个人都有许多虚拟的身份,这与现实社会每个人都有唯一的身份不同,现实社会我们每个人对应唯一的身份编号。假设社会上的所有的人是 A 集合的元素,这些人的身份编号是 B 集合的元素,在现实社会,A 集合中任意元素都能在 B 集合中找到原象,B 集合中任意元素都能在 A 集合中找到原象,A 集合和 B 集合互为映射。在网络社会,所有人的仍然是 A 集合,这些人在网络中能够表明身份的如昵称等是 C 集合的元素,A 集合和 C 集合不能互为映射,很明显 C 集合的元素要比 A 集合的元素多得多。另外网络中每个人的身份都是可以自由流转的,现实生活中根本不可能。网民在网络社会活动是采匿名制的,但也不排除有的人习惯使用本人真实姓名。互联网是自由与隔阂的矛盾统一体,人们喜欢使用匿名,这给网络社会的活动带来一种神秘感和自由惬意的氛围;部分人利用网络产生的隔阂进行侵权甚至犯罪活动,贻害大众。网络面向的公众范围是庞大的,网络的行为和日常生活中的行为产生的效果大不一样,一般人都有理由可以预见网络行为的影响和后果,自己行为的本意无限放大甚至被扭曲,观察他人行为也是从多角度分析原因。原本私密的札记被演化成大众媒体传播的素材,也成为人们与外界交流的方式。药家鑫案和郭美美事件让我们一次又一次地认识到了网络的巨大凝聚力和影响力,人们更倾向于用匿名方式来保护自己隐私,既可以敢怒敢言又不用担心遭到迫害,还可以摆脱对个体本身偏见而关注具体的观点。在战争年代,周树人以鲁迅为笔名发表警醒国民的文章,笔名比本名更加闻名中外,直到现在很多作家都在使用笔名甚至不留姓名,以避免本名的公开。假设网络变成实名制,那么所有的滥用行为造成的侵权都能更好的规制,本节讨论的反通知规则也就名存实亡,形同虚设,网络社会也就和现实社会不分轩轾。但是仔细回味一下,人类从半个世纪以前开始研究并使用网络,渐渐将它从单纯的军事领域拓展到了能为全球人口服务的高端技术,它给我们的生活带来了太多的乐趣和追求,这些绝大多数是因为非实名制的原因。难道仅仅因为在现阶段网络规则和责任机制还不够成熟，国民素质提高空间还不小的原因，我们就要敲响互联网发展的丧钟，放弃科学技术带给我们的财富吗？开发和创造的结果绝不是为了禁用。既然我们不能贸然改变网络匿名制的现状，那么我们可以从个体自律和巧设规则入手，好的规则和制度可以帮助加速引导自律。

原《侵权责任法》将网络侵权责任单独列为侵权责任类型中的一种，这在当时是对以往侵权行为框架系统的重大突破，也反映了当时法律不断适应变化发展的现实生活的趋势。然而法律虽然应当适应不断变化的生活需求，为各种复杂新鲜的现实争议提供依据，但是固定在书本上的法律条文自然是滞后的，也在一段时期内趋于稳定，永远不能与现实同步，因此无据可循的案件是必然存在的。因此我们在解释法律的过程中要发挥优越于法律适用机器的能动性，使法律发挥最大化的效力。但是原《侵权责任法》第36条仅仅从法条表面来看，并没有包括反通知的内容，反通知最终是经过十年司法实践之后被写入《民法典》的。我们认为，网络侵权区别于一般的侵权行为主要在于其以网络媒体作为传播方式，除此之外，没有什么特殊之处。① 互联网是现实生活的一种折射，在互联网上发生的侵权行为都有可能在现实社会中发生，只是表现方式比现实社会更多样化，但是在现实社会中发生的侵权行为未必能在互联网环境中得以发生。例如甲在网络上公布乙的个人信息，侵犯乙的隐私权，这属于网络侵权，然而甲在现实生活中用发传单的方式也可以侵犯乙的隐私权；再如甲开车将乙撞伤，这在网络中不可能发生，因为网络缺少人与人之间的直接接触。这不同于网络上侵犯隐私权，通过传统的纸制媒体也可能发生的。网络侵权在现实生活中都能找到映射，但是反之未必。粗略地理解来看，如果网络社会的侵权的客体是自变量 X，现实社会的侵权客体就是因变量 Y，X 取任意值，在函数 $Y=F(X)$ 运算中都能得到对应的 Y 值。因此解决网络侵权责任的问题大体上都可

---

① 有的观点认为网络侵权的特殊之处还包括主体、客体、损害后果、管辖等，具体参见北大法律信息网：《中华人民共和国侵权责任法释义》，2012年2月18日访问。主体方面，自然人民事主体都可以成为网络侵权的行为人，只是他们的隐蔽性很强，但也是需要人为活动的。客体方面，网络侵权由于没有当事人的直接身体接触，因此包括权利客体比传统侵权客体要少；由于网络涉及虚拟财产，权利客体又有所突破。损害后果而言，网络侵权的损害后果更大更难以计算和统计，因为损害会时刻发生变化，没有界定的基准。管辖问题，由于网络的地域性特征较不明显，终端计算机的位置不能准确描述侵权行为的实际发生地点，因此给管辖带来了新的挑战。笔者认为，上述网络侵权的特点都是由网络本身的特性决定的，并不是网络侵权责任本身决定的，不是网络侵权责任的权利义务主体和客体以及内容等方面的特征。

以遵循现实生活中侵权责任的规则,只需要考虑到网络环境的特殊性,对现实生活中的法律规则稍作调整即可。因此解决网络侵权责任问题重新设置一套专属的规则成本太高,也没有那么大的必要性。回归到网络侵权的"通知——取下"和"反通知——恢复"规则中来,"通知——取下"规则是第1195条第1款明确规定的,"反通知——恢复"规则则是由第1196条规定。在互联网环境之外,例如甲认为乙的行为侵犯了自己的合法权益,乙同样享有抗辩的权利。同理推知,在网络侵权责任中,只不过多了网络服务提供者这一中间人而已,被侵权人一方发送通知表明自己的合法权益受到乙的侵害,乙也应该有抗辩的权利表明自己没有侵害甲的合法权益。网络环境不同于现实生活,每个人都有唯一的身份,网络社会是非实名制的,从网络身份不能确定现实社会的身份,精确不到具体的自然人,网络服务提供者的角色只不过是扮演一个建立侵权网络用户和被侵权人之间联系的桥梁,否则侵权人根本是无迹可寻的。网络侵权行为是客观存在的,每个网络用户都有可能会变成侵权行为人,因此为了使网络社会法网疏而不漏,网络用户在接受网络服务者提供服务之前,向网络服务提供者提交注册个人信息是十分必要的。一旦出现涉及侵权的问题,至少网络服务提供者能够提供侵权网络用户的明确身份,而且还能保证网络社会的自身特性不被破坏。

2. 反通知规则设置的必要性

单看原《侵权责任法》第36条原文对网络侵权责任的基本规则,得出的结论就是法律对被侵权人的权利保护的价值关怀较多,对公众言论自由的考量较少。[①] 但是立法者的本意并非如此,如果能够理解法条背后的"反通知——恢复"规则,那么被侵权人和侵权网络用户之间的利益就能够得到平衡,避免侵权网络用户被通知一竿子打死不能反抗的窘迫状况,这样的规则设置才显得有意义。隐身的反通知规则存在是否确有必要,学界有两种观点:一种观点认为,设置反通知规则的做法是我国借鉴别国的结果,不适用我国现阶段网络发展现状。[②] 另一种观点认为,为侵权网络用户设置"反通知——恢复"权利是势在必行的,侵权网络用户有权利为自己没有侵权作出抗辩或者否认,要求网络服务提供者作出与"通知——取下"的相反措施,这样平等主体双方的权利才对等。[③] 缺乏反通知规则的平衡,单设通知规则反而不会减少因恶意通知产生的"莫须有"的诉讼。[④] 好的法律并不

[①] 参见周强:《网络服务提供者的侵权责任》,《北京政法职业学院学报》2011年第1期。
[②] 参见荀红、梁奇烽:《论规制网络侵权的另一种途径——间接网络实名制》2010年第11期。
[③] 参见王胜明:《中华人民共和国侵权责任解读》,中国法制出版社2010年版,第183页。
[④] 参见李强:《网络侵权法规应进一步完善》,《光明日报》2010年2月21日。

期待为司法活动带来负担,而是竭尽全力为司法工作铲除荆棘,通过对法律正当的解释才能保证法律的良好本意。因此通过积极的解释法律,反通知规则是存在的,而且是必要的。

网络侵权责任中,网络服务提供者是杠杆,杠杆一端是被侵权人,另一端是侵权网络用户,只有"通知——取下"规则与"反通知——恢复"规则并存才能维持杠杆的平衡,偏向哪一方都不能实现网络环境健康良好的运行和发展。如果不设置"反通知——取下"规则,从网络服务提供者的角度而言,也没有任何益处。仅仅因为通知的生效使得网络服务提供者采取了必要措施将侵权网络用户的信息删除、屏蔽或断开链接,在侵权的角度,网络服务提供者可以根据"避风港"规则免责。但是不能忽视的是,侵权网络用户是与网络服务提供者签订协议的接受服务的主体,没有特殊原因网络服务提供者不能随意删除或者屏蔽用户发布的信息,否则属于违反双方的合同约定,这无论如何不能免责。没有反通知的话,网络服务提供者的境遇将十分尴尬,取下与否都是对自己不利,"取下"的结果是违约,不"取下"的结果是不能逃到避风港,不能对被侵权人的损失扩大免责。取也不是不取也不是,这样加诸于网络服务提供者的压力会导致整个产业的发展呈现萎缩的状态,使得先进的科学技术不能够快速发展以更好地泽被社会,改善我们的生活。这也绝不是立法者的本意,好的法律不会将任何一方主体逼到绝境,协调多方利益,使各方优势得到最大化发挥才是正道。"反通知——恢复"规则赋予侵权网络用户说话的权利,彻底将网络服务提供者打上了中立者的标签。这让网络服务提供者的压力减少,不用再为取下还是不取下而纠结,能够有更多时间和精力专心于提高服务的质量和技术,使网络产业发展得更加迅速,不但能够增加更多就业机会,而且能够使人们的生活更加便利。或许会有观点认为,将网络服务提供者彻底中立化,不一定对其有好处,他们会沦为通知和反通知的执行机器人,接到指令就机械地进行删除或者恢复,而且刚刚删除,马上就要恢复,如同在做无用功。[①] 网络服务提供为什么要做这样没有任何意义的事情呢? 表面上看这是没有意义的,但是正是因为这种没有意义的行为使网络服务提供者享受免责的待遇。如果没有听命于通知和反通知的指挥,造成任何一方损失的扩大,网络服务提供者要么为侵权的损失扩大买单,要么为言论自由和违约买单,这种左右为难的事情都是网络服务提供者不可控制也不希望发生的。网络服务提供者虽然饱受被指挥的劳累,但是与违约和侵权相比,他们更心甘情愿地当机器人。

---

① 参见杨明:《〈侵权责任法〉第36条释义及其展开》,《华东政法大学学报》2010年第3期。

与我国相反的是,将反通知规则成文法化的国家包括美国。① 我国的既有法律中隐约透露着反通知恢复措施的规定,这也是支持反通知规则存在的重要依据。②

我们认为,反通知在逻辑上是存在的。虽然通知内容的真实性由通知的发送人承诺,但不能确保通知一定是合法合理的,若通知的内容不属实,通知本身就是侵权行为,那么对通知这种侵权行为在进行的通知实际上也就是所谓的反通知。"对通知的通知"和"反通知"是同一种东西,我们叫它"对通知的通知"或者"反通知"都不影响它的本质属性。反通知是通知的衍生,在某种程度上如同实体和影子的关系,没有光源是看不到影子的,但并不代表影子不存在,良好的解释就是反通知的光源。无论我们怎么强调反通知是不存在的,也是无力的。

互联网见证人类对网络从懵懂到熟练运用的认知过程,是人类聪明才智的结晶,为人类开启了一扇通往数字化社会的大门,让人们享受到前所未有的信息量,以及更多的创造财富的机会。由于网民在互联网上是非实名制的,互联网在短时间内蓬勃发展,还没有十分成熟完善的责任机制治理隐匿性问题使我们陷入了难以自决的境地。网络虽然给人们的日常生活带来了前无古人的便利,但同时也给人们带来相当程度的侵扰,例如网络暴力、不良信息对未成年人的毒害等等。这其中的原因是多方面的,无论是网络运营商还是网民的行为自律都是解决问题的根源,但是短时间内要求行为自律达到一个较好的程度是不现实的,因此目前可以马上着手实施的是为网络行为设计规则来很好地辅助和引导网民及网络运营商的行为,良好的网络秩序将指日可待。"通知——取下"和"反通知——恢复"规则的设置不但有益于被侵权的、合法的民事权益不受侵害,同时有益于网络环境的言论自由和网络社会参与者的自律。规则是有限的也是下策,法律不是万能

---

① 1998年美国《数字千年版权法》(DMCA)出台,对著作权法的内容进行了必要的说明,其中第512(g)第2款中规定除非法院认定侵权网络用户的行为为侵权行为之外,反通知发送生效后的10个工作日内,通知失去效力,网络信息回复到原状。《数字千年版权法》中关于通知和反通知的规定是针对著作权领域的,是免责条款,规定了四种网络服务提供者的可豁免的情形,我国的通知和反通知适用于互联网发生的所有侵权,范围较大,而且侵权法是责任构成法,不是以免责角度为切入点的。

② 我国2006年7月施行的《信息网络传播权保护条例》中也是通过对在网络传播中的著作权侵权问题进行了规制,其中第13条到第24条多次用到了"网络服务提供者"的字句,对于"书面通知"和网络服务提供者的免责条款也交代得十分清楚细致。2000年的《最高人民法院关于审理涉及计算机网络著作权纠纷案件适用法律的若干问题的解释》也对"提供服务"的网络服务提供者的权责进行了说明,其中"警告"即指代"通知"。

的,设置规则的目的在于提高网络社会参与者的个人素质,大家共同努力之下才能从根源上建立健康的网络秩序,当人人按行自抑、使规则没有用武之地的时候才是从根源上解决了网络侵权问题。但就目前而言,"通知—取下"和"反通知—恢复"规则仍然是解决网络服务提供、被侵权人和侵权网络用户以及其他相关网络用户之间多重利益平衡问题的最佳选择。

二、反通知权利的行使

从具体操作层面来看,反通知的内容、行使的条件、行使的要求以及审查内容都是值得探讨的。反通知和通知的内容类似,二者的发送者都要表明自己的身份和承诺,给出网络地址,有时需要担保或反担保,二者的区别是证明材料的内容指认的是完全相反的事实。反通知是互联网用户的抗辩,其他相关用户的通知。反通知针对通知发出,通知没生效时反通知没有意义。反通知的审查形式与通知相同,而且反通知的存在让网络服务提供者的地位更加中立,使其取下和恢复行为更加及时高效。如果没有反通知规则,那么互联网运营商对通知的审查负担将加重而且效率低下,耗费的成本过高,除非他们拥有深厚的法学理论基础和敏感的法律神经或者额外付专家咨询费,才能放心地对侵权与否进行判断,否则就会常常成为被告。规模越大的网站越容易遭到致命的诉讼打击,这一点也遏制了中小网络服务商的发展,不利于网络服务行业的长远发展。

(一)反通知权利行使的条件

反通知规则在实际操作层面需要具备一定的前提条件,具体如下:

首先,反通知以通知的有效存在为前提。侵权网络用户或其他相关网络用户行使反通知权利时,应当以有效的通知的存在为前提条件。从字面上理解,反通知就是对通知的违抗,反通知直接针对通知而言,通知是反通知的原因,反通知是通知的结果,二者是引起与被引起的关系。如果没有通知的存在使得网络服务提供者进行"取下"的必要措施,那么对侵权网络用户和其他相关网络用户的权益无损,就无法引起反通知权利的行使。如果通知不符合生效要件,则通知不能成立。因此网络服务提供者也不会采取必要措施,也就没有反通知的必要。反通知意图将通知土崩瓦解,通知生效是反通知施展拳脚的前提。

其次，必要的措施已经由网络服务提供者执行①。通知生效之后，至网络服务提供者采取必要措施这段时间内，没有造成实际的变化，侵权网络用户和其他用户不可以提出反通知。一般情况下，网络服务提供者收到有效的通知之后，会转发给侵权网络用户，该侵权网络用户出于愧疚或者害怕被追究责任而选择自行删除涉及侵权的信息，这不属于"取下"规则，"取下"规则是指网络服务提供者的行为。侵权网络用户的自行删除表示侵权网络用户放弃了针对该通知的反通知的权利。侵权网络用户认为自己没有侵权，没有对自己发布的信息进行删除，只有网络服务提供者进行了"取下"措施之后，造成了侵权网络用户和其他相关网络用户的实际损害时，反通知才可以被提出。

再次，反通知的权利人认为自己的民事权益受到了侵害。反通知的权利人在网络服务提供者采取了必要措施之后发现自己的民事权益和言论自由受到了侵害，因此可以提出反通知。网络服务提供者及时将采取必要措施并限制其在网络平台的一些接受服务项目的行为告知侵权网络用户，就已经完成了"通知——取下"规则的任务。侵权网络用户怠于行使反通知的权利给自己带来的不利后果由自己负责，因为是否存在侵权的事实，在某些情况下只有当事人自己清楚，网络服务提供者不是司法机关，缺乏判断的权力授予和客观条件，例如侵犯名誉权的案件等，网络服务提供者只能被动接受通知和反通知的指示而对网络信息进行规制。② 通知和反通知中认为自己的民事权利受到侵害以及自己没有侵犯他人的民事权益的认知都是十分主观的，并不一定是已经发生的的的确确的损害结果，网络服务提供者不再为更多的侵权事实的认定承担证明责任或由此产生的不利后果。通知和反通知的发出者对自己的行为的正当性进行证明，并且自负其责。反通知的主体往往比通知的主体要大，因为反通知将其他相关网络用户也纳入权利主体的范围之内，给予公众言论自由更全面和彻底的保护。通知的主体具有特定性，甚至是明确的。反通知的主体是一定范围的特定主体，其范围比较宽泛，但也并非不确定的范围。

最后，"取下"行为构成侵权。由于网络服务提供者的"取下"行为造成了侵权网络用户和其他相关网络用户正常的享受网络服务提供者根据合同

---

① 网络服务提供者已经对网络侵权行为采取了必要措施，就是执行了"取下"规则的要求，进行了删除、屏蔽、断开链接等必要措施。根据不同情况，采取删除、屏蔽、断开链接中的一种足以达到取下目的的即可，情况严重时，也可以停止对该侵权网络用户提供网络服务，取消与其之前的合同关系。

② 参见童之磊：《〈信息网络传播保护条例〉与网络行业发展》，《中国版权》2006年第4期。

关系提供的网络服务受到阻碍,所以才引起了侵权网络用户和其他相关网络用户希望享受正常网络服务的待遇得到恢复的反通知。网络服务提供者的删除等措施必然要引起侵权网络用户和其他用户不能正常享受网络服务的后果,造成合同履行的瑕疵,侵权网络用户和其他相关网络用户提出反通知的法理基础可以基于侵权关系也可以基于合同关系,二者是竞合关系。如果"取下"并没有达到将网络平台上的所有侵权信息彻底清理的效果,其原因是十分复杂的,不能都归责于网络服务提供者。例如不是所有网络服务提供者的网站都普及了站内搜索引擎功能,通知和反通知明示的地址有限,通知和反通知的发送人又不允许让网络服务提供者用搜索关键字的方式寻找侵权信息,通常网络服务提供者根本不知道有没有处理掉所有的侵权信息,网络服务提供者只能被动的根据通知和反通知明示的地址一一删除,没有考虑其他可能侵权的客观设备条件,他们也没有必须借助其他网络服务提供搜索引擎进行关键字搜索的义务,这是法律不能惩罚的领域。另外一个可行的方法是通知人穷举式地罗列他尽全力能够收集到的侵权地址,再加上关键字,便于网络服务提供者查找。然而上文中提到通知指向的地址必须是 URL 地址,不能包括关键字,如果想要用地址结合关键字的方式组合,那么必须有合理的原因能够使法律保有逻辑。

(二) 行使反通知权利的要求

侵权网络用户和其他相关网络用户向网络服务提供者发送反通知时,需要注意的是:

第一,侵权网络用户和其他相关网络用户应当将反通知直接发给运营商。反通知的接收者是网络服务提供者,侵权网络用户或其他相关网络用户发送给通知主体的文件不能称之为反通知,只有网络服务提供者才是反通知的义务主体,网络服务提供者负责通知主体和反通知主体之间的转发和沟通,[1]其他越过网络服务提供的沟通和联系都不是通知或者反通知,只能属于一般的侵权请求权。

第二,反通知以书面形式发出。反通知和通知一样,应该采取书面形式,[2] 按照私法重视私权自由的本质,反通知的形式应该由权利人自由选择书面形式或者口头形式等。之所以强行要求反通知要采取书面形式,是因为反通知涉及的内容十分重要,书面形式有一定的警示作用和证据作用,为了防止恶意争讼或争议无据可循,书面形式能够更好地起到约束权利人

---

[1] 参见余祖:《学习机被指侵犯著作权》,《中国版权》2006 年第 4 期。
[2] 参见杨长海:《简论国际货物买卖合同的形式》,《西藏民族学院学报》2005 年第 2 期。

尊重自己的权利和对自己的行为负责的良好作用。①

（三）反通知包含的内容

反通知的内容与通知的内容大致相同，区别在于反通知试图证明通知的不正当性，二者证明角度相反。反通知的内容越具体、明确，就越有证明力，只有具有相当证明力的反通知才能将通知推翻，起到抗辩和救济的作用。侵权网络用户的反通知应当实事求是，竭尽全力地提出更多能够证明自己没有侵权的证据，尽力以事实说服网络服务提供者。其他相关网络用户的反通知与侵权网络用户的反通知不同，其只需证明正当权益受损即可。反通知的权利人为了使权利恢复都应当尽力将反通知丰富化、具体化，这样才能提高对抗通知的效力。反通知的内容包括：

第一，反通知发送人的姓名和联系方式。② 反通知的权利人提供真实、确切的个人信息和联系方式有利于网络服务提供者与其进行必要的联系，如核对涉及侵权网络地址等，或者在网络服务提供者没有过错的情况下由于反通知权利人的不当反通知造成了被侵权人损害扩大时，及时确认责任主体与反通知权利人取得联系等。

第二，反通知要求恢复的内容的标题和 URL 地址。③ 要求恢复的内容名称是侵权信息的直观的标题，要求恢复的内容的网络地址是能够准确定位侵权信息的链接，二者必须一致，这也是反通知必不可少的一项内容。反通知的目的是使被删除或屏蔽的侵权信息得到恢复，恢复程序必须由具备执行这样操作权力的网络服务提供者来执行。网络服务提供者先用反通知内容中提供的链接地址定位侵权信息，之后才能进行后续的操作。如果网络服务提供者在定位侵权信息之后，发现该侵权信息并不属于其运营的网络平台，反通知的发送人将反通知误发到该网络服务提供者处，该网络服务提供者应当善意地与该反通知发送者进行联系并告知其反通知发送错误，以免造成侵权网络用户不必要的时间和财产的损失。如果网络服务提供者收到的反通知发送没有差误，即网络服务提供者有权限将反通知恢复，但是

---

① 参见杨立新、李佳伦：《论网络侵权责任中的通知及其效果》，《法律适用》2011 年第 6 期。
② 侵权网络用户或其他相关网络用户是个人的，应提供户口本或者身份证上的姓名、能够证明真实身份的身份证号等；侵权网络用户后其他相关网络用户是法人或其他组织的，则应提供登记时能够认证法人身份的材料等联系方式，以便网络服务提供者及时进行中介联系。
③ URL（Uniform Resource Locator）最早由英国的互联网之父蒂姆·伯纳斯·李（Tim Burners Lee）投入使用，是常见的 IE 浏览器中地址栏显示的信息在互联网中的网络地址表达形式，在一段时期内，每一个页面相对应唯一的 URL 地址，利用 URL 可以随时定位和读取页面信息。

要求恢复内容的名称与网络地址之间存在不一致现象，网络服务提供者也应当及时与反通知发送者取得联系，告知其发送准确的名称和地址，使二者保持一致。网络服务提供者在善意地回复发送错误或者有瑕疵的反通知之后，反通知发送人置之不理的，使得反通知不能发生效力进而造成损失的，网络服务提供者不负任何责任。[①] 另外，侵权信息的地址是否可以用关键字来替代也是实践中的难题，严格来说是不符合反通知规定的，但是如果不能彻底将侵权信息一网打尽或者确有实际操作难度时，可不可以只提交关键字呢？想要突破规矩必须给出足够的理由。[②] 但是就目前分析来看，只提交关键词是明显欠妥的，用关键字辅助网址是可行的。

第三，反通知发送人需要提交能够证明自己不构成侵权的初步证明材料。[③] 反通知中的证明与通知相反。侵权行为的构成以侵权人实施一定的侵权行为、存在损害的事实、侵权行为人有过错、侵权行为与损害结果直接有因果联系为要件，网络侵权也不例外。[④] 但要证明侵权人不构成侵权，只要能够证明不符合上述四个要件之一即可。初步证明和证明是有区别的，也正是因为网络服务提供者不是专业的侵权行为认定机构，所以提供给网络服务提供者的证明材料不必非要像提交给司法机关的证明材料那么严格，只要依据一般正常人可以信服的标准即可。此处证明材料的要求标准较低，但侵权网络用户提供精准和确凿的证明材料也是很值得提倡的。凡事应当未雨绸缪，毕竟通知和反通知只是在中间人网络服务提供者这里进行的一项你来我往的程序，如果反通知生效之后，被侵权人诉诸法院，侵权网络用户还是需要提交高标准的证明材料应诉。

第四，反通知发送人须对反通知内容属实进行承诺。这一条似乎是反通知内容当中最鸡肋的一项。在西方，人们常常为了明示自己没有说谎或对未来行为做保证时而发誓，不但是希望得到他人信任，更多的是对自己的

[①] 参见张虹:《网络服务提供者的民事责任问题浅析——以欧盟电子商务指令中的相关规范为中心》,《河北法学》2005年第1期。
[②] 参见田华银:《充足理由原则的尴尬及其消解》,《西南民族大学学报》2005年第7期；朱新春:《充足理由律及其与矛盾律的关系——从笛卡尔、斯宾诺莎到莱布尼茨》,《温州大学学报》2010年第5期。
[③] 参见司晓、范露琼:《通知删除规则的理解与适用——兼评"十大唱片公司诉雅虎案"》,《中国版权》2009年第3期；黄静文:《网络侵权及违法犯罪行为分析及应对》,《信息网络安全》2011年第2期。
[④] 参见向子瀚:《浅析信息网络传播权的侵权行为及其认定》,《理论月刊》2008年第6期；成勇:《论侵权责任法中无过错责任原则存在的妥当性》,《沧桑》2009年第1期。舒金平:《侵权责任法的概念厘定》,《山东省农业管理干部学院学报》2011年第1期。

约束。人类是意识支配行动的高等动物,意识的形成原因和表现形式虽然依靠客观的具体表象,但是一个人的心理活动是不被外界读取的,人具备说谎话的生理条件。要求反通知发送人就反通知全部内容的真实性进行承诺也有一丝发誓的意味,但是仅仅是让反通知发送人为反通知内容真实性承诺,也不能从根本保障反通知内容的一定具有真实性,只对部分反通知发送者能起到外在的约束作用。然而这种保证也并非可有可无,哪怕能够约束少部分人实事求是、诚实坦荡、尊重事实,这样的规则也不是没有意义的,互联网的自律是渐进性的。

第五,在恢复侵权信息可能造成较大财产利益损失时,并且被侵权人在通知过程中已经进行了财产担保,那么侵权网络用户也应该反担保。日本的立法①也考虑到了网络服务提供者在通知和反通知的内容中难辨真假的同时,又涉及较大财产的情况,网络服务提供者应先征求侵权网络用户同意,是否采取必要措施,以7天时间为限,否则网络服务提供者应正常采取必要措施;相反,网络服务提供者先征求被侵权人同意,是否采取恢复措施,也应该以7天为限,否则网络服务提供者正常采取恢复措施。② 在物权变动中的异议登记制度也有相似之处。如果反通知生效之后的必要时间内,被侵权人没有起诉,则通知也失效。"通知——取下"与"反通知——恢复"规则仅在一回合之内就结束,不可以循环进行,否则网络服务提供者将经历"才下眉头,又上心头"的愁苦,被动地进行无休止和无意义的更改活动。

(四) 反通知的审查

网络服务提供者对通知和反通知的审查方式基本是一致的。网络服务提供者对反通知的审查仅仅是形式上的审查,要求网络服务提供者对反通知进行实质审查的成本过高,明显超越了附加于作为运营商的私权主体的义务。③ 网络服务提供者的本职就是为网络用户提供网上的服务,而不是

---

① 日本的《特定电气通信提供者损害赔偿责任之限制及发信者信息揭示法》于2001年5月实施之后,得到了日本社会各界广泛认可,该法具体规定没有欧盟2000年《电子商务指令》和美国《数字千年版权法》细致,没有将公众或者网民直接接收网络数据纳入规制范围,电气通信提供者比网络服务提供者的范围更小,电气通信提供者除非明知侵权行为发生或者有足够理由可以认为侵权行为发生之外可以免除其损害赔偿责任。除此之外,欧盟的《在内部市场中关于信息社会服务特别是电子商务的若干法律问题的指令》(简称《电子商务指令》)十分具有代表性。参见吴秋余:《网络服务提供者侵害人格权问题研究》,《判解研究》2010年第2期。

② 参见吴汉东:《论网络服务提供者的著作权侵权责任》,《中国法学》2011年第2期。

③ 参见杨立新:《〈侵权责任法〉规定的网络侵权则责任的理解与解释》,《国家检察官学院学报》2010年第2期;龙丹:《易趣案与间接侵权责任》,《武汉理工大学学报》2005年第6期。

专业的为通知和反通知进行审查,审查义务仅仅是在提供服务的过程中产生的附加义务。通知和反通知虽然是民事权利,也并非所有的民事主体要通知和反通知,仅仅是一部分对网络信息有异议的网络用户可能涉及通知和反通知权利的行使,如同宪法赋予每个公民言论自由不受侵犯和阻碍的权利,但是如果没有人侵犯我们的言论自由,我们就不会去主张权利的保护。对反通知的审查并不是网络服务提供者的主业,网络服务提供者多数时间和精力都投入到了如何为网络用户提供更完美的服务当中,留给审查通知和反通知的时间和精力少之又少,我们不可以责备他们运用技术手段,如搜索特定侵权关键字来对网络信息进行规制的行为。网络服务提供者不能保证所有在其运营平台上面的信息都没有侵权,他们只能在信息发布之前,利用技术手段进行基本的审查,确保不包含明显的侵权和不适宜在公共场合出现的不良信息之后,才能顺利将信息公之于众。①

同样,网络服务提供者不全是具备专业资格的司法工作者,他们只具备一般人对是否构成侵权的认知,再者,通知和反通知都是一种"初步证明材料",其内容可能比较简略,双方都各执一词,孰是孰非实在不好断定。尤其是涉及名誉和隐私的侵权案件中,事实的真相只有一个,可能只有当事人了解,没有经过法院的调查,其他人很难判断。而且一些侵犯知识产权的案件对网络服务提供者来说也有一定的认定难度,网络服务提供者不得不花费更多的时间去了解一些法律上的专业知识才能负责地对通知和反通知进行审查。在互联网发展的初期,网络侵权主要以侵犯知识产权尤其是其中的著作权为重,很多国家和地区最初规制网络侵权行为和责任时都是从知识产权角度切入的,随着网络提供服务的多样化进化发展,网络侵权的权利客体越来越琐碎复杂。我们认为,网络服务提供者的审查可以根据审查的对象不同分为双重标准:第一,依照一般正常心智水平的人来说这些侵权都是较容易判断的,网络服务提供者应当格外注意。② 例如反通知指向的具体信息的标题明显构成侵权,但是信息的内容并没有侵权,甚至文不对题,毫不相干,这种情况是否属于侵权难以判断。由于现实中各种复杂现象层出不穷,网络服务提供者的能力水平不可能无限延伸至各个学科领域。互联网体系内包含的信息量实在是太大了,之前博客的兴起被微博的盛行所取代,博客需要读者的深层次阅读,不能被外界干扰,但是网络实在太容易

---

① 梅夏英、刘明:《网络服务提供者侵权中的提示规则》,《法学杂志》2010年第6期。
② 最初"红旗标准"用来对所有待发布的信息进行事前的审查。结合我国现有的制度考虑,《互联网信息服务管理办法》第15条列举的9项内容都属于明显的"红旗标准"。

让人分散注意力,无意识的浏览可以消耗很多时间。微博顺应了速食式浏览方式,网络使人们渐渐变成了失去耐心的读者,多数人不愿意完全沦陷在一篇文章中,而是如蜜蜂采蜜一般地粗浅涉猎各种信息,在不同网站中来回穿梭,足迹遍布。这在某种程度上,也让人们知识面更广、阅读效率更高、更多接触文章和作品,从而影响思想和写作。然而,在利益的驱使下侵权网络用户在明显标注的标题上面下猛料还可以增加点击率,他们只好以身试法。再如,侵犯名誉权或者隐私权时,侵权网络用户将有侵权倾向和意味的字句打上双引号,网民在浏览大量信息时很少会字斟句酌,极其容易引起负面的误导,再者每个人对加上引号的文字理解不尽相同,不太好确定是否造成了侵权的损害事实。第二,对于通知和反通知这种被侵权人和侵权网络用户明确提出的,要求网络服务提供者进行审查的内容,网络服务提供者进行形式上的审查。毕竟网络服务提供者是一个强大的团体,相对于侵权网络用户和被侵权人而言,他们是相对独立的中间人,相当于裁判,能够较为中立和客观的看待问题。网络服务提供者团队中间一定有具备法律专业资格的工作人员,他们可以帮助协调和断定侵权网络用户和被侵权人之间的权利义务关系。民事纠纷的解决途径是多种多样的,诉讼并不是唯一的渠道,在抵达诉讼之前我们大可以借助一些社会团体和组织的力量来以成本更低和效率更优的方式解决问题。在网络侵权这个问题上用成文的法律来固定网络服务提供者的职责将更有利于提高营利主体分担社会公共服务的认知,更有利于使权利受损的个体获得及时的损害填补,更有利于节约司法成本和资源。正如利益与风险并存的道理一样,网络服务提供者在提供网络服务进行营利的同时,也应当承担拨出时间和处理通知和反通知的审查的风险,毕竟这些侵权行为是借助网络媒介传播的,如果没有网络服务提供者的网络平台在先,这种侵权行为也不可能存在。网络服务提供者应该为风险社会的孤独个人提供一丝温暖。只要其对侵权的判断不是十分偏颇,即可以免责。

综上所述,网络服务提供者的审查义务主要就是确保反通知是否包括应该具备的内容,上述提到的四项内容必须同时满足,以及特殊情况涉及较大财产利益应该提供反担保。另外反通知尽量不要采取口头方式,书面方式更为慎重、妥当,而且能够保证审查工作及时被执行。

三、"知道"的界定和理解对反通知的影响

中间接收人是"通知——取下"和"反通知——恢复"规则的核心主体之一,他对侵权事实的"知道"与否决定了他是否能够保有中立者免责地

位,"知道"的程度和进阶也影响了责任承担的多少。"取下"和"恢复"已经为网络服务提供者指明了阳关大道,他只要以至少一般智力水平的普通人标准衡量自己对通知和反通知内容的"知道"程度即可。根据美国对"知道"的理解,"知道"主要是指一种相信的程度,不同程度的相信对反通知造成了不同的影响。而我国《民法典》对"知道"的理解不仅包含了美国对"知道"的理解,还将网络服务提供者明知道是侵权行为而为其提供帮助纳入了讨论的范围。美国的做法将网络服务提供者也是侵权行为人之一的情况作了单独的考虑,仅就网络服务提供者非明知情况下的"知道"做了三个维度的理解,包括被告知、有理由知道和应该知道。

（一）对"知道"的理解

"知道"条款①是对网络服务提供者的归责条款,同样网络服务提供者也可以根据该款的指示和引导进行免责。其中"知道"二字描述得较为模糊,可以通过借鉴美国的经验帮助理解和分析。②

个人的认知和事实的存在都是影响法律关系的因素,如果一个人已经被告知了某种事实,那么人们认为他对该事实的真实存在存疑,通知和反通知到达之后,措施采取之前需要有必要的时间留给接收人进行推断。③ 为了进一步讨论和具体应用,使表达更精辟,我们说的法律关系该语境下的含义就是指"通知——取下"和"反通知——恢复"规则中各个主体之间的法律关系。出于某些原因,一个人被告知了一个事实,因为他有这方面知晓的客观观察和瞩目的条件,但他假装忽视这个事实,这就使他失去了被信任的价值。出于另外的原因,一个人可以靠有理由知道或者应该知道或者被他人的通知行为告知的途径获悉某个事实。既然获得事实的认知有这些途径,那么也就是说,只有在这些情况下,这个人才能够因为"知道"而承担法律后果。这里所说的知道是相信事实的存在,事实的真相取决于法院对特定案件作出的法庭调查,不是客观的事实而是法律事实。人的大脑如同仓库充满了记忆,有些并不是刻意将事实移植进去,往往许多东西都是无意识状态下被记忆的,游走于记忆模糊和不被忘记的区间,这种无意识的记忆任

---

① 本书专指《侵权责任法》第36条第3款,网络服务提供者知道侵权人的侵权事实,但没有采取必要措施,则承担连带责任。知道包括的内容很多,例如收到或有证据证明收到通知、法院的判决结果、众所周知的事实等等。
② 《第二次侵权法重述》《第二次代理法重述》和《第二次合同法重述》中都涉及了对知道的理解和阐述。
③ 参见王迁：《荒谬的逻辑,无力的要求——评2008年度美国〈特别301报告〉要求我国政府对网络服务商施加的"强制移除义务"》,《中国版权》2008年第3期。

何时间都可能发生,而且发生的次数远比我们能感知和估量的多。如同我们对7乘以9的认识,不是出于对数学的深入研究和造诣,而是因为多年以来乘法口诀已经烂熟于心。然而我们这里所说的知道是有意识支配下的相信,经过了重大事件或者专业思维训练是无意识向有意识的转化的原因。虽然无意识的想法导致的结果之一是"有理由知道",但是无意识的想法不等同于"知道"。我们不知道脑中存储信息的全部,一旦被某件事引起注意或触动才会知道或者唤起记忆。"知道"是一个人的主观想法,它可以通过任何方式后天修炼,也会因时间的流逝和其他事件的干预而丧失。几乎所有人都知道,通知明确当事人权利的法律行为,有时接收人是否知道不被重视。

美国立法对"知道"的理解有三元说①和二元说②,三元说认为如果一个人知道一个事实,那么他有理由知道这个事实或者他应该知道这个事实或者他被告知了这个事实,这样就把"知道"(knowledge)分为三个层级:

第一,"被告知"(have been given a notification),被告知是指一个人被告知某个事实,要么是通过充分或者特殊的方式足以确定他能够知悉,能够获得这种告知或者有证据能够证明他有理由知悉或者应当知悉;要么是在双方当事人交往的规则习惯中,明知和有理由知道的效果是一样的,不做具体的区分。网络服务提供者收到通知或反通知,自己承认其在主观上明确地知道侵权行为而放任、置之不理的行为,应受到责罚。另外,代理人知道视为被代理人已经知道。

第二,有理由知道(have reason to know),如网络服务提供者对侵权信息加以整理或者编辑等有足够的证据可以证明其阅读过并知悉其中的侵权信息,而没有采取必要措施规制侵权行为。能够成为网站的运营和管理人的都不是等闲之辈,他们应当拥有一般人的心智水平或者超越常人的心智水平,能够通过各种信息和线索来推断出是否有侵权事实的问题存在,因而可以根据自己的假设或推定而采取行动。推理的形成不需要以该事实真实存在为前提,一个普通人认为事实很有可能存在就足够了,即使推理的结果最终被证明错误,与事实情况相反,推理人也不为此对他人负有义务或职责。"有理由知道"既可以被用在对推断负责的语境下,也可以被用在为了

---

① 美国《第二次代理法重述》(Restatement of the Law, Second, Torts)中对"知道"的理解采三元说,原文中第4条第9条和第134条中都有体现。
② 由于被告有理由知道和应当知道之间存在明显不同,有理由知道和应当知道之间通常被归为一类,但《美国第二次侵权法重述》(Restatement of the Law, Second, Agency)第12条理清了"有理由知道"(reason to know)和"应当知道"(should know)之间的细微区别。

保障自身利益只能将可能的事实作为参考,而不是完全相信该事实的语境下。如果心智水平不达一般人标准或者一时糊涂大意,没有进行推理而行动也属于"有理由知道"。智力水平超常的人或者专业人士根据自身的精神承重量和天赋造诣也可能根据他所知道的情况,经过反复推敲和认真判断作出有理由知道的认识。另外,"有理由知道"着重强调一个人没有职责确保不经推断的事实是否存在,因为对事实的推断已经明示,只是因为一个合理人在他自己的立场上根据既有事实会作出这样的推断。除此之外,"有理由知道"的情况包括某种需求标准被满足能够让任何无意识的知道有意识化,如记忆唤醒后作为参照,对自己或者他人利益的考量。但是曾经知道的事实,没有足以形成记忆,就不涉及记忆是否被唤醒,以后也不能构成"有理由知道"。

  第三,应当知道(should know),即按照正常心智水平的普通人标准,面对有侵权可能性的侵权行为有义务调查而怠于执行的情形。通常一个合理审慎而富有智慧的网络管理者,拥有正常的心智水平甚至智力超凡脱俗,他在对网络客户履行义务和职责时一定对是否存在侵权事实的争议是有分寸的,因此他能够根据自己的判断来确定自己的行为。①《第二次侵权法重述》对"有理由知道"和"应当知道"做了具体的讨论和阐述,对二者使用的语境进行了界定划分。"有理由知道"和"应当知道"所表达的情况都是基于对既定事实的尊重,并非完全主观判断;二者的区别在于知道的方式不同,"有理由知道"不包含有义务和职责知道,"应当知道"暗含有义务和职责知道。

  二元说将"知道"分为"被告知"和"推知","推知"包括"有理由知道"和"应该知道"。"被告知"和"应知"的区别在于,"被告知"往往根据外部原因被告知,"推知"往往根据内部推理而得出判断。可以明确的是,仅仅因为欠缺知道的条件不是侵权责任的基本要件。"有理由知道"暗含的意思是网络管理者没有义务或职责知道;"应该知道"暗示网络管理人一定要确保争议侵权事实是否存在,他要向网络客户负责,他要给客户一个交代,容许客户的质询。网络管理人根据自己合理人的正常心智水平或者更高智力水平的判断标准,要么推测出争议的侵权行为是存在的,要么认为有极高存在的可能性而视为其存在,根据他对侵权事实存在的推测,他的行为模式可以被预见,应该采取什么必要措施已经是明示的了。"应当知道"暗示的含义是网络管理者在应该对网络客户负责的压力之下,通过正常的努力确定

---

① 参见刘家瑞:《论我国网络服务商的避风港规则》,《知识产权》2009年第2期。

争议侵权事实的存在与否,用正当的方式对网络客户履行证明侵权事实存在的义务。

(二) 不同程度的"知道"对反通知的影响

网络服务提供者如果想要逃到"避风港"进行免责,就应当尽到必要的注意义务,不能和侵权网络用户串通侵害被侵权人利益,要对有可能涉及侵权的信息及时进行调查,主动采取必要措施,运用一般心智水平判断侵权网络用户行为是否构成侵权。① 侵权网络用户利用网络方式实施侵权行为,网络服务提供者在网络信息发布时没有做好事前审查工作,没有及时发现或者发现了但没有制止侵权网络用户的明显侵权行为,属于明知道侵权网络用户的行为。其中不排除侵权网络用户和网络服务提供者事前串通,二者合意实施侵权行为,网络服务提供者是侵权的帮助人,使被侵权人的合法民事权益受损,那么网络服务提供者就要为非自己行为负责。② 被侵权人行使了通知权利之后,网络服务提供者没有采取必要措施,此时侵权网络用户和网络服务提供者是共同侵权人,二者承担连带责任。即使在被侵权人发送通知之后,网络服务提供者已经"取下",再经过侵权网络用户的恶意反通知使网络服务提供者采取"恢复"必要措施,网络服务提供者和侵权网络用户也要承担连带责任。相较于通知,如果网络服务提供者与被侵权人恶意串通制造了通知,并将侵权网络用户的信息采取了取下的措施,网络服务提供者明知被侵权人恶意通知,在其收到侵权网络用户的反通知时,没有采取任何恢复措施,则应该与被侵权人共同承担侵权的连带责任。

网络服务提供者有理由知道侵权网络用户实施侵权行为包括编辑使用侵权网络用户的文章,将侵权网络用户的文章放置首页推荐链接等有证据证明网络服务提供者已经阅读过侵权网络用户的文章,文章中的侵权信息是一般人都能够判断有可能存在侵权信息的。网络服务提供者有理由知道侵权网络用户的文章涉及侵权时,不需要考虑网络服务提供者的"知道"在什么程度,被侵权人发送通知,网络服务提供者应该自动将涉及侵权的信息删除、屏蔽或者断开链接。③ 被侵权人可以请求网络服务提供者就其有理

---

① 参见吴汉东:《侵权责任法视野下的网络侵权责任解析》,《法商研究》2010年第6期。
② 参见[美]约纳森·罗森诺:《网络法——关于因特网的法律》,张皋彤等译,中国政法大学出版社,第7页。转引自 Sony Corp. v. Universal City Studios, 464 U.S. 417, 435, 78 L.Ed.2d 574.104 S.Ct.774 (1984)。
③ 侵权网络用户是否存在侵权行为的事实,网络服务提供者如果有理由知道,但没有处理,其审查是存在瑕疵的。参见杨立新:《〈侵权责任法〉规定的网络侵权责任的理解与解释》,《国家检察官学院学报》2010年第2期。

由知道侵权行为的存在、怠于采取必要措施承担连带责任。与明知相比,有理由知道的情形使网络服务提供者不能成为连带责任的最终责任承担者,网络服务提供者在对被侵权人赔偿损失之后,可以向侵权网络用户追偿。被侵权人给网络服务提供者发送通知之后,网络服务提供者通过正常的判断应该知道侵权网络用户实施了侵权行为,但是没有及时进行删除等必要措施,所以给被侵权人造成了损失进一步扩大的结果,网络服务提供者应当为此负责。如果一般正常人对被侵权人发来的通知内容进行判断,明显不能得出侵权网络用户的行为属于侵权行为,该通知属于滥用权利,但是网络服务提供者却认为通知有道理并采取了取下的必要措施。当侵权网络用户进行反通知时,网络服务提供者还没采取必要恢复措施,造成侵权网络用户权利行使受阻甚至财产损失,网络服务提供者应该对采取必要措施失误承担责任。

网络服务提供者没有接到任何通知,但是侵权案件的法院判决的最终结果一旦公布,视为网络服务提供者应当知道,其必须采取必要措施,此时他也不需要任何主观判断,因为最擅长判断侵权事实的法院已经作出了权威的认定结果。如果网络服务提供者无视判决结果,拒绝采取措施,那么他可以与被告一同承担责任。

四、反通知规则的效果及意义

"通知——取下"和"反通知——恢复"规则的效果印证了将反通知规则纳入法律体系中正确性。反通知的效果具体针对非反通知方的主体,既可以减轻收取通知和反通知主体的工作压力,又能以小成本方式遏制部分恶意通知,还可以保证其他相关网络用户的自由表达。虽然就目前分析来看反通知规则使网络侵权各方收益颇多,但是凡是规则都是有漏洞的,仍然会有许多反通知解决不了的问题,在面对更多鲜活的现实问题时,应随时转换思维,用批判和合理解释的态度对待,给反通知规则添枝加叶,让它在不断修正的过程中发挥维护言论自由的优势,促进网络社会的自律和谐。最后,笔者尝试总结了网络侵权责任在起诉时中可能出现的各方责任分担。依照排列组合可以分三种情况,其中网络服务提供者游离于被起诉与不被起诉的边缘,完全取决于他是否是共同侵权人,如果符合免责条件将不会被起诉。是否能够免责完全取决于网络服务提供者自己的选择,只要他不愿意承担责任,那么通常他就可以不承担责任。反通知的权利行使是要求网络服务提供者作出不利于被侵权人的行为,因此必定会对网络服务提供者发生效力,也会对被侵权人发生一定的效力,以下笔者拟从这两方面的法律效果来谈反通知的效果和意义。

(一) 对网络服务提供者的效果

网络服务提供者就是反通知的接收人,也是采取必要措施的义务主体。反通知对网络服务提供者的影响是直接的,反通知一旦符合各项要件生效之后,网络服务提供者必须及时采取恢复的必要措施。否则,将就扩大损失与反通知人"连坐"。① 当侵权网络用户的反通知到达网络服务提供者处时,网络服务提供者需要进行形式审查,认为反通知满足生效的各项条件,在采取恢复措施的同时应当书面告知通知的发送人即被侵权人,以便被侵权人及时提起诉讼,防止因信息传送不及时造成的双方损失过大的情况发生。反通知对被侵权人的影响是间接的,虽然侵权网络用户或其他用户发送反通知的最终目的使针对被侵权人的,但是由于网络的隐秘性、非实名制往往使得侵权网络用户或其他用户不能直接与被侵权人建立联系。这中间网络服务提供者功不可没,没有网络服务提供者在其中通风报信,通知和反通知不能顺利达到其发送者的目的。网络服务提供者的地位固然无比重要,但又是十分尴尬的,每当收到通知或者反通知时,他们的心中又有欢喜又有忧。忧愁的是,只要接到通知或者反通知就说明在其网络平台上可能存在侵权行为,这不是他们在营利过程中希望看到的,他们必须采取一定的必要措施才能有效规制侵权行为的发生或者防止侵权行为带来的损失扩大;值得一提的是,只要是他们按照通知和反通知的要求将必要措施加以执行,那么他们就能够获得侵权行为的免责待遇。通知和反通知到达网络服务提供者之后,网络服务提供者有一段合理的时间来进行取下或者恢复的工作,在这段时间内双方的损失是之前双方行为的延续,不应归责于网络服务提供者。该期间到底应该如何界定,学界没有统一的说法,对于"及时"的限度,有人认为应该 7 天为宜,②有人认为貌似 10 天更妥,③笔者认为还需具体案件具体考虑。

(二) 对被侵权人以及其他相关网络用户的效果

生效的反通知是对通知所产生的效果的彻底摧毁,反通知的生效意味着仅仅持续一回合的"通知——取下"和"反通知——恢复"规则的结束。这如同我国象棋的比赛规则中最多允许双方三步磨棋,否则周而复始的循环将无休无止。尤其在法学领域,制造规则的目的是定纷止争,绝不是让规

---

① 参见杨立新:《〈侵权责任法〉规定的网络侵权责任的理解与解释》,《国家检察官学院学报》2010 年第 2 期。
② 参见王胜明:《中华人民共和国侵权责任解读》,中国法制出版社 2010 年版,第 160 页。
③ 参见杨立新:《侵权责任法:条文背后的故事与难题》,法律出版社 2010 年版,第 14 页。

则的适用进入恶性循环。重复通知是指被侵权人对同一网络侵权行为向网络服务提供者作出内容相同的通知。网络服务提供者收到同一被侵权人发送的内容完全相同的通知，应以首次通知的时间为准，后续重复通知被视为无意义，但被侵权人仍然享有到法院起诉的权利。① 当被侵权人发送通知或者侵权网络用户或其他用户发送反通知于网络服务提供者时，实际上这四方主体的行为都有可能构成侵权，被侵权人和网络服务提供者往往可能性更大。反通知接收人在面对反通知时可以有两种迥异的态度：第一种是接收人认为反通知真实有效，进行了恢复措施，那么被侵权人可以起诉侵权网络用户和网络服务提供者，让他们为自己的过错负责，将二者均列为被告；第二种是网络服务提供者认为反通知不能生效，没有采取恢复的措施，维持了通知所造成的删除等必要措施的效果，使侵权网络用户和其他相关网络用户合法民事权益受到侵害，网络服务提供者也会与被侵权人成为侵权网络用户和其他相关网络用户的被告。这时，反通知被采纳与否，网络服务提供者都可能成为侵权责任的被告。② 那么被侵权人有权认为侵权网络用户和网络服务提供者都实施了对其不利的侵权行为，将二者均列为被告。

另外反通知对其发送人也有一定的影响，反通知发送之后，没有任何形式上的瑕疵就产生效力，基于反通知的"取下"措施之后，回复到通知之前的相对较稳定的状态，除非被侵权人诉诸法院并胜诉后，这种状态才会发生变动。反通知人在短期内可以恢复对网络服务的正常使用权。

互联网的革命爆发是铁一样的事实，但是它来得太突然，网络媒体不仅仅是信息的传播管道，而且它能够给养和滋润人们的精神世界，更可以为思想的渐进过程塑性。新兴的沟通交流技术增强了交流的力量，让人们不能视若无睹、充耳不闻和保持缄默。我们在信息的汪洋里一边像鱼类一样徜徉，一边应该感谢和拥抱网络的高速传输模式让我们可以收集和分享海量的信息。人们阅读报纸上的新闻，聆听收音机里流淌的旋律，观看电视里面的节目表演，记录电话另一端人们从遥远的地方发出的声音，直到网络媒体的出现将生活彻底改变。它打击了传统纸质媒体的主流地位，使书和纸割裂开来。我们在获益的同时也在理智地探讨和权衡利弊，就像以往对待新

---

① 参见杨立新：《〈中华人民共和国侵权责任法〉司法解释草案建议稿》，《河北法学》2010年第11期。

② 参见杨立新：《〈侵权责任法〉规定的网络侵权责任的理解与解释》，《国家检察官学院学报》2010年第2期；高景民：《网络侵权行为归责原则研究》，《内蒙古大学学报》2005年第2期；王艳芬：《网络服务提供者著作权间接侵权责任制度构建——以比较法为中心》，厦门大学硕士学位论文，2007年，第33页。

生事物的态度一样。以互联网为代表的信息技术给社会带来无限便利的同时,一方面,自由、开放和民主的气息中也夹杂着相对匿名化和极端夸大化所导致的言论缺乏责任感和道德感现象,现代社会人们生活节奏快,工作压力大,常常通过网络作为发泄的出口,如果言论过激则可能构成侵权,然而网络环境的特殊性决定了其隐蔽性和传播高速性,应对网络侵权是对现有法律体系的重大考验。另一方面,通过互联网对信息的提炼和再造易如反掌,一旦侵权信息被发布,将被下载,可以永远存储在个人终端计算机里,如覆水难收,没办法回复到没发布时的状态。网络侵权发生以后,"通知——取下"和"反通知——恢复"规则的完整流程是:第一,被侵权人发出通知;第二,网络服务提供者"取下"同时告知反通知人,"恢复"时告知通知人;第三,反通知人发出反通知;第四,反通知接收人进行恢复工作。反通知规则的设置公平地分配给侵权网络用户对抗被侵权人的侵权指控的权利,体现了法律对公众言论自由和相关网络用户合法权益的终极关怀。

反通知是网络侵权责任制度中的一个重要规则,反通知本身也是一项民事权利。建立在"通知——取下"和"反通知——恢复"框架下的以网络服务提供者为中心的网络侵权责任体系能够帮助更好更快地解决实际问题。反通知主体的范围将其他相关网络用户也纳入庇护,是对通知和反通知主体对应性的突破。从2011年笔者率先对反通知进行研究,并在学界发表代表性学术观点,直到反通知规则以"不侵权声明"的形式于2020年被成功写进我国民法典。近十年的时间,反通知规则一直在学术和实践领域饱受争议,而且随着互联网技术的继续繁荣,反通知规则将不断面临挑战而发展。

第六章　互联网服务提供者责任的新思维与适用

第一节　网络服务提供者对网络内容的判断义务

网络服务提供者对网络内容的判断义务是网络用户的通知权利触发的,网络服务提供者拒不履行以信息安全为内容的管理义务,严重者可触犯刑法。除法律以外,对网络服务提供者判断义务的规定散落分布在行政法规、司法解释、部门规章、行业规定和团体规定中,其中部门规章最为集中丰富。通过对现行法律文本中网络违法和侵权内容的列举,结合不同时期网络违法和侵权内容的动态变化,梳理出网络服务提供者判断内容中的稳定部分进行分析,可以明确网络服务提供者应当判断的内容和不必判断的内容,避免网络服务提供者超出能力范围,在无法律依据的前提下承担过高的义务。网络服务提供者判断后面临阻断内容流转和继续提供服务两种选择。阻断内容流转的措施具体包括删除、限制或剥夺特定用户权限、配合调查、报告等。继续提供服务的网络服务提供者则面临各种价值冲突的妥协。

一、问题的界定

德国政治思想家洪堡在《论国家的作用》中认为,国家通过法律的运行对公民正面福利、负面福利、国家外部安全、公民内部安全与教育关怀照料,从满足公民需求角度解释了国家的功能面向。具体到国家立法对网民、网络商主体、网络社会的羁束,不同层级的法律渊源构成了国家治理网络的系统化法律依据。聚焦到对网络商主体——网络服务提供者,国家发挥网络内容治理功能,是通过运用法律来规范和引导网络服务提供者的行为达成的。根据我国《民法典》中对反通知规则的规定,网络服务提供者应遵循"通知——删除"和"反通知——恢复"规则。尽管最高法的司法解释[①]对通知的要件、通知的形式、通知的效力等都作出了说明,但是具体网络服务

[①] 见2014年10月10日生效的《最高人民法院关于审理利用信息网络侵害人身权益民事纠纷案件适用法律若干问题的规定》。

提供者对网络内容是否违法的判断标准、什么类型的内容应当由网络服务提供者判断,什么类型的内容超出网络服务提供者判断的能力和范畴、因判断时间过长导致内容继续传播或内容禁止传播的责任承担等尚有不明确之处。这部分操作空白在刑法增加拒不履行信息网络安全管理义务罪之后更加凸显。简而言之,我们要讨论的是网络服务提供者从收到通知到采取或不采取必要措施这段时间的行为及其依据。具体而言,应当解释的问题有二:一是网络服务提供者应当进行判断的网络内容范围;二是超出网络服务提供者判断范围的网络内容应如何处置,才不至于违法违规。

二、网络服务提供者判断义务的来源

没有通知或者反通知的生效,是无法触发判断机制的。网络服务提供者没有主动判断的义务,但可以自觉自律主动审核。北京市高级人民法院在《关于审理电子商务侵害知识产权纠纷案件若干问题的解答》第 5 条中认为,电子商务平台经营者对利用其网络服务公开传播的交易信息一般没有主动监控义务。不能仅因电子商务平台经营者按照相关管理要求进行交易信息合法性的事前监控,或者客观上存在网络卖家利用其网络服务侵害他人知识产权的行为,就当然认定电子商务平台经营者知道侵权行为存在。这也侧面印证了网络服务提供者不因没有主动判断或者审查就负有法律责任。法律从来没有规定网络服务提供者负有主动判断义务,根据"法律无明文规定则为自由"的原则,网络服务提供者当然可以选择不主动判断或者审查。[①] 网络信息从质和量上都为主动判断提出了难题,主动审查义务于法于理都不能成立。不仅我国法律没有规定网络服务提供者主动判断的义务,欧盟、法国、德国等国家和组织的法律也都认为网络服务提供者不具有对内容的一般性审查义务。[②] 尽管现实中大部门网络服务提供者仍然是"人工+技术"结合手段对内容进行事前审核,但是这种审核不是由通知或反通知触发的判断行为。梳理网络服务提供者判断义务的来源可以一定程

[①] 我国原《侵权责任法》第 36 条第 3 款被认为是对美国《数字千年版权法》第 512 条避风港规则的借鉴,避风港规则的另一个名字是"免于事先审查条款"。参见邰立军:《"人肉搜索"下的未成年人信息网络保护——以〈侵权责任法〉第 36 条之"网络服务提供者"为视角》,《青少年犯罪问题》2015 年第 2 期。

[②] 网络服务提供者不具一般性的审查义务(no general obligation to monitor)的规则分别由欧盟《电子商务指令》(DIREC-TIVE 2000/31/EC)第 12 条和第 14 条、法国《信任数字经济法》(Loi pour la confiance dans l'economie numerique)第 6 条第 2 款、德国《规定信息和通讯服务的一般条件的联邦立法》(或"多媒体法")规定。参见王利明:《论网络侵权中的通知规则》,《北方法学》2014 年第 2 期。

度解释"为什么(不)删除"和"凭什么(不)删除"的问题,但是网络服务提供者对内容的判断工作远不止这些。法律规定网络服务提供者要采取"取下或恢复"等必要措施,其首要前提就是根据法律规定对属于违法的内容进行判断。多元的法律渊源呈现出国家对网络内容治理的多条管道,不同效力层级的法律文本分工协作,确保国家功能实现。

(一)法律

1.民法:由通知触发的判断义务。

《民法典》第1194条至1197条(原《侵权责任法》第36条)奠定了网络服务提供者责任的民事责任承担基础。《民法典》第1195条中规定的通知是一种请求权,是请求权方法适用的基础。① 实际上,"有权"二字赋予了通知人通知的权利,同时也意味着网络服务提供者存在接到通知后续义务,后续义务包括审查通知是否满足构成要件,满足构成要件的通知产生效力,进而成为网络服务提供者采取必要措施的原因。虽然通知人程序性的权利是成文法明确规定赋予的,但是相对于网络服务提供者的通知人实体性权利能否成立,却取决于网络信息内容是否属于网络服务提供者审查的范围。这里所讨论的通知人的实体权利不等同于从宪法赋予公民的表达自由角度而言的绝对性权利。

与中国的"通知——取下"和"反通知——恢复"模式不同,加拿大采用的是"通知——通知"模式。"通知——通知"模式导致网络服务提供者不会急于采取删除等必要措施,而是及时将通知发给"侵权用户",同时自己保存通知6个月。两种模式的重大区别就是前者对网络服务提供者苛以居中裁判的义务,后者只需要履行告知义务和保存义务,保存义务不履行的最高额罚款要远高于告知义务不履行。因此有学者评价"通知——通知"模式将网络服务提供者保护到了极致,使其只要充当信使即可。② 既然网络服务提供者不需要承担判断义务,那么被侵权人通知的效果不及诉讼,然而诉讼又需要必要的程序期间,因此被侵权人对侵权的损害结果继续扩大无计可施。当然,这种对侵权内容的不判断并非毫无价值,一方面公共利益不会因滥用通知被侵犯;另一方面,网络服务提供者从判断之累中解脱,集中力量投入经营服务。长远而言,"通知——通知"模式对公众的媒介素养教育意义深远,但确实给中小企业和微弱自然人的维权设置了障碍。简而言之,"通知——通知"模式下不会产生网络提供者的判断义务,判断义务之

---

① 参见陈年冰:《中国语境下的请求权方法》,《法制与社会发展》2015年第4期。
② 参见牛萌:《"正反通知+删除"制度的建构》,《中国版权》2014年第4期。

产生于具有"删除"要求的模式下。

《民法典》第 1165 条是网络侵权责任的归责原则——过错责任原则。过错责任是侵权责任中的一般性归责原则,没有例外的情况下,都应当适用过错原则。在网络侵权中,过错责任的作用在于多数人共同侵权的情况下,根据个案中的过错程度,来确定各个侵权人在侵权责任的分担比例。网络服务提供者过错认定的前提是负有法定义务、约定义务、附随性义务等,未尽到合理注意义务,造成义务未履行或未及时履行。过错探讨的是各方主体对网络内容控制和支配的程度,根据网络服务提供者所提供的服务不同,他们的法定义务、约定义务、附随义务不尽相同。过错的认定是个复杂的过程,与很多因素有关,不乏有观点根据"风险与收益"理论,凭借网络服务提供者非营利性排除过错的认定,进而令其免于承担责任。

此外,时隔通知规则确立近十年,《民法典》也确认与通知规则配套的反通知(或称不侵权声明)规则设计,有助于平衡滥用通知、人的有限理性和情势变更等对网络言论自由的侵蚀。

2. 刑法:拒不履行信息网络安全管理义务罪的适用情形和效果。

我国网络内容违反刑法有关规定包括固有的危害国家安全、泄露国家秘密犯罪等,但是网络服务提供者在没有履行网络安全法定义务,且拒不整改的,将由《刑法修正案(九)》设置的拒不履行信息网络安全管理义务罪进行惩处。拒不履行信息网络安全管理义务罪被规定为:"网络服务提供者不履行法律、行政法规规定的信息网络安全管理义务,经监管部门责令采取改正措施而拒不改正,有下列情形之一的,处三年以下有期徒刑、拘役或者管制,并处或者单处罚金:(一)致使违法信息大量传播的;(二)致使用户信息泄露,造成严重后果的;(三)致使刑事案件证据灭失,情节严重的;(四)有其他严重情节的。"拒不履行安全管理义务罪的犯罪主体特指网络服务提供者,这与帮助信息网络犯罪活动罪的犯罪主体有区别,不履行行政法规效力层级以下的法规不构成该罪。拒不履行安全管理义务罪的适用空间是犯罪主体经监管部门责令采取改正措施而拒不改正导致的情节严重、后果严重情况。拒不履行安全管理义务罪的立法目的是防止网络服务提供者利用中立地位,帮助、鼓励其他网络用户的犯罪行为。在立法背景上,拒不履行安全管理义务罪是对帮助信息网络犯罪活动罪真空地带的补充,容易错认为前者被后者所包含,但是二罪在故意问题上存在适用区别。对于前者而言,虽然网络服务提供者在"拒不改正"上持故意态度,但对于造成"违法信息大量传播"等严重后果,则既可能是持放任甚至希望态度,也可能是因疏忽大意而没有预见,或者已经预见但轻信能够避免;无论网络服务提供者对因拒不改正而导致的严重后果是持故意还是过失的态度,只要具有预见可能性,都不妨碍拒不履行安全管理义务罪的成立。① 具体案件中包括为境外互联网提供非法接入服务、②非法获取计算机信息系统数据以及非法控制计算机信息系统。③ 对于后者而言,只要为他人利用信息网络实施犯罪提供了网络技术支持类型帮助,均可成立该罪。

从案例角度看拒不履行安全管理义务的适用效果,自该罪出台以来,截至2020年共有6件涉及该罪名的案例,其中依据该罪定罪的案件有3件。④ 其中包括同时触犯拒不履行安全管理义务罪和帮助信息网络犯罪活动罪二罪,择一重罪进行判处的1件案件。⑤ 另外3件案例援引拒不履行安全管理义务罪条文,但以侵犯公民个人信息罪、诈骗罪、非法经营罪、扰乱无线电通讯管理秩序罪、传播淫秽物品牟利罪、传播淫秽物品罪定罪量刑。⑥ 可见,法官对拒不履行安全管理义务罪的适用还是比较谨慎的,主要原因是该罪的犯罪主体是网络服务提供者,而网络服务提供者安全管理义务的来源较分散复杂,是由其他部门法和低层级法律来决定的,而我国特色的"九龙治水"网络治理现状貌似细化了网络服务提供者的活动规范,实则加大了明晰网络服务提供者义务的难度。

3. 行政法:国家内外网络安全。

网络违法内容不足以构成犯罪,但是归于行政责任的由行政法进行规制。以2017年6月实施的《网络安全法》为中心,包括《全国人民代表大会常务委员会关于维护互联网安全的决定》《全国人民代表大会常务委员会关于加强网络信息保护的决定》《电子商务法》和《电子签名法》。这几部法律的立法和实践生动描绘了"网络服务提供者"这一概念从模糊概括、探索使用到稳定细化的过程。网络服务提供者不仅仅是最初电子商务领域的服务责任主体,同时也是特色服务提供者、(非)营利服务提供者、从事相关业

---

① 参见陈洪兵:《论拒不履行信息网络安全管理义务罪的适用空间》,《政治与法律》2017年第12期。
② 胡某拒不履行信息网络安全管理义务案,案号:(2018)沪0115刑初2974号。
③ 朱皓非法获取计算机信息系统数据、非法控制计算机信息系统案,案号:(2018)鄂1003刑初150号。
④ 判决文书数据来自"北大法宝·司法案例",搜索关键字为"拒不履行网络安全管理义务罪",搜索时间:北京时间2020年3月19日17时。
⑤ 何某某、李某某开设赌场案,案号:(2018)赣0102刑初585号。
⑥ 陈景伟侵犯公民个人信息罪,案号:(2018)闽0103刑初250号。张某等诈骗、抢劫、抢夺、非法经营、扰乱无线电通讯管理秩序案,案号:(2018)鲁07刑终33号。王欣等传播淫秽物品牟利案,案号:(2016)京01刑终592号。

务的单位等主体的上位概念①。行政法对网络内容的规范基本用独立的条款列举了禁止制作、复制、发布、传播的信息,内容基本围绕国家主权、公共秩序和公共利益,约有十款,本书简称"禁含十款"。② 在"禁含十款"基础上,禁止侵害他人名誉、隐私、知识产权等他人合法权益也逐渐成为网络服务提供者判断义务的内容。立法模式和体系框架体现了不同时期人们对互联网内容的认识、解决纠纷的思路以及国家与社会关系的格局。

表 6-1 规定网络服务提供者判断义务的行政法

	法律名称	责任主体③	侧重规范领域	判断的内容	生效时间（最新修订）
1	《网络安全法》	网络运营者	网络服务和产品安全	"禁含十款"	2017年6月1日
2	《全国人民代表大会常务委员会关于维护互联网安全的决定》	从事互联网业务的单位	互联网刑事犯罪	"禁含十款"、虚假宣传、侵犯他人商誉、知识产权、虚假信息、侵犯通信自由和通信秘密、利用互联网盗窃、诈骗、敲诈勒索	2009年8月27日
3	《全国人民代表大会常务委员会关于加强网络信息保护的决定》	网络服务提供者、其他企业事业单位	公民个人电子信息	个人身份、隐私信息	2012年12月28日
4	《电子商务法》	电子商务经营者、电子商务平台经营者	电子商务	知识产权、虚假宣传、产品质量、用户个人信息	2019年1月1日

---

① 罗勇:《论"网络服务提供者"的法律界定——以中日比较为中心》,《学术交流》2016年第6期。

② "禁含十款"的条文设计有八到十一款不等,也有个别不分款项单独总结为一条的设计,总体以十款形式居多。因不同法规立法、修订动因各异,其表述和侧重略有不同,但是基本稳定的内容包括:第一、违反宪法确定的基本原则。第二、危害国家统一、主权和领土完整。第三、泄露国家秘密、危害国家安全或者损害国家荣誉和利益的。第四、煽动民族仇恨、民族歧视,破坏民族团结,或者侵害民族风俗、习惯的。第五、破坏国家宗教政策,宣扬邪教、迷信。第六、散布谣言,扰乱社会秩序,破坏社会稳定的。第七、宣扬淫秽、赌博、暴力或者教唆他人犯罪的。第八、侮辱或者诽谤他人,侵害他人合法权益的。第九、危害社会公德或民族优秀文化传统的。第十、含有法律、行政法规禁止的其他内容的。

③ 广义上的"责任主体"不仅包括网络服务提供者、其他相关企事业单位,还包括国家机关及其工作人员、任何组织或者个人,本节所有表格中的"责任主体"都是围绕网络服务提供主体的网络特殊主体,遂不将广泛法律主体明列。

续表

	法律名称	责任主体③	侧重规范领域	判断的内容	生效时间（最新修订）
5	《电子签名法》	电子认证服务提供者	电子签名	签名真实性	2015年4月24日

《全国人民代表大会常务委员会关于维护互联网安全的决定》(2009.8.27)和《全国人民代表大会常务委员会关于加强网络信息保护的决定》(2012.12.28)也是由全国人大常委会发布的,具体效力级别属于有关法律的决定,也应归属于"法律"。《全国人民代表大会常务委员会关于维护互联网安全的决定》最早于2000年制定,具有早期网络法规抽象性和概括性强等特点,"义务本位"条文居多,从列举犯罪行为和追究刑事责任角度对行为进行规范,对犯罪行为的种类划分依据分别从互联网运行安全、国家安全和社会稳定、经济秩序和社会管理秩序、私人人身财产安全和其他领域的保障角度进行,其中没有将义务主体明确限定为网络服务提供者的条文,而是使用"从事互联网业务的单位"这一宽泛主体,规定其负有的维护网络安全义务。

《全国人民代表大会常务委员会关于加强网络信息保护的决定》于《侵权责任法》出台之后通过,因此沿用了最早《侵权责任法》中的"网络服务提供者"说法,但在个人身份信息和隐私信息的使用收集规范中,还加入了"其他企业事业单位"为共同责任主体。同时,明确了网络服务提供者对信息的管理义务,这里的管理既延续新闻单位对内容采编型的管理内涵,也包含了网络服务提供者因经营服务产生的积极、消极管理。当然,随着网络服务行业的细化和成熟,不断涌现的服务对应的管理义务也各具特色和侧重。

《电子商务法》是2018年8月出台的晚近法规,电子商务的责任主体主要是电子商务经营者,对包含其中的电子商务平台经营者进行了特别规定,电子商务平台除自营业务中相当于电子商务经营者地位外,其他情况作为电子商务平台经营者承担的义务和责任轻于电子商务经营者。根据服务类型的不同,《电子签名法》中规定为电子签名真实性提供信任机制的是电子认证服务提供者,认证服务在于确定签名真实性,进而倒推签名事项来自签名人真实的意思表示,补强签名效力。

(二) 行政法规

《互联网信息服务管理办法》《计算机信息网络国际联网安全保护管理办法》《电信条例》和《互联网上网服务营业场所管理条例》都包含了对违法网络内容的规定。此外《计算机软件保护条例》《信息网络传播权保护条例》是主要针对知识产权保护的规定。

表 6-2　规定网络服务提供者判断义务的行政法规

	法规名称	责任主体	判断的内容	生效时间（最新修订）
1	《互联网信息服务管理办法》	网络信息服务提供者	"禁含十款"	2011年1月8日
2	《计算机信息网络国际联网安全保护管理办法》	从事国际联网业务的单位	"禁含十款"、损害国家机关信誉、病毒程序、侵犯通信自由和通信秘密	2011年1月8日
3	《电信条例》	电信业务经营者	"禁含十款"、病毒程序、扰乱电信市场秩序	2016年2月6日
4	《互联网上网服务营业场所管理条例》	互联网上网服务营业场所经营单位	"禁含十款"、病毒程序	2019年3月24日
5	《计算机软件保护条例》	广泛主体	计算软件著作权	2013年1月30日
6	《信息网络传播权保护条例》	网络服务提供者	著作权	2013年1月30日

(三) 司法解释:不断细化的实务操作规范

网络内容方面的司法解释主要集中在刑事和民事两大诉讼领域。刑事审判方面的司法解释主要有 4 部,集中规制的是利用网络犯罪、帮助犯罪、网络诽谤、淫秽信息方面的犯罪。① 民事审判方面的司法解释有两部,分别是《最高人民法院关于审理利用信息网络侵害人身权益民事纠纷案件适用法律若干问题的规定》(2014.10.10)和《最高人民法院关于审理侵害信息网络传播权民事纠纷案件适用法律若干问题的规定》(2013.1.1)。刑事司法解释的侧重点在于解释罪与非罪、此罪与彼罪的区别,量刑涉及的情节严重程度、法定数量、法定数额等。民事司法解释主要集中在保护人身权中的人

---

① 刑事审判方面的司法解释包括:《最高人民法院、最高人民检察院关于办理非法利用信息网络、帮助信息网络犯罪活动等刑事案件适用法律若干问题的解释》(2019.11.1)、《最高人民法院、最高人民检察院关于办理利用信息网络实施诽谤等刑事案件适用法律若干问题的解释》(2013.9.10)、《最高人民法院、最高人民检察院关于办理利用互联网、移动通讯终端、声讯台制作、复制、出版、贩卖、传播淫秽电子信息刑事案件具体应用法律若干问题的解释》(2004.9.6)、《最高人民法院、最高人民检察院关于办理利用互联网、移动通讯终端、声讯台制作、复制、出版、贩卖、传播淫秽电子信息刑事案件具体应用法律若干问题的解释(二)》(2010.2.4)。

格权和信息网络传播权。在司法解释中,我们发现"网络信息"的称谓更具有普遍性。严格意义上,网络内容和网络信息并不等同,网络内容是指表征意思的网络信息,并不是所有网络信息都表征意思,例如某些信息,脱离文字说明就无法解读。不表征意思的网络信息不具内容上的意义,但是当它作为有价值的虚拟财产时,如果是被非法权利主体越权使用,缺乏合法权利主体授权追认,那么也构成侵权。

表 6-3 规定网络服务提供者判断义务的司法解释

	司法解释名称	责任主体	判断内容的补充	生效时间
1	《关于办理非法利用信息网络、帮助信息网络犯罪活动等刑事案件适用法律若干问题的解释》	解释拒不履行信息网络安全管理义务罪中的"网络服务提供者"	链接、截屏、二维码、访问账号密码及其他指引访问服务	2019 年 11 月 1 日
2	《关于办理利用信息网络实施诽谤等刑事案件适用法律若干问题的解释》	以计算机、电视机、固定电话机、移动电话机等电子设备为终端的计算机互联网、广播电视网、固定通信网、移动通信网等信息网络,以及向公众开放的局域网络的服务提供者	诽谤、寻衅滋事、敲诈勒索、非法经营等信息	2013 年 9 月 10 日
3	《关于办理利用互联网、移动通讯终端、声讯台制作、复制、出版、贩卖、传播淫秽电子信息刑事案件具体应用法律若干问题的解释(二)》	通过互联网域名、IP地址等方式访问的内容提供站点的责任主体	淫秽电子信息	2010 年 2 月 4 日
4	《关于办理利用互联网、移动通讯终端、声讯台制作、复制、出版、贩卖、传播淫秽电子信息刑事案件具体应用法律若干问题的解释(一)》	网页、聊天室、论坛、即时通信软件、电子邮件等方式传播信息的责任主体	淫秽电子信息	2004 年 9 月 6 日
5	《关于审理利用信息网络侵害人身权益民事纠纷案件适用法律若干问题的规定》	网络用户、网络服务提供者	自然人基因信息、病历资料、健康检查资料、犯罪记录、家庭住址、私人活动等个人隐私和其他个人信息	2014 年 10 月 10 日

续表

	司法解释名称	责任主体	判断内容的补充	生效时间
6	《关于审理侵害信息网络传播权民事纠纷案件适用法律若干问题的规定》	网络用户、网络服务提供者	以网页快照、缩略图等方式提供相关作品;推荐并附可下载、可浏览的信息	2013年1月1日

(四) 部门规章:规定最集中

部门规章是互联网治理法源最集中的部分,也是最能快速回应现实司法实践中矛盾问题的法规,这与我国互联网治理实践和治理模式演变密切相关。一来高位阶的法律要维持相对稳定的体系,无法及时回应不断变化的矛盾发展现状;二来我国成立了从中央到地方独立纵向的网络管理机构——各级网信办,因此,中央网信办发布的部门规章成为了互联网法规最密集、最密切联系实际的法源区间。

表6-4 规定网络服务提供者判断义务的部门规章

	规章名称	责任主体	判断的内容	生效时间（最新修订）
1	《网络信息内容生态治理规定》	网络信息内容生产者、网络信内容服务平台	"禁含十款"、侵害英雄烈士人格权、不良信息①	2020年3月1日
2	《儿童个人信息网络保护规定》	网络运营者	儿童个人信息泄露、损毁、丢失	2019年10月1日
3	《区块链信息服务管理规定》	区块链信息服务提供者	法律、行政法禁止的内容	2019年2月15日
4	《互联网域名管理办法》	域名根服务器运行机构、域名注册管理机构、域名注册服务机构	"禁含十款"	2017年11月1日
5	《互联网新闻信息服务管理规定》	互联网新闻信息服务提供者	反向规定禁含内容（2005年版"禁含十款"被删）	2017年6月1日

---

① 《网络信息内容生态治理规定》第7条规定的"不良信息"包括:第一,使用夸张标题,内容与标题严重不符的。第二,炒作绯闻、丑闻、劣迹等的。第三,不当评述自然灾害、重大事故等灾难的。第四,带有性暗示、性挑逗等易使人产生性联想的。第五,展现血腥、惊悚、残忍等致人身心不适的。第六,煽动人群歧视、地域歧视等的。第七,宣扬低俗、庸俗、媚俗内容的。第八,可能引发未成年人模仿不安全行为和违反社会公德行为,诱导未成年人不良嗜好等的。第九,其他对网络生态造成不良影响的内容。

续表

	规章名称	责任主体	判断的内容	生效时间（最新修订）
6	《互联网信息内容管理行政执法程序规定》	广泛主体	无	2017年6月1日
7	《网络出版服务管理规定》	网络出版服务单位	"禁含十款"、诱发未成年人犯罪、妨害未成年人身心健康、披露未成年人隐私	2016年3月10日
8	《外国机构在中国境内提供金融信息服务管理规定》	在中国境内向用户提供金融信息的外国机构	"禁含十款"	2009年6月1日
9	《电信和互联网用户个人信息保护规定》	电信业务经营者、互联网信息服务提供者	个人信息泄露、损毁、篡改或丢失	2013年9月1日
10	《规范互联网信息服务市场秩序若干规定》	互联网信息服务提供者	系统安全、信息安全	2012年3月15日
11	《互联网文化管理暂行规定》	互联网文化单位	"禁含十款"、侵害他人合法权益	2017年12月15日
12	《互联网视听节目服务管理规定》	互联网视听节目服务单位及其相关网络运营单位	"禁含十款"、侵犯著作权	2015年8月28日

（五）判断义务的准法源：行业规定和团体规定

从法解释学角度，行业规定和团体规定不是真正意义上的判断义务法源，但是我国互联网产业的规制一直秉承"行业先行"规则，多数实践效果良好的行业规定、团体规定、自律规范都被法律吸纳。从历史事实角度，中国互联网协会、中国电子商务协会、计算机协会等行业协会在互联网发展过程中发挥了其他行业协会比拟的作用。[①] 行业规定和团体规定都属于网络的软法领域。软法并不仅仅存在公域里，也存在私域之中。我国法学研究疏于对软法的研究，也忽视了长久以来软法对硬法立法不足的缺陷补充功能。[②]

[①] 参见方兴东：《中国互联网治理模式的演进与创新——兼论"九龙治水"模式作为互联网治理制度的重要意义》，《人民论坛·学术前沿》2016年第6期。

[②] 参见杨立新：《媒体侵权和媒体权利保护的司法界限研究：由〈媒体侵权责任案件法律适用指引〉的制定探讨私域软规范的概念和司法实践功能》，《法律适用》2014年第9期。

1. 行业规定中的"审核"不等同于"判断"。

网络技术与行业发展的速度是难以想象的,立法所需消耗的必要时间难以满足维护网络行业秩序稳定的需求,从互联网发展初期开始,行业规定和团体规定现在在我国已经成为了惯例,很多行业规范经由一段时间的实践被认为效果良好,后期被吸纳进法律文本。行业规定、团体规定、自律规范中对网络服务提供者的要求基本集中在"审核"上,"审核"与"判断"不仅用词不同,法律效果也存在巨大差异。审核可以有主动审核和被动审核、事前审核和事后审核之别,审核不是有因行为,并非一定要以其他法律行为为必要前提。但是判断要以生效的通知为前提,判断的启动装置是通知,判断一定要以通知或反通知即法律行为为必要前提。换言之,网络服务提供者收到满足构成要件的通知,明知侵权信息但放任或者鼓励侵权信息继续传播,怠于判断,不及时采取必要措施,才能构成侵权责任,这在美国法里认定为帮助类侵权或犯罪。2017年6月底由中国网络视听节目服务协会发布的《网络视听节目内容审核通则》将上述15类违法内容进行延伸,在已有的违法内容基础之上,在网络视听节目内容审核领域作出迄今为止最全面、细化的审核标准。①

2. 团体规定。

团体规定中不乏有关对内容责任分配和内容质量的把关的规定。共青团中央要求地方"在专题教材制作工作中,要严格遵守政治纪律,始终保持正确的政治方向和正确的舆论导向,确保政治性、思想性和科学性,严把教材质量关,严格落实安全责任,谁制作,谁负责……"②在会计师协会的管理规定中,关于认证项目网站和微信公众号的信息发布规则明确规定了禁止传播的内容。③ 其中不仅包括常规的违反宪法、危害国家安全等内容,还包括违反会计师协会内部协会章程与宗旨,有损协会形象和认证项目品牌,违反认证项目规程和条例,泄露认证项目机密的内容。④

梳理上述互联网法律体系中的法律法规,不难发现互联网法的调整的对象基本围绕关键信息基础设施、互联网服务提供商与互联网内容展开。⑤

---

① 《网络视听节目审核通过》第4条、第8条。
② 共青团中央办公厅2009年3月发布的《关于做好共青团系统现代远程教育专题教材制播和使用工作的通知》。
③ 2015年3月底中国总会计师协会秘书处关于印发的《中国总会计师协会认证项目考务管理暂行规程》等文件的通知。
④ 具体禁止传播内容规定在《中国总会计师协会认证项目网站管理办法(暂行)》第12条。
⑤ 周汉华:《论互联网法》,《中国法学》2015年第3期。

互联网立法的重心在于规范网络服务提供者,并且应注重发挥行业自治能力。① 从网络内容责任主体判断义务中可以发现我国主要规定了以下16类网络违法内容:(1)煽动颠覆国家政权;(2)煽动分裂国家;(3)损害国家机关权威;(4)宣扬恐怖主义、极端主义;(5)煽动或宣扬民族仇恨、民族歧视;(6)泄露国家秘密(7)暴力、淫秽内容;(8)病毒程序;(9)虚假信息;(10)虚假宣传;(11)教唆犯罪;(12)宣扬邪教和封建迷信;(13)侮辱或诽谤;(14)侵犯名誉;(15)侵犯隐私;(16)侵犯知识产权。这些违法内容大致分布于国家安全、公共秩序以及私权利三个领域,见图6-1。

三、网络服务提供者对网络内容的判断界限

网络服务提供者判断义务的来源丰富广泛,我国早期对互联网的认识决定了互联网治理的思路,集中体现在动态化立法进程上。网络服务提供者的判断界限主要基于合理人的判断标准,网络服务提供者只需要尽到一般人的注意义务既可。但是合理人的标准或善良家父的标准本身就为网络服务提供者的判断行为带来模糊性。这导致在民事领域网络服务提供者是否需要进行内容违法性判断十分模糊,但是刑法违法性判断难度小,要不要进行判断就偏向明确。

(一) 应当履行判断义务的内容

1. 应当履行判断义务的犯罪内容。

(1)对"刑法分则"有明确罪名的非事实真伪内容进行判断。

我国1997年颁布的《刑法》从篇章上分为总则、分则和附则,其中总则是对刑法中罪、责、罚的一般原理性规定,附则是对生效时间与其他相关法律的关系等的规定。刑法分则规定具体罪名和法定刑,是法官司法审判活动中定罪量刑重点援引的法条文本来源。对于与网络空间国家主权和国家安全、公共利益相关的网络内容,根据犯罪构成要件理论中的违法行为侵犯的不同客体、客观方面的分类,可迁移用于违法网络内容的分类,即分为煽动颠覆国家政权、煽动分裂国家、损害国家机关权威、宣扬恐怖主义和极端主义、煽动民族仇恨和民族歧视、泄露国家秘密的内容。以上行为或内容均规定在刑法分则的头部章节,是刑法保障国家安全、公共安全、社会秩序的重要制度。再者,我国是典型的成文法国家,刑法领域尤其排斥习惯法的适用,刑法典章的规定对侵犯国家安全、公民权利行为的惩罚是最严厉的,也是最明确的。刑法固有罪刑法定原则,即遵从"法无明文规定不为罪,法无

---

① 王利明:《论互联网立法的重点问题》,《法律科学》2016年第5期。

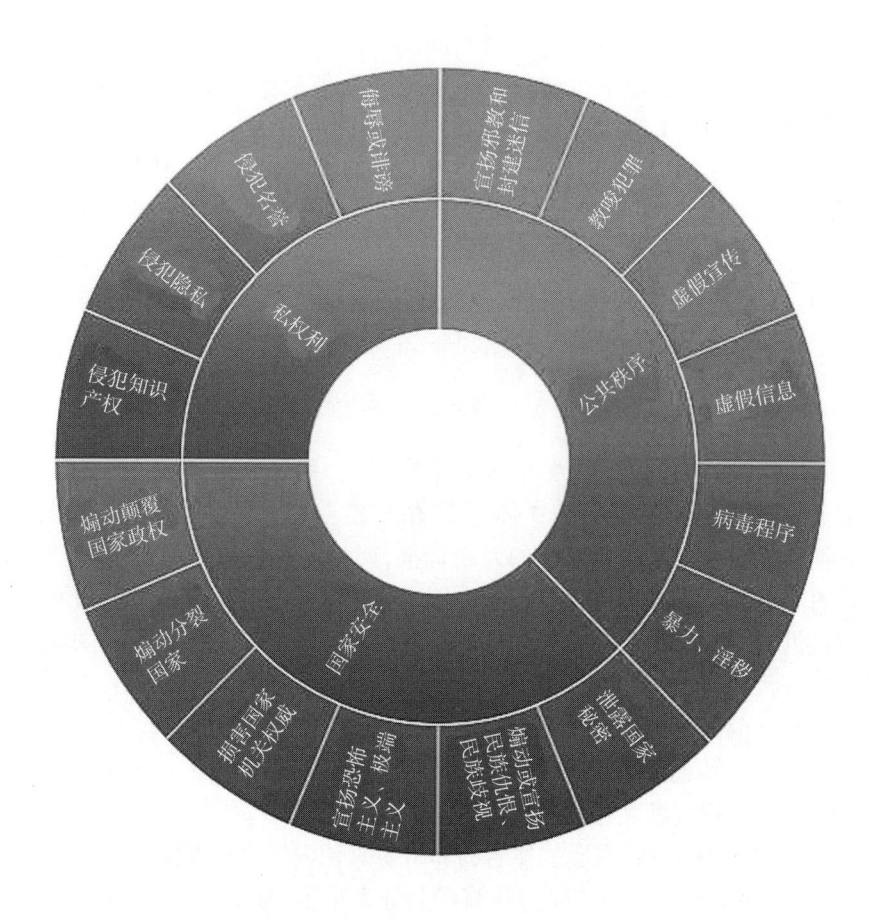

■ 国家安全　■ 公共秩序　■ 私权利

图 6-1　违法网络内容

明文规定不处罚"的立场,据此,网络服务提供者只要持普通公民的朴素是非观进行判断,应该难度不大。因此,网络服务提供者对煽动颠覆国家政权、煽动分裂国家、损害国家机关权威、宣扬恐怖主义和极端主义、煽动民族仇恨和民族歧视、泄露国家秘密这几类刑法分则上具名的犯罪行为应当进行判断。

　　刑法中对教唆犯罪行为的评价,一般遵循教唆他人犯什么罪,就按该罪的教唆犯论处,教唆的方式、方法包括请求、劝说、利诱、授意、怂恿、收买、嘱托、威胁、强迫等方法。值得注意的是,教唆行为不直接导致被教唆人犯被

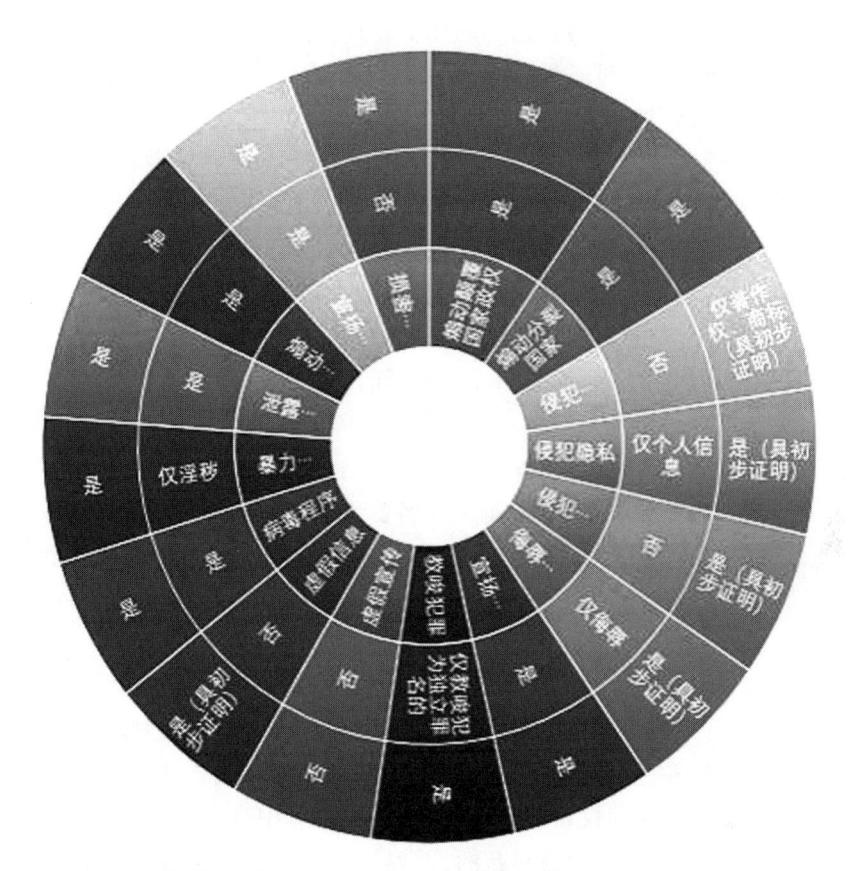

- 煽动颠覆国家政权
- 损害国家机关权威
- 煽动或宣扬民族仇恨、民族歧视
- 暴力、淫秽
- 虚假信息
- 教唆犯罪
- 侮辱或诽谤
- 侵犯隐私
- 煽动分裂国家
- 宣扬恐怖主义、极端主义
- 泄露国家秘密
- 病毒程序
- 虚假宣传
- 宣扬邪教和封建迷信
- 侵犯个人名誉
- 侵犯知识产权

图 6-2 网络服务提供者对犯罪内容与侵权内容的判断

教唆的罪。但是教唆行为构成独立罪名的,例如教唆他人吸毒罪,网络服务提供者就应该进行判断。此外,直接传授犯罪方法也是教唆者主观故意的表现,并且传授犯罪方法罪是刑法分则规定的独立罪名,虽然近年来适用情况较少,但对于传授犯罪方法的内容,网络服务提供者也应该进行判断。

(2) 对证明责任、专业性适当的非事实真伪性内容进行判断。

网络服务提供者对证明责任、专业性不那么强的非事实真伪性内容进行判断的主要原因是判断的难度不大,属于合理的注意义务范围之内。这种判断难度较低的内容包括病毒程序、宣扬邪教和封建迷信内容、侮辱内容和公民个人信息。从公民个人信息的立法中不难看出,我国对个人信息的保护侧重在信息安全领域,因此突出保护个人信息在收集、储存、处理、使用、传递、标注、封存、删除、去身份化、披露、泄露等问题。①

2. 应当履行判断义务的侵权内容。

(1) 必须具备初步证明材料才能判断的侵权内容。

《关于审理利用信息网络侵害人身权益民事纠纷案件适用法律若干问题的规定》认为通知必须具备的要件之一是证明内容侵权的初步证明材料。在虚假信息、侮辱诽谤、侵犯个人名誉、侵犯个人隐私、侵犯著作权、侵犯商标权为内容的6类侵权内容中,都需要通知中附带证明侵权的初步证明材料,才能使得通知生效。换言之,不具备初步证明材料,不能启动判断义务。

(2) 无需初步证明也应判断的侵权内容。

应当履行判断义务的犯罪内容集合是无需初步证明也应判断的侵权内容集合的子集。除上述虚假信息、侮辱诽谤、侵犯个人名誉、侵犯个人隐私、侵犯著作权、侵犯商标权6类内容以外,16类内容中有10类都是网络服务提供者无需初步证明也应当判断的,即煽动颠覆国家政权、煽动分裂国家、损害国家机关权威、宣扬恐怖主义和极端主义、煽动或宣扬民族仇恨和民族歧视、泄露国家秘密、暴力淫秽、病毒程序、教唆犯罪、宣扬邪教和封建迷信内容。

(二) 不需判断的内容

1. 不应当判断的犯罪内容。

(1) 对证明责任过高的内容不进行判断。

第一,虚假信息、虚假宣传、诽谤内容由于需要具备相应调查能力的组织和机构对事实的真伪进行反复的求证,因此此类内容不应当由网络服务提供者进行判断。② 第二,个人信息以外的隐私和个人名誉的内容更倾向于依据民法一般性规定、人格权法进行救济,侵犯人格权的内容几乎都是轻

---

① 参见孙平:《系统构筑个人信息保护立法的基本权利模式》,《法学》2016年第4期。
② 参见孙禹:《论网络服务提供者的合规规则——以德国〈网络执行法〉为借鉴》,《政治与法律》2018年第11期。

微犯罪或不认为是犯罪。隐私和名誉完全属于平等主体之间的权利义务关系,其中任何一方不应以公共利益为由要求对方退让。①

(2)对专业性过强的内容不进行判断。

在网络服务提供者不需判断的内容中,专业性过强的犯罪内容不应负有判断义务,犯罪内容包括:第一,损害国家机关权威。第二,暴力。第三,知识产权。其实,除了专利侵权内容以外,上述三种犯罪内容都会被当作侵权信息进行兜底判断。因此,从内容上看,不需进行判断的实际上只有专利侵权内容。

2. 不必判断的侵权内容。

(1)虚假宣传侵权。

网络虚假宣传侵权中的医疗虚假宣传被首次引入公共讨论空间是2016年5月的"魏则西事件"。该案中搜索引擎服务提供者责任引发了广泛争论,打破了以往人们对搜索引擎提供自然搜索排名与免费服务的认知。尽管从广告的角度而言,搜索引擎就有偿排名收费作为收入无可厚非,这是行业创新发展的体现,但是涉及关乎生命健康的医疗服务信息排除自然搜索,有偿竞价排名引导就医行为是否正当,为此搜索引擎服务提供者是否承担责任以及责任分担比例便成为十分棘手的问题。② 该案中的搜索引擎公司接受约谈并承诺整改,停止同类医疗信息商业推广,并增设10亿保障基金对今后类似事件进行先行赔付。③ 这也侧面说明了从法律依据角度而言,网络服务提供者对虚假宣传内容缺乏判断义务的依据。

(2)专利侵权。

在我国目前的审判实践中,对网络服务提供者已尽到了合理的注意义务基础规制。特别是在网络用户注册享受网络服务时,在收集用户身份信息之后,对用户身份进行审核通过之后才能提供服务。在电子商务平台中,网络服务提供者通常会明确与商户签订协议,规定用户不得销售侵权商品或发布侵权信息,在天猫与商户的《服务协议》中均明确要求用户不得发布侵犯他人合法权益的商品信息,明确要求用户承诺不得发布及销售侵犯他人知识产权的商品,这属于网络服务提供者尽到了事前提醒注意义务。④

---

① 参见蒙晓阳、李华:《中国网络立法的法理前瞻》,《西南政法大学学报》2015年第4期。
② 参见张建文、廖磊:《竞价排名服务商审查义务研究》,《甘肃政法学院学报》2016年第5期。
③ 《百度表示坚决落实整改要求,增设10亿元保障基金》,2020年4月10日最后访问,见http://news.eastday.com/eastday/13news/auto/news/finance/20160510/u7ai5622187.html。
④ 东阿阿胶股份有限公司诉山东东阿阿胶城阿胶生物技术有限公司等不正当竞争纠纷案,案号:(2017)浙0110民初11248号。

此外,网络服务提供者所承担的义务应与其民事行为能力、民事责任能力相匹配,不应超出其管理能力和技术能力。对于专利侵权产品,一般的网络服务提供者不具备专业的专利知识,是无力进行管理的,甚至连初步核实能力都不具备。① 不仅是专利侵权,网络服务提供者对计算机软件著作权、美术作品著作权的侵权也难以判断。② 司法实践基本都在认定网络服务提供者同样是企业,网络服务提供者尽到合理义务之后,对于网络用户是否侵犯他人专利权、计算机软件著作权等无法简单、直观判断。另外,专利侵权判定的规则十分复杂,很多规则是通过大量的司法实践,由法官根据既有规则不断地续造和修正的。③ 这已超出网络服务提供者的判断能力范围,应由司法机关作出认定,苛以网络服务提供者过高的义务,并无法律依据。

四、网络服务提供者判断之后应采取的措施

网络服务提供者判断之后应采取的措施包括阻断内容流转和继续提供服务。阻断内容流转的措施也被认为属于网络服务提供者的合作义务。④

(一)阻断内容流转

在网络侵权的情形下,网络信息首先发布者、网络经营者、搜索引擎、各种门户网站、论坛以及无数的传播者等,对损害的发生或者扩大都可能具有一定的过错。⑤ 网络服务提供者如果不阻断内容的流转,极可能是侵权行为的纵容者。

1. 删除、阻断内容流转。

(1)删除、屏蔽、断开连接等。

删除、屏蔽、断开连接是《民法典》第1195条列举的网络服务提供者采取必要措施的具体行为,但并不局限于此,与刑法的谦抑性不同,该条用"等"字将其他未列举措施包含其中,这里的"等"是可以做扩张解释的。屏

---

① 参见王迁:《论"通知与移除"规则对专利领域的适用性——兼评〈专利法修订草案(送审稿)〉第63条第2款》,《知识产权》2016年第3期。

② 杭州威威网络科技有限公司诉黄山中鼎信息技术有限公司等侵害计算机软件著作权纠纷案,案号:(2015)杭余知初字第713号。黄山中鼎信息技术有限公司、杭州威威网络科技有限公司侵害计算机软件著作权纠纷案,案号:(2017)浙01民终5015号。安乐(北京)电影发行有限公司诉浙江天猫网络有限公司等著作权侵权纠纷案,案号:(2016)浙0110民初4689号。

③ 参见郑宇:《论知识产权民事案件中的法律续造——以〈最高人民法院公报〉案例为研究》,《法律适用》2014年第9期。

④ 就网络平台服务提供者而言,合作义务包括通知删除义务、监控义务和预警义务。参见曹阳:《互联网平台提供商的民事侵权责任分析》,《东方法学》2017年第3期。

⑤ 参见王利明:《论我国侵权责任法分则的体系及其完善》,《清华法学》2016年第1期。

蔽内容并不是屏蔽网站禁令(blocking injunctions),法院只有在紧急情况下才能作出屏蔽网站禁令,以解决其他措施不足以减少损害和提供有效救济的状况。①

(2)禁止评论、转发。

在网络服务提供者进行接到通知后,作出判断之前的必要期间内,对仍然处于判断的过程中的内容,可以选择禁止评论、转发的处置。网络服务提供者采取相关措施的种类或方式可以由其自主选择,目前行业内采取的做法包括警告、降低信用评级、限制发布信息直至关闭该网络用户的账户等措施都可以选择,而法律所关心的只是这些措施的"必要性"和比例性。②

2. 对特定用户中止或终止服务。

网络服务提供者对特定用户中止或者终止服务的权利来源于与网络用户事前签订的用户使用协议权利,是网络用户不能履行合同条款造成的违约责任。但是如果中止或者终止服务明显超出了用户使用协议的范围,带有惩罚性的意味,网络服务提供者对网络内容的初步核实而采取的措施是否可以带有惩罚性值得进一步研究,如果可以采取惩罚性措施,那么必须明确权力的来源。

目前网络服务提供者普遍被要求建立网络用户个人信用体系,参照"累犯加重"的规制思路,是对网络虚拟人格的警示、惩罚措施。法国"三振法案"与美国采取的相对温和的六振警告的本质都是通过网络用户个人信用体系,通过网络服务提供者对侵权用户进行不断地通知,告知其正在进行侵权行为。③ 对于已经有悖警告、限制服务、降低信用等级的用户所发布的内容,网络服务提供者的注意义务更高。对于已经判断过采取过措施又出现的重复性内容应一并处理。对于已经被列入"黑名单"的用户,在其他平台同样不能注册享受服务。判断义务从对内容的判断转向了对用户的服务的限制。

3. 配合调查。

在配合治理部门调查工作方面,网络服务提供者对违法、侵权行为具有提供信息、保存记录的义务。2017 年实施的《网络安全法》第 47 条规定:

---

① 屏蔽网站禁令是 2000 年欧盟早期的打击盗版行为的法院强制执行手段,先后有英国、丹麦、意大利、比利时等国加入。参见胡开忠:《屏蔽网站禁令的制度分析及其对我国的启示》,《法学》2017 年第 3 期。

② 参见冯术杰:《网络服务提供者的商标侵权责任认定——兼论〈侵权责任法〉第 36 条及其适用》,《知识产权》2015 年第 5 期。

③ 参见吕凯、李婷:《网络服务提供者的著作权保护责任》,《天津法学》2016 年第 1 期。

"网络运营者应当加强对其用户发布的信息的管理,发现法律、行政法规禁止发布或者传输的信息的,应当立即停止传输该信息,采取消除等处置措施,防止信息扩散,保存有关记录,并向有关主管部门报告。"网络服务提供者在网络用户注册使用服务时,对用户信息进行采集,在司法调查程序中需要使用用户个人信息时,网络服务提供者应配合。

4. 向主管部门报告。

2012年实施的《全国人民代表大会常务委员会关于加强网络信息保护的决定》第9条任何主体都有权向主管部门举报和控告网络信息违法犯罪行为,这与提起诉讼并不矛盾,只是侵权诉讼的适格主体仅仅是被侵权人及其合法代理人。为了保障举报人对自身合法权益的合理预期,与举报制度配套设立的是对举报人信息的保密制度,目的是保持举报人原有的生活安宁不因举报行为被干扰。报告制度的主体是广泛的,其中网络服务提供者有天然知情的便利,因此在具体的举报和控告行为中,作为经营主体应承担比普通自然人主体更多的社会责任。

在著作权领域,网络服务提供者可在内容首次发表后,设置内容抄袭防御装置。网络服务提供者除了履行判断义务之外,也应当配合权利人事前对内容的防御和保护。事前防御需要依赖内容识别技术,也大部分用于知识产权纠纷中可技术性识别的案例,对已经发布的内容进行权属固定,防止显而易见的抄袭对著作权的侵害,防止明显的商标侵权等,这在阿里巴巴和视频网站早已经有实践。

(二) 继续提供服务

1. 网络服务提供者的能力所及之处。

我国互联网安全治理一直秉承着与计算机科技长远发展并重的理念,鼓励网络产品和网络服务的质量发展,网络服务提供者对网络内容的呈现应当求精向善,提供社会效益和经济效益相统一的优质的内容。回归网络服务提供者的私主体本质,判断内容能支配的成本有限,考虑企业生存需求,营造良好的营商环境是必要的。在国外的判例中,很多法官否认了网络服务提供者对内容进行一般性审查义务的实践,即如果网络服务提供者未对网络用户侵害信息网络传播权的行为主动进行审查,法院不能把这一事实本身作为依据来认定其具有过错。① 在 Google Inc.v.Bac Films 案中,"通知——删除"程序执行完毕之后,对于重复出现的侵权内容,法国最高法院不认为网络服务提供者应当"删除与继续维持",原因是阻止对侵权内容的

---

① 参见冯术杰:《论网络服务提供者间接侵权责任的过错形态》,《中国法学》2016年第4期。

第六章　互联网服务提供者责任的新思维与适用　　　151

再次出现的义务相当于对平台提供者施加了主动判断义务,这与法国《信任数字经济法》(Loi pour la confiance dans l'economie numerique)第6条第2款的规定相违背,也与欧盟的法规相违背。① 阿根廷最高法院也认为,搜索平台的责任必须基于过错责任,不应要求其承担主动的监控责任。② 欧盟法院发布禁令要求 ISP 安装过滤软件过滤共享文件构成一项针对著作权重复侵权的普遍审查义务。过滤义务指向的是某一特定信息,它不是一项普遍审查义务,而是普遍审查义务免除之后的"遗留"义务。③

尽管如此,国内外仍然有判决认为网络服务提供者仅仅删除链接,没有有效防范侵权行为,应构成过错责任。④ 在国内的"衣念公司诉淘宝、杜某侵害商标权纠纷案"⑤中,杜某作为淘宝网上销售商,其出售的商品直接使用衣念商标或使用足以使消费者混淆的商标,经审理未举证销售商品具有合法来源,最终被认定为侵害衣念公司商标权。在事实认定过程中,衣念公司多次通知淘宝后,淘宝在有条件、有能力针对特定侵权人杜国发采取措施的情况下,却未采取必要措施以制止侵权,是对杜某继续实施侵权行为的放任、纵容。其故意为杜某销售侵权商品提供便利条件,构成帮助侵权,具有主观过错,应承担连带赔偿责任。该案二审维持了原判,理由是,首先,淘宝作为网络服务提供者对侵权信息大量存在是明知的。衣恋公司投诉通知近三年,淘宝网上仍然存在大量侵犯商标权的信息,反通知情况较少,杜某没有积极证明自己行为的正当性和合法性。其次,淘宝明知删除的效果十分有限,但并未采取其他必要措施规制侵权信息。最后,"衣恋"的通知虽不符合形式要件,但是由于通知涉及的内容量巨大,证明侵犯商标理由相同,同时根据杜某店铺公告内容可证明杜某具有侵权的主观故意,对侵权的判断难度不大,不需要花费大多时间,因此可视为通知有效。通知有效的前提下,网络服务提供者删除后效果不佳,还应当在力所能及范围内减少同一侵

---

① Graeme B. Dinwoodie,"Secondary Liability for Online Trademark Infringement:The International Landscape",*Columbia Journal of Law & the Arts*,Vol.37,Issue 4(2014),pp.463-502.
② Paula Vargas,Argentina's Supreme Court decides landmark intermediary liability case,15/4/2020,https://www.iptjournal.com/argentinas-supreme-court-decides-landmark-intermediary-liability-case/.
③ 谢光旗:《普遍与特殊:网络服务提供者的著作权审查义务》,载《西部法学评论》2013 年第 3 期。
④ Tribunal de grande instance de Paris 3ème chambre,2ème section Jugement du 19 octobre 2007,http://www.legalis.net/spip.php?page=jurisprudence-decision&id_article=2072,2020 年 4 月 15 日最后访问。
⑤ 衣念(上海)时装贸易有限公司诉浙江淘宝网络有限公司、杜国发侵害商标权纠纷案,案号:上海市第一中级人民法院(2011)沪一中民五(知)终字第 40 号。

权人的同类侵权行为。因此,网络服务提供者在"善良家父"的角色中除了履行判断义务,采取必要措施,还应当从有效预防和救济侵权行为的角度,结合自身技术能力和服务特色,而不是借由散漫随意选择某种必要措施获取免责。①

类似的判例是在比利时布鲁塞尔一个初审法院,判决直接要求平台提供商承担积极审核义务。这都是通过判例加重网络服务提供者义务的实务经验。但是加重网络服务提供者的判断义务不应是普遍相同的,而应当是特别情况下的判断义务,类似于"累犯加重"的思路。②

2. 提供服务与保护公共利益之间的冲突与妥协。

通常网络服务提供者履行服务与维护公共利益是齐头并进的,但是个体的私人权利则可能受到侵蚀。以提供来电号码标注服务提供者为例,2019 年上半年,腾讯手机管家用户共举报骚扰电话 1.64 亿次,360 手机卫士共为全国用户识别和拦截各类骚扰电话约 114.8 亿次。③ 电话号码标注服务在预防移动通信诈骗等违法犯罪活动和防止骚扰方面取得了无可取代的社会效果。同时,被标注方的名誉、个人信息等权益也存在受到侵害的危险。④ 既有的案例中,面对私人权利受到服务侵害的诉讼,电话号码标准服务提供者基本从电话号码标注信息来自权威公开渠道、自我标注、其他用户标注而忘了服务提供者只提供客观的标注内容与标注数量,并不替用户做决策等方面进行抗辩。

当网络服务提供者履行服务与公共利益发生冲突时,不继续提供服务有造成违约风险,继续提供服务则损害公共利益,那么网络服务提供者将陷入一个十分复杂的僵局,这个问题或许要另立题目加以研究。以言论自由问题为例,宪法是我国的根本大法,具有最高效力级别。《公民权利和政治权利国际公约》第 19 条规定了人人有言论自由。毫无疑问,公民的言论自由是宪法赋予公民的基本权利,是国际公认的基本人权。随着实名制、属地

---

① 参见朱冬:《网络交易平台商标侵权中避风港规则的适用及其限制》,《知识产权》2016 年第 7 期。

② Annette Kur, "Secondary Liability for Trademark Infringement on the Internet: The Situation in Germany and Throughout the EU", *Columbia Journal of Law & the Arts*, Vol.37, Issue 4(2014), pp.525-540.

③ 《腾讯移动安全实验室 2019 年上半年手机安全报告》,2020 年 3 月 31 日最后访问,见 https://m.qq.com/security_lab/news_detail_517.html。《2019 年上半年中国手机安全状况报告》,2020 年 3 月 31 日最后访问,见 http://zt.360.cn/1101061855.php?dtid = 1101061451&did = 210935462。

④ 参见张建肖:《安全软件号码标注的合法性分析》,《中国应用法学》2017 年第 5 期。

管理等传统规则在网络执法领域的应用,网络空间的言论自由与物理空间的言论自由应平等受到保护。但是,没有任何网络服务提供者以保护言论自由的行为正当性而取得免责,只能因履行义务、尽到合理注意义务而免责,在宪法"国家——公民"二元结构中,言论自由的保障被认为是国家的义务,而不是第三人的义务。由于言论自由是宪法上原则性规定,在刑法、行政法规、规范性文件等明示网络服务提供者应该履行的义务时,网络服务提供者如果不作为,就将承担警告、罚款、没收违法所得、吊销执照、禁止营业、记入社会信用档案等行政责任,情节严重的甚至承担刑事责任。归根到底,惩罚性措施都落脚在对网络服务提供者权利能力和行为能力的限制和剥夺。这针对的主体既包括网络虚拟人格主体,也包括最终承担实体和程序责任的法律主体。要求平台提供商承担一般的监管义务意味着其对传播的内容具有选择性与歧视性,这会造成违宪的风险,十分不利于言论自由的保障。① 因此鲜少有国家和地区用法律明确规定网络服务提供者承担一般意义的审查义务,除非网络服务提供者主动参与、教唆了网络用户上传侵权内容。② 无论是网络服务提供者自行决定事前审核,还是自觉履行判断义务,保障言论自由从来都不是首当其冲要考虑的问题。从网络服务责任主体而言,无论是深度链接还是内容聚合,都只是网络服务提供者的特色服务,或者说是中立技术的产物。③ 对网络服务提供者类型化分析对具体违法、侵权内容是否负有判断义务起不了一锤定音的作用。网络信息服务提供者增设下单功能即可转化为网络交易平台服务提供者,因此不宜高估对网络服务提供者做非此即彼的划分的功能。④ 从网络内容角度而言,被动的判断义务是网络服务提供者采取措施的底线,对内容求精向善的期待应当是包含内容生产者、网络服务提供者在内的多元网络参与主体的内化素养。

第二节 影响网络服务提供者采取措施及时性的因素

网络服务提供者采取必要措施的及时性与是否应当采取必要措施是两个不同的问题。及时的本质是无不适当的迟延,影响网络服务提供者采取

---

① Cf.James Weinstein, "Free Speech, Abortion Access, and the Problem of Judicial Viewpoint Discrimination", *U.C.Davis Law Review*, Vol.29, Issue 3(Spring 1996), pp.471–544.
② 参见徐伟:《通知移除制度的重新定性及其体系效应》,《现代法学》2013年第1期。
③ 参见冯刚:《侵害信息网络传播权纠纷案件审理问题研究》,《知识产权》2015年第11期。
④ 参见杨立新:《网络媒介平台的性质转变及其提供者的责任承担》,《法治研究》2016年第3期。

措施及时性的因素包括实质因素、法律因素和经济因素。及时的实质要求是合理、合法。及时是否被法律明确规定影响了对迟延是否适当的判断,合意的迟延和与公共利益相关的迟延优于法律的适用。网络服务提供者应通过优化人员、合理分配时间和降低成本的方式,积极避免不适当迟延。

根据我国《民法典》第1195条第2款后半段的规定,网络服务提供者接到通知后未及时采取必要措施,对损害的扩大部分与该网络用户承担连带责任。然而,要求网络服务提供者对通知和反通知立即采取措施或者承诺采取措施是不切实际的,但是也不能让通知和反通知发起人一直处于不确定的期限中。因此,应对"及时"的含义和影响"及时"的因素进行分析。

一、"及时"的本质:无不适当的迟延

2014年10月,最高人民法院发布的《关于审理利用信息网络侵害人身权益民事纠纷案件适用法律若干问题的规定》中第6条不完全列举了影响网络服务提供者采取措施及时性的众多因素,包括网络服务的性质、有效通知的形式和准确程度、网络信息侵害权益的类型和程度。第一,网络服务的性质。网络接入服务提供者(Internet Access Provider,简称IAP)与网络内容服务提供者(Internet Content Provider,简称ICP)性质不同,前者对平台信息的责任明显低于后者。① 甚至某些情况下,网络接入服务提供者根本不具采取必要措施的责任。理由是,我国2013年修订的《信息网络传播权保护条例》第20条认为,网络自动接入服务提供者一般是免责的,两个例外情形一是对信息做过"选择和改变"处理,二是仅向特定人提供信息。② 第二,有效通知的形式和准确程度。有效的通知应当满足一定准确程度,满足

---

① 参见王迁:《论"通知与移除"规则对专利领域的适用性》,《知识产权》2016年第3期。
② 《信息网络传播权保护条例》第20条规定:"网络服务提供者根据服务对象的指令提供网络自动接入服务,或者对服务对象提供的作品、表演、录音录像制品提供自动传输服务,并具备下列条件的,不承担赔偿责任:(一)未选择并且未改变所传输的作品、表演、录音录像制品;(二)向指定的服务对象提供该作品、表演、录音录像制品,并防止指定的服务对象以外的其他人获得。"这也被学者总结为"管道行为",见崔国斌:《得意忘形的服务器标准》,《知识产权》2016年第8期;王迁:《"WAP搜索"及相关服务著作权侵权问题研究》,《知识产权》2012年第1期。英国2002年依照欧盟《电子商务指令》(Electronic Commerce Directive)制定的《电子商务条例》[Electronic Commerce(EC Directive)Regulations]也持此观点。以通过宽带接入的IPTV为例,根据2015年国家新闻出版广电总局修订的《互联网视听节目服务管理规定》和《广电总局广局网字(2012)88号文》的规定,IPTV网络接入服务提供者实行严格的业务准入,与内容提供者实行严格的法定分工。业务准入和分工的严格性是由行政法律规范及行政监管部门规定赋予的,不是合同约定的,审判活动不能干预。见广东省深圳市中级人民法院民事判决书,审判字号:(2014)深中法知民终字第328号。

通知生效要件之后,网络服务提供者才进入采取必要措施的程序阶段,此时判断是否迟延的时间才开始起算。第三,网络信息侵害权益的类型和程度。在网络信息侵害民事权益的类型问题上,例如侵犯商标权、专利权等,网络服务提供者在判断是否侵权问题上需要更多专业背景知识,通常比侵犯人格权的判断时间长。① 现代社会人与人之间民商事行为交往密切,交往行为之间出现的纠纷应该得到适当的容忍。② 因此,网络信息侵害民事权益情节轻微的,一般也不认为是侵权。然而该条规定并不是从网络服务提供者有理由迟延角度进行的释义,其中列举的三个因素中,前两个因素也可以作为判断侵权成立与否的因素,也就是说,前两个因素也可以作为判断网络服务提供者是否应当采取必要措施的因素。是否采取必要措施与采取必要措施是否有不适当的迟延,是两个不同的问题,二者的区分在该条规定中没有体现出来。

网络服务提供者实际采取措施耗费的时间与迟延也非同一个问题,当网络服务提供者判断行为用去的时间并没有被认为缺乏合理性时,使用"迟延"一词则不够客观中立。"及时"具有多层含义:如何确定处理通知或反通知的请求需要多长时间?什么是影响必要措施所用时间长短的重要因素?采取什么方法能减少迟延?多久会被人们认为是超出可容忍范围?我国《民法典·侵权责任编》的基本功能之一就是使被侵权人的损害及时得到填补,③"及时"的重大意义不仅表现为填补行为消耗的时间尽可能要短,而且"及时"应在通常人们能够容忍的时长范围之内。不适当的迟延或者说不及时也许可以定义为可避免和不必要的迟延。然而在对立双方看来,是否可避免的认知不一定相同。因此,讨论影响网络服务提供者采取措施及时性的因素,目的是尽可能去解决双方共识性问题。

二、判断的前提:确定合理的期间

一般认为"一段合理的时间"是一个法律问题,不合理就不能入法。④

---

① 网络跨境交易中侵犯商标权和专利权的判断,对权利使用和产品销售的认定都有争议。参见吴汉东、胡开忠:《走向知识经济时代的知识产权法》,法律出版社 2002 年版,第 228、232—236 页。

② 参见郭明瑞:《权利冲突的研究现状、基本类型与处理原则》,《法学论坛》2006 年第 1 期;王方玉:《论权利的内在悖论与平衡交易》,《甘肃政法学院学报》2009 年第 3 期。

③ 参见杨立新:《侵权法论(第三版)》,人民法院出版社 2005 年版,第 24 页;张新宝:《侵权责任法原理》,中国人民大学出版社 2005 年版,第 40 页;王利明:《我国侵权法的体系构建——以救济法为中心的思考》,《中国法学》2008 年第 4 期。

④ 参见许德风:《法教义学的应用》,《中外法学》2013 年第 5 期;陈金钊:《多元规范的思维统合》,《清华法学》2016 年第 5 期;孙万怀:《慎终如始的民刑推演》,《政法论坛》2015 年第 1 期。

中立的裁判者有权确定具体案件中的合理时间,法官(或陪审团)是诉讼阶段的裁判者,但在网络侵权责任的"通知——删除"和"反通知——恢复"程序中,进行居中裁判的是网络服务提供者。虽然诉讼中抗辩一方可以基于期间的合理性提出反对的主张,但在此之前,个案之"合理"的界定是由网络服务提供者来作出的。

早期英美法认为,一段合理的时间是特指买卖合同中收货人没有及时通知发货人货物瑕疵,导致的合同履行障碍期间。法院认为收货人在收货和检验过程中,例如收货人在收货3天之内理应检验并发现货物瑕疵,但怠于行使通知、退货的权利,令自己失去了一次货物瑕疵被恢复的可能性,因此丧失之后的胜诉可能性。① 行为的合理性问题不仅仅限于时间上,还应与地点和行为的方式相结合。② 我国《民法典·合同编》第566条规定违约方负有采取补救措施责任,同样《德国民法典》第281条第4款和第346条规定,债权人有一段合理的时间决定违约债务人强制履行、赔偿损失或解除合同。催告也有指定合理期限的功能,其目的与我国《民法典·合同编》第563条第3款相同。③ 一段合理的时间虽然在本质上是程序的问题,但是其保护的是权利人不被无故拖延,其最终目的还是保障基本实体权益。在《欧洲人权公约》(European Convention on Human Rights,简称 ECHR)第6条④以及美国《公民权利及政治权利国际公约》(International Covenant on Civil and Political Rights,简称 ICCPR)第14条都规定审讯时任何人所保有的平等地受到最低限度的保障,是在合理的时间内受到依法设立的独立而公正的法院公平、公开的审判,受审时间不被无故拖延。⑤

"合理"意味着足够及时,程序和迟延是共生的,迟来的正义非正义,迟延是公正的极大威胁,换言之,不及时就不合理。对一段合理的时间的探讨

---

① Cf. Silberman v. Engel, New York Supreme Court, Appellate Term, 211 N. Y. Supp. 584. 6, The Business Law Journal, 412 July–December 1925, pp. 412–413.
② 美国《宪法第一修正案》捍卫个人享有不受法律追究责任的表达和行为权利,但是这一系列权利仍旧要求公民的主张和意见的表达具备一定合理性,并不意味着公民所有意见能够在一切公共场所和任何时间向他人传播。See from Cox v. Louisiana, 379 U.S. 536, 554 (1965).
③ 参见王洪亮:《强制履行请求权的性质及其行使》,《法学》2012年第1期;王洪亮:《德国债权法的现代化》,《比较法研究》2003年第3期。
④ ECHR 第6条:"在决定某人的公民权利和义务或者在决定对判处某人某项刑事罪名时,其有理由在合理的时间内受到依法设立的独立而公正的法院的公平且公开的审讯。"
⑤ ICCPR 第14条规定:"在判定某人的行为是否符合某项刑事指控时,所有完全平等的有资格享受以下的最低限度的保证",其中第3项为"受审时间不被无故拖延。"

从来就不是一个新问题,而是过去的私法中就存在的问题。① 这可溯及1215年英国国王在《大宪章》(Magna Carta)中宣誓,"对待任何与我们交易的人,我们都不能背弃正义或迟延正义",1278年英国国王宣誓称,"在合同中不允许以任何手段和方式阻碍或迟延正义,否则将侵犯人权或违背国家法律",这一条宣誓是当时早期欧洲大陆十分流行的对抗不适当迟延的依据,根据中世纪和后期的罗马教会法,合同双方可以通过宣誓来明确他们不会使用特殊的程序来迟延履行双方的约定。② 由此可见,迟延不仅仅是程序上的瑕疵,而且滥用程序规则会被视为是迟延的原因之一。尽管迟延常常会被相对一方容忍,但是如果被法律归为不适当的迟延,如果继续履行还有必要性,那么就需要将不适当的迟延向适当的迟延做合理化解释。最广义的适当、合理可以按照合理性与合法性规则进行分析。③ 广义的适当性包括适用性、必要性和比例性。④ 一般的程序上迟延所强调的每个步骤之间时间上的消逝不同,过多时间的消耗肯定是不适当的,虽然这种解释不太精确,但是消耗时间过多是程序非正常表象的前提。一段合理的时间可能需要几天,有些因素是可控制的,有些因素则不可控,但回归到网络侵权中,网络服务提供者得到通知的机会不能被剥夺。

通常确定一段合理的时间的步骤如下:首先,当法律有明确的规定,那么应当遵从法律的规定,法官只要通过法律事实推导是否属于法律规定的"合理"即可,此时合法等同于合理,由于该"合理"在入法时,已经被多数人认可,并在大量案例中得到验证,属于实际能够维持正义和公平原则的合理。其次,法律没有明确的规定,那么裁判者需要通过具体事实去判断多长的时间才能符合个案的"合理",案件事实是否符合"合理"。因此在法律没有作出具体规定时,裁判者需要做的工作颇具弹性,需要从双方平等"对话"中进行判断。⑤ 正是因为众多案件的具体情况相距甚远,可供抽象和归

---

① Cf.C.H.van Rhee,"Introduction","Comparative Studies in Continental and Anglo-American Legal History",in Band 28:Within a Reasonable Time:The History of Due and Undue Delay in Civil Litigation,Duncker&Humblot,2010,p.7.

② P. Brand.,"'To None Will We Sell, to None Will We Deny or Delay Right or Justice': Expedition and Delay in Civil Proceedings in the English Medieval Royal Courts",in Comparative Studies in Continental and Anglo-American Legal History,Band 28:Within a Reasonable Time: The History of Due and Undue Delay in Civil Litigation,Duncker&Humblot,2010,p.57.

③ 卢群星:《规范性文件的审查标准:适当性原则的展开与应用》,《浙江社会科学》2010年第2期。

④ 刘夏:《德国保安处分制度中的适当性原则及其启示》,《法商研究》2014年第2期。刘权:《目的正当性与比例原则的重构》,《中国法学》2014年第4期。

⑤ 刘权:《适当性原则的适用困境与出路》,《政治与法律》2016年第7期。

纳的要素并不足够充分,法律难以对合理的时间作出明确的段带切割,并认为放权于裁判者的效果更符合必要性和比例性的要求。

三、判断的法律因素:法律明确规定、合意迟延和首重公共利益

(一) 法律是否明确规定

一段合理的时间是技术和法律共同关注的问题,简单说,既涉及法律也涉及事实,适用于特殊的举证事实,决定其法律上平等性的是法律本身。如果法律明确规定了什么是合理的时间,那么这就是一个法律问题,裁判者的责任在于找到其对应的损害事实。如果法律没有规定什么是合理的时间,裁判者可援引法律规则和原则,从事实中推导出合理或不合理的结论。①

1. 法律有明确规定——以法国"三振断线"制度期间为例。

法国互联网著作权保护制度中,明确以法律规定了网络服务提供者采取"三振断线"措施的最长时间为15日。2009年6月12日法国颁布《互联网创作传播保护法》(简称HADOPI1),同年10月28日颁布的《互联网著作权之刑事保护法》(简称HADOPI2)则是对HADOPI1的补充性修改,②使之成为全世界首个规定"三振断线"制度的国家。"三振断线处罚制度"引起了法国学界和实务界的极大争议,所谓"三振"是指实施三次侵权行为,"断线"是指将被处以中断网络连线服务的处罚。HADOPI2对HADOPI1进行修订保留款项之一即网络服务提供者的义务。通知以正式的形式发送至网络服务提供者,网络服务提供者应予以及时的执行,具体表现为自收到通知之日起15日内采取断线措施,如果网络服务提供者没有采取断线措施,不作为也应受到惩罚,网络服务提供者有义务在断线之前查看用户是否在黑名单上,必要情形下可以请求法院调查和核实,并且应对执行事项予以记载,用以证明虽然断线违反了自己与用户之间的服务协议,但是这是特殊原因造成的。③

2. 法律无明确规定。

首先,在法律没有明确规定合理时间时,需要了解立法者对网络服务提

---

① Detroit Mich, Addison G.Mckean, "A Reasonable Time", The Central Law Journal, 1884(18).
② LOI n°2009-1311 du 28 octobre 2009 relative à la protection pénale de la propriété littéraire et artistique sur internet.《2009-1311号2009年10月28日关于互联网文学和艺术知识产权的刑事保护的法令》,2015年5月1日访问,见 http://www.legifrance.gouv.fr/。
③ 参见陈思廷:《法国著作权网络侵权三振法制之解析》,《智慧产权月刊》2013年5月第161期。田扩:《法国"三振出局"法案及其对我国网络版权保护的启示》,载《出版发行研究》2012年第6期。

供者不适当迟延的认识,对各种不适当迟延的解决方法进行比较,并对影响网络服务提供者的行为进行评估。① 在比利时的程序法体系里,迟延通常是指法院对其审判的案件的迟延,不适当的迟延这一法律概念早于比利时这个国家本身的诞生。② 最早,不适当的迟延是从法国传来的,比利时的法律体系和国家政体建构深受法国和荷兰的影响,其中拿破仑占领比利时时期,1806 年的法国《民事诉讼法典》(又称《拿破仑法典》)作为法国第一部民事诉讼法典被引入比利时,该法典最初以官方形式提出了不适当迟延的定义。尽管随着时代的变迁,法国遗留的审判机构组织等制度构建形成了比利时司法体系的骨架和精髓③,官方文件里面 Undue Delay 和 Arriéré Judiciaire 通常用来表示法院工作超负荷、诉讼成灾、司法缓慢。案件的激增是影响司法效率的重要原因,不能把其当成一个单一症结哪痛医哪,而是要认清这是司法机构体系化运作的问题,而这也导致了迟延的概念被日渐忽略的结果,随着大量新案件不停涌入,对各个案件都进行全面统一的考察成为了不可能。纠纷的大量激增是一个全新时代诞生的标志,无论是法院还是网络服务提供者面对的纷争只会越来越多,虽然相比于乡镇而言,城市和经济中心更容易受到迟延的损害,但我们不可能再回到互联网之前的时代,"诉讼爆炸"是一个具有全球共性的问题。④

其次,网络服务提供者不适当的迟延不应当全部依靠法官的自由裁量,加速程序的适用对不适当的迟延具有必要性。以上诉制度为例,为了防止冲动的上诉行为,几乎所有国家法律都规定了明确的上诉时间段,我国民事诉讼上诉期为 10 天或 15 天,法国通常是 1 个月。⑤ 整体上程序被有效放慢是为了更好地实现公平正义,虽然审判应无迟延地进行,但是不能与消

---

① S.Fockedey,"Reducing Undue Delay in Nineteenth Century Belgium:a Sisyphean Task", in Comparative Studies in Continental and Anglo-American Legal History,Band 28:Within a Reasonable Time:The History of Due and Undue Delay in Civil Litigation,Duncker&Humblot,2010, p.216.
② S.Fockedey,"Reducing Undue Delay in Nineteenth Century Belgium:a Sisyphean Task,Comparative Studies in Continental and Anglo-American Legal History,Band 28:Within a Reasonable Time:The History of Due and Undue Delay in Civil Litigation",Duncker&Humblot,2010,p.217.
③ 比利时政府在 1830 年至 1914 年期间颁布的官方法律文件包括 Bulletin of Acts,Orders and Decrees,Proceedings of the Chamber of Deputies and the Senate and the Official Legislative Documentation。
④ 我国 1989 年民事一审案件增幅 27.54%,1993 年后连四年持续增长,自此我国民事诉讼开始出现大量积案和诉讼拖沓问题。参见王福华、融天明:《民事诉讼审限制度的存与废》,《法律科学》2007 年第 4 期。
⑤ 法国《民事诉讼法典》第 538 条规定:适用普通程序的诉讼案件,上诉期限为一个月;如所涉案件不涉金钱给付,该期限为 15 天。

防车的及时性相提并论,法官应将每种案件的每个程序阶段作分别处理,在可接受的迟延范围内,程序加速过程中设置"刹车"功能,在需要的时候可以启动。① 德国1976年颁布《简化诉讼程序法》(Gesetz zur Vereinfachung und Beschleunigung gerichtlicher Verfahren vom)是程序加速的范例,美国在20世纪六七十年代则通过"案件管理运动"同样达到加速程序的目的。② 我国2017年修订后的《民事诉讼法》采用小额诉讼等制度避免诉讼迟延。③

最后,我国《民法典》第1195条第1款规定,网络服务提供者可供选择的必要措施是一个开放的范围,现有的三项必要措施分别是删除、屏蔽和断开链接,这三项必要措施适用于不同的情形,还存在一些《民法典》第1195条第1款没有明文列举的措施。

对于网络服务提供者采取相应必要措施,我国《民法典》第1195条第1款所规定的"删除、屏蔽、断开链接等",属于"等外等"结构,一方面是为了维护法条在一定时期内的稳定性,以便进行适当的法律解释。另一方面,由于网络技术发展日新月异,网络提供者采取措施的时间成本在技术上大有革新的可能性,如果目前作出明确规定,例如明确3天、7天、20天等的区别及标准,④这个规定适用的长远性并不确定,并且也不是所有的案件都可以准确归类。

网络服务提供者的一系列措施很大程度依赖于互联网技术,科技带来的风险时刻存在,因此网络技术失控和风险的分担也属于影响合理时间的因素。我国《民法典》第1195条第2款中"及时"的字面含义是敦促网络服

---

① C.H.van Rhee,"Introduction",in Comparative Studies in Continental and Anglo-American Legal History,Band 28:Within a Reasonable Time:The History of Due and Undue Delay in Civil Litigation,Duncker&Humblot,2010,p.9.
② 美国1967年Klaupfer v.North Carolina案和1972年Barker v.Wingo案为1974年颁布刑诉领域《快速审理法案》(Speedy Trail Act of 1974)奠定了基础。1990年民诉领域的《民事司法改革法案》(Civil Justice Reform Act of 1990)为国会和行政机关参与民事诉讼迟延共同负担责提供法律依据。见百晓锋:《诉讼迟延、案件管理与对抗制——英美民事诉讼案件管理运动对传统对抗制的影响》,《民事程序法研究》2010年第5期。
③ 任重:《民事迟延裁判治理转型》,《国家检察官学院学报》2016年第3期。
④ 有学者以60份针对网络用户和网络服务提供者的有效调查问卷进行研究,主要投诉争议为隐私权、肖像权等人格权,知识产权争议较少。分析结果表明,网络服务提供者在1天以内和10天以上告知用户是否处理投诉的情况为零;2到5天为最普遍情况,占54.55%;5到10天告知的占9.09%,是为少数。网络服务提供者判断是否构成侵权所需要的时间在1天以内的占27.27%;1到3天是最常见的,占45.45%;4到7天占9.09%;一周以上占18.18%。参见蔡唱、颜瑶:《网络服务提供者侵权规则实施的实证研究》,《时代法学》2014年第2期。

务提供者注重工作效率。在网络服务提供者能够完成通知人或反通知人请求的一段合理的时间范围内,当网络服务提供者在判断是否应当采取必要措施或实施必要措施时,遇到障碍,随之产生的迟延适当与否,如果属于不适当的延迟,那么包含了网络服务提供者多大程度的过错。合理的时间需要从分析网络服务提供者的行动困境角度,并考察可能导致网络服务提供者行为迟延的因素。网络服务提供者采取必要措施的正当性和合理性需要通过价值判断的方法进行终极的把关,防止产生类似案件不同判决的混乱。①

(二) 双方合意迟延

一段合理的时间可以由通知人或反通知人与网络服务提供者约定或协商,通常情况通知人或反通知人希望程序可以迅速进行,以免损害进一步扩大,但也有双方都希望速度放缓的情况。相当于19世纪苏格兰诉讼程序的prorogation(休会制度),如果双方都同意,可以使判断时间延长。② 网络侵权中,这个延长的时间的提议不应该由网络服务提供者作出,而是需要双方协商达成一致,以体现程序的亲和力和灵活性。③ 迟延分为多种,如果双方都希望程序放慢,此时互利的正义优于客观规则,④为合意的正当性建立了基础;⑤如果案件在经济和社会因素上没有那么迫切的需求想要尽快得到解决,在迟延被认为是有确保公平正义的实现可能性时,起码能够保证判断质量时,应认定为是适当迟延。

(三) 首重公共利益的迟延

一般情况下,通知或反通知主体向网络服务提供者提出的要求,理应不被无故拖延,但是基于公共利益考量的迟延除外。因公共利益产生的迟延是合理的迟延,是影响网络服务提供者采取措施及时性的消极因素。首重公共利益迟延的合理理由分为一般情况下的合理理由和特殊条件下的合理理由。

---

① 参见邹海林:《私法规范文本解释之价值判断》,《环球法律评论》2013年第5期。
② Cf. J. Blackie, "Delay and its Control in Mid to Late Nineteenth Century Scottish Civil Procedure", in Comparative Studies in Continental and Anglo-American Legal History, Band 28: Within a Reasonable Time: The History of Due and Undue Delay in Civil Litigation, Duncker&Humblot, 2010, p.183.
③ 参见唐力:《论协商性司法的理论基础》,《现代法学》2008年第6期。
④ 参见王建源:《迈向对话的正义——协商行司法的制度逻辑及本土实践》,《司法改革论评》2007年第1期。
⑤ 参见[德]尤尔根·哈贝马斯:《交往行为理论——第一卷行为合理性与社会合理化》,曹卫东译,上海人民出版社2004年版,第8—10、118—119页。

1. 一般情况。

一般条件下的合理迟延理由包括:第一,不能根据通知或反通知的请求限制某种观点或某类信息的网络表达和传播。网络服务提供者采取必要措施的目的就是尽可能梳理其平台承载的多重利益,促进或限制某些利益,以维持网络平台的发展。① 一方面,限制某种观点或某类信息,侵蚀网络表达自由,除非是网络禁止传播的内容;另一方面,无明确的网址不符合通知和反通知的实质和形式要件,网络服务提供者不能采取必要措施,除非收到生效的通知或反通知。② 第二,网络用户的通知或反通知违背国家利益、重大政府利益和公共利益。③ 在我国,网络公共讨论的地位尤为重要,其一定程度上补强了公民公共意见交流,增加政治协商的公众参与度。④

2. 特殊情况。

特殊情况下的合理迟延理由是指,当国家处于紧急状态或政府面临危急时刻,为了保护公共利益,对合理时间的解释应该适当妥协。⑤ 19世纪苏格兰民事司法实践总结的经验表明,在排除其他因素的考虑前提下,司法资源的有效配置是影响预期之外的程序迟延的主要原因,在商事案件不断激增的形势下,必须采取特殊手段维持最基本的公平正义。⑥ 一段合理时间的限制不仅必须不以特定内容为依据,而且必须服务于重大的政府利益,例如与公共秩序和公共安全相关的利益,理由必须具有妥当性。

受关注的重大社会事件,并不是网络服务提供者采取必要措施迟延的合理理由,"受关注"和"重大"需要达到一定程度,然而争议从来不是非常

---

① 参见梁上上:《异质利益衡量的公度性难题及其求解》,《政法论坛》2014年第4期。
② 我国《关于审理利用信息网络侵害人身权益民事纠纷案件适用法律若干问题的规定》第5条中规定有效通知的内容要件,其中第二项中"要求采取必要措施的网络地址或者足以准确定位侵权内容的相关信息",因此网络服务提供者对某类观点无法依法采取必要措施。
③ 言论自由以违背国家利益、重大政府利益和公共利益为限,早期在美国 New York Times Co.v United States,403 U.S 判决中得到论证和承认。余军:《"公共利益"的论证方法探析》,《当代法学》2012年第4期。石英、王勇《经济法视野下公共利益保护的法律限度》,《当代法学》2012年第4期。
④ 参见[美]布鲁斯·阿克曼:《我们人民·奠基》,汪庆华译,中国政法大学出版社2013年版,第8页;汪庆华:《宪法与人民——从布鲁斯·阿克曼〈我们人民·奠基〉谈起》,《政法论坛》2005年第6期。
⑤ Cf.Robert Corvino, Heffron v."International Society For Krishna Consciousness, Inc.: Reasonable Time, Placeand Manner Restrictions", *The John Marshall Law Review*, 1982, vol(15).
⑥ Cf.J. Blackie, "Delay and its Control in Mid to Late Nineteenth Century Scottish Civil Procedure", *in Comparative Studies in Continental and Anglo-American Legal History*, Band 28: *Within a Reasonable Time: The History of Due and Undue Delay in Civil Litigation*, Duncker&Humblot, 2010, p.196.

态,社会利益集团矛盾产生的舆论压力无处不在,这是言论自由原有的私人属性在现阶段经济、政治模式下向公共属性的扩张。① 而且,涉及公共利益的敏感程度应如何判断,并没有定论。例如,我国最高人民法院2016年8月公布的"保护英雄人物人格权典型案例",判决认定某用户在网络上歪曲"狼牙山五壮士"的言论,造成不良社会影响。被告认为还原历史真相、满足公众知情权是维护公共利益;法院认为"狼牙山五壮士"英雄人物的事件和精神已经得到全民族的广泛认可,属于社会公共利益,因此被告以言论自由和学术自由抗辩,不能成立。②

四、经济因素:优化分配和降低成本

(一) 增加专门机构障碍重重

增设专门的机构是解决网络纠纷数量激增的方法之一,专门机构的基本功能是实现网络仲裁。网络仲裁(Online Arbitration简称OArb,)是国际商事仲裁的一种变异,由国际网络交易平台和用户参与建立,通过争议双方承认的第三方居中判断的纠纷解决机制,目前只作用于网络交易领域。③匹配第三方选定的方式、提交证据材料的途径、裁判期间的选择等均依托于网络技术,终局裁判是其便捷高效的重要原因之一。OArb的优势在于保密性和透明性兼具,它可以增加裁判程序的权威性,提高裁判质量,但是OArb并不适于解决一切网络上的纠纷,原因有三:首先,在我国OArb裁判结果的执行得不到保障。如果侵权损害得不到救济,那么权利的实现和保障成为空谈。其次,OArb模糊了地域概念,然而隐私权、名誉权等人格权,以及知识产权的损害影响范围和恢复问题都集中体现在与被侵权人相关联的地域空间。最后,OArb在处理与主权国家和公共利益相关的纠纷问题上,做不到优先满足国家利益和公共利益。OArb或许是未来网络仲裁的发展趋势,然而目前设立专门机构判断个案合理的标准难以实现,还是由网络服务提供者来承担居中裁判的角色最为便利。网络传播信息效率强大,虽然损害具有持续性,但是多数情况下公众注意力集中在信息传播最初的一段时

---

① 参见秦小建:《言论自由、政治结构与民主协商程序的多元结构》,《法制与社会发展》2016年第5期。
② 参见《最高人民法院公布四起保护英雄人物人格权益典型案例之:葛长生、宋福宝分别诉洪振快名誉权侵权纠纷系列案》,北京市第二中级人民法院审理民事判决书,审判字号:(2016)京02民终6272号。
③ Cf.Haitham A.Haloush,Bashar H.Malkawi,"Internet Characteristics and Online Alternative Dispute Resolution",*Harvard Negotiation Law Review*,2008 Vol(13).

间,关注力随时间逐渐消减,增加专门机构等中间组织环节必定增加额外时间成本,错过损失迅速扩大的黄金时间。我国"微博社区公约"中规定的判定委员会就是处理微博社区争议的专门机构,判定委员从用户中产生,用以维护微博公共讨论空间中"自生自发秩序"(Spontaneous Order)。① 新浪微博社区公约每年解决争议约10万以上,而且"二审机制"更具合理性,效果卓越。② 但是,就像线下的社区公约、村规民约等,尤其在解决家事纠纷中具有优势一样,③线上社区公约和OArb的优势辐射范围均有限。

(二)增加专业人员数量效果有限

增加专业人员是最简单和朴素的提高效率的方法,但是面对激增的通知和反通知,不可能无止境地增加人员。网络服务提供者应该能够判断哪些可以在较短时间内作出必要措施,尽可能遵从最短的时间段,而不是总是迟延之后再为之寻找理由。以比利时法院为例,最早面对诉讼迟延的问题时,一部分超负荷法院采取增加地方法官数量的方案,但是1830年到1870年的长期实践表明,法官数量不可能无穷增加,增加法官的数量永远也赶不上案件的增长,考察法官的专业知识和素质需要成本,过度求贤若渴将造成对法官资质的考核标准欠均衡,然而体制改革才是必要的。④ 美国联邦地区法院在1964至1968年之间审理案件数量基本维持在9万余件,之后连年迅速增长,1969年10万余件,1970年12万余件,到1979年达到18万余件,但法官数量却从1964年的294名增加到1979年的392名,可见美国加速程序的改革重点不在于增加裁判人数。⑤ 我国法院"案多人少"已经成为审判工作的最突出矛盾,正在推行的法官员额制度改革虽然无意减少法官数量,但是并没有客观增加法官人数。⑥ 网络侵权中的纠纷激增是社会经济发展和网络的属性造成的,网络服务提供者增加裁判人员与法院增加法

---

① 参见[英]弗里德里希·冯·哈耶克:《法律、立法与自由(第1卷)》,邓正来译,中国大百科全书出版社2000年版,第55页。
② 参见朱巍:《互联网+对民法典编纂的影响》,《国家检察官学院学报》2016年第3期。
③ 参见齐钉:《论家事审判体制的专业化及其改革路径》,《河南财经政法大学学报》2016年第4期。
④ Cf.S.Fockedey,"Reducing Undue Delay in Nineteenth Century Belgium: a Sisyphean Task", in Comparative Studies in Continental and Anglo-American Legal History, Band 28: Within a Reasonable Time: The History of Due and Undue Delay in Civil Litigation, Duncker&Humblot, 2010, pp.225-226.
⑤ 参见[美]理查德·A·波斯纳:《联邦法院:挑战与改革》,邓海平译,中国政法大学出版社2002年版,第421—422、430—431页。
⑥ 参见罗东川:《案多人少的"瓶颈"是否能打破》,《人民法院报》2011年3月9日;周强:《最高法院工作报告》,《人民日报》2015年3月21日。

官数量原理是相似的,效果十分有限。

(三) 时间和人员优化分配

防止程序迟延的关键是合理地分配各方之间的利益。要件圆满的通知和反通知发送至网络服务提供者,可减少网络服务提供者的迟延。控制不适当的迟延是每一个网络服务提供者都要面对的问题。首先需要明确的是,影响迟延的重要原因就是可供使用的资源充分与否,具体包括专业人员的数量、素质、效率。例如1870年之后的比利时,天主教徒和自由派的政治对抗日益凸显,这些激烈的党派纷争开始以法庭为战场,由于比利时"选举法"规定选举案件当事人必须在选举之前被审讯,因此大量选举欺诈的案件排在其他案件之前,为了解决这类对时效要求极其苛刻的案件,法院通常中止日常事务,将全部资源投入到选举案件长达数月,仅留有一个普通审判庭处理刑事案件,其他民事案件积压只会更加严重。[①] 当特殊情况发生时,网络服务提供者需要处理的通知或反通知数量激增,可以采取特殊的处理方式,然而这种特殊方式无外乎就是为了节省时间,对涉及的内容更加严格或僵化的判断,以此来提高效率。网络服务提供者采取必要措施花费多少时间的问题,与网络服务提供者内部行政组织结构大有关联。网络服务提供者为了保证"合理人"判断标准的合理性,越多人参与判断越能够增加判断准确的概率,网络服务提供者采取措施的整个程序,除非十分明显的侵权行为可以由一个人判断,大部分对侵权构成的判断都需要多人参与,有的甚至层层审批至企业的管理高层,越多人参与判断,消耗的时间成本必然越高。尽管网络服务提供者被要求中立,但是企业终是要以营利为目的来维持运转,如果但凡收到通知或反通知都不假思索地采取删除、屏蔽或断开链接等措施,那么势必导致网络平台上的信息量大大减少。信息量的减少直接影响公众的注意力,严重影响企业的收益。网络服务提供者利用拖延战术,同时借助网络自净等都可降低侵权的损害程度,导致一部分被侵权人放弃求偿,然而与诉讼中法官的故意迟延不同,网络服务提供者的故意迟延很难被证明。

(四) 知行一致的高效行为

网络服务提供者知行一致的高效行为是被侵权人期望的理想状态,其基本要求包括两点:一是"知",主观上的"合理人"标准;二是,"行",客观

---

① Cf.S.Fockedey, "Reducing Undue Delay in Nineteenth Century Belgium: a Sisyphean Task", in Comparative Studies in Continental and Anglo-American Legal History, Band 28: Within a Reasonable Time: The History of Due and Undue Delay in Civil Litigation, Duncker&Humblot, 2010, pp.227-228.

上的高效勤勉。当文明发展到一定程度,解决问题的道德约束优于法律,人们通过训诫和塑造榜样来维持秩序,并培养具备高度义务感的模型,①正如梅因自然法的观点:依据基本价值基础和道德理想模型建立出一个完美的法律典型,鼓舞产生出一种无限想要接近它的希望,这种希望并不是纯幻想,而是现存法律的基础。② 网络服务提供者的完美模型依托于内在中立的职业道德和外在优质的组织氛围。在19世纪80年代的比利时上诉法院,当民事案件和选举案件达到顶峰时,上诉法院不适当迟延的情况实际上却是近百年来最低的,当然,法官和律师的个人努力功不可没。从比利时上诉法院的实例可以看出,虽然体制改革是漫长的必然选择,但是不得不承认,专业人员的自律勤勉往往比体制改革效果更好。③ 从维护良好网络秩序的角度,网络用户和网络服务提供者被赋予善良家父或者合理人的形象,④这是合理人标准在网络侵权责任中的体现。网络公共讨论匿名性是把双刃剑,一方面它带来突破传统社交模式下的自我认同感的获取,另一方面它使责任弱化导致恶言横流。平衡这两个方面的关键在于,要求网络服务提供者成为一个合理审慎的人,该合理人应当注意行为得体且节制,既不要试图在公共空间制造私人化倾向,也不要将私人空间公共化,最重要的是处理问题要积极和无拖延。无论在现在各国法律,还是国际公约的规定中,不难发现对于公平正义、尊重人格、信守诺言、维护公共利益等基本价值的趋同性需求,⑤网络社会亦是如此。

　　网络服务提供者无故拖延属于主观迟延,体现在侵权责任构成方面即为过失。首先,网络服务提供者是否有合理的迟延理由是确定过失与否的关键。其次,网络服务提供者对是否采取措施的判断标准,究竟是普通人的标准还是专业人士的标准,极大影响了网络服务提供者的效率。例如判断其平台上信息真伪问题,大部分的信息发布人对真伪确信都达不到百分之百,由公权力机关和权威媒体发布的数据或消息除外。发布者不具备追踪每一个消息细节真伪的条件和责任,网络服务提供者主观追求谨慎,但是客

---

① 参见[美]弗里德里希·沃特金:《西方政治传统》,黄辉译,吉林人民出版社2001年版,第10页。
② 参见[英]梅因:《古代法》,沈景一译,商务印书馆1959年版,第44页。
③ Cf.S.Fockedey,"Reducing Undue Delay in Nineteenth Century Belgium:a Sisyphean Task", in Comparative Studies in Continental and Anglo-American Legal History, Band 28:Within a Reasonable Time:The History of Due and Undue Delay in Civil Litigation, Duncker&Humblot,2010, p.228.
④ 参见赵晓力:《民法传统经典文本中"人"的观念》,《北大法律评论》1998年第1期。
⑤ 参见[法]雅克·盖斯旦等:《法国民法总论》,陈鹏等译,法律出版社2004年版,第15页。

观上并不具有对信息主动调查的权限。网络服务提供者在转发信息的过程中为了降低自己的注意义务标准,应注明转发来源,并且不编辑不删节。当原发文件被删除、屏蔽或断开链接时,转发平台的网络服务提供者应立即采取同步措施。再次,网络服务提供者对于较明显侵权信息的处理速度应更快。①

第三节 网络服务提供者责任案件判决及评析

网络服务提供者是互联网时代的新兴行业主体,也是互联网法律关系中的重要责任主体。网络服务提供者作为连接网络用户的服务商,其对服务场所中的内容究竟负担多大程度的责任,一直都是网络侵权责任研究中的重点问题。本节以英国最早的一例网络服务提供者责任判例作为研究对象,分析网络服务提供者对诽谤内容承担责任的条件,以及该案对后来网络法律适用问题的影响,以期对相关研究提供助益。

一、案件主要事实

原告 Laurence Godfrey 博士是伦敦某大学讲师,研究方向是物理、数学和计算机科学基础。被告 Demon 是互联网企业,主要在英格兰和威尔士从事互联网经营活动,是英国首屈一指的网络服务提供商。

案件中涉及的专有名词包括互联网、新闻讨论群、电子邮件等。互联网提供了一个交互性较强的发布平台,网页通常由网络服务提供者(Internet Service Provider,以下简称"ISP")在特定虚拟地点发布,用户在本地服务器接收并可以保存或下载网页内容副本。新闻讨论群是一个一对多发布信息的平台,只不过是作者借由 ISP 向读者发布信息的,最终可以被世界各地连接 ISP 服务器的用户接收并保存。电子邮件是由发件人发送的,对象有明确指向性,发件人通过自己本地的服务器将信息发送到收件人的服务器,再由收件人接收。

---

① 例如,发布者粗心大意的注解,或者在采访他人所做的笔记注解上没有使用引号,导致推定为发布者的言论,而该发布者的书面笔记就会成为原告举证的物证;再如,发布者在措辞的过程中体现的偏见,以及不同地域对词语意思的通用理解差别或翻译带来的语义贬损都可能导致诽谤。参见 Schrottman v.Barnicle;386 Mass.627,437 N.E.2d 205(1982).网络服务提供者有理由怀疑言论的真伪,其文字写作和编辑的手法,都会影响自身过失的认定。参见 Lackland H.Bloom,"Proof of fault in media defamation litigation",*Venderbilt law review*,1985(3),vol.38:355-386。

1997年，原告Godfrey向被告互联网服务商Demon请求删除对其的诽谤性帖子（Postings），但是Demon公司没有满足其请求，并使得该包含原告电子邮件的帖子持续在其管理范围的服务器上保留了两周。被告意图修改其抗辩理由，即基于原告之前在新闻讨论群Soc.Culture.Thai（泰文化讨论组）上发布的涉嫌引诱诽谤回复的帖子以及在其他新闻讨论群发布的抱怨性信息进行抗辩，以减少公司的损害赔偿。原告不同意被告对抗辩的修改，并认为这违反了以往判例中被认可的常规。① 在以往类似案件中②法官解释了原告的特定不当行为，尤其是表现其性格和禀性的证据不能被采信的理由，因抱怨言论引起的诽谤对名誉的损害程度难以界定，也就是说法律规定的原则和法律赋予的权利都同样不鼓励这样的证据被使用，否则不仅不会被公众接受或容忍，反而会引起源源不绝的争议。被告应向法庭指出原告的特定性格特征，一般而言，法律认可每个人有权认为自己被抹黑是因为错误的言论干扰了别人对自己的看法。而原告认为这种抹黑自己的行为没有合法的依据，因此原告认为自己有权对此错误的言论所造成的损害提起诉讼。回到案件本身，本案的争议焦点是网络服务提供者是否应为其平台上发表的诽谤信息负责。

二、案件判决分析

对本案的判决分析主要包括如下几个方面：一是法官审理案件的成文法依据，二是与案件基本事实相关的诽谤内容，三是法官对信息发布者责任的看法以及在原告存在过错的前提下，对其诽谤信息内容的认定。

（一）裁判援引的成文法

1996年版英国《诽谤法》③第1条（以下简称"第1条"）规定的是信息发布者责任。其中第1条第1款规定的是信息发布者的免责条款，分为3项：第一，信息发布者不是诽谤信息的作者、编辑或者出版者；第二，对诽谤信息的管理尽到了合理的注意义务；第三，不知或无理由知道自己的行为导致或促成了诽谤。必须同时满足上述三项中的条件才可以免责。第1条第2款中对信息发布者的概念进行了界定：信息发布者是指从事发布行为的个人或团体，以向不特定公众或特定群体提供信息服务谋利，并基本上以信

---

① Cf. Godfrey v. Demon Internet Ltd [1999] EWHC QB 244. Case No: 1998-G-No 30 in the High Court of Justice, Queen's Bench Division, (Handed Down at Leicester Crown Court), before Mr. Morland, 26 March, 1999.
② Cf. Scott v. Sampson 8 Q.B.D 491, 1882.
③ 案件当时适用的是1996年版《诽谤法》，该法2003重新修订。

息传播为业务。第1条第3款对信息发布者的范围进行了进一步的说明，即如果单纯从事以下工作，不应认定为信息发布者：第一，印刷、生产、分销或销售的主体；第二，加工、制作副本、分发或销售载有涉嫌诽谤信息的电子媒介、以及经营或提供相关设备、系统或服务使他人有途径获取涉嫌诽谤的信息或复制品的主体；第三，管理员或者提供信息交流接入服务人员，但是不能有效管制用户之间的信息传播和获取的人员。第1条第5款提出了本条的立法目的，判断信息发布者是否尽到合理注意义务的考察要素，以及有理由相信自己行为导致诽谤的考察要素：第一，对其发布信息内容的责任程度或决定是否准许信息发布的能力程度；第二，发布信息的性质和当时的具体背景情况；第三，作者、编辑或发布者以往的行为和品性。综上所述，第1条分别从行为、业务范围到应考虑的具体判断因素对信息发布者责任的限制进行了抽象性规定。

（二）原告律师提交涉嫌诽谤的帖子样本

原告发布的帖子内容主要集中在地域、种族、性别方面的歧视性言论，对原告大学老师的职业形象和学术背景具有较大的冲突性和影响力。

1. 原告关于泰国的帖子

"我原来认为泰妹是特指酒吧女郎……大部分女性性工作者和人妖都在绳街（Reeperbahn，汉堡圣保利区著名红灯区）工作。""难道不是大部分在德国的泰国人不是酒吧女郎就是高价宰客的泰国餐馆老板吗？"

2. 原告关于加拿大的帖子

"多伦多就是渥太华旁边的城市，是世界上最无聊国家中的最无聊的城市，因为它是以收容刑事罪犯而闻名的，我认为你们加拿大人不应该抱怨而应该感激任何一个外来移民。"

"我真是很难相信，你们加拿大人居然能劝别国人移民加拿大，我猜这些人要么是无知，要么跟大部分加拿大移民一样因为其他国家去不成，最后只能去加拿大来结束无处收留的生活。"

3. 原告关于德国的帖子

"上周我们在最爱的泰国餐馆遇见了一大群德国人，我花了相当长的时间劝说老板娘给他们的菜里下毒。"

"在公共场所遇到德国游客我都是用自己的方式尽量粗鲁和野蛮，我希望他们感到不舒服和不受欢迎，就像我在德国的遭遇一样。不善待他们对我来说相当容易，因为德国人本来就表现得非常具有侵略性、傲慢和有优越感。"

另外，原告对其他自己发布的反驳他人的帖子没有表示反对和否认。①

（三）法官的审判结果及依据

首先，法官认为诽谤言论是由被告发布的，即被告是信息发布者；其次，因为从1997年1月17日被告被通知信息涉嫌诽谤，被要求取下该帖子时，被告没有取下，致使被告自己丧失了被第1条保护的可能性，因此原告胜诉，并获得5000英镑赔偿，诉讼费用由被告全额承担。之后被告要求修改抗辩理由的请求得到了法官的支持。

据律师称，这是互联网诽谤在英国的第一起诉讼案件，但是美国此前已有过大量相关案例。美国在互联网发展初期对相关案例很有经验，在此之前英国的判例都是被普遍引用的。"美国宪法第一修正案"导致了在诽谤案件中英美两国法律适用出现分歧。例如在举证责任问题上，英国法中被告信息发布者必须证明自己无过失，但是美国法中被诽谤的原告必须证明信息的发布者有主观过错。美国法中原告维权难度较大。尽管如此，美国的做法依然对通过互联网传播的诽谤案件的审理具有指引性。

被告认为自己不是法律中所指的互联网上诽谤信息的发布者，作为网络服务提供者，即便他们被被告通知要求将诽谤信息删除时，他们也可以依据诽谤法第1条的规定为自己做免责辩护。这是法律给一个无辜的信息传播者最低限度的保护。②

影响本案判决的两个重要问题昭然若揭：第一，第三人（网络用户）发布的信息是否应由网络服务提供者承担责任，以及网络服务提供者尽到了合理的注意义务的证明标准是什么。第二，被告挑衅言论引发的不满回复和评论是否构成诽谤。第三人实际上主要是指与互联网服务商签订服务协议的网络用户，尽管先注册后使用越来越普遍，但是仍然有不需要注册就能享受服务的情况存在，例如搜索引擎服务，因此统称为"第三人"更适合。

---

① 18.7.4.1 1997-G-No.1036 against Toronto Star Newspapers Limited and Ken Campbell(in relation to a message alleged to have been posted to "soc.culture.canada" on 11 September 1994); 18.7.4.2 1997-G-1070 against Melbourne PC Users Group Inc and Donald Victor Adam Joiner (in relation to messages alleged to have been posted to "sct"); 18.7.4.3 1997-G-No.1071 against Telecom New Zealand and Suradej Panchavinin(in relation to a message alleged to have been posted to "sct"); 18.7.4.4 1997-G-No 1187 against the University of Minnesota, Starnet Communications Inc.and Kritchai Quancharut(in relation to a message alleged to have been posted to "sct"); 18.7.4.5 1997-G-No 1188 against Cornell University and Michael Dolenga (relating to messages alleged to have been posted to "soc.culture.canada"); 18.7.4.6 1998-G-No 2819 against Phillip Hallam-Baker, see from Godfrey v.Demon Internet Limited(1999) EWHC QB 240(23rd April,1999), at www.bailii.org/ew/cases/EWHC/QB/1999/240.html.

② See Per Lord Mackay L.C.Hansard.2nd April 1996.Col 214 Defamation Bill(H.L.).

1. 第三人发布信息的责任归属。

本案中,判断被告是否对自己管理的信息尽到了合理的注意义务以及是否不知或无理由知道自己的未删除行为促使了被告名誉受损或损失扩大是相当有难度的。但是被告可以从证明自己不是诽谤信息的作者、编辑或发布者角度来抗辩以获取免责。1995年7月法官办事部门出台的咨询文件①和Lord Mackay L.C.在1996年4月2日讨论诽谤法条款时②也与上述观点相同。咨询文件认为:"无主观过错的信息发布者没有绝对免责这回事,但是机械地传播发布信息会导致这种结果。明知道自己发布的信息是诽谤他人或者应该知道该信息有诽谤倾向和属性时,该发布者不能获得保护"。法律不能想当然地认为"被告明知自己所发布的信息可能助成诽谤原告而执意发布,这种抗辩是一种有效抗辩"。除非被告尽到了所有合理的注意义务,使被告没有理由怀疑自己的发布行为会造成诽谤的后果。至于怎么判断被告是否尽到合理的注意义务,英国《诽谤法》第1条的5、6款都给出了解释。我们通常认为被告一向是谨慎小心的,然而只有被告知道自己是否真正恪尽职守,除非原告有明确的证据表明被告失职或疑似失职,否则通常都是由被告证明辩解可以成立。第1条的设置是为了保护那些在无意思表示情况下发布了诽谤信息的发布者的,目的是为了在原有法律规定基础之上给予无过错信息发布者更多的公平。因为在当时的情况下,发布者可能没有机会对其推送的信息的性质进行判断,但是这将导致明知诽谤而发布主体也可以为自己做免责辩护。最重要的是,我们没有无视那些已经在公众面前对原告造成物质上损害的人的抗辩。但是,对原告的误解不等同于对原告的诽谤,也不能剥夺原告证明自己清白的机会,而将原告的回应认定为诽谤。③

本案中,被告Demon公司的律师认为被告没有发布诽谤信息,也没有传播诽谤信息。1996年版英国《诽谤法》第17条规定:出版物和出版行为的概念是普遍意义上的,但是出版者或信息发布者则是由第1条界定的那类主体。法官认为被告辩称自己只是传播帖子的电子设备所有者的说法不能采纳,被告选择在服务器上保留被告的帖子,而没有立即自收到被告通知后取下,就已经反证了自己的"说法"。

---

① Cf.Lord Chancellor's Department, Reforming Defamation Law and Procedure: Consultation on Draft Bill, July 1995.
② Cited with Hansard Col.214.in the judgement.
③ Cf.Lord Chancellor's Department, Reforming Defamation Law and Procedure: Consultation on Draft Bill, para.2.4 and 2.5, July 1995.

2. 对原告不当行为的反驳与诽谤的界限。

原告充满不满和挑衅的言论发布在新闻讨论群里,新闻讨论群的用户都知道有一个不成文的规定就是要遵守一般的网络礼仪(Netiquette)。"网络礼仪"是一个口语化的词汇,是一套以规范和促进网络社交行为为目标的网络社交规范,其适用范围包括讨论组、邮件列表、博客、论坛等,其目的就是要推广一种对帖子内容的克制和温和的对应态度。那些坚持打破网络社交礼仪的用户几乎总是要面对愤怒的回应,有时甚至是攻击性言论,这就是所谓的引火上身(Flaming)。作为一个普通的新闻讨论群用户应在任何情况下都明确地知道打破网络社交礼仪的一切后果。尽管如此,原告玩世不恭的追求发帖子的策略和手段造成故意挑衅和令人反感的后果,招致大量对其他国家的公民和文化的攻击性评论,造成了恶劣影响。原告所得到的侮辱如同交易所得,可以被其归类为诽谤,并作为向网络服务提供商索取赔偿的基础,本案中被告就是这个被索赔的对象。

原告声称作为一个大学老师名誉受到了损害,同时作为一个私法上的自然人应该基于自己的精神损害得到赔偿。法官认为,原告名誉是否受损的一大判断依据是被告可以断定,作为网络服务提供者虽然没有立即将帖子删除或者禁止评论,但是也没有在实质上达到恢复原告名誉和抚平其内心创伤的结果。法官承认判决中列举的原告的帖子都是不值得提倡的,原告律师所提供的80几个帖子也只是原告一共3000多个帖子中的一小部分。但是足以看出这些帖子都是低俗、不得体并具有挑衅意味的。实际上,这些帖子都会引诱网友进行侮辱性回应。正如被告律师所言,这些帖子都是为了故意引诱大家过激言论而发布的,因此原告才能起诉。

被告认为变更抗辩理由应当被准许,因为其他的相关帖子可以作为被告的抗辩支撑,被告行为没有造成实际损失,但是原告不负责任的行为引起了新闻讨论群的过激反应使得被告也遭到他人无理取闹的诽谤。新闻讨论群是被提问的对象,他们的言论回应是原告发布帖子之后不出所料的结果,原告应有心理准备会看到荒诞的回应甚至是轻微的诽谤损害。原告之前发布的帖子与其累积受到的诋毁是密切相关的。

原告认为之前发帖的相关性和影响力尚不明确,除非有相同事实的依据。很多帖子是很早先并在其他新闻讨论群发布的,与原告所诉之诽谤不存在因果关系。在审判之前,法官已经告知被告禁用特定日期之前的旧帖作为抗辩的参考依据。在 Burstein v. Times Newspapers 案中①,事实证明被

---

① Burstein v. Times Newspapers Ltd WRL 579 At Para[27] May LJ,2002.

告的诽谤是基于挑衅性言论而引起的,审理认为其发生应在原告预料之内。

本案中诽谤损害了原告的声誉,原告认为他的工作能力和他作为大学老师所累积的专业实践能力在新闻讨论组发表言论时受到了损害。因为诽谤言论的影响,原告的人格、诚信和名誉,以及用他的话来说他的职位和工作关系令他困扰和尴尬。

但是根据原告律师所提交的材料证明,打破诽谤法既有原则在法官看来既公平又合乎情理,原告律师引用 Scott v.Sampson 案[1]中 Cave J.法官精彩的判词解释了为什么原告特定不当行为表现他性格和品性的证据应该被排除。Cave J.法官主张,如果被告已经知晓不良品格将作为一般证据被使用,那么他一定会利用这一规则,无论他平素是否品行不端,找到几个朋友来证明自己品行端正并不是难事。不良品格大体上是相对于特定对象的,而不是绝对的。如果不良品格可以作为证据使用,那为什么良好声誉不能成为证据呢?如果两种对立的证词都能被使用,那么两种证据就互相抵消了证明力,意义又何在呢?这一观点与 Hobbs v.Tinling 案[2]判决不谋而合。在 Hobbs v.Tinling 案中,法官承认声誉的降低可以被当事人用来减轻诽谤的损害,因此,陪审团会认为一方当事人的声誉太差,以至于被控诽谤的陈述所造成的损害通常会比同一陈述对名誉良好的人造成的损害少得多。陪审团还会认为,在发表诽谤性言论之前,该当事人的声誉太差了,以至于没有其他更严重的诽谤指控会使情况更糟。事实上,一个人的性格越差,人们就越会相信这种关于他的报道,无论报道是否真实,因此人品、声誉的证据显然对公正的判决无益。

原告自己的不当行为与受到损害的相关性程度没有权威的判断标准。《加特利论书面诽谤和口头诽谤》(第9版)第33.44段认为:原告的行为是陪审团衡量损害赔偿的一个重要因素,但是此处所指的行为不包括原告的一般行为,它主要涉及足以引起公众诽谤的抱怨行为,也包括原告的广泛意义上的挑衅行为。

这在法官看来却很寻常。Lord Radcliffe 在 Dingle v. Associated Newspapers 案[3]中的观点认为:"诽谤的损害是许多原因造成的,众所周知它们会被一个接一个的被告行为、诉求、其律师的操作影响,就像偶然的时机,原告发现他的损害都是他自身行为影响的。"另外,Lord Hailsham L.C.在

---

[1] Scott.V.Sampson 8 Q.B.D.491,at page 505,1882.
[2] Hobbs v.Tinling 2k.B.1 Per Scruton L.J.at page 18 and Greer L.J.at page 3,1929.
[3] Dingle v.Associated Newspapers A.C.371,at page 395,1964.

Broome v.Cassell&Co 案①中表示:"原告自己的不良行为也可能介入整个事情,他唤起了公众诽谤的欲望,或者他在回复中也诽谤了被告。得出的结论就是纯粹的反对性描述语言不能称其为诽谤。这就是所谓的诽谤性损害一直是不确定的。"

如 Kelly v.Sherlock 案②中事实所言:"原告一直宣称,在11月8日,一个布道人反对罗马天主教神父被任命为利物浦市监狱长官,另一个布道人强烈地向选举议会反映了情况,要求选举一个犹太市长,造成了两个持反对性观点的布道人的部分言论都上了当地的报纸。"在判决第 698 页中,法官 Blacburn J.表示:"诽谤行为已经成立,原告在当地德高望重和受尊重的形象会影响精神损害赔偿的计算。"③

在早期相似案件 Judd 案④中,审讯过程中原告被安排在证人席上,他的律师却没有提问,原告也没有提供任何哪怕是简单的证言。但是原告被被告的律师持续盘问,不仅关于已经提交的他的所抱怨事实材料,还包括他在两方交锋中对其他人使用暴力、侮辱性言辞都予以承认。法官认为 Harvey C.J.的判决和 Halse Rogers J.的判决都没有对原告起到帮助作用。Harvey C.J.在判决第 299 页中表示:"陪审团可能会增加对原告的损害赔偿,因为语言的偏见性是普遍存在的,诽谤的措施或者原告挑衅行为都很容易被原告的辩解削弱,就如同被告在庭审中的行为可能会使损害赔偿增大一样。"

本案法官保守地认为,造成损害的因素都在原则上难以简单适用,但是已经被确认过的适用过程和陪审团所认为的众所周知的常识是可以适用的。

Halse Rogers J.在判决第 313 页表示:"反驳和抱怨的回应都是因为被告挑衅的语言引起的,与此相关,有充分的理由可以证明诽谤发生的所有背景情况,以及陪审团被被告驱使依据他的行为给予他适当的损害赔偿。"

本案在后续审理中,法官认为修改被告抗辩事由应该被准许。修改具有与本案的相关性,而且被认为是可以接受的。尽管相似案件 Mackenzie v.

---

① Broome v.Cassell&Co A.C.1027,at page 1071,1972.
② Kelly v.Sherlock[1866]L.R.1q.B.686.
③ Kelly v.Sherlock 案是对 Judd.V.Sun Newspapers(1930)案的批判,或者至少限制了该案的有效性,Harvey C.J.在判决第 299 页,James J.在判决第 303 页以及 Halse Rogers J.在判决第 313 页也持相同观点。
④ Judd v.sun newspapers(1930).

Business Magazines 一案①中 Kennedy L.J.在第 12 页中提到:"法官认为变更抗辩事由对双方都尤为重要,应尽可能地允许双方按照他们的意愿行事。原告要求维护自己的声誉,除非能够在某种程度上钳制住对方,否则将是一种缺乏实际意义的名誉维护。"在 Basham v.Gregory(C.A.21 February 1996)一案中 Thomas Bingham M.R.在判决第 10 页也提道:"原告要求变更抗辩事由想要维护名誉,毫无疑问是希望陪审团知道他已经严重被诽谤并受到了损害。我认为一个至关重要的问题是,如果一个人可以有机会对诽谤他的人进行反驳,来恢复自己的名誉,对他来说是多么宝贵。"法官很同意被告律师的反驳,认为修改抗辩理由的意图没有违反 Scott v.Sampson 案中提及的诽谤法原则。原告并没有受到损害,因为他本来声誉不良也不配拥有他所谓的声誉,原告只是因为他的不当行为受到轻微的损害,这也是他仅有的提起诽谤诉讼的基础。根据法官的判断,原告的发帖内容和他受到诽谤有很大的相关性。

三、本案判决对英国网络服务提供者责任的深远影响

本案在英国网络服务提供者责任问题中的地位举足轻重,对英国后期网络司法问题的影响深远,这种影响体现在以下三个方面:一是信息发布者免责的适用条件;二是网络服务提供者利用"通知——取下"规则免责的合理性问题;三是网络服务提供者回归中立地位,不应苛以其过重的责任。

(一) 英国《诽谤法》第 1 条中信息发布者免责条款的适用条件

本案的主要争议焦点是无主观过错的网络服务提供者是否可以就第 1 条适用免责条款。为了能够适用第 1 条,被告必须证明自己同时满足以下条件:首先,不是诽谤信息的作者、编辑或者发布者;其次,对诽谤言论已经尽到合理的注意义务;最后,不知道也不应当知道自己造成或者助成了诽谤言论的发表。毫无疑问,网络服务提供者具有第 1 条第 2 款描述的主体资质,而且也是属于第 1 条第 3 款(a)(c)(e)项中所称的可被保护的对象。由于近年来互联网技术和产业蓬勃发展,网络服务提供者的经营行为日趋多元,行业内的竞争也日趋激烈,不乏网络服务提供者本身也是网络内容发布者,也有为了追逐商业利益而对平台上低俗等"擦边球"内容视而不见,表面上"不知道",但实际上是放任和助长不良内容的传播,这都是不能利用免责条款洗脱嫌疑的情形。虽然网络服务提供者是否尽到了合理的注意义务在证明过程中存在漏洞,但是给予网络服务提供者辩解的权利是一种

---

① Mackenzie v.Business Magazines(U.K.)Ltd(C.A.18th January 1996).

新形势下的平等选择。在本案中原告认为,一旦网络服务提供者接到了他的通知,要求删除在其服务器上原告发布的帖子,被告应当立即删除,被告不能免责,因为他已经被通知了。但是事实情况并不如原告想象的那样简单,网络服务提供者在收到有效的通知后,要对网络内容是否侵权作出适当判断,这是其对诽谤言论履行合理注意义务的重要工作。判决作出之后,原告律师表示,网络服务提供者不能对此视而不见,其所辩称的不知情是自我欺骗。因此,尽管网络服务提供者收到通知不一定会作出删除的举措,但是只要收到通知就不能推脱自己不知情。本案原告本来要继续上诉。但无论是否上诉,主审法官 Mr.Morland 坚持认为审判过程对整个互联网行业具有深远的影响,因为本案涉及网络服务提供者是否要为自己平台上发布的一切信息负责。这引起了广泛的争论,网络服务提供者的审查义务与网络言论自由的巨大矛盾将被激化。其中不乏有批评的声音,鉴于该判决对网络言论自由有重大意义,如果在上诉中判决结果没有逆转局势,那么英国将会成为信息时代限制互联网蓬勃发展的法域,不仅诽谤法没有给予网络服务提供者充分的保护,就连判例也给互联网发展浇了一桶冷水。[①] 原告认为判决结果导致了重大的误解,他认为大部分人认为判决是对言论自由的中伤,但是我们必须认真区分"受保护的表达自己观念和想法的权利"和"不受保护的诽谤和反驳诽谤等臆想中的所谓的权利"。与此同时,网络服务提供者收到通知并不意味着直接丧失免责的权利,一方当事人向网络服务提供者发出通知指定某言论为诽谤并不是说该言论一定构成法律意义上的诽谤。英国目前的法律规定迫使网络服务提供者身兼被告、法官和陪审团多重身份,使网络服务提供者承受巨大压力,而被侵权人或者其他第三人只需要发个通知即可,这显然是不公平的。而实际上网络服务提供者所作出的认定只是一般意义上的判断,只有法庭才有权认定诽谤是否构成。

(二)"通知——取下"规则成为网络服务提供者规避责任的手段

此判决生效后,其他网络服务提供者都谨慎遵守"通知——取下"规则,此后大部分案件中"通知——取下"规则成为了例行公事,为了避免诉累,网络服务提供者通常会将通知所指的帖子或网页取下,尽管网络服务提供者不是合法的诽谤认定机构。如果"通知——取下"规则被大肆滥用,那么将有大量信息不经判断就被下架,网络将不再提供丰盛的内容,互联网产业的发展前景堪忧,这将与互联网技术的发展背道而驰。"通知即取下"这

[①] Akdeniz, Y., "Case Analysis: Laurence Godfrey v. Demon Internet Limited", (1999) *Journal of Civil Liberties*, 4(2), 260-207(July).

种例行公事行为实际上是对网络表达自由的中伤,让权利不当行使更加公开化,尤其大型跨国网络服务提供商想要平息公众的批评和监督时,"通知——取下"就可能被滥用,因为侵权行为地与侵权结果地不在同一国家可以借由管辖原则被利用。但之后本案原告与被告达成和解,这是双方经由协商的最终选择,个中缘由不为外人道。该案之所以饱受争议不仅仅是因为它是英国首例网络服务提供者是否应当为平台诽谤内容负责的案件,还因为在公众和法官的心里,让网络服务提供者为时刻更新的海量信息是否涉嫌诽谤负责有失公允。[①]

(三) 不宜让网络服务提供者分担过重的责任

目前英国有两大网络服务提供商行业联盟——ISPA-UK(英国网络服务提供者社团)和LINX(伦敦网络交流会),他们更感兴趣的是如何提高网络服务提供者的地位和为网络服务提供者谋取利益,如何保护自己会员的利益而不是网络用户和公众的利益。时至今日,网络用户的表达自由从来就不是网络服务提供者首要考虑的利益。网络服务提供者应该受到法律充分且完备的保护,否则该行业的发展将非常艰难。既然互联网能够给人们的生活带来巨大的便利和价值,那么保护网络服务提供者的权利、促进合理审查下的网络言论自由在新形势下就显得尤为重要。

近年来,面对网络服务提供者责任过重的现状,各国对"通知——取下"规则被滥用纷纷根据现有法律框架采取应对措施。我国民法典采取的是建立与"通知——取下"相平衡的"反通知——恢复"规则,即"不侵权声明"。"不侵权声明"有助于平衡滥用通知、人的有限理性和情势变更等对网络言论自由的侵蚀,使双方当事人在诉前享有对等的程序性权利。与中国的"通知——取下"和"反通知——恢复"模式不同,加拿大采用的是"通知——通知"模式。"通知——通知"模式导致网络服务提供者不会急于采取删除等必要措施,而是及时将通知发给"侵权用户",同时自己保存通知6个月。两种模式的重大区别就是前者苛以网络服务提供者居中裁判的义务,后者只需要履行告知义务和保存义务,保存义务不履行的最高额罚款要远高于告知义务不履行。可见"通知——通知"模式将网络服务提供者保护到了极致,使其只要充当信使即可。既然网络服务提供者不需要承担判断义务,那么被侵权人通知的效果不及诉讼,然而诉讼又需要必要的程序期间,因此被侵权人对侵权的损害结果继续扩大无计可施。当然,这种对侵权

---

① Faye Bohan, "Liability of Internet Search Engines", *Hibernian Law Journal*. 181, winter 2006, p.211.

内容不判断并非毫无价值，一方面公共利益不会因滥用通知而被侵犯；另一方面，网络服务提供者从判断之累中解脱，集中力量投入经营服务。长远而言，"通知——通知"模式对公众的媒介素养教育意义深远，但确实给中小企业和微弱自然人的维权设置了障碍。

第七章　互联网转载侵犯人格权的新思维与适用

网络媒体转载侵权责任的特殊之处在于网络媒体转载内容的非原创性，这也决定了网络用户的转载行为是转载人的自己行为，转载人的发布行为与网络平台无关。网络用户转载行为属于宪法上所保护的权利，网络空间一定程度上具有公共属性，因此网络转载行为应受到侵权责任法的规制。在网络媒体与传统媒体转载侵权责任的比较中，纸媒到网媒的演进昭示了中国媒体结构的变迁。智能手机的广泛应用使得人们对网络的依赖增强，同时也形成了互联网对社会生活的全方位渗透与融合。网络转载侵权责任的构成包括网络转载侵权行为主体及其主观状态、侵权行为的客体和对象、损害事实、因果关系等基础理论要件。自然人、法人和其他组织，都可能成为转载侵权行为主体，如何确认侵权人的身份与网络的匿名特性发生冲突，确定侵权人身份的行为也将间接影响到言论自由这一宪法赋予公民的神圣权利。

第一节　网络媒体转载侵权责任的概述

一、网络媒体转载侵权责任的概念

网络媒体转载侵权责任是媒体侵权责任的下位概念，同时也是网络媒体侵权责任的下位概念。对网络媒体转载侵权的概念界定可以从以下三个角度着手。第一，从内容角度看，网络媒体转载侵权责任是指传统媒体即报纸、期刊、广播电台、电视台等之外的，以互联网为媒介转载已经发表的作品，在内容方面侵害自然人、法人或其他组织的合法权益的，在侵权责任法上应负相应的责任；第二，从主体角度看，网络媒体转载行为侵害公民、法人或其他组织的名誉权、隐私权、姓名权、名称权及其他合法权益的应负网络媒体转载侵权责任；第三，从行为活动角度看，网络媒体转载侵权责任是指网络服务提供者和其用户违反网络法规和其他法律规范，在信息通过互联网转载过程中侵犯公民和社会组织人格权和其他权利，造成他人损害应该承担的侵权责任。① 综合以上三种观点，笔者认为网络媒体转载侵权责任是指以除报刊、图书、广播、电视等传统媒体之外的互联网、手机网络等任何一种可以广泛影响大众的传播中介的主办者和其他相关人，通过对消息的转发导致的，侵犯公民、法人或其他组织名誉权、隐私权、肖像权等，以及侵权责任法所保护的民事权益而应负的责任。网络媒体转载侵权不包括传统媒体转载侵权，区别于其他现实社会生活领域发生的侵害侵权责任法所保护法益的行为，而是在网络环境这种特殊大众传播媒介活动中转载或转发活动中发生的侵害侵权责任法法益的行为。由于网络媒体侵权属于媒体侵权的下位概念，也就是说，网络属于媒体的一种形式，因此在媒体法的研究领域通常不包括知识产权的习惯，也适用于网络媒体侵权的研究。本章仅就人格权的侵权部分作出具体研究，并没有涉及知识产权，也考虑到知识产权相较于传统民事权益有更多的特殊性，例如在判断是否侵权的标准上也更加专业化、财产权属性和人身权属性较分明等。由于转载通常会让人不能排除著作权转载的联想和对文章内容的期待，转载侵犯著作权也确实属于《民法典》第1195条所及范围，但是由于文章写作篇幅的局限，不适宜展开两个具有独特性的主题，因此仅就人格权的转载侵权进行具有针对性的分析。

二、网络媒体转载侵权责任的特点

（一）网络转载内容非自创

网络转载行为最突出的特点就是并非发表者原创，转载只是对信息内容的重述。转载的实质就是内容的再传播，所谓的再传播就是已经发布或者出版过的信息，进行内容上的摘录、转发、订阅、销售等行为，使该信息内容继续在信息流通领域流转。除了简单的内容重复之外，如果信息中包括侵权内容，那么每一次转发都构成一个新的侵权行为。正是因为其内容的非原创性，才是原创与转发之间最根本的区别。网络环境下转发诽谤信息承担的责任范围为案件审理提出来很多难题和不确定因素，这在之前Cubby案等判例中均有体现。② 美国《通信规范法》的适用情况证明，作为交互式电子服务

---

① 这三种学说的定义角度分别是魏永征、孙旭培和王利明对新闻侵权责任的定义角度。参见魏永征：《从"新闻侵权"到"媒介侵权"》，《新闻与传播研究》2014年第2期；孙旭培、董柳：《辩证法视域中的新闻自由相对性辨析》，《国际新闻界》2009年第12期；王利明：《论网络环境下人格权的保护》，《中国地质大学学报（社会科学版）》2012年第4期。

② See Cubby, Inc., 776 F.Supp.at 135; see also Stratton Oakmont, Inc. v. Prodigy Serv's Co., 1995 WL 323710 (NY Sup. Ct. May 24, 1995). James P. Jenal, "When is a User Not a 'User'? - Finding the Proper Role for Republication Liability on the Internet", *Loyola of Los Angeles Entertainment Law Review*, Vol.24, Issue 3 (2004), pp.453–482.

的用户,即便作为信息的提供者,但也不应被认为是诽谤信息的出版者或者发言人,因为他们所表达的观点并非原创,二是来自其他网络内容服务提供者。① 早期的判例将《通信规范法》解读为一部好撒马利亚(The Good Samaritan)法规,因为它试图界定网络内容服务提供者和网络平台提供者之间的责任区别,但是总是在遇到 American Online, Incorporated (AOL)这种ISPs(Internet Service Providers)时遇到困难。②

网络原发作者与转发者的区别在 1990 年的 Cubby 案中首次引人关注,CompuServe 当时是一个著名的订阅式的网络服务提供商,其平台提供的服务领域广泛,主要包括新闻在内的多类型信息。虽然 CompuServe 拥有对新闻的编辑和程序的工作要求,但是与之建立合作关系的第三方主体 Cameron Communications, Inc.(简称 CCI)才是主要负责信息内容的原创一方。CCI 管理、创作、删除、编辑及控制新闻平台的实质内容使之达到能够发布的标准。③ CCI 陆续与一系列内容提供个体签约,建立固定联系以征得稿件,这些个体当中就包括第三方 Don Fitzpatrick Associates(简称 DFA),它推出了一个名叫 Rumorville 的简讯产品。④ CompuServe 没有与第三方 DFA 的直接联系和控制力,更没有对 Rumorville 所载内容进行上传之前审查的可能性,这也明确解释了为什么 CompuServe 只是订阅式的平台提供者,而不是内容服务提供者。CompuServe 拿不到任何 DFA 对访问使用 Rumorville 的用户的会费,Rumorville 向 DFA 提供新闻平台的内容,CompuServe 也不会给 DFA 报酬。⑤ CompuServe 的营利来自有自己的订阅者,不是来自与那些直接访问 Rumorville 的用户。CompuServe 方面认为,这与用户所使用的信息服务本身无关。此前对于 Rumorville 或 DFA 所提供的内容服务,他们也没有收到任何投诉的通知,这就说了对于内容的反馈 CompuServe 不负责接收和处理,其中立地位更加明确。⑥

原告认为,CompuServe 扮演了一个作者和发布者的角色,但是 Rumorville 简讯产品在 1990 年 4 月出现的一系列虚假及诽谤言论并不能归咎于 CompuServe。⑦ 原告对于作者和发布者的分离状态没有纳入考虑范围

---

① 47 U.S.C. § 230(c)(1)(1996).
② Zeran v.America Online, Inc., 958 F.Supp.1124(E.D.Va.1997), aff'd, 129 F.3d 327(4th Cir. 1997); Blumenthal v.Drudge, 992 F.Supp.44(D.D.C.1998).
③ Cf.Cubby, Inc.v.CompuServe Inc., 776 F.Supp.137(S.D.N.Y.1991).
④ Cf.Cubby, Inc.v.CompuServe Inc., 776 F.Supp.137(S.D.N.Y.1991).
⑤ Cf.Cubby, Inc.v.CompuServe Inc., 776 F.Supp.137(S.D.N.Y.1991).
⑥ Cf.Cubby, Inc.v.CompuServe Inc., 776 F.Supp.137(S.D.N.Y.1991).
⑦ Cf.Cubby, Inc.v.CompuServe Inc., 776 F.Supp.138-39(S.D.N.Y.1991).

之内。被告 CompuServe 一方辩称,自己只是一个互联网产品内容的销售商,而且自己没有收到涉及诽谤的举报通知,因此不应为此承担侵权责任。法院认同了 CompuServe 的观点,并对网络平台服务提供者作出了解释。CompuServe 实质上是一个电子营利性质的类似图书馆的平台,它拥有海量的出版物,依靠订阅用户的使用费用和会员费用来维持访问服务的经营。CompuServe 对出版物的审查控制权也仅限于一个公共图书馆、书店或者报刊亭而已,不会有更高的权限和责任。① 对其而言,审查和检测每一作品的潜在言论诽谤性的力度不会太高。法院也了解,CompuServe 作为一个网络平台服务提供者,其事先审查的可行性微乎其微,发布信息前的编辑工作中对信息内容的审查,只能是对重点问题一带而过的程度。作为平台服务提供者的生存空间本来就局限,如果再加重责任,让他们承担审查洪水般的订阅信息重担,则会限制行业的发展。尽管 Cubby 案基本上确立了网络平台服务提供者的责任界限,但是并没有起到统一标杆的作用,另一个纽约州的判例中,类似的案情却给出相反的判决,将争论的重点放在了建立《通信规范法》诽谤分级制度上。

美国《通信规范法》第 230 条中对发布者或发言人的定义表明,如果信息的内容来源于其他的内容服务提供者,那么不得将该交互式电子服务的用户定义为该信息的发布者或者发言人。信息内容提供者是指整体或者部分上,为互联网或电子交互式服务器上的信息内容创作承担责任的法律主体。转载人首先应是网络用户的角色,不仅仅阅读了他人发布的信息,并且对他人的信息进行筛选、分析或摘要等具有表意行为的技术处理,再有意识地进行转发。第一,转载的信息应该有合理的来源,转载人应在转载时注明。第二,仅仅是阅读他人的文章并不会被认为应该承担侵权责任,但是如果对原创文章进行增加、删改,则有可能导致侵权。第三,转载有侮辱、诽谤或涉及他人隐私等明显的有侵权可能的信息,并不加否认,也会造成侵权的损害事实扩大。

(二) 网络用户转载与平台无关

网络用户的转载行为本来就与平台无关,所谓的网络平台不过是信息的载体,如同图书馆、书摊、报刊亭的功能和作用,信息内容本身侵权与图书馆没有关系,通常图书馆不负责审查文字和图片表达的内容。原发作者应该为网络平台上的侵权信息负责。发布原发作者的文章,并且未进行任何编辑、改动、甚至也没有阅读,尽管知道原发作者的所作所为是职务行为,具

---

① Cf.Cubby,Inc.v.CompuServe Inc.,776 F.Supp.135,139(S.D.N.Y.1991).

有营利目的。但是,这些理由却不能够影响原发作者为侵权信息承担责任的规则。虽然出于对原发作者所受困扰的同情,也正如我们都不假思索地认为原发作者总归要对自己的行为承担责任。网络平台出于对内容提供者发来的信息有不容置疑的编辑权利,因为网络平台将是这些信息的传播者,传播的行为直接导致了信息在流通领域的循环。网络平台的权利还包括对内容的变更、移除以及推荐原发作者作为一个引人注目的消息的稳定来源。但并不意味着网络平台应与原创者承担相同的责任。①

美国著名的 Zeran 案就是首个关于网络平台是否应对信息承担责任的争议性判例,也是最早适用《通信规范法》第 230 条的案件。② 1995 年春,非实名制的美国网络公司(AOL)的一个用户开始以"Ken ZZ03"的名义发帖,并提供印有关于俄克拉荷马州的侮辱性标语的上衣,并欢迎大家致电"Ken",留下的是 Zeran 家庭电话。不出所料,Ken 被愤怒的电话淹没了,然而作为一个连 AOL 账户都没有的人,Zeran 花了很长时间意识到了自己受到了骚扰,之后他联系 AOL 要求他们删掉那些持续蔓延的帖子以及取消之前所涉内容的效力。尽管 AOL 删除了帖子,但是却没有发布撤回或撤销之前发布内容的声明。

令 Zeran 震惊的是,首发帖的移除只是稍微减轻了他的损害,但是类似的帖子甚至提供了其他更多有侮辱言论的商品。Zeran 再一次被骚扰电话淹没之后又去联系 AOL。AOL 同意对屏蔽信息采取相应的措施,类似的虚假信息在接下来的 5 天持续存在于论坛的相关版块。Zeran 受到的骚扰程度之大,以至于他家附近的警方将其纳入保护监控的范围内。最终,Zeran 以玩忽职守将 AOL 告上法庭。Zeran 坚持认为,作为诽谤信息的发布者,AOL 有责任防止已经被告知是恶意诽谤的信息的传播规模进一步扩大。这个问题在我国《民法典》第 1195 条第 2 款有了明确规定,认可了被侵权人要求网络服务提供者承担不作为责任的诉求。

AOL 辩称,第 230 条提出的 ISP 全面免责条款适用于 AOL。在 AOL 看来,该案并不烦琐。由于《通信规范法》将发布其他人首发信息的发布者排除在了内容服务提供者之外,既然 AOL 不是该诽谤贴的发布者是无可争议的,那么 Zeran 被侵权即使是成立的,应受到保护,AOL 也不应该

---

① Cf.James P.Jenal,"When is a User Not a'User'? -Finding the Proper Role for Republication Liability on the Internet", *Loyola of Los Angeles Entertainment Law Review*, Vol. 24, Issue 3 (2004), pp.464-470.

② Cf.Zeran v.America Online, Inc., 958 F.Supp.1124(E.D.Va.1996), affd, 129 F.3d 327(4th Cir. 1997), cert.denied, 524U.S.937(1998).

是那个责任人。

归根结底,症结在于,法律能否规定应该让 AOL 承受发布人责任。那么 AOL 属于适合的发布者或者发言人吗?由于《通信规范法》已经对如何处置发布者作出了明确的表述,法庭总结认为 Zeran 所认为的由于用户不是发布者所以不能承担发布者责任是对法律的错误理解。发布者责任只是出版物诽谤责任的一种类型,只不过在《通信规范法》中被明确的规定罢了,发布者责任为移除不良信息制造了不利因素。按照 Zeran 的理论,这种行为可以被解释为制造一种有理由知道诽谤信息内容的可能性,如果所有诽谤信息没有被移除,AOL 就要承担责任。总之,庭审将宪法认为的两个问题结合成了一个问题,并且适用免责,即对《通信规范法》所规制的侵犯性内容置之不理。

进行了多次庭审的 Zeran 备受煎熬,第四次庭审得出结论认为,以往将出版者和发布者责任混为一谈对被侵权人权利保护十分不利。在这个问题上,Stratton and Cubby 案对出版者和发布者使用的措辞是明确分开的,判决准确地表述了这两者责任承担的区别标准。① 但是 Stratton and Cubby 案延伸出来一个问题——发布者不是诽谤法意图规制的发布者责任类型。Zeran 只是将证明发布者责任的重点放在了明确通知的要素上。通知的简要事实必然不能在法律的监控下从一个出版者传播到下一个。相反的,电子服务提供者接到举报有诽谤嫌疑的帖子的通知,就被迫成为了发布者这一角色。电子服务提供商必须决定是否发布、编辑或撤回发布。在这方面,Zeran 要求让 AOL 负担责任,假定其是第 230 条中特别规定的发布者角色。当然 Zeran 不会找到适合 AOL 的责任角色,因为必要措施是本可以采取的但没成功。如美国国会想要《通信规范法》激励网络服务提供者规制他们系统上的信息内容,这种激励不够充分,相较于解释规则内容本身,法官更想要解释《通信规范法》立法的价值追求。

(三)转载人属于宪法上的权利主体

1. 宪法对公民表达自由的保护。

比较媒体法是众多学者倍感兴趣的研究对象,相关研究成果丰硕。但同时这也是一个充满矛盾的研究领域,如果不足以称为矛盾,那么至少观点分歧在学者之间依然存在。这并不足为奇,因为国家与媒体的关系是定义现代国家的关键因素之一。欧洲关注媒体与国家关系的起源要追溯到 16 世纪,当时印刷媒体以小册子和海报的形式首次现身。不久之后,各国政府

---

① See Cubby, Inc., 776F.Supp.at 138.

就意识到对这个不断扩张的、基于印刷的、大众信息传播产业的控制能决定其安全、权威与合法性。印刷术在中国起步和发展更早,当时中国的帝王也力图控制文字印刷带来的知识帝国的崛起。简而言之,政府早在大众印刷兴起之初就认识到如果媒体和国家之间存在本质性的差异,国家将难以长期存活。

德沃金(Ronald M.Dworkin)认为,个人权利是个人手中的政治护身符,集体目标不可以否认个人的希望和行为,不能强加于个人使其利益受损。① 哈耶克(Friedrich A.Hayek)认为,个人主义在一定范围内应允许个人遵循自己,而非他人的喜好,因此个人的意志应高于而不屈从于他人命令。② 文艺复兴和启蒙运动更是将这种天赋人权发挥到了极致,强烈的个人主义和自由主义色彩的渲染使得古典自然法理论中的个人与外部世界的关系格外分明。毫无疑问,宪法权利的主体是个人,那么自媒体自然人的用户肯定是享有宪法权利的主体。那么作为法人或者其他社会组织或团体形式组成的网络媒体是否也被宪法保护呢?答案是肯定的。网络媒体大部分是市场经济下的私主体,多以营利为目的,网络媒体不论是代表个人还是代表团体,都是独立于他人而存在的,其思想和观念都是个性化的,而宪法本身从保护人权为出发点,对于无论是个人还是集体的权利都应尽力保护和保障。

媒体表达自由的程度是民主社会的重要体现,其发挥的核心作用在舆论监督方面得到了突出体现。媒体的自由报道是每个国家的宪法所保护的对象,国际公约也不例外,即使是人格权的保护也不能成为阻却言论自由的合法武器,宪法限制人格权的保护范围已经成为国际上通行的做法。③ 媒体表达的自由是人民知情权的要求,信息的膨胀和专业分工的细致使得人民对各种知识和信息的渴求达到了空前的程度,媒体发布的信息不仅能够增加人们对社会的了解和认识,也能够提高社会监督的可能性。舆论监督依靠媒体的表达自由,公民人格的完整性同样也依靠媒体的表达自由。

(1)对言论自由的扩张解释。

纵观20世纪,对言论保护扩张到了超越事先审查的限制程度,也超越

---

① Dworkin, Ronald M., "The Model of Rules" (1967), *Faculty Scholarship Series*. Paper 3609. athttp://digitalcommons.law.yale.edu/fss_papers/3609.
② Cf.Friedrich A.Hayek, *Individualism and Economic Order*, The University of Chicago Press, 1948, pp.121-122.
③ Cf.Judicial Review and the Supreme Court 141(Leonard W.Levy ed., 1967).参见王利明:《人格权法中的人格尊严价值及其实现》,《清华法学》2013年第5期。

了公众监督。各国立法者也开始相信法规是可以有多种适用方式来限制言论的,因此他们开始解释如何保护在言论自由的道路上去除障碍。① 以美国第一次宪法修正案为例,其所尝试的扩张解释具体包括:第一,言论表达的过度负担会导致每种类型的言论难以表达;第二,关于言论表达的法规适用不统一,对待表达的态度存在因不同的人和不同的内容的区别;第三,事后审查,惩罚本应受到保护的言论表达行为。②

言论自由和人格尊严分别是我国《宪法》第 35 条和第 38 条赋予公民的两项重要权利,二者之间价值冲突如何调和是解决网络转载侵权责任中的重大争议问题,但是由于我国违宪审查制度尚不完善,宪法价值如何在案件的实际损害赔偿中得到体现也是棘手问题。转载侵犯人格权的案件中,转载人有可能是通常我们认知当中的传统媒体,但是由于媒体的门槛随着互联网技术的发展而降低,转载的侵权行为人也可能只是拥有媒体技术的人或组织。因为人格权的内容包括隐私权、名誉权、肖像权等,因此转载行为对人格权的侵害可分为多种类型,言论自由与这些人格权之间的关系也是有所区别的。过多保护被侵权人的人格权,就会侵蚀侵权人一方的表达自由,一方面媒体可能存在转载侵权的情况,另一方面媒体也可能是为其用户提供了平台而助成了侵权,由于媒体所提供的服务内容的不同,其是否应承担责任,以及承担份额都是值得探讨的。此外,公众的知情权也是另外一个侵权责任成立与否的考量标准。媒体的发表目的就是为了向公众传播信息和舆论监督,如果使媒体承担过多责任则会使媒体对发布行为畏首畏尾,对市场经济下以营利为目的的媒体行业发展无益;反而言之,纵容媒体攫取商业利益而不惜牺牲对人格权的保护也不可取。

美国宪法第一修正案对根据适用方式或者法律的书写方式所表现出来的对言论的限制提出了挑战。其中一个挑战是对于法律并不平等地适用于言论自由保护的特定情况的争论。另一个直接挑战在于,不管当事人言论是否属于需要特殊保护的情况,法律自身可能会潜在干扰或者对他人言论保护有负面影响。

美国联邦最高法院发展出了过度宽泛和模糊理论来应对法律限制言论自由面临的明显挑战。过度宽泛理论赋予了法院限制法律过分保护表达行为而超出言论表达目的的必要程度。美国联邦最高法院在 2003 年 Virginia v.Hicks 案中解释了这一理论:我们已经为缺乏持续保护言论提供了多重补

---

① 刘太刚:《表达自由:美国非营利组织的宪政基石》,载《法学家》2007 年第 2 期。
② Cf.PackardAshley, *DigitalMedia Law* (2ndEdition), Wiley-Blackwell, 2010, p.30.

救措施,防止宽泛的法律规则考虑不周时的情况,特别是刑罚中的法条规定过于宽泛的情况。很多人不愿承担在案件审理过程中为自己辩护的责任与风险,而是选择直接放弃保护言论。这不仅会损害个人利益,也会损害社会利益。该理论通过缓和一个过度包容的法律的强制性得到一个过度宽泛的裁决,该裁决通过预支言论自由而减少社会成本。[1]

法规不会在悄无声息中被废止,然而在1973年的Broadrick v.Oklahoma案中,美国联邦最高法院认为过度宽泛的法规必须真实、言之有物,或被证实与规制具体法律问题相关。[2] 当法律过于宽泛而又失去重要意义时,法院倾向于坚持捍卫法规但是尽量控制其可解释力。

与过度宽泛理论不同,模糊理论在美国宪法第一修正案相关案例中并没有具体体现。美国宪法第五次和第十四次修正提到法律程序正当权,程序正当要求人们有平等的被警示其行为违法的权利。模糊不清的条文不能达到这一目的因此陷入违宪性模糊。美国联邦法院认为法律违宪性模糊是有普遍智力水平人都能理解和辨认的。[3] 当法律遇到基础性权利受到挑战时,法院需要对问题深度分析并向公众展示。除了有可能的轻微的保护言论,模糊的法律带来更多麻烦,每一次的模糊解释都不同,法律在不同案件中是否平等的适用,无法得到合理的证明。

(2)模糊理论和过度宽泛理论。

模糊理论(vagueness doctrine)和过度宽泛理论(overbreadth doctrine)基本上都是在提到第一次修正案时被同时提到的。例如,在 Reno v. ACLU(1997)案中,美国联邦最高法院认为,通信规范法中规定禁止互联网小范围内传播不良信息和有侵犯性标签的素材就是过度宽泛和模糊的例子。称之为模糊是因为不良信息和侵犯性的素材没有被明确定义。[4] 称之为过于宽泛是因为当想要保护少数人,实际上是指未成年人免受不良信息戕害时,也会抑制言论的表达,因为不良信息或许只是成年人之间传播的,当然在承认了成年人之间的这种传播限制是较宽松的前提之下,成年人之间是有权利传播这些信息的。美国国会通常将分割的部分草案合并,允许法庭在保证其他法规强制性的同时找到不可强制的部分。

通常讲到民主问题,我们都会认为政府不应该干涉言论自由,除非有法律上的损害威胁或可能性。有些被认为不被保护的言论,因为它们有给社

---

[1] 539 U.S.113,119(2003).
[2] Broadnck v.Oklahoma,413 U.S.601,615(1973).
[3] Connally v.General Construction Co.,269 U.S.385.391(1926).
[4] 52I U.S.844(1997).

会造成损害的可能性。例如,煽动暴力、教唆犯罪、攻击性言论、真实威胁、淫秽信息、虚假商业信息,以及某些情况下的诽谤。

根据康德的理论,不成熟是不能够运用理性思维,除非有人来引导,经过了"启蒙"之后,①所谓的民主和自由的言论环境就是人们都能够在公开的场合运用理性来分析现实,而不用盲从权威,权威的主观性是不能抹去的,只有理性才是判断的可靠依据。然而黑格尔提出的担忧是基于个人的理性思维没办法形成体系化的理论,集体化和客观化的国家意志仍应该主导个人理性。马克思认为无产阶级才是公众的主体,市民社会的范围又在缩小。② 哈贝马斯总结私人应更确切地被描述为公众的私人。③

2. 宪法对作为团体的媒体表达自由的保护

美国联邦最高法院并没有将第一修正案的保护平等理所当然地惠及所有的媒体。对媒体的保护根据媒体层级的不同特点而区别进行。印刷媒体不需要特殊的规则安排,得到最大化政府介入的保护。广播媒体需要一定的公众范围占用,在政府的限制下运营。他们必须持有联邦信息委员会的批准执照,其内容必须要考虑到无处不在的儿童利益。有线电视是依靠公众有线网络组成,有责任提供当地电视广播台的信号,但是由于是一种消费订阅相对性的媒体,通常内容不涉及是否有限制的问题。卫星广播电视是另一种订阅式媒体,必须给教育和当地的节目预留频道空间,但是播放内容是要受到审查的。

作为公共财产的托管人,政府试图通过自由意志占用公共财产,让言论自由的利益与自己利益取得平衡。当基于公共财产的争论不是出于发表言论的目的,政府将宣誓平等地限制言论的时间、地点以及言论的表达方式。美国联邦最高法院提出了问题,关于判断时间地点和方式的限制应考虑是否这种方式的表达与通常情况下这种行为的表现形式相去甚远,通常的情况包括在特定时间和特定地点。

---

① 启蒙的意识是脱离自己所加之于自己的不成熟状态,不再向权威寻求理论依据,权威可以包括传统观念、教会或者国王,而是运用纯粹的理论。参见胡泳:《众声喧哗——网络时代的个人表达与公共讨论》,广西师范大学出版社 2013 年版,第 54 页。Habermas, Jurgen, *The Structural Transformation of the Public Sphere*, trans. T. Burger and F. Lawrence, Cambridge, MA: MIT Press, 1989, p.106.

② 参见赵家祥:《必然王国与自由王国的含义及其关系》,《北京大学学报》(哲学社会科学版) 2013 年第 6 期。

③ Habermas, Jurgen, *The Structural Transformation of the Public Sphere*, trans. T. Burger and F. Lawrence, Cambridge, MA: MIT Press, 1989, p.112.

三、网络空间具有公共属性

根据中国社会的传统道德,并没有明确和明显的公私划分界限,以往以家族为单位的组成部分使得市民社会由各个分子组成,并不是西方世界个体与国家的关系。根据费孝通的观点,中国的人与外部世界的关系是石子投湖式的波纹状的,从中心向外部扩张的,距离不均等是其特点。① 中国的公领域,大致都是与公益相关,是关系到每个人的福利的。这与哈贝马斯的公共领域概念不太相同,哈贝马斯的观点侧重在公民如何通过行动来影响与政体之间的此消彼长的权利与权力,然而在中国虽然法律彰显出来的这部分能力似乎并没有体现在社会生活中。② 但是网络的确为公民开辟了一个新型的议政空间,匿名的生态环境使得用户可能抒发现实生活中因恐惧责难而抑制的真实想法。

而在此处我们需要讨论的是,发表自己的想法是每个有独立思想能力的成年人生活中的必要部分,然而网络上的表达仅仅是想说就说了,还是想说的时候还要顾及后果。网络的记忆是机械的,也是旷日持久的。网络不是一面可以发牢骚的墙和一个垃圾桶,网络是个差劲的朋友,你告诉它绝不能告诉别人的秘密,它毫无意外地会像一个长舌妇一样对别人娓娓道来,不分时间地点,所以更多的时候,无论是腹诽还是做一个思想侵权者,或者找两三记性很差的死党来抱怨和八卦,都比在网络上安全。有提供网络私密空间的服务商,例如提供写作私密日志或日程的服务的平台,其与用户之间的合同就是为用户提供私密言论空间,为用户保密也是合同约束力的法锁要求,这类私言论不会进入公共领域,用户只是自说自话,为自己生活纪录。

当私言论被大规模传播,其影响力提升到进入了公共视野,那么该私言论发生向公共言论的转化,通常转化的影响因素包括该言论存在或关注的场合、发表人或转发人的身份地位、该言论的内容是否涉及公共利益。例如医生在手术现场自拍发到私人微博,该微博未必是公众人物的公开言论发表场所,也并不一定是影响力很高的微博账户,但是由于转发量和评论量的增多而受到关注,该言论的内容就涉及比较敏感的问题,手术现场能否自拍,手机和相机等有拍摄功能的终端能否带入手术室等,舆论往往会认为这就是属于失职,如果病患也入镜,又会产生更多的问题。

---

① 费孝通:《乡土中国》,上海人民出版社2006年版,第13—17页。
② Habermas, Jurgen, "The Structural Transformation of the Public Sphere", trans. T. Burger and F. Lawrence, Cambridge, MA: MIT Press, 1989, p.133.

1. 对平台公私属性的分类。

美国联邦最高法院采取平台分析的方法来检验限制公共言论的法律规定是否是符合宪法的。① 分析平台可以分为三个层级,传统公共平台,指定公共平台和非公共平台。②

(1)传统公共平台包括以往有开放成为言论表达公共空间历史的地方,例如公园、街角、人行道以及市政厅的阶梯。Owen Roberts 法官认为这些地方举行演讲和演说是在人们心中有记忆点和公信力的,这些地方具有公共使用功能,即使不考虑时间,其使用目的也是有利于公共利益的。③ 传统公共场所内,政府对言论的限制要遵从严格的监督制度。

(2)指定公共平台,或者限制性公共平台包括集市、市政厅和政府许可的对公众开放进行公共活动的校园场所。④ 一旦公共财产被赋予了公共表达场所的使用目的,政府必须确保其对所有受众平等开放。但是指定公共平台的使用也存在限制,即在确保这些场所基本用途功能得到保障之后,才能在特定时间、特定地点和特定方式进行公共表达活动。

经过调查,法院对在限制性公共场合发出言论表达的时间、地点和方式作出规定,推测在如下情形满足时,政府会强制某种限制:第一,法律内容必须保持中立,无论是表面实质上的还是执行程序上的。第二,法律在言论上不能包含一个完整的禁令,任何一个理念发表人必须知道。第三,法律必须被细化用以体现一个国家本质的利益,限制必要限度内的言论,来满足更大化的国家利益。⑤

假如,法律规定限制人们在居民区公园进行的数小时公开对外的游行活动,同时要求游行者在公园晚上关门之前离开。对时间的限制也许会对言论表达产生意料之外的效果,但这并不是有意指向特殊的言论表达,所以该项法律规定内容具有中立性质,它并没有为言论设立完全的禁止规则,因为团体在白天的游行活动是不受约束的。这也同时实现了一个重要的目的,即保证了住在该公园附近的居民拥有一个安静的睡眠环境,这不仅是没有抑制言论,也没有限制言论实现其目的。

(3)非公共平台包括不以提供发表言论平台为目的建立的公共平台,例如机场大厅、投票厅、地铁站、监狱、军事地下室等从未开放进行过言论发

---

① Ark Educ.Television Comm'n v.Forbes,523 U.S.666,677(1998).
② Perry Education Ass'n v.Perry Local Educators' Ass'n,460 U.S.37(1983).
③ Hague v.CIO,307 U.S.496,515(1939).
④ Perry Education Ass'n v.Perry Local Educators' Ass'n,460 U.S.at 45.
⑤ United States v.Grace,461 U.S.171(1983).

表的场所,政府有权对这类地点的言论表达活动作出限制。

2. 网络是否属于表达言论的公共平台。

对于网络是否属于公共平台的判断在于它是否能提供一个公开的讨论空间。许多论坛、博客和提供公共空间的社交媒体,都为观念和想法的表达和信息交换提供了场所。然而大部分网络服务提供者和社交网站都是私人所有的,作为私主体,他们不保护用户的言论权利不受侵害或限制。例如Verizon是以附加提供撤回服务而著称的网络服务提供者,被撤销服务的往往都是违反其使用规定的人。同样的,Facebook也会封掉违反发表规则的用户账号。尽管赋予网络来履行宪法第一修正案的保护规则令人信服,但是最高法院已经不想承认网络属于公共平台了。在United Stats v. American Library Association(2003)①案中,最高法院驳回了地区法院对公共平台使用的分析,来维护获得公共图书馆电脑以及使用电脑连接网络的权利。该案涉及美国国会2000年制定的《儿童网络保护法》的合宪性问题,该法要求公共基金建立的图书馆终端库为他们的电脑安装过滤不良信息的软件。最高法院不认为互联网是传统的公共平台,也不认为图书馆终端库是政府指定的可转化为公共平台的平台。

事实上,最高法院拒绝将任何媒体解释为平台。在Denver Area Educational Telecommunications Consortium v. FCC(1996)案中,最高法院拒绝使用平台来分析公共有限电视频道。在案件审理中,就不良信息的抵制对宪法修正案提出疑问,David Souter法官认为,针对广播、电视、网络技术和用一个接收器来收集讯号的万维网,我们很难找到一个可以免责的标准并作为法规来使用。② 判决回避了用平台来分析一个崭新和变化的网络领域。Anthony Kennedy法官提出异议,他反对平台分析适用于互联网的观点,尽管新媒体没有将原本街道上和公园里的观念改变,但凭借互联网发展和用户增长的速度,它更重要的作用是在大规模网络媒体中的观念汇合以及塑造公众良知。③ 根据最高法院的判决先例,联邦上诉法庭已经驳回了几个城市网站适用公共平台分析的判决。公共空间的私人化和私人空间的公共化是我们时刻经历的体验。公共的媒体空间充斥着各种隐私性言论,公开个人的行为和情感正占领和侵蚀着公共生活。公共空间的私人化是历史发展的必然。原因在于:第一,个人的表达公开有益于更大程度发挥个人的创

---

① United States v. Am. Library Ass'n, Inc., 539 U.S. 194,199(2003).
② 518 U.S. 727,776-77(1996).
③ 518 U.S. 727,802-03(1996).

造性,使人更好地挣脱个人和家庭的局限,投入群体生活。第二,多样化的观点需要在公共场合的交流中保有其独特性,为了防止观念垄断,那些具有优越性和先进性的思想应得到表现的平台。什么议题应当或者更适合在公共场合讨论,什么问题过于个性化不适合在公共场合讨论,这个区隔是很有必要的。人们时常忘了,在微博上分享给亲友的照片和个人位置等其他隐私其实是昭告天下,微博不是私人空间而是公共平台,它不适合书写日常,但是于部分人而言披露隐私来获得关注能令他们获得认同感和存在感,进而增加幸福感。

私人空间公共化既是视隐私为命的人最困扰的,也是渴望被关注的人的追求。芬兰赫尔辛基大学比较社会学研究组学者 Allardt Eric 认为,生活的基本需求或者说活得并不糟糕的基本条件是 having、loving 和 being。having 是指对基本生活资料的客观支配,这种支配是物质的、非主观的,具体而言包括了稳定的收入、住房、工作、身体健康和受到教育,loving 是一种通过沟通和交流以及分享而建立的共同体。例如,社交团体、家庭和友谊;being 是自我价值的实现,让自己成为一个合群的人并在共同体里具有一定的功能性。例如,个人被尊重感、不可替代性、个人的政治权利和发展兴趣爱好。[1]

第二节 网络媒体转载的环境

2011 年 3 月 15 日,英国公布的《诽谤法修改草案》(Draft Defamation Bill)中确立的"多重发表规则"(Multiple publication rule)下,扮演诽谤信息的二次发表方的主体。例如图书馆、新闻供应商、书摊经营者、其他经销商等,只有在证明自己没有理由相信该信息是诽谤时才能享受免责。针对发布者的同一内容,在发表之日起一年之内,只能起诉一次。[2] 最后一次的言语中伤并不比第一次来的轻微,转发人的错误做法不是免责或脱罪的借口。然而这一观点的威慑力在 20 世纪中期也造成了美国新闻出版界的巨大负担。[3] 一个保护多重发表者受到诽谤诉讼免责庇护的方法是"有线权威服务抗辩",即新闻发布者在诉讼中可以举证说明信息来源于权威媒体。该

---

[1] Google 学术,2014 年 5 月 22 日访问,见 http://www.jstor.org/stable/4194131? seq=1。
[2] 参见白净、魏永征:《论英国诽谤法改革的趋势》,《国际新闻界》2011 年第 6 期。
[3] Sapna Kumar, "Comment: Website Libel and the Single Publication Rule", *University of Chicago Law Review* 70(spring 2003):639-62; Lori A. Wood, "Note: Cyber-Defamationand the Single Publication Rule," *Boston University Law Review* 81(October 2001):895-915.

抗辩能保护所有从有线权威的媒体处转发的诽谤信息,但明显的诽谤除外,转发者有理由知道该新闻信息与事实不一致。有线权威服务抗辩被正式认可是在1933年,目前,大约一半的美国各州认可其在案件中的效力。Oakley案中原告Oakley起诉了50多个转发出版者,但只有一起诉讼出版者一方胜诉,当时的转发免责没有适用。① 法官认为转发者是鲁莽和肆意的行为,但是不至于承担侵权责任。不管怎样,免责并不是绝对全面且无条件地为转发者提供庇护的,也不是自媒体用户脱罪的方法,尤其是转发非权威,没有发布新闻权力和资质的人的推文,不能适用免责。

所谓的谣言故事,追问源头,人们只会说,坊间流传这样的说法。所谓的道听途说,就是我只是复述我听到的内容,虽然没有编造,但也不能确认事实的真相。转述来源于别处的信息绝非善意,原因在于:第一,重复的讲述故事造成了故事的内容再一次投入到流转环境中,成就了故事的流传。第二,重复并不加以否认的态度就会加重其真实性,我国有三人成虎的寓言,尼采也表示过,不断重复同一个梦幻,它就会变成现实。② 传播不实信息者的行为,给诽谤流言的传播提供有利的条件,之后再为自己找到免责理由来寻求保护是行不通的。也有反对的观点,认为重复他人已经表达过的诽谤言论,可以以讲述故事为由而免责。但是后者就会对被侵权人十分不公平,因为重复也是加诸被侵权人额外的伤害,而正是信息的循环和流通才能引起这些附加的伤害。并且在经过了足够次数不加否认的传播之后,就会加深和加重这些诽谤信息的真实可能性。③

一、网络媒体转载淡化了地理空间概念

网络媒体的兴盛使得信息的传播涌动冲出了时间和地域的拘束,而且成本之低,速度之快令人感叹。虽然我们不能时刻感觉到网络的存在,但是

---

① Butler v.News-Leader Co.,51 S.E.213,214(Va.1905).Thomas R.Julin and D.Patricia Wallace,"Who's That Crack Shot Trouser Thief?",*Litigation* 28(summer 2002):1-7;Lionel Rothkrug,"Torts:Defamation:Uniform SinglePublication Act:Civil Code Sections 3425.3,3425.4",*California Law Review* 44(March1956):146-52.Daxton R.Chip Stewart,"When Retweets Attack:Are Twitter Users Liable for Republishing the Defamatory Tweets of Others?",*Journalism & Mass Communication Quarterly*,Summer,2013,Vol.90 Issue 2,pp233-234.Seehttp://en.wikipedia.org/wiki/Annie_Oakley,May 1,2015 visited.

② Martin L.Newell,*The Law of Libel and Slander in Civil and Criminal Cases*,Chicago:Callaghan and Co.,1898,pp.350-351.

③ Daxton R.,"Chip"Stewart,"When Retweets Attack:Are Twitter Users Liable for Republishing the Defamatory Tweets of Others?",*Journalism & Mass Communication Quarterly*,Summer,2013,Vol.90 Issue 2,p.236.

没有它是万万不行的。以前家长们还在担心儿童过分依赖网络会形成病症,而如今足不出户的工作、购物和社交已经被大家所接受,逐渐成为习惯,我们甚至并不认为有任何不妥。多元的网络媒体已经以只有想不到没有做不到的态势,将用户的需求考虑得面面俱到。人们可以随时通过网络建立联系和交流,物理距离成了虚无。从此以后,对别处生活的追逐和远走他乡也许不再表达同样的意思。互联网见证了自身卓越,或者说是无可匹敌地使全世界人民日常生活包括工作和生活取得高速化和便捷化的成就。互联网的神奇之处在于它不仅是沟通的平台,而且它颠覆了传统媒体的形态,开创了一种观念传输产业。

网络社交革新了现代人的交流内容和方式,使群体发声和用户支配的网络分享成为可能。网络社交媒体的特征包括:第一,建立在公开或半公开的网络个人资料系统。第二,明确列出与其共享网络的其他用户列表。第三,可查看横向联系人列表及系统里他人设置的联系方式。这些特征或者要素都是互联网社交工具的核心,无论是 Facebook、LinkedIn 这类社交平台,还是 YouTube、Flickr、Pinterest 这类视频、照片分享平台,或者是 Twitter、Tumblr 这类分享感想和观点的平台。当有人在 Facebook 等类似社交网络上分享状态时,该状态会在与他有密切联系的朋友的空间出现,只能被用户所选定的朋友所见。① 然而,当在 Twitter 上发文时,就是发布给全世界,除非用户选择对内容进行"保护",选择只让他认可的关注者可见、可读。不然的话,任何使用互联网的人都可以在第一时间阅读该状态。② Twitter 每天都有数以万计的信息,一个声音的影响力强大到难以置信,并为用户找出相当多的细碎的相关信息。在 Twitter 的文化中,转发是核心重要的一部分活动,因为这是鼓励用户交流的一种方式,对其关注者也是一项很重要的服务,帮助关注者在海量推文中筛选信息,去帮助判断推文的可信赖程度。研究表明 Twitter 用户们很不善于判断推文的真实性,不论他们在 Twitter 上的使用体验程度如何,例如是否是有经验有口碑的老牌用户。③ 大型新闻机构的公共账户可信度就会大大胜过普通用户。

---

① Daxton R., Chip Stewart, "When Retweets Attack: Are Twitter Users Liable for Republishing the Defamatory Tweets of Others?", *Journalism & Mass Communication Quarterly*, Summer, 2013, Vol.90 Issue 2, pp.233-235.
② Twitter, Wikipedia, http://en.wikipedia.org/wiki/Twitter, May 1, visited.
③ Daxton R., Chip Stewart, "When Retweets Attack: Are Twitter Users Liable for Republishing the Defamatory Tweets of Others?", *Journalism & Mass Communication Quarterly*, Summer, 2013, Vol.90 Issue 2, p.233.

二、网络媒体转载降低了发表者和转发者的资质门槛

以前我们想要表达一种观点或者与他人分享一件事实时,不得不想办法说服某个杂志的编辑或者电视节目的制作人,但是现在完全不需要,只要在自媒体(We Media or User Generate Content)上完成就可以了。如果说信息的发布成本是极低的,信息的转载成本更加低廉。成本几乎为零的信息流动带来了爆炸性和涌动的信息量,可喜可贺的是我们拥有了大量的信息源头,不必再拘束于地域性或者所谓权威的有限视角,能够全面彻底地知晓不同的观点,并且创造一种可互动的平台使得某一话题持续。然而不可避免的,这个平台融合了大多的声音,混杂了大量的干扰信息,寻找可信赖的答案的成本也提高了,当然这些干扰信息中不乏侵权行为。互联网技术的发展给人们的生活带来了很大的冲击,很重要的一点是自媒体的出现和兴盛使得每个网络用户都有资格成为传播信息的媒体,手机就是口袋里的网络终端设备,在4G、5G网络和无线网络进一步普及的大环境下,加上智能手机技术日益成熟,随时随地我们都可以成为信息传播媒体。

Twitter成立于2007年,并在短短5年内笼络了全球1.4亿的用户,它的服务主要涵盖社交媒体的分享、自愿、非正式性的文化。[①] 曾有律师指出,Twitter使诽谤案件问题的解决更加困难,正是因为Twitter这种非正式、松散和随意的本质,这种本质如果动摇,那么帖子数量将剧减,帖子内容也将不谈事实,扭转用户原本的期望,使得网络诽谤与传统诽谤案件的处理无异。通常原告的诉求之一是证明在一个诉讼中发布诽谤信息实际上是与第三人进行交流,该第三人不是诽谤者,英国诽谤法将责任扩张到那些重复诽谤出版物的第三人,其依据就是转发规则。这也就回归到"只要是参与诽谤事件之中就要负责任"这一规则成为美国诽谤法中一个重要的标准,Newell认为容忍谣言传播者与造谣者一样可恶。[②] 就像流感一样,谣言之所以存在是因为病毒一直在持续传播。

美国多个州法院和立法机关为了防止发表者面临无休止的诉讼,同时对多重发表的抗辩保护范围规定了例外情况,1952年美国全国统一法律委员会遵循这些规则,限制发布者责任,通过统一首次发表法第22条来固定

---

① Twitter, Wikipedia, http://en.wikipedia.org/wiki/Twitter, May 1, visited.
② Daxton R., Chip Stewart, "When Retweets Attack: Are Twitter Users Liable for Republishing the Defamatory Tweets of Others?", *Journalism & Mass Communication Quarterly*, Summer, 2013, Vol.90 Issue 2, pp.235-236.

这一规则。① 这个范式在很大程度上影响了第二次侵权法重述的第 577 章
A 部分规定:"任何书籍、新闻或广播、电视节目、展览、动画片或类似通信
的版本发表都属于首次独立发表。"因此该独立发表作品可以是一个诉讼
的标的,诉讼时效的计算始于首次发表的日期。② 大部分州已经采用或者
采用类似的首次发表规则,要么通过立法,要么通过庭审。③ 美国联邦最高
法院已经强调,该规则能够为有效率的司法活动提供解决因一个诽谤行为
或原因引起的所有争议和损害赔偿平台,以单一程序执行,也为发布者遭受
的多重诉讼提供全面的保护。

三、网络媒体转载构成了网络分享文化的核心价值

网络已经将"晒"和分享变成了日常生活中很重要的部分,想要厘清社
交媒体的用户分享和转发有诽谤嫌疑和可能性的信息是否应该承担责任。
首先应该界定和解释什么是公共社交媒体工具诽谤法中对分享信息的文化
暗含的容忍和支持范围。其次,运用法学研究的方法分析转发规则及其与
现实的适应程度,包括有线服务抗辩和独家发表规则,也就是对第二转发人
的传统保护方法,之所以称之为传统是因为它正在面对网络线上服务的新
挑战,并与之斗争。

首次发表规则已经被法院适用以应对新闻出版的新技术挑战,特别是
在美国国会 1996 年制定《通信规范法》《通信规范法》之前,这使得许多关
于首次发表的裁决失去了实际意义,但是由于《通信规范法》可能无法解决
互联网上特别是转发转载进退两难的问题,对首次发表的定义讨论确定是
有必要的。

1991 年,联邦法院纽约南区法庭裁决 CompuServe 公司作为一个互联
网数据库和数字图书馆,不为"Rumorville"平台上的诽谤信息负侵权责任。
Rumorville 的内容都是由用户提供的,CompuServe 只是与传统的新闻销售
商发挥同等功能的,其承担责任的标准应与公共图书馆、书店、报刊亭等相
同。作为没有理由知道平台上含有诽谤信息的发布者,CompuServe 不应承
担诽谤的转发责任。相反地,纽约州法院认为 Prodigy 也是一家电子交互服

---

① "Uniform Single Publication Act," Uniform Laws Annotated 9C(1952):173.
② Restatement(2d) of Torts, *Single and Multiple Publications*, Philadelphia: American Law Institute,1977,577A.
③ Daxton R., Chip Stewart,"When Retweets Attack:Are Twitter Users Liable for Republishing the Defamatory Tweets of Others?", *Journalism & Mass Communication Quarterly*, Summer, 2013, Vol.90 Issue 2,p.237.

务提供商,作为出版者而不是销售者,当他积极地行使了某权利时,通过表达某种意图的行为使其行为看起来是有意识的、理性的行为,包括通过编辑和控制一些论坛和板块上的信息,无论是运用屏幕显示排版的方法还是利用版主的权限,对于不能被《通信规范法》的免责条款保护的被告,只是销售者,而不是出版者,不应承担转发带来的侵权责任。依据控制程度的不同,销售者只是做一些被动的线上行为,将不被苛以转发侵权的责任,然而任何编辑控制行为的实施都会导致开启承担责任的大门,只是责任承担的轻重问题。① 首次发表规则的重点目前基本已经得到实施,在网络空间发布信息,法规的适用限制的争议也十分激烈,法院一致认为网络发表的连续性和不确定性涉及诉讼时效问题。例如 2002 年纽约最高法院裁定 1996 年网上发布的诽谤信息不再适用于原告 1998 年起诉的案件,②经过一年的时间,法规的诉讼时效已过,法院建议诽谤争议问题仍可以被提起诉讼,如果由分开整合的原创发表,分别在不同的时间或平台发布,不仅仅是时间迟延的原因,而且是取得新的受众的原因。③

在网络兴盛的时代,首次发表规则普遍适用明显仅仅保护原创发表者和被动的销售者,不保护那些理性筛选之后传播有诽谤可能性的信息的主体。当诽谤信息被转发,并且是通过自媒体之类的途径进行分享,这与首次发表规则为转发者提供的保护有所不同,自媒体平台本身理所当然地被视为一个销售者,而不是发布者,因为它对用户发布的内容不进行编辑控制,正如自媒体平台通常的服务规范条款中提到的信息,内容归属于它的创作者,平台本身不会管理或控制网络平台上发布的内容,也不为这类的内容承担责任。但是自媒体平台用户转发他人的内容,并经过理性的选择决定重复这样的信息,让他们出现的形式更像是传统的转载,而不是销售式的转载。销售者有过错的应为自己的行为承担责任,包括涉及网络的 CompuServe 和 Prodigy 的案子,使得网络服务提供商更注意自己的角色定性。④

---

① Cubby v.CompuServe,Inc.,776 F.Supp.135(S.D.N.Y.1991).
② Carafano v. Metrosplash.com, 207 F. Supp.2d 1055, 1073–1074 (C. D. Cal. 2002). Carafano v. Metrosplash.com, 330 F. 3d 1119 (9th Cir. 2003), hereinafter Carafano II. Daxton R., Chip Stewart, "When Retweets Attack: Are Twitter Users Liable for Republishing the Defamatory Tweets of Others?", *Journalism & Mass Communication Quarterly*, Summer, 2013, Vol.90 Issue 2, p.237.
③ Firth v.New York, 775 N.E.2d 463, 466(N.Y.2002).
④ David Ardia, "Free Speech Savior or Shield for Scoundrels: An Empirical Study of Intermediary Immunity under Section 230 of the Communications Decency Act", *Loyolaof Los Angeles Law Review* 403(winter 2010), pp.373–506.

四、网络服务提供者的中立性与否决定互联网技术的发展前景

基于网络本身架构上的中立性,因此网络自由是网络本身十分重要的价值追求。网络原始于政府与大学共同开发,因为费用及技术的局限,最初的设定没有包括任何审查(scrutiny)的要素。此后随着国家力量的加入,网络服务者开始了互相竞争,不断推出了更先进的技术,同时也开始加入了审查机制,例如清除垃圾邮件以吸引网络用户,也有借封包检查或封包嗅查来检测是否侵权的措施,这也是过滤机制的贡献。网络平台并不是如同通讯公司的被动的媒介,通讯公司仅仅负责通讯信号畅通,更加机械和富有技术性,不管控,不会为无线通讯中涉及的诽谤承担责任。相反,网络平台绝不仅仅是普通的运营商。提供网络平台豁免的机会,完全是出于政策性考虑,甚至在网络电子服务提供者实施放任行为,使得用户发布诽谤信息的内容变得可传播,仍然可能享受免责。某种程度而言,网络服务提供者之间心照不宣的行业默契,政策性的豁免制度属于对网络服务提供行业的激励机制,这样可以使得网络服务行业更好的自律,不被其他人发表的攻击性信息所累,尽管这种自律不一定成功甚至他们本不想自律。①

自媒体网络平台可以成为诽谤案件的侵权主体。Twitter诽谤案直到2012年末才出现第一起判决,之前的几起诉讼都在庭审之前和解了。② 第一个涉高额的案件是2011年美国的音乐家及演员Courtney Love,支付了43万美元赔偿一个设计师,因为她称其为"讨人厌的满口谎言的小窃贼"。③ 同时也是发生在2011年的案件,美联社体育记者Jon Krawczynski在赛场边上观看比赛时发表推文,内容是关于明尼苏达森林狼队与休斯敦火箭队的篮球比赛时明尼苏达主教练与火箭队队员之间有侵犯性的口水战。该推文马上导致账号@APKrawczynski多出了约2000关注者,转发量至少是这增加的关注者的14倍。裁判拒绝发出声明并提起了诉讼,导致了美联社支付

---

① James P. Jenal, "When is a User Not a 'User'? -Finding the Proper Role for Republication Liability on the Internet", *Loyola of Los Angeles Entertainment Law Review*, Vol.24, Issue 3(2004), pp.464-470.
② William Charron, "Twitter: A 'Caveat Emptor' Exception to Libel Law?", *Berkeley Journal of Entertainment and Sports Law* 1(April 2012):57-65,64.
③ Anthony McCartney, $430k Love Settlement Shows Tweets Can Be Costly, Associated Press, March 5,2011. Daxton R., Chip Stewart, "When Retweets Attack: Are Twitter Users Liable for Republishing the Defamatory Tweets of Others?", *Journalism & Mass Communication Quarterly*, Summer,2013,Vol.90 Issue 2,p.235.

2万美元提出了和解,而 Krawczynski 也同意删除推文。① 至今没有法院裁定转发或其他社交媒体用户分享有诽谤可能性的信息需要承担责任,而且转发的对象是其关注者或者甚至仅仅是他们的朋友。至于他们是否应被视为是发布者这很难下定论,如果转发者相当于发表者,那么也就意味着转发者一样要承担责任,这就需要给出明确原因,传统转发规则以及该规则是否有足够的理由能扩大到应用于网络社交媒体,并能够解决所有网络媒体遭遇的难题。

众多对 Zeran 案的评论中,总体立场是认为发布者责任是对网络服务提供者巨大的挟持。基于市场的压力,法庭的判决依据将促使网络服务提供者径自取下信息而不进行审查,以免对其名誉有消极影响,完全不顾及网络社区内用户自由发布信息的最高价值取向。这并没有起到好的作用,而是给网络服务提供者带来了额外的忧虑。

对 Zeran 案的负面评论认为,原告在该案中胜诉几乎没有可能,无辜的网络服务提供者却会面临巨大的损害赔偿。当然,一般情况下,不会有商事主体想要主动将自己置于重复诉讼的风波中。一些想要在网络服务行业发展并大展身手的投资者会将诉讼风险考虑在评估的范围内,大额的诉讼导致的损害赔偿会对整个网络服务产业产生不可忽视的影响。法庭审判中仅仅只是想要解决现有的纠纷,难以预计到几十年后的判决影响,互联网交互媒体是否应该彻底免责于网上诽谤信息,取决于我们在立法之外更看重的价值,也在于如何全面界定这个问题。

《通信规范法》最终将发表者和销售者作出了区分,为没有发表诽谤信息的主体提供了避风港,只要是网络服务提供者或者其用户,就不为第三方发表的内容负转发责任,《通信规范法》颁布于 1996 年,第 230 条被证实为网络服务提供者、搜索引擎、社交网站、论坛管理人、其他允许用户发表内容的线上服务等几乎所有网络服务的平台免责。法院将《通信规范法》的免责条件从网络转载侵权责任中分离出来,那些由用户发布的侵犯性信息,都不应该由平台服务提供者负责承担转载的侵权责任。这类的案子被告作为服务的提供者,但是第 230 条将免责也扩张到用户转发第三人的诽谤信息也不应承担责任,原因只是信息不是该用户的原创发表。但是如果 Oakley

---

① Eric Freeman,"NBA ref sues AP writer over critical tweet", Yahoo! Sports, March 15, 2011. Lauren Dugan,"The AP Settles over NBA Twitter Lawsuit, Pays $20,000 Fine", AllTwitter, December 8, 2011. See from Daxton R., Chip Stewart,"When Retweets Attack: Are Twitter Users Liable for Republishing the Defamatory Tweets of Others?", *Journalism & Mass Communication Quarterly*, Summer, 2013, Vol.90 Issue 2, pp.235-236.

的案子中,假设公共账号转发了诽谤信息,以及被认证的知名用户转发并加上了评论,他们是否也会根据第 230 条得到保护?[1] 这种转发需要考虑的因素包括:第一,法院是否可以将免责扩大到用户来适用法律。第二,对原信息加以评论的转发是否使用户从信息转发者变成了信息的原创者。侵权案件的高额赔偿使得网络中立渐渐消失,但是我们必须想办法恢复网络最初也是最本质的特征即网络中立,唯有如此,才能为网络技术的发展带来新的希望。因为《通信规范法》第 230 条没有直接明确地指向普通法的问题答案,通过解释《通信规范法》的条文,解决问题的多种方法中均认可了任何不法行为者都应承担责任,因此对于侵权责任承担的讨论一直都在,从侵权人主观动机的保护这个中心逐渐蔓延,至今无定论。

第三节　网络转载侵权责任的构成

一、网络转载侵权责任的归责原则

网络媒体转载侵权属于一般侵权行为,适用过错责任原则,依照《民法典》第 1165 条第 1 款规定确定网络媒体转载侵权责任,转载人有过错则有责任,无过错则无责任,网络侵权责任直接适用《民法典》第 1165 条规定。[2]

归责原则问题一向是侵权理论的核心和灵魂,也是侵权规则建立的逻辑起点,没有明确网络侵权的归责原则,就如同没有拿到研究网络侵权理论的钥匙。[3] 对于归责的含义,拉伦茨的观点侧重于归责是对于被侵权人的损害填补;道茨奇(Deutsch)的观点侧重于依据行为找出行为人是谁;[4]台湾地区学者邱聪智认为判断行为与结果之间的法之价值取舍是关键;杨立新认为归责是判断侵权人承担责任的过程,也就是说,归责与责任承担不同,归责的目的是为了责任,归责为责任提供依据,并不能保证责任最终确立。[5] 影响归责的因素包括过错和损害结果等,这里面包括了复杂的法的价值取向,例如在网络侵权中,对人格权、网络平台中立态度、言论自由的多

---

[1] Daxton R, Chip Stewart, "When Retweets Attack: Are Twitter Users Liable for Republishing the Defamatory Tweets of Others?", *Journalism & Mass Communication Quarterly*, Summer, 2013, Vol.90 Issue 2, p.234.
[2] 参见杨立新、李颖:《中国媒体侵权责任案件法律适用指引——中国侵权责任法重述之媒体侵权责任》,《河南财经政法大学学报》2012 年第 1 期。
[3] 参见杨立新:《侵权法论(第五版)》上,人民法院出版社 2013 年版,第 161 页。
[4] 参见王利明:《侵权行为法归责原则研究》,中国政法大学出版社 2003 年版,第 17 页。
[5] 参见杨立新:《侵权法论(第五版)》上,人民法院出版社 2013 年版,第 162—163 页。

方取舍和平衡都集中体现在归责原则上。

我国《民法典》中第1165条和第1166条明确了过错责任原则和无过错责任原则。① 另外还包括过错推定原则,②也有学者提出第四种归责原则为公平责任原则。③ 网络媒体转载侵权不属于无过错原则,不属于过错推定原则,也不属于公平责任原则。第一,网络媒体转载侵权不属于无过错原则。无过错原则是为了适应大型危险工业的发展而产生的归责原则,不考虑行为与结果之间的价值判断,根据法律规定,要求行为人承担侵权责任的归责原则。我国侵权责任法中无过错责任的适用条文包括了产品责任、环境污染责任、高度危险责任、私养动物损害责任、工伤事故责任中的个别条款,也并不是以上侵权责任中的全部情况,适用无过错原则的条文仅是少数④,既然是法律的特别规定,那么网络侵权并不属于特别规定之中,所以网络媒体转载侵权一定不属于无过错责任原则。第二,网络媒体转载侵权不属于过错推定原则。过错推定原则是《民法典》第1165条第2款规定的情形,所谓推定就是法律领先推定行为人有过错,在没有明确证据证明无过错行为人的情况下,给予被侵权人有利的救济和保护。根据对过错推定的解释,我国侵权责任法各类型责任中适用过错推定的包括监护人责任、暂时丧失心智损害责任、用人者责任、无民事行为能力学生在教育机构受到损害的学校责任、机动车与非机动车驾驶人或行人发生交通事故的赔偿责任、动物园的动物损害责任、处理高空抛物以外的物件损害责任。⑤ 网络媒体转载侵权并不属于过错推定原则,也不适合解释为过错推定原则,除非给出充分的个案理由,否则将造成对言论自由的重伤。第三,网络媒体转载侵权不属于公平责任原则。虽然公平责任一直备受争议,但是公平责任不仅仅依靠道德为基础,而是在侵权人与被侵权人均无过错时,双方之间责任分担的情况。⑥ 公平责任原则并非是与过错责任、无过错责任和过错推定责任并列的归责原则,而是在上述原则适用困难的前提下,起到一定辅助作用的一种归责原则,要求侵权人和被侵权人均无过错,这需要法官来进行衡量。公

---

① 参见王胜明主编:《中华人民共和国侵权责任法释义》,法律出版社2010年版,第38页。全国人大法工委认为侵权责任法中的归责原则包括两种。
② 三种归责原则的观点,参加杨立新:《侵权法论(第五版)》上,人民法院出版社2013年版,第161页。
③ 四种归责原则的观点,参见王利明:《侵权责任法研究》上卷,中国人民大学出版社2010年版,第198页。
④ 参见杨立新:《侵权法论(第五版)》上,人民法院出版社2013年版,第194页。
⑤ 参见杨立新:《侵权法论(第五版)》上,人民法院出版社2013年版,第185—187页。
⑥ 参见王利明:《侵权责任法研究》上卷,中国人民大学出版社2010年版,第268—270页。

平责任的适用包括:第一,有财产的无行为能力人或限制行为能力人致人损害的责任;第二,暂时没有意识或者失去控制的完全行为能力人致人损害的责任;第三,紧急避险人责任,法官可以参考的判断因素包括损害程度、侵权人经济状况等;第四,高空抛物致人损害责任体现在高空抛物补偿规则上。① 综上,网络转载侵权不适用其他归责原则,应适用过错责任原则。

20世纪90年代中期,在"网络平台是否承担侵权责任"这一典型案例中,Prodigy作为著名网络平台提供商,提供一个拥有200万订阅者的论坛(Bulletin Board Service or Bulletin Board System),即BBS。用户在该论坛上可以根据多重主题讨论问题,其中包括公开交易的股票问题。② 1994年11月一个匿名帖子上传了大量信息,并选择在阅读量最大的板块Money Talk上发布,并引起Stratton Oakmont证券投资银行及其主管Daniel Porush的关注。③ 根据发帖内容,Porush被迅速认定为犯罪嫌疑人,其所属银行被认定为惯性欺诈或被解雇的破产者集合体,有邪教倾向。④ 原告将Prodigy是否可以视为是Money Talk上发布的不实言论的出版者这一问题当作决定审判结果的部分因素,因此在这部分做了重点的论述。为了支撑自己的观点,原告提供了一些Prodigy公布的论坛使用上的言论和规则。⑤ Prodigy对外宣称的言论规则是:自视为对其论坛内所载信息内容进行编辑管控的网络服务商,其与广大竞争者或同行不同,更愿意将自己表述为一家报纸产业,为推广一种反映数百万美国家庭文化的价值体系而一往无前。当然作为有业界良心的报业,其绝不会对广告类型的选择、信息发布质量、事实不清和未经证实言论的可容忍范围降低标准。⑥ 另外,原告指出"发帖向导"作为设置可发布参数的选项是一个自动生成的程序,其对攻击性言论进行技术性分析筛选。而作为有删帖权限的版主,其设置是希望其能弥补"发帖向导"的技术不足而增添的人工服务,版主是志愿服务的,但在本案中版主没有遵守职责,进行删除工作以填补"发帖向导"的技术缺陷。⑦

Prodigy在反驳中坚持认为,其已经改变为通过程序对所有帖子实施自动审查,而且这种改变是原告投诉发生之前的事情。⑧ 而事实上大约1天6

---

① 参见王利明:《侵权责任法研究》上卷,中国人民大学出版社2010年版,第284—286页。
② 1995 WL 323710(NY Sup.Ct.May 24,1995).
③ See Cubby,Inc.,776F.Supp.at 140.
④ 1995 WL 323710(NY Sup.Ct.May 24,1995),at 1-2.
⑤ 1995 WL 323710(NY Sup.Ct.May 24,1995),at 1-2.
⑥ Stratton Oakmont,Inc.,1995 WL 323710,at 2.
⑦ Stratton Oakmont,Inc.,1995 WL 323710,at 2.
⑧ Stratton Oakmont,Inc.,1995 WL 323710,at 3.(citing Schneck affidavir,paragraph 4).

万的发帖量也是任何人工工作都不可能完成的。除此之外，Prodigy 恳求法院不要作出一个直接影响网络服务产业发展的判决，那样任何人都不会获利。①

除去 Prodigy 的担忧，法院认为最关键的问题是 Prodigy 是否对其平台上发布的帖子实施了充分的编辑管控，就像它所承诺的如同一个报业集团一样身兼巨责。② 结论是 Prodigy 尽到了合理的注意义务，法院关注了 Prodigy 之前向公众保证的家族式规则宣言，而没有关注法律相关的实际权利能力的限制。③ 根据法院的意见，Cubby 案的判决没有为此案提供援引价值的原因是多方面的，包括：第一，Prodigy 在公众心目中的形象就是它的宣言规则中所称的，而其会员是控制帖子发布内容的权利人。第二，Prodigy 指出它的控制就是一个自动的软件显示程序的发帖向导，版主有权利对帖子进行阻止访问。通过灵活的技术运用和人工工作来删除有侵犯性和引人不适的帖子。Prodigy 已经表明会对这些需要处理的帖子进行管控，通知到达就尽快处理，最晚在投诉生成后就立即处理，这没有限制或者磨灭 Prodigy 为其论坛上用户可以发什么消息、读者可以阅读什么信息的唯一决定者这一身份。基于上述要点，法院只好得出这样的结论，来作为对原告诉求的解释。Prodigy 是发布者，其注意义务较高，而不是销售者。④

然而 Stratton Oakmont 证券投资银行没有逃过被认为是一个有误导倾向的集团，并被认为借此案件炒作，其广告形态与实际偿付能力之间的差距是可以估计的。⑤ 这给正在乘风破浪的网络服务提供行业带来了又一波巨浪。一方面，此类行为想要鼓励大部分消费者能够通过网络来获得一种安全和完备的用户体验，但另一方面我们又担心这种曝光行为让 Prodigy 类的网络服务提供者对行业的努力付诸东流，如果整个行业集团向美国国会提出撤销判决，那么对此案的讨论还会继续。⑥

一些法院和评论者认为 Stratton Oakmont 案是诡辩论盛行的反例。Prodigy 毕竟一直自诩会对帖子内容负责，然而事实上它已经成为了诽谤帖子的温床，更重要的这不是一蹴而就的事。如今它已经成功让自己从不良

---

① Stratton Oakmont,Inc.,1995 WL 323710, at 3.Lunney v.Prodigy Serv's Co.,683 N.Y.S.2d 557 (1998).
② Stratton Oakmont,Inc.,1995 WL 323710,at 3.
③ Stratton Oakmont,Inc.,1995 WL 323710,at 5.
④ Stratton Oakmont,Inc.,1995 WL 323710,at 4.
⑤ Peter H Lewis,"Judge Stands By Ruling on Prodigy's Liability",*N.Y.TIMES*,Dec.14,1995.
⑥ Peter H Lewis,"Judge Stands By Ruling on Prodigy's Liability",*N.Y.TIMES*,Dec.14,1995.

形象中解脱。平心而论,比激励式的自我规制更重要的是,Stratton Oakmont 案似乎鼓励网络服务提供者对其平台上的内容摆出一副事不关己的态度,的确是他们对内容管理得越少,他们就将销售者和出版者的角色差异表现得更加分明,也就不用为涉及诽谤的信息承担责任。①

　　Stratton Oakmont 并没有让网络服务提供行业和美国国会的支持者失去信心。作为对 Stratton Oakmont 案直接的回应,两位议员提出了一项在当时被称为 1995 年电子通信法的修订议案。② 该修订议案提出一个争议更小、更有效的限制网络不良信息传播的方案,来推翻 Stratton Oakmont 案中的观点,允许网络服务提供者管理其平台上的信息内容而不需要为了他们所做的努力失败而承担责任。在接受评论时,议员之一直接表示:Prodigy 与 CompuServe 一样否认他们没有管理或编辑信息本身的制控,但事实上完全地管理也是不现实的。面对每天 600 万的信息和 200 万的订阅用户,唯有如此,别无他法。法庭否认家族式的网站是一种法律上的网络服务提供者类型,认为这只是形式上的宣传和推销手法。网络服务平台购买了软件技术、运用发帖向导等,只会说明运用辅助技术对信息内容进行监管,网络平台将面临更高和更严格的责任。鼓励互联网行业的发展,最终获利的是消费者和受众。管的越多反而越麻烦,曾经的无偿网络服务提供者现在因为一个纽约判例即 Prodigy 案而变得不想要管理和帮助用户解决问题了。③ 基于这些证明材料,最终通信规范法修正案得以通过。参议院会议委员会凭借这一修正案解决了不同的规定导致的矛盾问题。委员会议同意以最小的变动适用新的规定,将《通信规范法》第 230 条作出调整,这部分用无偿服务保护条款将服务提供者和交互电子服务用户从抵制和试图抵制不良信息所承担的民事责任中剔除。④

---

① Scott Wilson, Corporate Criticism on the lnternet:The Fine Line Between Anonymous Speech and Cybersmear,29 PEPP.L.REV.533,555 n.136(2002);Stratton Oakmont, Inc.v.Prodigy Serv's Co.,1995 WL 323710 * 1, * 4(NY Sup.Ct.May 24,1995).

② 104 CONG.REC.H8468(1995)(statement of Cong.Cox).

③ House Passes Cox/Wyden "Internet Freedom" Amendment Major Victory for Cyberspace-Indecency Statutes Remain a Major Issue, Center for Democracy and Technology(Aug.4,1995),at http://www.cdt.org/publications/pp230804.html [hereinafter C.D.T.].Original "Exon Amendment", Epic.ORG., at http://www.epoc.org/free_speech/CDA/exon_bill.html(last visited Mar.12,2004);see also C.D.T.Policy Post No.17-June 14 1995,Center for Democracy and Technolooy,available at http://www.cdt.org/publications/pp170614.html(last visited Mar.12,2004). See Reno v.ACLU.521 U.S.844(1997).

④ H.R.CONF.REP.NO.104-458,at 194(1996).

二、网络转载侵权责任的构成要件

(一) 网络转载人的主观状态

网络转载侵权人的主观状态可以是故意,也可以是过失。故意的情况比较容易判断,过失的情况更复杂。

1. 故意

网络转载侵权行为中故意是指转载人明知信息内容不真实或可能不真实、评论出于恶意、不公平、不正当等,仍坚持进行转载,积极使其进入信息流通领域的主观状态。对实际恶意的理解,可分为明知、应知和缺乏事实依据三种主观状态。第一,明知是原告掌握被告明知所发布信息为诽谤性言论的令人信服证据。足以令人信服的标准实际上是浮动性的,无形中意味着证明的风险是由原告承担,相对而言,也为原告免于承担责任提供了便利。① 第二,应知是指被告在所掌握的信息和判断中,应该或有理由知道其发布的信息内容是背离客观真实情况的。媒体的专业性以及《美国宪法第一修正案》的核心思想说的就是被告应知规则的适用障碍。② 第三,缺乏事实依据,其原因众多,例如媒体为了保持消息的即时性而进行时间竞赛,因此不能花费更多的时间用于审查事实真伪,只能推定消息真实,径自发表。另外媒体是私主体,与公权力机关不同,其受到自身权力的局限,不能保证具有相当的调查力度和范围;再如,许多的内容表达的是主观的看法,用客观的标准来进行判断对言论本身就是不公平的。

确认转载侵权责任的过程中应当着重考虑的就是转载人的主观状态,就是是否存在明知转载内容有不当之处,但仍然转载的情况。虽然没有第一手的报道信息,但是作为一个有正常心智的人,转载人仍然有理由和有条件能够判断转载的内容是否有很大可能造成侵权,例如报道的蛛丝马迹,报

---

① Tucci v. Guy Gannett Publishing Co., 464 A2d 161, 166 (Me. 1983) ("Plaintiff's burden is a heavy one; actual malice must be proved with 'convicing clarity'".); Whitmore v. Kansas City Star Co., 499 S.W.2d 45, 51 (Mo. App. 1973) (Plaintiff did not come close to meeting "weighty burden of 'clear and convincing' proof"); Lackland H. Bloom, "Proof of Fault in Media Defamation Litigation", *Venderbilt Law Review*, 1985(3), vol.38: 256.

② Buckley v. Littell, 539 F. 2d 882, 896 (2d Cir. 1976) (Affirming verdict for plaintiff when defendant admitted that he did not believe that plaintiff had engaged in the type of conduct that he had alleged in his book), cert. denied, 429 U.S.1062 (1977); Goldwater v. Ginzburg, 414 F.2d 324, 339 (2d Cir. 1969) (Affirming verdict for plaintiff when among other things, defendant wrote that plaintiff, presidential candidate, was mentally ill, with knowledge that statement was false), cert. denied, 396 U.S.1049 (1970); Lackland H. Bloom, "Proof of Fault in Media Defamation Litigation", *Venderbilt Law Review*, 1985(3), vol.38: 255-258.

道的来源等。Rosenthal 案①中,转发者 Rosenthal 没有创作行为,只是将被告即原发作者 Bolen 发给自己的邮件中的信息进行了传播。因此一个例如新闻讨论组这样的交互电子服务的用户,Rosenthal 不是 Bolen 作品的创作者也不是发言人,因此她不适合为互联网上的帖子涉及的信息承担民事责任。被侵权人 Barrett 并不这么认为,他认为对法条的理解应该是多样化的,首先,重新审视《通信规范法》的内容会发现,它是美国国会为了加强对互联网猖獗的不良信息传播而出台的。除了发布者不能免责,其他人都是可以适用免责的。例如,一个色情图片的拍摄者是不良信息的创作者,但是有些用户只是将图片出售给有这种偏好的人,不是通过互联网,仅仅通过类似拷贝在光盘中这样的方式,就不会被《通信规范法》追责。但是本案法庭审理认为,如果这些有光盘的人通过互联网上传不良信息,他们就会被免责,因为他们不是信息的原创者。② 其次,美国国会委员会在报告中明确指出,免责的目的是为了保护那些对过激言论信息坚决保持距离或摒弃这些不良信息的人免受责任惩罚。而不是为不良信息的传播者提供避难所。最后,网络服务提供者的保护基础首先是在 Cubby 案中提起的,之后被其他相关案件援引,但是唯独本案没有提起。问题就是以往判例的援引困难。然而,事实上网络服务提供者和独立的网络管理人推送 Rosenthal 的信息,但是却没有审查这些信息是否在内容上涉及诽谤的立场,因此没有办法约束 Rosenthal。③ 我们推测任何她收到的邮件都不会自动转发至新闻讨论组,而且只有她选定的那些信息才会被转发。技术本身不能完成转发者向原创者的转化,但是根据《通信规范法》第 230 条的禁止规定,无论怎么作理解和解释,Rosenthal 已经具备了信息内容发布者的条件。简而言之,Barrett 案的庭审完全改变了美国国会制定《通信规范法》的初衷和国会期许的立法走向。法庭本可以选择更得当的解决方式,但当时他们没有考虑得如此周全。Rosenthal 没有举证任何事实证明自己不是信息的发布者来避免其承担普通法中的发布者责任。法庭忽略了部分程序要求,判定她免责,并要求该案进入继续诉讼程序。然而,上诉发现了一个可能让 Rosenthal 承担发

---

① Barrett v.Rosenthal,112 Cal.App.4th 749;5 Cal.Rptr.3d 416(Cal.App.1st Dist.,November 10,2003).
② Cf.James P.Jenal,"When is a User Not a'User'? -Finding the Proper Role for Republication Liability on the Internet", *Loyola of Los Angeles Entertainment Law Review*, Vol.24, Issue 3 (2004),pp.468-472.
③ Cubby,Inc.v.CompuServe,Inc.,776 F.Supp.135,140(S.D.N.Y.1991);Stratton Oakmont,Inc.,v.Prodigy Serv's,Co.,1995 WL 323710 at.3(N.Y.Sup.Ct.May 24,1995).

布诽谤信息责任的途径。这当然也是正确的判决结果,同时在加州创立了一个规则,当扩大类推适用时将使网络服务提供者负担新的责任并使得他们遭遇更多诉讼的威胁。截止到 2004 年,只有 Rosenthal 案是遵循这样的判决,其他网络服务提供者未涉及诉讼。①

2. 过失。

过失是指转载人应当能够预见到自己的转载行为将会导致侵权后果,能够尽到却未尽到注意义务。过失通常是转载人没有尽到适当的审查、说明义务或没有采取相关技术措施。过失及恶劣规避责任问题包括:媒体合理注意义务的判断标准和对过失及恶劣规避责任的证明。首先,媒体合理的注意义务要求对过失进行分析,其次对媒体的注意义务的要求标准应当是普通人的标准还是专业人士的标准极大影响了媒体是否尽到了审慎义务的判断结果。事实上,大部分的信息发布人或者记者对信息的确信程度都达不到百分之百,除了那些由公权力机关发布的数据或消息被认为是可信赖的,发布者不具备追踪每一个消息细节真伪的条件和责任,尽管发布者主观想要谨慎善良,但是客观上并不具有相应高效调查权限。其次,媒体的消息时常来自其他的媒体,在转发信息的过程中为了降低自己的注意义务标准,应注明转发来源并不对信息作出改变原意的编辑。最后,媒体有理由怀疑言论的真伪、调查的客观性以及文字写作和编辑的手法,都会影响对过失及恶劣规避责任的认定。② 例如,发布者粗心大意的注解,或者在采访他人所做的笔记注解上没有使用引号,导致推定为发布者的言论,而该发布者的书面笔记就会成为原告举证的物证;再如,发布者在措辞的过程中体现的偏见,以及不同地域对词语意思的通用理解差别或翻译带来的语义贬损都可能导致诽谤,而这种显然是过失而导致的。③ 对于如下情形,媒体有理由怀疑发布内容的准确性:第一,不连续的信息可能导致失实;第二,追溯不到源头的信息;第三,来源不可信赖的信息;第四,模棱两可的言论;第五,真实可能性严重低下的信息;第六,缺乏专业基本知识的信息等。④

用户在网络服务提供商所提供的平台上注册之后,难免接收到错误的

---

① Cf.James P.Jenal,"When is a User Not a'User'? -Finding the Proper Role for Republication Liability on the Internet", *Loyola of Los Angeles Entertainment Law Review*, Vol.24, Issue 3 (2004), pp.471-472.

② Cf.Lackland H.Bloom, "Proof of Fault in Media Defamation Litigation", *Venderbilt law review*, 1985(3), vol.38:355-386.

③ Schrottman v.Barnicle;386 Mass.627,437 N.E.2d 205(1982).

④ Cf.Lackland H.Bloom, "Proof of Fault in Media Defamation Litigation", *Venderbilt law review*, 1985(3), vol.38:347-356.

或者是误导性的信息,所以在线系统提供这些服务是冒着风险的。美国最高法院曾经判定,如果让新闻出版界对善意的误述或者过失误述承担责任而致使新闻界因此担惊受怕,那将违反宪法第一修正案,"尤其是当言论内容自身没有显示出虚假就会对他人造成潜在伤害的情况下,更是这样。"①广告在一定限度内,即"只要该广告是关于合法行为的,并且不存在误导或欺诈",也是受宪法第一修正案保护的。② 在依据纽约州法律审理的一起案件中,③法院判定,在线新闻服务系统与注册用户之间不存在任何足以支持起诉过失误述的特殊关系。该案中,有位证券投资者注册于道·琼斯新闻系统,这是一个交互式在线系统,在上面可以查询新闻信息。通过道·琼斯新闻系统,这位投资者获得了一份关于加拿大某个公司的报告,其报告上标明所示价格单位不是美元而是加币。道·琼斯提出自己出于过失发生了错误的、误导性的报道,但是法院指出,长期以来法院一直裁定新闻界不因其过失的错误陈述而对读者承担责任。联邦法院和纽约州的法院都要求当人之间存在"特殊关系"才能加诸过失误述的责任。而在本案中,法院认为原告投资者与道·琼斯之间的关系"其性质只相当于一个人买了张报纸一样",而"支持过失误述诉因的'特殊关系'要件,必须是超出普通买者与卖者之间的关系才行"。此外,法院还判定,该投资者的诉讼请求违背美国宪法以及纽约州宪法。判词称,"在没有证据表明是明知虚假或者是草率罔顾真相时,自由、无阻碍的传播信息是社会性的权利,不受追究。"道·琼斯"实际上是一个'电信服务'"提供商,应当"被视为是一个'媒体'类的被告,享有第一修正案的完全保护"。法院认为道·琼斯提供的服务,"是一种通过现代化、科技化手段使公众得以获取最时新新闻的饶有趣味的途径之一。它有权获得与各种既有的新闻传播渠道一样的保护"。法院遂驳回了原告的诉讼请求。

　　技术设备发生故障始终是网络平台系统运营者的一件头疼事,如果没能预见这类故障,也没能提供适当的替补措施,则可能引起运营者的过失责任。④ 若过失责任成立,权利人可以获得其身体伤害或财产损害的金钱赔偿。至于收入损失或利润损失等是否能够在过失责任的诉讼中得到赔偿,这取决于该案适用的州的法律。譬如,在伊利诺依州的一起诉讼中,某公司

---

① Time,Inc.v.Hill,385 U.S.374,389,17 L.Ed.2. 2d.456,87 S.Ct.534(1967).
② Posadas de Puerto Rico Associates v.Tourism Co.of Puerto Rico,478 U.S.328,340,92 L.Ed. 266,106 S.Ct.2968(1986).
③ Danielv.Dow Jones&Co.,137Misc.2d 94,520N.Y.S.2d 344(Civ.Ct.1987).
④ Blake v.Woodford Bank&Trust Co.,555 S.W.2d 589(Ky.Ct.App.1977).

以过失误述起诉一家计算机及软件销售商,索赔包括利润损失、工资、办公用品以及会计费用和租赁费用在内的经济损失。法院以索赔项目不在伊利诺依州法律所允许的赔偿经济损失的范围之内为由,驳回了诉讼。① 相比之下,加州的法院则认为经济损失——比如前景看好的经济利益,"可给予保护,使之不受过失行为以及故意行为可能造成的侵害。"②为了减少风险,在线服务商已经开始把责任限制条款纳入注册协议之中。类似的通过合同来约定的责任限制曾经在有些法院获得过执行。③ 在计算机软件外包装上或者在包装内封文件上事先印制的责任限制是否有效的问题已经引起了广泛的关注。但司法部门在这个方面给出的指导性准则很有限,④销售商最明智的做法是在销售时以醒目的方式将这些限制内容提请买方注意。美国统一州法全国委员会正在努力"研究拟订涉及数字化交易许可或者其他有关交易的简练而行之有效的合同原则"。对统一商法典拟订作出的修正包括单规定一节,命名为"大规模市场许可证"(mass market licenses),其中规定:如果一方当事人在使用某一协议项下的数字化信息之前或者是在使用后的合理时间内,先是以签署或者以其行为表明同意一项大规模市场许可证,并且在表明其同意之前该方当事人有审视此许可证条款的机会,至于该方当事人是否实际审视了这些条款在所不论,该方当事人即为采纳了这项大规模市场许可证。⑤ 但为了防止许可证条款出乎当事人意料,如果某一条款"确立或施加了某种与行业惯例相违的义务或者限制,而许可人应当知道如若提请被许可人注意该条款的话,该条款将导致相似类型交易中的大部分被许可人会拒绝此项许可证",则该条款可以从此项大规模市场许可证中排除掉。⑥

---

① Black,Jackson & Simmons Ins.Brokerage,Inc.v.International Business Machine Co rp.,109 Ill. App.2d 132,440 N.E.2d 282(1982);Transport Corp.of America v.International Business Machines Corp.,30 F.3d 953(8th Cir.1994).
② J'Aire Corp.v.Gregory,24 Cal.3d 799,803,598 P.2d 60(1979).
③ Primrose v.Western Union Tel.Co.,154 U.S.1,38 L.Ed.883,14 S.Ct.1098(1894);Dubousky& Sons,Inc.v.Honeywell,Inc.,89 A.D.2d 993,454 N.Y.S.2d 329(1982).
④ ProCD,Inc.v.Zeidenberg,No.96-1139,Slip Opinion(7 th Cir.June 20,1996);Arizona Retail Sys.v.Software Link,831F.Supp.759,764(D.Arlz.1993););Step - Saver Data Systems,Inc.v. Wyse Technology,939 F.2d 91(3th Cir.1991);Vault Corp.v.Quaid Software,ltd.,655 F.Supp. 750(E.D.h.1987),aff'd,847 F.2d 255(5 th Cir.1988).
⑤ 美国统一商法典第2B编第308(a)节的拟稿(1995年12月1日草案)。转引自[美]约纳森·罗森诺:《网络法:关于因特网的法律》,张皋彤等译,中国政法大学出版社2003年版,第228—234页。
⑥ 美国统一商法典第2B编第308(a)节的拟稿(1995年12月1日草案)。转引自[美]约纳森·罗森诺:《网络法:关于因特网的法律》,张皋彤等译,中国政法大学出版社2003年版,第228—234页。

(二) 网络转载侵权行为及损害事实

1. 我国网络媒体转载侵权行为类型。

我国网络媒体转载侵权行为可大体分为两类：一是对原文的整体无删改转载，二是经过编辑处理的转载。通常信息不会自动转发，只有用户选定自己想要推送的消息进行转发时，才会达到传播的效果。用户的角色不会因为技术因素产生非人为的转化，也就是说，没有哪个技术可以让一个转发者身份自动且被动地变成了原发作者，转发行为都是在转发人主动的表意行为支配下进行的。但不能因为仅仅证明自己是发布者的身份，就能够避免承担责任，发布者只是不会承担与原发作者同等的责任。原发作者为了规避责任，可能将大部分精力用于摆脱原发作者身份，反过来证明自己是发布者身份。通常发布者就是在上传或发布之前对信息和材料进行编辑，同时保留基本格式和源文件信息。"发布"一词扩大的解释认为，一个行为足以使得原发作者的消息能够在互联网上传播，这个结果就能够满足发布的原始意思，同时将信息放置在一个新的信息内容当中改变了原来信息的重要地位和来源，也仍是"发布"的意思。① 发布者选择截取原文某部分信息作为首次发表的内容就视为在互联网上"发布"该信息。例如热门微博博主决定将在博客上发布一条他人提供的消息，博主经过编辑用自己的语言进行描述，与原文形式不同，但内容一致，热门博主在发布时会加上自己的评论意见。由于原发文章存在侵权，但转发人未尽到合理审查义务进行转载，或者放任侵权信息散布的，同样构成转载侵权，主要包括：

(1) 转载失实。网络媒体故意转发歪曲事实的信息内容或因过失未尽合理审查导致转发不实信息的，构成网络媒体转载侵权责任。失实可作一般性理解，不是要求报道全部属实，而是要求主体或者基本内容上属实，辅助判断的指标在于真实部分所占比例以及内容主次关系。判断信息是否真实或来源是否有可信赖性，依据一般人的合理判断标准，判断是否构成侵权，也应审查浏览者、订阅人、中转人、管理人等的主观状态。

(2) 转载诽谤。诽谤以虚构事实，中伤他人为目的，私下或公开场合的虚辞伤人，转载人转载内容或者增加评论内容属于虚构事实，侵害被侵权人

---

① Cf. James P. Jenal, "When is a User Not a 'User'? – Finding the Proper Role for Republication Liability on the Internet", *Loyola of Los Angeles Entertainment Law Review*, Vol. 24, Issue 3 (2004), pp.473–475.

民事权益,则构成网络媒体转载侵权责任。①

（3）转载侮辱。网络转载人转载内容或增加评论内容用恶毒语言或举动损害、丑化他人人格,应认定转载侮辱侵权行为。侮辱强调的是表达的方式侵犯被侵权人合法民事权益,诽谤则不同,其更多的通过虚构事实使法益受损。

（4）转载毁损信用。毁损信用包括社会经济评价和公众经济信赖贬损。毁损信用与名誉权受损不是同一个概念,信用利益指商业或经济利益,不包括名誉的部分,因此无论报道是否属实,均可能导致转载毁损信用。

（5）转载间接诽谤。转载间接诽谤与转载诽谤的区别在于,转载间接诽谤表面上并不明显是虚构恶意中伤,甚至是完全相反的,但是因与事实不符,造成侵权的行为。间接诽谤意在表示在整个报道的语言环境,结合上下文得出的认定为整体诽谤的侵权行为,间接诽谤并不因为个别字句的赞扬歌颂意味而作通篇报道的感情色彩的解释。

（6）转载批评。新闻批评是舆论监督的最好的方式,越是经得起评论和争议的信息,越是接近真实,值得推崇和鼓励。但是对信息进行批评的原则应仅就事实本身,不能进行人格贬低,否则就构成侵权。

（7）转载侵害隐私。原发媒体揭露他人隐私,转载媒体没有合法根据,明知侵害他人隐私仍转发,造成被侵权人损害扩大的构成侵权。根据被侵权人或其他公众的通知反复要求转载人取下或删除侵害隐私的信息,但是转载人拒不取下的,也构成转载侵权。

网络媒体对其转载的文章应进行适当的审查,转载媒体的审查义务应低于原发媒体的审查义务。不同题材的信息所要求的转载审查标准不同,例如对普通文学作品的审查力度应弱于纪实文学作品。同等情况下,互联网媒体的转载审查义务低于传统媒体。权威媒体的转载审查义务更高,同理,转载来自权威媒体的报道,审查义务适当降低。转载人有意识地对原文进行编辑处理,或者放弃保持与原发文章内容的一致性,有明显表征转载行为已经构成全新的侵权行为,包括以下三种情形：

（1）转载媒体评论依据缺失或不当。转载媒体在转发时附加评论或者对原文不适当的删减造成内容表达与原文不一致,造成的侮辱诽谤应构成转载侵权。转载应当注明出处,并尽量在篇幅控制范围内展示与原文一致

---

① Cf. Daxton R. "'Chip' Stewart, When Retweets Attack: Are Twitter Users Liable for Republishing the Defamatory Tweets of Others?", *Journalism & Mass Communication Quarterly*, Summer, 2013, Vol.90 Issue 2, p.239.

的表意,否则通过恶意的截取和摘录就很容易得出完全相反的意思表述,这种不能作为免责或减责的托词。

(2)转载未履行更正道歉义务。原发媒体在作品、报道已被认定为侵权后,已经及时刊登声明消除影响、停止侵权行为或采取相关补救措施,则转载媒体也应当作出能达到同样效果的更正道歉行为,转载媒体拒绝上述行为的应认定为转载侵权。

(3)转载非法使用。转载媒体未经权利人同意,未注明转载出处或来源,或者明知原发媒体拒绝任何转载行为而执意进行转载的,并因此获利且侵犯了其他民事主体利益,则构成转载侵权。对原文进行不适当的编辑,作出不相关的转载,例如盗图行为,并侵犯他人人格权的,也构成转载侵权。

2. 美国的间接侵权责任分类。

在美国法中除了直接侵权之外,还存在间接侵权。间接侵权责任的类型并不是直接由美国国会通过制定法律发展而来,而是由各级法院审判经验不断积累而形成的判例法,然而在不同的案例之间,甚至是不同的巡回法院之间,其判断标准略有差异,但是主要的争议焦点以及核心问题并不会有太大差别。美国联邦法院所承认的三种间接责任的类型分别是:第一,代理侵权责任(vicarious liability);第二,辅助侵权责任(contributory liability);第三,引诱侵权责任(intentional inducement)。[1]

代理侵权责任源于雇主责任(doctrine of respondent superior),其要求雇佣人为受雇人的行为负责,前提是第三人有监督控制直接侵权人的能力,且该第三人因该直接侵权而获利。对于避风港原则是否能够免除代理侵权责任,基于对《数字千年版权法》(DMCA)第512(c)(1)(b)的解释,学界有两种截然不同的观点。

一种观点认为避风港原则不可以为代理侵权提供免责,《数字千年版权法》第512(c)(1)(b)虽然没有适用"代理侵权"的字句,但是适用了1998年的代理侵权责任的要件。[2] 并且文字形式与代理侵权责任类似,所以理论上代理侵权与避风港原则的范围应该是一致的,但在实际适用上,假设ISP构成代理侵权责任,那么可能无法依据《数字千年版权法》第512(c)(1)(b)免责。

另一种观点认为避风港原则是增加代理侵权要件之外更多的要求的意

---

[1] Cattleya M.Concepcion,"Beyond the Lens of Lenz: Looking to Protect Fair Use During the Safe Harbor Process Under the DMCA",18 *GEO.Mason L.REV*.219,222(2010).

[2] Mark A.Lemley,"Rationalizing Internet Safe Harbors",6 *J.TELECOMM.&HIGH TECH L*,101,104 n.23(2007).

思，且从《数字千年版权法》第512(c)(1)(b)上来看与代理侵权的要件是不同的，也从来没有法院在判断代理侵权时与《数字千年版权法》第512(c)(1)(b)使用同样的字句。

然而从法条制定的细节及历程来看，在《数字千年版权法》反规避条款中，立法者有明确地免除代理侵权责任，更重要的是，美国国会报告中明确指出了第512(c)条应免除代理侵权责任。① 根据ISP所受经济损失的因果关系来看，避风港对于不免责的部分要求的就是更加紧密的联系，在侵权行为中获利的绝对相关性是必须的，相反的，一般的代理侵权责任则不需要有如此紧密的因果关系。② 也有的观点认为避风港原则的不免责直接来自侵权人不正当经济利益所得(ill-gotten gains)，类似于不当得利(unjust enrichment)。例如一定有一部分侵权行为是视频网站的平台提供商有权利与能力控制的，这部分必须与代理侵权区别对待，视频网站服务提供者完全可以删除或阻却该视频信息的访问，视频网站一定是以盈利为目的的，其获利的渠道就是大量的用户、浏览人数带来较大的浏览量，因此就会有广告销量和利润。在合法影音片段前，播放受委托广告而收取费用，当然是正当且合法的运营行为，没有任何间接侵权的可能，然而，视频网站如果有一定比例的影视侵权作品，还通过这些侵权的影片获取广告费用，则会被认定为代理侵权间接责任。③ 解释网络侵权的规则是应以促进网络时代电子商务以及信息良性传播为目的的，尽量在第512(c)(1)(b)的规定下，使用避风港原则为网络服务提供者代理侵权责任提供免责。

辅助侵权由企业责任(enterprise liability)发展而来，其构成要件分别为明知或有可能知道直接侵权行为，以及对于该行为有实质贡献。第三人仅需要知道直接侵权行为人的活动即可，并不需实际知道侵权行为确实实行。④ 如果是这样，那么避风港原则所要求的知道标准以及红旗标准显然是严格程度有区别的。因此辅助侵权构成侵权责任与避风港免除侵权责任的范围会因为红旗标准的范围而有所不同。狭义解释红旗标准是，会使成立辅助侵权的互联网服务提供商有较大可能躲进避风港，反之将红旗标准做扩大解释时，则成立辅助侵权的互联网服务提供商根据避风港原则免责

---

① H.R.Rep.No.105-551,pt.2,at 53(1998).-"Subsection(c) limits liability of qualifying service providers for claims of direct, vicarious and contributory infringement…"
② Melville B.Nimmer & Davidnimmer, Nimmer on Copyright §12B.04[A][2][b](2008).
③ Decl.of Hohengarten P205-07[Viacom, 718 F.Supp.2d 514](referencing Ex.193, GOO001-00507535, at GOO001-00507539).
④ Paul Goldstein, Goldstein on Copyright §8.1, at 8:9 n.1(3d ed.2008).

的可能性降低。因此,避风港原则的红旗标准与辅助侵权是否最终确认成立之间,是有一种对互联网服务提供商间接侵权责任成立与否此消彼长的关系,法院应该以避风港原则的适用使辅助侵权责任的知道标准提高,而使负担侵权责任与免责之间判断结果一致为上策。① 当然,如果能够最小化网络储存空间服务提供者的辅助侵权责任,对整个网络行业的结构、网络自由、通知取下的立法目的而言,都是有利的解释。当缩小解释红旗标准时,应同时限缩解释"明知或可能知道直接侵权行为"的辅助侵权行为,必须知道特定侵权行为人身份以及特定被侵权客体。②

引诱侵权责任之前都是通过代理侵权责任和辅助侵权得以主张的,2005年MGM Studios,Inc.v.Grokster,Ltd案中,美国联邦最高法院认为这种特殊的第三人间接侵权应独立成为引诱侵权责任。如果原告主张被告构成引诱侵权责任,被告以避风港原则免责抗辩,那么一旦原告可以证明被告即网络服务提供者构成引诱侵权责任,那么纵使被告符合免责条件,那么恐怕仍然难逃惩罚。这样宽松认定引诱侵权责任的构成时,将架空避风港原则。最早引诱侵权责任产生于Gershwin Publishing Corp.v.Columbia Artists Management,Inc.案的间接侵权责任。③ 引诱侵权算是辅助侵权责任的分支,而如果引诱侵权确实源于辅助侵权责任,那么其实认为该种应负辅助侵权责任的软件或者装置并非仅有侵权用途,它可能同时具有瞬时非侵权的使用目的,而有认定为无故意的可能。因此,推导到其分支的引诱侵权责任,是否真的出于积极恶意(active bad faith)仍存有疑问。另外,从构成要件上来看,引诱侵权责任的成立并不以主动的恶意为要件,例如一个直接侵权人之外的第三人管控自己的网站,也会被认为是恶意的积极行为,这显然不合理。因此引诱侵权责任与避风港原则不会冲突,而是如同辅助侵权责任与代理侵权责任一样,可以在间接责任成立后适用避风港原则。

3. 网络转载侵权责任的损害事实

网络转载侵权所侵犯的客体是我国《民法典》保护的法益的子集,转载媒体侵权责任用以制裁网络媒体、网络用户等网络媒体侵权行为人因其过错行为侵害他人名誉权、隐私权等民事权利和利益的侵权行为。除此之外还有其他权利及利益,指的是转载人违反对他人民事权利不可侵犯的法定

---

① R.Anthony Reese,"The Relationship Between the ISP Safe Harbors and the Ordinary Rules of Copyright Liability",32 *COLUM.J.L.&ARTS* 427,443(2009).
② Gershwin Publishing Corp.v. Columbia Artists Management, Inc. 443 F.2d1159,1163(2d Cir. 1971)
③ Gershwin Publ'g Corp.v.Columbia Artists Mgmt.,Inc.,443 F.2d 1159,1162(2d Cir.1971).

义务,侵害自然人或者法人的其他人格权利,或者违反保护他人的法律、故意违背善良风俗侵害自然人或者法人的人格利益,通过转载行为造成损害的,构成网络媒体转载侵权责任。对于转载的内容涉及的事实问题,有的事实性报道是显然未经权利人同意而进行报道和披露的,有的是涉及一些相关性不强的个人隐私,或者首发报道本身就是违反公众所能接受的底线,也可以说是违反了众所周知的事实,因此转载人的审慎注意义务尤为重要。对于转载附加评论的情况,如果原文中有明显的涉嫌侵权信息,转载人不予理会、不加否定的转发,则认定为有过错。[①] 如果首发报道对侵权信息作出了补救措施,而转发人拒不进行连续转发补救措施,这也是不妥的行为。转发人删除了首发媒体发表内容的关键部分,造成报道信息失实,也会构成侵权,而首发媒体不需要对此负责。

(三) 网络转载侵权责任的违法性

在确定网络转载是否成立时,损害事实和因果关系的确定较容易,法律适用中仍需要注意的问题是如何认定转载者的过错和违法行为。过错问题上文已经说明,网络转载媒体侵权责任的违法性要件是指转载媒体违反对他人民事权利负有的不可侵犯的义务。[②]

转发行为的违法或侵权与否,应当考虑的重要因素是转载时是否有不当的改动。转载媒体经常会把首发媒体的报道题目或者关键内容部分进行编辑修改,或许为了篇幅要求,或许为了商业目的,使得该报道更具吸引力,更能抓住公众的目光。但是如果处理不当,则会曲解原本报道的意思,因为文字的改动也会增加歧义的可能性,会使转发内容具有更大的信息量。例如微博限制每条在140个汉字以内,在转发过程中,由于层层转发都会带有@某账号名的标注,所以为了达到转发目的,用户会随机、任意地对微博内容适度删减。这种为了转发而删减微博的行为,不应被认为是不当改动,但是往往也会导致侵权,这就给责任的认定带来了很多困难。另外,转载媒体如果删除首发媒体报道的不当部分,没有造成不良后果的,即使认定首发媒体负侵权责任,转发媒体也不应当承担后果。

(四) 网络转载侵权中的因果关系

美国国会授予网络服务提供者权力。鉴于交互式电子服务的用户身兼

[①] Daxton R." 'Chip' Stewart, When Retweets Attack: Are Twitter Users Liable for Republishing the Defamatory Tweets of Others?", *Journalism & Mass Communication Quarterly*, Summer, 2013, Vol.90 Issue 2, p.239.

[②] 参见杨立新、李颖等:《中国媒体侵权责任案件法律适用指引——中国侵权责任法重述之媒体侵权责任》,《河南财经政法大学学报》2012年第1期。

多重角色,很多权利并不需要也不借力于《通信规范法》的保护。这也是理解《通信规范法》给予故意转发诽谤信息的网络用户的免责程度的关键。美国国会在通过《通信规范法》时对法律文化和立法旨意进行过评估。一个反对意见报告认为大部分判例将《通信规范法》解释为网络服务提供者的专门适用法,而现在则是网络用户的专门适用法。这项反对意见的重点有两个:第一,在《通信规范法》规则下用户的角色定位的延续性与免责的正当性直接相关。第二,以往判例的结果只有在确定网络用户的延续性角色定位之后才能适当被援引。

网络真实出版者与销售者的区别在 Cubby 案中首次引人注目,1990年,CompuServe 曾是一个著名的订阅式的网络服务提供商,其平台提供服务领域广泛,包括新闻。虽然 CompuServe 拥有对新闻的编辑和程序的工作要求,与之建立合作关系的第三方主体是 Cameron Communications, Inc. (简称 CCI),负责管理、创作、删除、编辑及控制新闻平台的实质内容使之达到发布要求。① 陆续地, CCI 与一系列内容提供者建立联系以征得稿件,其中包括 Don Fitzpatrick Associates (简称 DFA),它推出了一个名叫 Rumorville 的简讯产品。② CompuServe 没有与 DFA 的直接联系,也没有人和机会对 Rumorville 所载内容进行上传之前的审查,这也明确解释了为什么 CompuServe 只是订阅式的平台提供者。CompuServe 拿不到任何 DFA 对访问 Rumorville 的用户的收费,Rumorville 向 DFA 提供新闻平台的内容,CompuServe 也不会给 DFA 报酬。③ CompuServe 赚取的费用使用户可以直接访问 Rumorville,其营利来自会员用户的会费或非会员按使用时间计费,内容是面向所有订阅者的。这与所使用的信息服务本身无关,CompuServe 表示,此前对于 Rumorville 或 DFA 所提供的内容服务,他们没有收到任何投诉的通知。④

原告诉称 Rumorville 简讯 1990 年 4 月出现的一系列言论是虚假的并涉及诽谤,而发布这些信息的人即 CompuServe 扮演了一个出版者的角色。⑤ CompuServe 辩称自己只是一个销售商,而且自己没有收到涉及诽谤的举报通知因此不为此承担侵权责任。法院同意 CompuServe 的观点,并认为 CompuServe 实质上是一个电子营利性质的图书馆,它拥有海量的出版

---

① Cubby, Inc.v.CompuServe Inc., 776 F.Supp.137(S.D.N.Y.1991).
② Cubby, Inc.v.CompuServe Inc., 776 F.Supp.137(S.D.N.Y.1991).
③ Cubby, Inc.v.CompuServe Inc., 776 F.Supp.137(S.D.N.Y.1991).
④ Cubby, Inc.v.CompuServe Inc., 776 F.Supp.137(S.D.N.Y.1991).
⑤ Cubby, Inc.v.CompuServe Inc., 776 F.Supp.138-39(S.D.N.Y.1991).

物,依靠订阅大众的使用费用和会员会费来维持访问服务的经营。CompuServe 对出版物的审查控制权也仅限于一个公共图书馆、书店或者报刊亭而已,不会有更高的权限和责任。① 对其而言,审查和检测每一作品的潜在言论诽谤性的程度不会比其他销售者更大。法院知道 CompuServe 作为一个网络服务提供者,其事先审查的可行性微乎其微,他们在发布信息前的编辑工作中对信息内容只能是对重点问题扫一眼的程度。网络服务提供者作为平台提供者的生存空间本来就局限,如果再以责任加重让他们负责审查洪水般的订阅信息则会限制行业的发展。尽管 Cubby 案貌似澄清了网络平台服务提供者的责任界限,但是其他案件的审判结果却并不相同,另一个纽约的判例给出相反的观点,并将建立《通信规范法》诽谤分级制度。

三、网络转载侵权责任的抗辩事由

英美法系中至少有两种不同性质的证据责任,一是法律性负责任,又称为说服性责任;二是证明性责任,两种证据责任分别由不同的当事人双方承担。② 我国的举证责任概念等同于证明责任,《民事诉讼法》第 64 条第 1 款和《最高人民法院关于民事诉讼证据的若干规定》第 2 条中所体现的证明责任包含主观的证明责任和客观的证明责任,也可称之为行为责任和结果责任。③

证明责任的分担规则是为了使法官作出公正的判决,充分考虑双方当事人的立场。从古罗马时代的寺院色彩的举证开始,致力于平衡当事人双方对证据的占有和控制差异、获得证据能力差异等,出现了特殊类型的侵权责任适用举证责任倒置,该倒置是以一般举证分配规则为基准。

1792 年英国的《福克斯诽谤法》中规定,陪审团判断所指控的事实不确定真伪时,原告负责对言论失实进行举证,另外原告名誉权所受的实际损害也由原告自己负责证明。英国 1843 年通过的《坎贝尔伯爵诽谤法》首次确立了真实性抗辩原则,确立了原告承担举证责任的规则。以往在以名誉权为代表的人格权保护膨胀的历史时期,言论传播的自由度受到抑制,被告承担举证,因为有能力提起诉讼的都是有权阶级,而诽谤案件通常是判断上流

---

① Cubby, Inc.v.CompuServe Inc.,776 F.Supp.135,139(S.D.N.Y.1991).
② Cf.Peter Murhpy, *A Practical Approach to Evidence*, Blackstone Press Limited.,1992,P.86;毕玉谦:《解读民事证明责任在语义上的表述与基本属性》,《法律适用》2008 年第 7 期。
③ 参见韩艳:《我国民事证明责任分配规则之正本清源——以"规范说"为理论基础》,《政治与法律》2014 年第 1 期。

社会人士行为是否优雅得体的问题。①

英美对言论真伪的证明规则得到了大陆法系国家的肯定,德国刑法第186条规定了言论表达者惩罚责任,为了侧重保护名誉,该条并没有很好地反映"疑罪从无"和"不得自证己罪"的刑法理念。德国普通法院的判例也在民事案件中确认了人格权发生争议时,应由发表言论的一方承担证明责任。

(一) 以公共目的为原因的责任绝对免责

在网络转载侵权责任案件中,转载行为促使的公众讨论很大程度上与广泛的公共利益相关,因此转载媒体可以就此作为免责的理由,具体免责标准是一个具体事实证明问题。②

1. 以公共利益为目的的负责任转载。

网络转发的内容以公共利益为出发点,转发行为明显是有意识的负责任转载,则转载网络媒体不承担侵权责任。其中公共利益(public interest or public concern)作不特定的多数人利益解释。③ 以公共利益为目的的转发媒体侵权的抗辩之构成要件包括:首先,内容无显著的不当,必须以公共利益为目的;其次,不以公共利益为掩饰,实质使他人人格权受损;再次,转发人尽到合理注意义务,例如根据转发当时所掌握的信息判断,没有理由知道和判断所转发内容涉及侵权。④

2. 转载内容涉及公众人物。

公众人物包括国家领导人、各界名流、文体明星等。其中文体明星属于人格权防御和保护能力较弱的一类公众人物。2004年英国模特 Naomi Campbell 一组在戒毒所接受治疗的照片被公布,Campbell 认为图片涉及的隐私属于个人私事,并与公共利益无关,请求得到法律的保护,最终英国法院和欧洲人权法院均认为对公众人物的监督应保有一定余地,并对原告此观点表示认可。⑤

---

① 参见岳业鹏:《媒体诽谤侵权责任研究》,中国政法大学出版社 2014 年版,第 227—232 页。
② Cf. Glasser, Chrles J., Bloomberg: International Libel and Privacy Handbook: A Global Reference for Journalists, Publishers, Webmasters, and lawyers (3rd Edition).: Wiley. p. 35;杨立新、李颖等:《中国媒体侵权责任案件法律适用指引——中国侵权责任法重述之媒体侵权责任》,《河南财经政法大学学报》2012 年第 1 期。
③ Cf. Glasser, Chrles J., Bloomberg: International Libel and Privacy Handbook: AGlobal Reference for Journalists, Publishers, Webmasters, and lawyers(3rd Edition), Wiley, .p.29.
④ 杨立新、李颖等:《中国媒体侵权责任案件法律适用指引——中国侵权责任法重述之媒体侵权责任》,载《河南财经政法大学学报》2012 年第 1 期。
⑤ Glasser, Chrles J., *Bloomberg: International Libel and Privacy Handbook: AGlobal Reference for Journalists, Publishers, Webmasters, and lawyers (3rd Edition)*, Wiley, .p. 35;杨立新、李颖等:《中国媒体侵权责任案件法律适用指引——中国侵权责任法重述之媒体侵权责任》,《河南财经政法大学学报》2012 年第 1 期。

3. 为满足公众知情权的转载。

如果侵权行为是被推定为失实的,但是一些法院会允许这种不受处罚的行为存在,只要行为人能够证明自己是出于善意(good faith)和公众知情权(public concern)。例如美国允许作者或发表人来定义和解释不特定多数人利益的范围,只有作者或发表人可以解释,律师没有此权利。[①] 关乎公众福祉的讨论是属于公共利益范围内的,但是公众不当的对绯闻八卦的猎奇心态不应属于公众知情权。

4. 为批评公权力机关的转载。

网络转载批评公权力机关的信息,实质是公民正当行使舆论监督的行为,最终获利的是公众,公权力机关是为公众利益服务的国家机器,公权力机关的活动应对公众适当透明化,并接受可容忍范围内的质疑。网络媒体适当的转载行为,是基于公共利益对公权力机关的监督,应被免责。

5. 转载公正评论。

转载的评论不是事实,不存在是否失实的问题,评论仅仅是意见、观点和看法。转载公正评论免责的构成要件是:第一,评论内容已经发表,进入公开讨论领域;第二,评论的内容没有明显的侵权可能性;第三,评论涉及对公共利益的考量。

(二) 以内容真实性为原因责任绝对减免

1. 转载内容基本真实。

只要网络转载信息所反映的事实是基本真实,转载人应免于承担侵权责任。基本真实作法律真实的解释,不能百分百要求客观真实,但是必须能够足以证明基本上反映事实的情况,并且转发人属于非恶意。

2. 转载权威途径消息。

网络权威消息来源首先要求信息发表者具有权威性,其次转发媒体不必对信息内容的真实性进行核实,另外不能有明显的侵权内容或进行编辑后改变原意。

3. 转载连续报道。

转发媒体对同一新闻事件转发连续进行报道,在先转发的消息来源不是一个肯定的事实,可能是推断的言辞;在后转发的信息是及时和同步的,最终的结果并没否认在先的信息内容,转发人非恶意地运用适当的篇幅来

[①] Glasser, Chrles J., *Bloomberg: International Libel and Privacy Handbook: A Global Reference for Journalists, Publishers, Webmasters, and lawyers* (3rd Edition), Wiley, p. 30;杨立新、李颖等:《中国媒体侵权责任案件法律适用指引——中国侵权责任法重述之媒体侵权责任》,《河南财经政法大学学报》2012年第1期。

表达内容,即可以以此抗辩。

4. 转载特许发言。

转载报道特许发言是网络在转载报道具有特许权的新闻人物的发言时,即使其发言内容有侵权的可能性,也不以此认为是侵权,报道特许发言人指包括司法活动参与者在内的主体,报道特许发言人的发表内容免责要求必须限定在特定场合的发言。

5. 转载如实报道。

如实报道指的是新闻媒体在报道时并没有进行编辑行为,包括在原文基础上删减或增加。如实报道首先要求信息所涉及的事实必须客观真实;其次,转载没有进行影响大部分内容的编辑行为;第三,没有证据证明转载媒体主观恶意。

6. 转载对象不特定的内容。

转载的内容指向不是特定的人,无法明确确定谁是被侵权人,无法证明被侵权人的实际损害。转载内容涉及不特定的人,或指一类人,但是关键问题是不能对号入座或者指向某个具体的人。

7. 转载配图与内容无关的信息。

通常报道中的配图应与内容相关,配图是辅助文字的另一种更直观的表达,与文字内容无关的配图显得多余、无意义,会降低新闻质量。配图不能引发合理的联想,就不能认为是配图侵权。配图与文字无关需要证明文字配图内容的提供者主观非恶意,并至少注明文图无必然关系,受众在阅读文字时也不会产生自然的联想,配图使用了文字中提到的人物肖像即产生了关联,配图与文字相关造成的侵权必须是文图叠加产生的损害结果。

8. 转载推测事实和传闻。

推测或者传闻表示转载人主观上轻微过失或者过失,转载的内容没有经过审查,不确定是否真实,转发时应诚实对外注明没有进行核实的情况,且未进行审核是因为时间紧迫,不转发会影响新闻的即时性等转发人不可控制的原因。

(三) 以被侵权人意思或媒体为原因的责任相对减免

在网络转载侵权责任案件中,因被侵权人一方的原因,网络转载人一方作为侵权责任构成的事实抗辩事由,可以减轻或免除网络转载媒体侵权责任。

1. 转载经被侵权人允许。

被侵权人对其人格权益有处分的权利,并通过处分可以从中获利,被侵权人明确的表意,允许他人报道自己的隐私、肖像等人格权,表示其放弃损害赔偿请求权,可以免除转载媒体的侵权责任。

2.转载"对号入座"的作品。

"对号入座",是指信息中所指的人物并非明确指代被侵权人,转载媒体没有故意或者过失,信息内容中没有可以确定所描述的对象就是被侵权人的证明或推测,也不存在大部分受众对内容与被侵权人的对应关系的合理联想,而只是被侵权人对内容理解偏差,牵强地认为自己受到了侵害,甚至承受了不应有的精神痛苦。

3.转载为本人或者第三人利益。

为本人或者第三人利益的转载行为,内容中包含本人或他人的姓名、名称等人格权益,不应认为是侵权,因为转载人并没有侵权的意图和目的,而且在合理的使用范围内,且侵犯的是本人或者他人非重大利益,若侵犯的是非法利益,更不能认定为转载侵权。

(四)以作者意思或媒体为原因的责任相对减免

在网络转载侵权责任案件中,因作者意思或者媒体原因,作为发布一方的作者和媒体可以证明自己属于已尽到合理的注意义务、已经更正道歉、使用的是新闻性肖像、读者来信(电)和直播及文责自负的情况,可以减轻或者免除媒体侵权责任。

1.已尽合理审查义务。

由于被侵权人本身的过错及其他转载媒体预料和控制范围之外的原因,导致侵权,转载人已经进行了合理的审查和核准,虽然损害事实是存在的,但转发媒体不承担侵权责任。

2.已经更正、道歉。

原发媒体对已经发表的侵权信息进行更正、道歉等补救措施,转发媒体也及时作出同样的行为,包括刊登声明等消除影响的措施,可以适当减免其责任承担。

3.使用肖像具有新闻性。

自然人是新闻事件中的人物,转发目的在于报道新闻,虽然没有经过肖像权人的同意但是不构成侵害肖像权或者隐私权,也不承担侵权责任。

4.读者来信、来电和直播。

读者来信、来电和直播都是具有即时性的,转发媒体无法进行必要的核实和编辑,在发生侵权与否的争议时,转发人应以此作为抗辩依据,而在被侵权人提出争议时,转发媒体应及时进行更正、道歉等补救措施。①

---

① 参见杨立新、李颖等:《中国媒体侵权责任案件法律适用指引——中国侵权责任法重述之媒体侵权责任》,《河南财经政法大学学报》2012年第1期。

5. 文责自负。

文章中注明"文责自负"的字样,是不完全抗辩,符合适当减轻但不能免除转发媒体责任的抗辩。但如果转发媒体已经尽到合理的审查义务,可以作为抗辩的理由。文责自负的主要意义在于明确了作者对文章的内容负责,在内容上转发人不负担责任。①

第四节 网络媒体转载侵权责任承担

一、网络媒体转载的责任主体

(一) 对用户的定义

法庭审理和立法规定中,对用户的定义往往仅是通过文义解释或字面意思得出解读,即使用者。但是这种解释回避了实质上的用户含义,只是从普遍意义上给出了一个大体的解释方向,没有彻底进行说明。《通信规范法》用特别的概括方式解释网络用户是属于电子交互式服务中的概念,解决用户的范围对定义用户的概念十分有必要。一般认为,因诽谤性的报道而承担侵权责任的情形中,新闻媒体不仅承担首次发布的侵权责任,还要为其转载的作品侵权承担侵权责任。再传播(republishing)就是已经发表过的信息内容,经过转发等编辑行为继续进入了信息流通领域;再传播者作为主体以及其客观行为实质上没有任何特别之处,但是如果其重复的内容不仅仅是简单的重复,而这些信息如果是含有贬损他人人格权内容的,那么这种再次的传播相当于一个新的侵权行为,使得一个简单的重复表述的行为构成了新的诽谤言论。② 这会使一个重复者(repeater)身份发生转化,进而转化为全新的发表者,甚至可能是新的侵权行为人。根据再传播规则,参与传播侵权内容的侵权行为人应当为其行为所造成的其他人格权损害承担不利后果,如果侵权行为人凭借证明该信息或作品不是本人首发是不能得到免责待遇的。③

一般情况,诽谤信息的发布者或者创作者通常都是诽谤案件的被告,重复或者转发涉及侵权的言论,一般是不需要负担侵权责任的,但需要排除一

---

① 参见杨立新、李颖等:《中国媒体侵权责任案件法律适用指引——中国侵权责任法重述之媒体侵权责任》,《河南财经政法大学学报》2012年第1期。
② 参见岳业鹏:《媒体诽谤侵权责任研究》,中国政法大学出版社2014年版,第163页。
③ 参见岳业鹏:《媒体诽谤侵权责任研究》,中国政法大学出版社2014年版,第163页。

种情况,即转发者具有原发作者身份。① 原发作者的责任有别于转发者、订阅者、销售者等,举个简单的例子,书籍、杂志的出版者对稿件的内容进行编辑审阅之后,他们的出版行为与报摊或者网络平台提供者的只为公众提供获取信息的渠道的行为是有本质区别的。即便原发作者的责任与转发者的行为区别说不能被接受,假设二者承担的是同等的责任,那么在网络上随便一个转发过侵权信息的人都要承担与原发者同样的侵权责任,那就完全背离了现代侵权责任法自己责任的基本理念。

对于电子交互式服务领域的用户有很多种定义方式。最早以及最正规的概念是美国高级研究计划署(Advanced Research Project Agency,简称 ARPANET)在 20 世纪 60 年代从网络语言归纳出来的。ARPSNET 是美国国防部高级研究计划署开发的世界性网络,是全球互联网的雏形,之前叫作 The Jargon File,后来成为了 Hacker's Dictionary。② Hacker's Dictionary 中对于用户的概念有多个层面的界定,例如:第一,运用电脑做真实的工作,把电脑当作工具,是有偿使用者。第二,盲目听从者。第三,程序的外部使用者,熟练操作但不属于程序制作内部人员,举报系统漏洞而不是修复系统的人。③ 做网络程序的人,不仅包括黑客,还包括非专业人员。某种程度上非专业人员是黑客愚弄的对象,黑客是通过破坏网络正常秩序来得到存在感和满足感的。

确定发布者与内容的创作者的区别标准,重新界定网络服务中的用户的范围,避免让网络服务提供者承担职责之外的负担十分重要,否则对言论自由无益。对转载主体类型化分析后,就不再需要生硬的解释免责条款,节省了控辩双方的精力。避免网络服务提供者在现实中收到不可回避的潜在责任承担的威胁,而这一责任是发布者应当承担的。Rosenthal 案中仅仅单独的用户发生行为转化,没有网络服务提供者的角色类型分析,而尤其是这

---

① Cianci v.New Times Publ'g Co.,639 F.2d 54,61(2d Cir.1980);Gravel v.United States,408 U.S.606,62.5(1972);Hutchison v.Proxmire,443 U.S.111,129-30(1979).James P.Jenal,"When is a User Not a'User'? -Finding the Proper Role for Republication Liability on the Internet",*Loyola of Los Angeles Entertainment Law Review*,Vol.24,Issue 3(2004),pp.453-456.

② The New Hackers' Dictionary, OUTPOST9. COM, at htty://www.outpost9.com/reference/jargon/jargon_36.html,2014 年 12 月 28 日访问。另见,Jeffrey M.Taylor,"Liability of Usenet Moderator for Defamation Published by Others:Flinging the Law of Defamation into Cyberspace",FLA.L.REV.,247,254(1995).

③ James P.Jenal,"When is a User Not a'User'? -Finding the Proper Role for Republication Liability on the Internet",*Loyola of Los Angeles Entertainment Law Review*,Vol.24,Issue 3(2004),pp.475-478.

种上诉案件是需要进行慎重分析的。我们必须单刀直入地认定 Rosenthal 是用户。在可采信的为数不多的记录中,两种观点中没有任何一个观点认为 Rosenthal 是不同于用户外的其他角色。

(二) 网络媒体转载的责任主体类型

对用户分类,影响到侵权的责任承担,各种不同身份和情况下的用户责任分担不尽相同,因此对"用户"的含义还需要继续挖掘,针对很多的角色设定有不同的地位。尽管简单的区分浏览者与发布者并不能代表两者之间不可转化,但是有些用户之间的差别还是比较明显的,例如目前有四种身份,分别是阅读者、发布者、中转者和管理者,这四种用户身份是网络技能使用熟练程度层层递进的关系。

1. 阅读者。

阅读或浏览网页是互联网用户中最基本的一类人,阅读者指仅仅阅读他人发布的信息的人,说他们是最低端的用户不足为过。阅读者不存在和他人的交流,只是旁观他人的交流,或许因为主观上经验浅薄,或许因为客观上条件限制。阅读者仅仅反映的是所有的用户群体中,几乎没有特殊技能的人,因此对互联网上的内容都不需要承担责任。阅读和浏览是互联网行为的基础,虽然阅读也属于用户的必要行为,在 Cremers 案中,中转者可以浏览所有的内容,甚至是在上传到互联网之前进行编辑,这具有充分的可能性,但是没有任何法律理论会认为仅仅阅读他人文章的行为人也要承担民事责任,刑法与民法的界限还是要分清的,在美国,接收儿童色情文学等特定内容的信息,引起在网络广泛的传播,就会被认定为犯罪。[①] 美国对于《通信规范法》的讨论都集中于保护儿童利益不受互联网不良信息侵害的问题上,互联网出版商所蒙受的激增诉讼数量,就是对此最有力的解释。网络实际使用者包括:第一,商业使用者。商业使用者通过实际付费来使用电脑。第二,非专业使用者,不是单纯地浏览网页,但是属于运用系统进行科研、教育或其他明确目的的用户,没有达到黑客的专业程度。用户也是隐含业余爱好者、非专业的意思。Luser 是一个对用户含有歧视意味的词,最早是为了表达不是所有的用户都是一个水平的,他们的差别是影响力不同。之后,随着网络资源的丰富,对用户的分类五花八门,尽管这些解释都千奇百怪,但基本上都是根据网络操作的熟练程度进行分类。这些对用户的分类价值在于,为单一标准概括所有情况的片面观点提供更多依据和支持。例如,浏览者与缺乏经验而无知的用户并非同一个标准下的分类。网络操

---

① 18 U.S.C.S. § 2252(4)(B)(2004).

作技能熟练的用户是一个复杂的用户概念,一个熟练用户是典型的有相当的电脑使用经验的人,而且是针对最前沿的应用功能。在信息科技领域,硬件软件产品的设计是经过开发者,安装者和服务者共同推进的过程,终端用户是指那些使用别人制作的产品并从中得到满足的人。① 当涉及电子交互服务的内容定义时,如前所述《通信规范法》中的用词"用户"适当地解释了一个宽泛范围中的使用者的不同经验层级。

2. 管理者。

与阅读者和浏览者相比,管理者是另外一种经验丰富,技能熟练的群体。他们善于复杂的网络操作,隶属于网络服务提供者,是为网络服务提供者工作的群体,以此为业,受过训练,具有专业性。管理者负担服务的设置,或者保持服务系统正常运行的责任。管理者是为网络服务提供者工作的,虽然管理者不能代表网络服务提供者,但是也与网络侵权中的被侵权人是对立的,并不是网络言论自由的权利主体。②

Rosenthal 案的事实情况是,Stephen Barrett、Terry Polevoy 都是医学博士,主要从事的研究是使用"可替代性"或"无标准的"治疗方法及药品。为此,他们管理和经营网站,并希望揭露他们所认为的保健骗术和欺诈,因为他们发布的信息,他们确实也收到一些负面的评论,尤其是来自他们所揭露的保健欺诈相关的从业者;对于所有用户而言,Rosenthal 是多产和犀利的用户,其两年时间在讨论组发布了 1 万余条信息。在意图损害 Stephen Barrett、Terry Polevoy 的名誉的任意 200 条信息中,经过认定,只有 5 条是 Rosenthal 本人所发;2000 年 8 月,Rosenthal 在两个新闻讨论组发布了其收到的邮件,该邮件来自另外一个被告 Timothy Bolen。主要就是控诉 Terry Polevoy 私自模仿加拿大一个广播的创意,并认为该行为是违法犯罪行为,或者说构成了犯罪预备。③ 之后 Stephen Barrett、Terry Polevoy 联系了 Rosenthal 并告诉她这属于不实消息和诽谤,并要求移除并提出威胁如果不删除将起诉。然而 Rosenthal 执意就此又发了 32 条信息,并转发了上诉人不删除就起诉的威胁,附上了 Bolen 诽谤信息的复印件。对 Barret 和

---

① James P. Jenal, "When is a User Not a 'User'? -Finding the Proper Role for Republication Liability on the Internet", *Loyola of Los Angeles Entertainment Law Review*, Vol.24, Issue 3(2004), pp.475-478.

② 中转者被认为不是美国国会制定《通信规范法》时想要保护的对象。James P. Jenal, "When is a User Not a 'User'? -Finding the Proper Role for Republication Liability on the Internet", *Loyola of Los Angeles Entertainment Law Review*, Vol.24, Issue 3(2004), pp.478-479.

③ Barrett v. Rosenthal, 112 Cal.App.4th 749;5 Cal.Rptr.3d 416(Cal.App.1st Dist., November 10, 2003)

Polevoy 有利的部分是,他们起诉之后 Rosenthal 驳回的原因是《通信规范法》为她提供了绝对免责。案件的争议焦点十分明确,也就是说交互电子服务的发布者必须在必要时是该项服务的使用者,用户不是内容的原创者时不承担责任。即只要发布者不是诽谤信息的原创人,那么他就对网络上发布的信息享受所有民事责任免责待遇,不管他是否知道该信息是诽谤、涉及侵权,而恶意转发,这些一律不问。然而,庭审过程中 Barrett 也是利用这一理由撤回了案件。①

3. 中转者。

中转者和发布者都是网络用户中技术熟练程度的中间层级,对中转者和发布者进行深入了解和区分十分重要。如果说管理者是网络服务提供者的下属,是网络服务提供者的劳动者,那么中转者就是最接近网络服务提供者的概念。最接近的意思就是说,中转者与网络服务提供者还是有一定区别的。中转者必然是各国网络言论自由最迫切要保护的对象,中转者处于中立地位,根据自己责任理论,尽量应适用免责情形。

Rosenthal 案②中法官混淆了发布者与中转者的概念。很多网络平台服务提供者都是与中转者与内容提供者建立联系的,中转的介入行为也是一种有偿服务,中转者可以自己整合信息成为发布者,也可以为其他的网站提供转载链接。中转者购买了其他网络服务提供者的产品来创建和整合一个新的网络集合空间,例如论坛和公共讨论板块,一个中转者新闻讨论组或交互式网站使第三方可以发表文章,并上传到互联网。

不同的中转者,根据不同程度的中转行为,对信息内容的管理程度不同,责任也不尽相同。在不同的责任承担结果中,极端情况就是中转者仅仅创设一个发布其他网络服务提供者信息内容的平台,在发布之前对信息从来就不过问,也不审阅。例如一个中转者创建一个或几个针对特殊主题的邮件列表,中转者可以管控那些有发表权和接收权的人。但是中转者始终没有检查或审阅大部分从邮件列表发出的内容的可能性。

Blumenthal v.Drudge 案③涉及网络平台能否根据自己是非原创作者而

---

① California Superior Court, Alameda County, Barrett v.Clark: Order Granting Defendant's Special Motion to Strike, 2001 WL 881259, 2001 Extra LEXIS 46; Samson, Martin, Stephen J.Barrett, et al.v.Ilena Rosenthal, Internet Library of Law and Court Decisions, Archived from the original on 22 April 2009.

② Barrett v.Rosenthal, (Alamedae Sup.Ct., No.833021-5, July 25, 2001), rev'd in part, 114Cal. App.4th 1379(1st Dist.2003).

③ Blumenthal v.Drudge, 992 F.Supp.44(D.D.C.1998).

免责,可以说是比 Zeran 案更著名的案件。原告 Matt Blumenthal 是 Bill Clinton 的助理之一,Drudge 当时列出了一个网络丑闻清单,即 Drudge Report,曾造成轰动。因此,被告 Drudge 变成了总统竞选中党派斗争极端分子攻击的重点对象。1997 年 8 月,Drudge 发表文章声称 Sidney Blumenthal 有虐待配偶的不良过往,但是已经被洗白了,Blumenthal 否认该项控诉,并与其配偶共同将 Drudge 告上法庭,认为 Drudge 是诽谤的原发作者,而 American Online 这家非实名制的网络公司是诽谤信息的出版者。该公司在法庭总结陈述时坚持认为自己不是原发作者,应根据《通信规范法》适用免责。①

乍看 Blumenthal 案会认为与 Zeran 案并无不同,但是 Blumenthal 案有一个非常特殊的情况,American Online 与 Drudge 之间有合同在先,二者达成了一致协议,即付给他一个月 3000 美金报酬,也是当时他每月唯一的收入,来运行他的报导,维持移除或删除对象和信息内容的权利,当然也理应受到 American Online 的支配,但他却违反了服务条款。② 这个重要的特殊情况确立了 Blumenthal 案的重要地位,使对案件的分析和研究更加复杂化。换言之,American Online 自我保留了出版者的角色,对 Drudge 提供的内容是否达到了可发表的标准,American Online 有编辑权和最终决定权。

Zeran 案和 Blumenthal 案对互联网侵权的贡献在于,他们昭示了交互电子服务提供者仅仅是服务提供者,其《通信规范法》适用下的侵权责任的豁免并不是绑定的。然而,需要认真讨论的是美国国会从不期望这种无为而治的豁免,美国国会的期望和行为没有取得一致的情况已经不止一次。仍然悬而未决的是,《通信规范法》豁免条件适用使用服务的用户的程度问题。③

4. 发布者。

发布者就是信息内容的创作者,要么是他们的一手创作,要么是来自第三方的一手创作,之后在互联网上发布。发布者和中转者的区别是中转者负担整理他人提交的文件,而发布者没有这个职能。不管与第三方的关系密切到什么程度,中转者的角色基本相当于分担网络服务提供者的责任。当发生争议时,他们要应对举报第一时间检查甚至是通过通知方式取下发

---

① Blumenthal v.Drudge,992 F.Supp.44(D.D.C.1998).
② Blumenthal v.Drudge,992 F.Supp.44(D.D.C.1998).
③ James P.Jenal,"When is a User Not a'User'? -Finding the Proper Role for Republication Liability on the Internet",*Loyola of Los Angeles Entertainment Law Review*,Vol.24,Issue 3(2004),pp.464-467.

表的文章,这使得中转者的责任加大。发布者以自己的名义发布第三方作品时,没有为他人提供平台的意思。发布者也不涉及中转者对网络服务提供者所承担的责任。要防止将网络平台服务提供者被误认为是原创作者,判断的标准并不是谁是传播者就视其为原创作者,信息传播者不能为信息的创作者行为负责,而应明确的是,当看到信息被传播时,我们要知道这些信息发布者一定另有其人。换言之,网络平台的身份不能转换成原创作者,这种转化存在困难,不能仅仅因为他能够主持和把握原创作者的信息就认定其为责任人。但是,当一个网络服务提供者本身就是首次发布者,那么免责的条件将不能成立,因为不存在身份转换的问题。

根据字面含义,发布者不是中转者那种海量信息提交的接受方。相反,发布者更显明的能力是选取可发布的素材,并监督是否包括诽谤信息,如果有诽谤信息,则应该将这部分移除。对于发布者这类用户而言,将负面的内容发表到互联网上,不能适用《通信规范法》的免责条款。因为这种行为直接就是《通信规范法》要惩治的,否则就会导致发表第三方提供的负面信息的发布者适用《通信规范法》中的免责条款经过归纳总结,我们认为一个法规为网络服务提供者取下诽谤图片提供保护,也同时为图片的发布者提供避风港是有违一切法理和逻辑的。① 相反,美国国会只让善意的、不陷入争论的,或者简而言之,安分守己的网络服务提供者和用户享受免责。

经过长时间的争论,美国《通信规范法》第230条最终成文的部分条款如下:

(c)对做好事的组织访问和屏蔽侵犯性信息的行为予以保护。

(1)发布者或发言者的认定。

如果信息的内容是由其他内容服务提供者所提供,那么不得将交互式电子服务的用户认定为该信息的发布者或发言者。

(2)民事责任承担。

交互式电子服务的用户下列情况下不承担民事责任:(A)任何基于善意而针对含有猥亵、淫秽、色情、不洁、过度暴力、骚扰或引起不适反应的信息所采取的阻止访问行为,宪法是否保护不论;(B)任何致使或可能致使信息内容提供者阻止访问行为的技术措施。

1996年《通信规范法》(47 U.S.C. § 230.)修改稿中给出了四个定义:

---

① Cf.James P.Jenal, "When is a User Not a 'User'? —Finding the Proper Role for Republication Liability on the Internet", *Loyola of Los Angeles Entertainment Law Review*, Vol.24, Issue 3 (2004), p.480.

（1）互联网——互联网一词是指世界性电子网络涵盖国内外交互数字网络系统。

（2）交互电子服务——交互电子服务是指信息服务、系统或软件提供者为众多用户提供电子服务或允许大量用户访问电子服务器，尤其包括提供接入服务或系统的提供者，例如图书馆或教育机构。

（3）信息内容提供者——信息内容提供者是指整体或者部分上，为互联网或电子交互服务器上信息的内容创造和发挥承担责任的个人或者团体。

（4）软件接入提供者——软件接入提供者是指软件提供者包括客户和服务者软件，或者通过技术可行使下列行为的：

（A）过滤、截屏、允许访问或屏蔽内容；

（B）筛选、分析或摘要；

（C）发送、接收、列出、推送、缓存、搜索、截取、整合、重获或翻译信息内容。

然而修改后的条款中明显的缺失了这四个与用户相关的定义，从整体上不可避免地导致了大量误读。[1]

美国国会代表 Cox，也是《通信规范法》第 230 条的执笔者，他认为原创作者一定要为信息内容负责；对于再传播者，以往 Zeran 案、Rosenthal 案中都尽量避免让被告负责，因为作为用户，被告是不堪重负的，将此种对信息内容有权作出删除等行为的网络服务提供者置于可以适用免责的范围内，因此同理也允许网络范围内的质疑一方对任何言论提出否定观点，而不追究其诘问者责任。但是根据长久以来的审判经验，我们对转载侵权的认识更加深入，结合实际的情况得出的结论就是，虽然不能改变既往案件的判决，但是法官们越发认识到了转发者不应适用免责。[2] 以往我们坚持认为发布者应该被排除在免责适用的范围之外。如果想要让审判变得公平，为了得到正确的结果，就要避免对免责条件僵化和片面的理解。很难用一句话或一个法条告诉大家什么人应该承担责任，或者说除了原创者之外，其他人要不要也应该额外承担责任。

网络服务提供者在规制网络信息的行为中占据主动地位应被支持，网络服务提供者沦落到为其他发布者承担民事责任，背离了基本法理，并不是立法的追求。因为网络服务提供者日常面对的信息量也是可想而知的，不

---

[1] 47 U.S.C. § 230(c)(1996).

[2] Stratton Oakmont, Inc., v.Prodigy Serv's, Co., 1995 WL 323710(NY Sup.Ct.May 24,1995).

能无视网络服务提供者面临的困境,因此不能强加给他们不可能完成的工作量。网络服务提供者应有免死金牌,这也是为了保护公众无拘束的享有网络上的言论自由。虽然很难取得满足各方利益的结果,至少于法于理解释得通。然而,对于用户的解释仍需要全力地寻找细致入微的适用方式,尤其是要适用不断发展的网络技术。用户在侵权责任中一定是一方主体,例如中转者免责应当归类为与网络服务提供者相同,唯有这样,才能使网络服务提供者的目的保持一致。

二、网络媒体转载责任承担形态

(一) 网络转载侵权行为属于必要条件的竞合侵权行为

1. 网络侵权行为是竞合侵权行为

网络侵权行为应适用我国《民法典》中第 120 条的规定,但是转载行为中因为首次发表人的存在,并且网络电控空间的行为与现实交往毕竟不同,因此在网络交往中的各种因素存在下,转载侵权行为更为复杂。在侵权行为和侵权责任对应关系问题上,具有前瞻性和代表性的观点认为,对多数人侵权行为与共同责任的分类,除了简单划分为单独责任和共同责任之外,其项下应细分为共同侵权行为、分别侵权行为、竞合侵权行为和第三人侵权行为。[①] 首先,共同侵权行为包括普通的共同侵权行为和混合的共同侵权行为,对应的责任形态分别是连带责任和单项连带责任。其次,分别侵权行为分为典型的分别侵权行为和叠加的分别侵权行为,对应的责任形态是按份责任和连带责任。再次,竞合侵权行为分为必要条件的竞合侵权行为、提供机会的竞合侵权行为和必要条件辅之政策考量的竞合侵权行为,其中必要条件的竞合侵权行为适用不真正连带责任,提供机会的竞合侵权行为适用相应的补充责任,必要条件以及政策考量的竞合侵权行为适用先付责任。最后,第三人侵权行为则适用第三人责任。

网络用户与侵权行为不是共同侵权行为。由于网络侵权行为是借助网络平台完成的,因此在原发人和网络平台双方构成多数人侵权行为,网络平台为原发人提供了必要的发布条件,因此通常的网络侵权责任中原发人与网络平台之间是典型的不真正连带责任关系。[②] 当原发人的信息被转载时,转载人加入多数人侵权行为关系当中,情况变得更复杂。首先,网络转

---

① 参见杨立新:《中国侵权行为形态与侵权责任形态法律适用指引——中国侵权责任法重述之侵权行为形态与侵权责任形态》,《河南财经政法大学学报》2013 年第 5 期;杨立新:《论竞合侵权行为》,《清华法学》2013 年第 1 期。

② 参见杨立新:《论竞合侵权行为》,《清华法学》2013 年第 1 期。

载侵权不是共同侵权行为,因为原发人、网络平台虽然是双方的行为,但是并没有共同故意,客观上也没有行为的一致性,没有产生共同的损害结果,没有原发人的发表行为在先,就不会有转发行为。其次,网络转载侵权不是分别侵权行为。转载人与网络平台没有将被侵权人作为损害目标,损害结果也不存在可分与不可分的区别。然而,网络平台在侵权中只是提供了一个内容承载的媒介,其单独的提供服务行为完全不足以造成任何损害,因此转载行为也不是叠加的分别侵权行为。最后,网络转载行为也不是第三人侵权行为,不属于法律明确规定的第三人侵权责任类型,没有充分的理由也不能轻易认为其属于法律没有明确规定的第三人侵权责任类型。因此,在承认对侵权责任行为和责任形态分类符合逻辑的前提下,网络转载侵权行为只能是竞合侵权行为。

2. 网络转载侵权属于提供必要条件的竞合侵权行为

竞合侵权行为内部包括三种:一是必要条件的竞合侵权行为,二是提供机会的竞合侵权行为,三是必要条件辅之政策考量的竞合侵权行为。网络平台不是为转发提供机会,也不符合政策考量竞合侵权行为中规定的记者侵权行为类型,因此网络转载侵权属于提供必要条件的竞合侵权行为,承担的责任形态是典型的不真正连带责任。

(二) 网络转载侵权行为承担典型的不真正连带责任

既然网络转载侵权属于竞合的侵权行为,那么它对应的责任形态就是不真正连带责任。连带责任是我国《民法典》第1170条和第1171条规定的与自己责任或按份责任完全相反的责任承担形式,但不真正连带责任则是在首发媒体、有过失的转发人,以及经提示未及时采取必要措施的网络服务提供者等责任人之间,允许被侵权人选择一个或至少一个,提出损害赔偿的请求,被侵权人的选择是任意的,可以选择其认为最便利、最具偿付能力的一方。所选定的不真正连带责任人可能不是正当的最终责任人,但是为保障被侵权人的损害得到及时充分赔偿,不真正连带责任人可以向最终责任人行使追偿权。

简单来说,转发人的过失不仅包括没有注明合理的转载来源,还包括转发内容与原发内容不一致,有意识地进行不适当的增删,以及放任明显的虚假、侵犯人格权等表述。注意义务包括过失,过失是指"某项行为未能达到法律为保护他人免受不合理侵害之风险而确立的标准"。[①] 如果违反了法

[①] 参见 W. 普罗瑟:《侵权法》第 31 节,1971 年版。转引自[美]约纳森·罗森诺:《网络法:关于因特网的法律》,张皋彤等译,中国政法大学出版社 2003 年版,第 228 页。

律上存在的注意义务,则被侵权人可以提起以转载人过失为基础的诉讼。①因为侵权行为人侵害了被侵权人的合法民事权益,无论是合同关系、成文法的规定还是法院的裁决都可以产生这种权利义务关系。过失的构成要件是依客观标准的,而不是全凭主观标准判断。所以,即使主观上已经认真考虑过了可能发生的结果,并且这是按自己的最优判断去做的,行为人仍可能要负过失之责任。② 网络转载行为人一般不承担侵权责任,例外就是其行为属于恶意或上述过失。网络转发人不应承担责任但是为了保障被侵权人的损害得到迅速填补,并防止损害进一步扩大,可以由转载人在中间先承担责任,过后向真正的责任人追偿。值得注意的是,转载人适用免责时,不存在与原发人侵权之间的责任分担关系。

网络服务提供者经提示未采取必要措施的类型在我国《民法典》第1195条中有明确的规定,条文中使用的字句是"删除、屏蔽、断开链接等",其中对"等"的理解应当是包括在上述三种措施之外的等,例如中止服务、提供能够确定侵权用户身份的信息等。网络服务提供者所能进行的必要措施也与其本身承诺于用户的服务范围和形式密切相关。这就涉及网络服务提供者的类型划分,广义网络服务提供者分为三类:第一类是网络接入提供者,是指为信息传播提供光缆、路由等基本设施或为上网提供接入服务或为用户提供电子账号的主体。在技术上,接入提供者无法对信息进行控制和编辑。第二类是网络内容提供者,是指自己组织信息向公众传播的主体,网络内容提供者应承担与传统媒体相同的注意义务。第三类是网络中介服务提供者,是指为用户提供服务器空间,或为用户提供空间供用户阅读他人上载的信息或自己发布信息、进行实时信息交流,或使用超文本链接等方式的搜索引擎为用户提供在网络上搜索信息工具的主体。网络中介服务提供者依照《民法典》第1197条规定确定注意义务。

(三) 网络转载行为承担侵权责任的限度

网络转载行为独立于原发侵权行为,转发行为与首发行为之间不存在共同侵权和分别侵权关系,因为转载是独立于首次发表的行为,但是以首发行为为前提条件。首发行为的侵权形成一个请求权和一个诉因,转发行为侵权引发的是另一个请求权和一个新的诉因。至于被侵权人根据海量的网络转发得到重复的、无穷尽的赔偿,会导致无休无止的诉讼,虽然理论上应

---

① 57A Am.Jur.2d § 78.
② 参见 W.普罗瑟:《侵权法》第31节,1971年版。转引自[美]约纳森·罗森诺:《网络法:关于因特网的法律》,张皋彤等译,中国政法大学出版社2003年版,第228页。

该如此,但是这明显是消耗司法资源和被侵权人精力的,不应该被鼓励。

值得思考的是,由于行为人本身的原因,行为人注意义务的提高分为两种情况:一方面,对于专业人士,他们甚至从提供服务中获利,因此标准应更高。如果医生在公共场合发表与专业有关的言论或者评论,那么大部分人会认为其正确性和真实性高于普通人。另一方面,有较强公众影响力、能够引起公众广泛关注的公众人物的注意义务也较高。因此在网络空间,尤其是微信公共账号、微博"大V",由于身份职业被认证属实,粉丝众多,影响力颇大,因此更应较一般用户谨言慎行,并保证所发布和转发言论的真实性和正确性,否则损害范围和程度较大,他们要为此付出比一般用户更高的注意义务,因此更具有权威身份的转发人所承担的责任要比普通转发人更重。

影响确定转载新闻媒体的侵权损害赔偿是,应该考虑的因素包括:第一,转载媒体的影响力的大小、报道的传播范围。对此,可以区分媒体受众的规模,例如国际媒体、国内媒体和地方媒体的传播范围和影响力是绝对不同的,第二,转载媒体的主观过错程度。例如被侵权人已经反复请求更正报道或者取下信息等挽救措施,但是该媒体仍不为所动,我行我素,可以认定为过错较大。第三,被侵权人受损害的程度。第四,采取补救措施是否能够真正挽回报道之后的不良影响,或者说是可挽救程度。网络侵权中往往是网络服务提供者已经作出了删除等必要措施,仍无可挽回损害结果的扩大,或者是有时需要判断和确认是否侵权的合理时间内,信息的洪流已经被转发的不可收拾,再进行删除等必要措施也于事无补。第五,新闻媒体是否采取了补救措施。第六,新闻媒体的偿付能力,毕竟赔偿若远超侵权媒体的经济能力,则不能使被侵权人得到及时有效的补偿。

三、网络媒体转载责任承担方式

(一)我国网络转载侵权的责任承担方式

1.以我国侵权责任法为依据。

网络转载侵权责任依照《民法典》第1167条规定的侵权责任承担方式包括:停止侵害、排除妨碍、消除危险等。以上方式可单独适用或组合适用。第一,停止侵害的责任方式,可以根据案件的实际情况,在诉讼之前、诉讼之中或者判决确定时适用。被侵权人请求在诉讼之前或者诉讼之中适用的,如有必要的,可以要求请求人提供相应的担保。担保应以财产担保为主,可由法官根据案件影响和诉讼标的大小具体确定。请求人提供担保后,法院应通知被告。被告对此提出异议的,可以提供反担保以阻却责任的提前履行。停止侵害的相关费用,由案件审结后败诉一方承担,如果该案撤诉或以和解方式结案,该费用各自承担或列入和解协议之中。第二,排除妨碍主要是针对还没有造成真实客观的实质性损害,在此之前民事权益的圆满状态受到威胁,此时被侵权人有权利要求侵权人停止侵权行为,以排除民事权益正常行使过程中遇到阻碍。第三,消除危险的责任承担方式应当与侵权造成的不良影响相同,但应当防止因此可能造成的扩大侵权或者不利影响。如果受害人有特殊要求的,可以将其作为重要参考因素进行。构成媒体侵权责任,主要的损害赔偿责任方式是精神损害赔偿。应当依照《民法典》第1183条规定确定。媒体侵害自然人人格权造成精神损害,同时也造成了受害人财产或者财产利益损失的,应当依照《民法典》第1184条规定,承担财产损害赔偿责任。媒体侵害法人或者其他组织的名称权、信用权等合法权益的,应当对其造成的精神利益和财产利益损失承担赔偿责任。此外,赔礼道歉责任方式的履行,是我国以往司法实践中普遍运用的独特侵权责任承担方式,但是在《民法典》中被摒弃。以往赔礼道歉不仅可以口头方式,也可以书面形式进行,其内容不得违反法律规定和社会公德,书面材料需要公布的,应当先经过人民法院审核同意。侵害著作权造成损害的,应当根据著作权法的相关规定确定损害赔偿责任。对构成侵权责任的媒体确定精神损害赔偿责任,应当斟酌下列相关因素确定具体赔偿数额:第一,转载人的过错程度;第二,被侵权人的精神利益损害后果和精神痛苦程度;第三,双方当事人的经济状况;第四,被侵权人本身的资力。

2. 我国新闻法上的更正、答辩制度。

我国一直没有实现新闻和法律在实质意义上的对接,在法律推进的过程中,不乏对媒体侵权单独作为侵权责任类型的激烈讨论。① 我国通过赋予信息所指向的被侵权人以更正、回应报道请求权,通过媒体及时填补或回复不实或片面报道,来平衡和救济对被侵权人造成的人格权益损害,同时又免于新闻报刊被强制刊载报道的义务,最大限度地尊重了媒体的自由。② 对不实报道进行更正或者让公众有机会听从相对人的辩解之词,无疑是新闻报道的真实义务的延伸或者因其报道行为而衍生的附随义务,媒体未履

---

① 刘海涛等:《中国新闻官司二十年(1987—2007)》,中国广播电视出版社2007年版,第3页。相关研究报告,请参见徐迅:《新闻(媒体)侵权研究新论》,法律出版社2009年版;张新宝:《新闻(媒体)侵权否定说》,《中国法学》2008年第6期;杨立新:《我国的媒体侵权责任与媒体权利保护——兼与张新宝教授〈新闻(媒体)侵权否认说〉商榷》,《中国法学》2011年第6期;陈清:《〈新闻侵权肯定说〉——兼与张新宝教授商榷》,《武汉科技大学学报》2010年第5期。

② 刘海涛等:《中国新闻官司二十年(1987—2007)》,中国广播电视出版社2007年版,第96页。岳业鹏:《媒体诽谤侵权责任研究》,中国政法大学出版社2014年版,第433—435页。

行该义务造成他人权利损害的,要求其承担相应的责任符合侵权责任法的基本原理。我国更正、答辩制度可以追溯到中华人民共和国成立伊始①,当时并没有把这些规定上升为成文法律,也与回应权有很大不同。其中被侵权人的权益保护意识还没有觉醒,并没有明确地提供保护措施。1999年8月,由新闻出版署发布的《报刊刊载虚假、失实报道处理办法》第3条和第4条对更正与答辩作出了明确规定,并将之作为被报道者损害救济的重要方式之一,不仅确认了被侵权人的权利基础,也规定了更正答辩需要满足的要求。国务院早在2001年公布的《出版管理条例》在第28条第2款明确了被侵权人的更正与答辩请求权基础,并赋予其通过诉讼强制履行的权利。经过多次修订,2020年的《出版管理条例》中更正、答辩制度被列为第27条,内容未变。但是,如果媒体拒绝发表更正或者答辩是否承担责任是一直没有定论的,唯一明确的是,被侵权人在理论上是可以提起诉讼要求刊登更正或答辩的。

更正、答辩请求权与侵权责任方式之间的适用矛盾关系是存在的,我国司法实践并未一味坚持较为普遍的由法院强制媒体刊载更正、回应报道的做法,而是通过最高人民法院《名誉权解释》第6条规定创立一项新的名誉侵权类型,即新闻媒体拒绝刊载更正报道的不作为侵权。更正、回应报道并不属于独立的侵权请求权,而是法律给予媒体的一项保护被侵权人人格权的义务,如果发布者没有履行该义务,可以构成不作为的侵权行为,并被法庭审判认可。② 因此,我国司法实践通过不作为侵权责任的设置,既赋予了更正、回复报道请求权以实质上的法律效力,使其不至于形同虚设,又避免了法院强制令刊载更正回应报道而对媒体编辑权限所造成的侵害,巧妙地规避了违宪的潜在可能。更正与回应报道请求权是报道的权利,该项权利可被行使也就意味着是可以被放弃的。当事人可以不经更正回应报道程序直接向人民法院提起诉讼,不以更正、答辩为诉前必要程序。许多案件通过回应报道之后就减轻或消除了影响,因此不少被侵权人会选择放弃诉讼,客观上减少了司法资源的过度运用。但是那些没有和解和撤诉的案件还是存在的,其中大部分是损害结果严重,也有极少部分是滥用诉讼权利的情况。

(二) 国外法律普遍规定的回应权

目前激增的网络媒体侵权案件使得网络媒体利益受损严重,导致网络

---

① 1950年中共中央《关于在报刊上开展批评和自我批评的决定》中规定,"如有部分失实,被批评者立即在同一报纸刊物上作出实事求是的更正,而接受批评的正确部分。"在1988年中共中央办公厅转发的《新闻改革座谈会纪要》指出,"被批评者有不同意见可以反批评,反批评稿也可以发表,反批评者同样要负责。"

② 参见魏永征:《新闻传播法教程(第二版)》,中国人民大学出版社2006年版,第233页。

媒体在提供咨询和服务上"前怕狼后怕虎",实际上最终受损的是公众的知情权或者是信息通达程度。然而通过更正与答辩制度不但可以缓解被侵权人与网络媒体之间的矛盾,减少诉讼,对各方均有利。美国认为及时的回应制度是最简单高效的处理方法,但是美国的回应制度与我国有很大不同。除了美国以外,欧洲大部分国家、非洲、拉丁美洲国家、以日本韩国为代表的东亚国家均有回应权制度。

所谓回应权(right to reply),本质上是被侵权人的请求权。回应权要求只要被侵权人民事权益受到损害,并提出回应权行使要求,那么媒体应以侵权信息同等形式要求下,对侵权进行回应和平复。随着网络媒体的兴起,回应权被广泛应用,并成为各国主要的网络侵权责任承担方式之一。言论自由与人格权保护一向是一对矛盾,二者此消彼长的冲突一直存在。回应权既有利于回复损害事实,又不至于使媒体变得过分小心,失去表达专业性,因此,许多国家均将回应权作为被侵权人救济的重要责任方式。① 这些国家都为我国回应权的建构提供了丰富的实践经验。

1881 年的法国新闻法率先规定了回应权,并一直延续,该回应权包含两个层面的含义:第一,矫正权(droit de rectification),是由政府行使;第二,回应权(droit de réponse),是由私主体享有的权利,回应权是法国大革命的胜利果实之一。② 法国的回应权的客体范围较广,不一定局限于人格权及人格利益的损害,也不仅仅是对事实的回应,意见的回应也很普遍。根据法国 2004 修订的《广播媒体法》规定,原发信息中应该包括侵权的语言表述,且回应行为应在一定期间内及时作出,报纸等纸媒是自原发之日起 3 个月内作出,以电视、广播为代表的数字媒体的回应应该自首发之日起 8 日内作出,但是被侵权人居所在国外的应该延长至 15 日。③ 被侵权人的包括自然人、法人,也包括政府官员,甚至包括死者,有其近亲属代为行使权利,根据《新闻法》规定,被侵权人可请求媒体进行回应。回应的内容应当跟侵权内容形式相当,拒绝履行回应的媒体承担相应责任,请求回应的方式也包括诉讼。④

---

① 参见张民安主编:《名誉侵权责任的法律救济》,中山大学出版社 2011 年版,第 296 页;[韩]李宰镇:《韩国名誉侵权法中的新闻自由和回应权》,温良苑译,载张民安主编:《名誉侵权责任的法律救济》,中山大学出版社 2011 年版,第 281 页。
② 参见岳业鹏:《媒体诽谤侵权责任研究》,中国政法大学出版社 2014 年版,第 414—422 页。
③ 参见靳羽:《域外回应权制度及其启示》,《中共南京市委党校学报》2013 年第 3 期;五十岚清:《人格权法》,铃木贤、葛敏译,北京大学出版社 2009 年版,第 17 页。
④ 参见[韩]圭浩永:《回应权和新闻自由权关系的比较研究》,温良苑译,载张民安主编:《名誉侵权责任的法律救济》,中山大学出版社 2011 年版,第 323—325 页。王占明:《论作为人格权救济之媒体回应权》,载《私法研究》2012 年第 1 期。

德国的回应权以保护人格利益和自由为发展基础,德国与法国回应权的最大区别就是德国的回应权排除了对意见和观点的可回应性,即仅可就事实部分进行回应。根据《德国基本法》第1、2、5条等的规定,逐渐发展到《巴登州新闻法》(Baden Presserecht)以"州"地区为单位对回应权以及更正报道予以法律上的确认,并被1874年的《帝国新闻法》(Reispressegestez vom)沿用。① 德国的回应权要求回应行为应在首次发表3个月内提出,且必须显示出与原文的对应性,例如篇幅形式等不能超过原文等,再如数字媒体应在同频道、同一播出时段等;回应不收取费用,除原文是广告外。② 拒不发表回应时,被侵权人可以请求法院对媒体的发表权进行相对禁止,只到回应之后,才得以恢复。③

英国并没有明确地提出回应权制度,原因在于在诽谤法历史悠久的前提下,例如媒体自律机构的成熟发展,人格权已经得到了比较好的保护,回应权的理念已经得到了很好的渗透,无论是成文法还是判例中,很难找到对回应权的明确肯定,但是《反诽谤法》第15条第2款中却与回应权有异曲同工之妙,原告掌握足够证据并要求被告发布与之前相反的内容,如果被告拒绝履行,那么将失去抗辩的权利。英国认为传统纸媒领域的回应权是没有问题的,但是与法国一样,英国对电视广播等媒体的回应权却持更加谨慎的态度。英国与法国同样也认为,回应权只针对事实陈述,不应包括意见观点。而美国在尊重意见表达上的态度,比法国英国更胜一筹。英国的情况并没有对回应权进入欧盟国家造成障碍,相反,欧盟提出了最低标准回应规则建议,并规定了媒体可拒绝回应的情形。④

1981年的韩国《新闻基本法》(Basic Press Act)首次确立了回应权制度,其配套机构是新闻仲裁委员会,新闻仲裁委员会集中解决非诉讼的名誉侵权纠纷案件;在回应权的发展过程中,经过不断的实践验证其合理性和必

---

① Cf.Gregory J.Thwaite, Wolfgang Brehm,"German Privacy and Defamation Law:the Right to Publish in the Shadow of the Right to Human Dignity", *European Intellectual Property Review*.August 1994,Vol.16 Issue 8,pp.336-351.

② Cf.Joshua Crawford,"Importing German Defamationg Principles:A Constitutional Right of Reply",*Florida State University Law Review*,2014.Vol.41,P.767.[韩]圭浩永:《回应权和新闻自由权关系的比较研究》,温良苑译,载张民安主编:《名誉侵权责任的法律救济》,中山大学出版社2011年版,第325页。

③ 参见[韩]圭浩永:"回应权和新闻自由权关系的比较研究",温良苑译,载张民安主编:《名誉侵权责任的法律救济》,中山大学出版社2011年版,第326页。

④ Gregory J.Thwaite, Wolfgang Brehm,"German Privacy and Defamation Law:the Right to Publish in the Shadow of the Right to Human Dignity", *European Intellectual Property Review*.August 1994,Vol.16 Issue 8,pp.336-351.

要性,最终得到宪法法院的肯定,此后回应权分别在韩国《期刊法》与《传播法》得到了彰显,韩国并不排斥回应权从传统纸媒向其他新媒体的推广适用。①

(三) 更正报道

所谓更正报道(Correction),也称为矫正权,可分为两个层面,首先,更正报道可由新闻媒体自动自发在相应版面上以适当方式进行,以免因不实信息造成被侵权人损害或损害进一步扩大。其次,更正报道由被侵权人向法院提出,法院认为侵权人应当作出更正报道的,也可以由法院直接向侵权人提出。更正报道的内容一定是认为之前的报道不正确或有瑕疵,进而进行的更正,并不是对观点的更正,而是针对事实部分。回应的内容可以不是事实,也不一定正确,但是更正的部分一定是对之前信息的更改,并且推定为不是错误的。更正报道与回应权相比,是一种更能有效挽救侵权损害的责任承担方式,毕竟媒体进行的更正,无论是主动还是被动,证明力都更强,都比被侵权人自己作出的澄清更令人信服。② 毫无疑问,更正报道比回应权的要求更多、更严格。在美国,未通过的《统一名誉侵权法》以及随之被确立的《统一名誉侵权更正或澄清法》(Uniform Correction or Clarification of Defamation Act,以下简称 UCCDA),都极力推崇更正报道和当事人双方的澄清,并认为更正澄清等矫正方式比诉讼的定纷止争效果更好。③

(四) 撤回报道

撤回报道(retraction)的程序启动与更正报道基本相同,一是由侵权人主动进行,二是由被侵权人通知侵权人,或者由法院责令侵权人进行。美国没有将法院的职能延伸到撤回制度中,基本依靠侵权人自觉和被侵权人的直接请求,但是美国法院向侵权人发出的撤回令却是与法理上的撤回报道

---

① Jae-Jin Lee, Yoonmo Sang, "How to Strike a Balance Between Copeting Interests on the Internet: A Comparative Study of the Right fo Reply Between the United States and South Korea", The Media and the Law, 2013, vol.12.转引自[韩]圭浩永:《回应权和新闻自由权关系的比较研究》,温良苑译,载张民安主编:《名誉侵权责任的法律救济》,中山大学出版社 2011 年版,第 326 页。Kyu Ho Youm, "The George Washington University Law School Access to the Media -1967 to 2007" and "Beyond: A Symosium Honoring Jerome A. Barron's Path-Breaking Article: The Right fo Reply and Freedom of the Press: An International and Comparative Perspective", *The George Washington Law Review*, 2008.Vol.76, p.1017.

② J.G Fleming, "Retraction and Reply: Alternative Remedies for Defamation", 12 *U British Columbia LR* (1987), p.25.

③ Scott, Micheal D., "Would a Right of Reply Fix Section 230 of the Communications Decency Act.", International Journal of Law and Information Technology, vol.20, Issue1 (spring 2012), pp.73-81.

制度不同的概念，撤回令具有强制效力，是原告胜诉获得损害赔偿的附带结果。① 与更正报道相比，撤回仅仅是将之前发布的错误信息收回，并不需要公布真实的情况。② 对于侵权媒体一方，撤回报道比更正报道体现的权利割让更小，相当于恢复原状的责任承担方式。撤回报道与更正报道的相同之处在于，侵权人都正面应对了之前发布信息错误的事实，这种承认错误和道歉的意义是回应权制度所不能涵盖的，是维护各种形象和双方关系的上选方式。

撤回报道制度的地位日益受到重视，并在一定程度上决定损害赔偿范围，但是撤回报道的效果争议和滥用的问题仍普遍存在。不可否认，大多数公众是抱着"无风不起浪"的心态，宁愿相信丑闻。撤回报道在人格权毁损上一定不能起到完全恢复原状的作用，其他的侵权责任承担方式同样面临这个问题，因此这并不是撤回报道的问题，更正报道和回应权也没有避免被争议，这是人格权救济制度的普遍问题，不足以否定撤回报道制度的有效性。损害赔偿的责任承担方式虽然于人格权的恢复于事无补，但是能够减轻被侵权人的精神苦痛，撤回报道的方式能够使不实信息的传播适当停止和扭转，更多的是照顾被侵权人的权益免受更大侵害。为了避免撤回报道被恶意的侵权人利用，因此只有非恶意的原报道才能适用撤回，否则撤回不能成为决定损害赔偿范围的因素，也不能为侵权人脱罪或减责。然而，美国也有少数法院认为撤回与真实恶意之间无关，没有将滥用撤回报道当作间接对媒体侵权的放任。撤回报道应充分尊重事实，切不可以商业利益为最高追求，不能无原则无节操地轻易撤回或拒不撤回。③一方面，撤回报道没有更多地侵蚀发布者的表达自由，另一方面，也没有置被侵权人的权益于不顾的境地，属于兼顾两者的妥协性责任承担方式。

（五）法国"三振断线"制度

2009 年 6 月 12 日法国颁布《促进网络上创作传播保护法》（简称 HADOPI1），同年 10 月 28 日颁布的《网络上著作权之刑事保护法》（简称 HADOPI2）则是对 HADOPI1 的补充性修改，④成为全世界首个规定"三振

---

① John G.Fleming,"Retraction and Reply:Alternative Remedies for Defamation", 12 *University of British Columbia Law Review*,1978,vol.15.
② 郑文明：《诽谤的法律规制——兼论媒体诽谤》，法律出版社 2011 年版，第 215 页。
③ John C.Martin,"Comment,The Role of Retraction in Defamation Suits",1993 U.Chi.Legal F. pp.293,306.
④ 第 2009—1311 号 2009 年 10 月 28 日关于互联网文学和艺术知识产权的刑事保护的法令，2015 年 5 月 1 日访问，见 http://www.legifrance.gouv.fr/。

断线"制度的国家。"三振断线处罚制度"引起了法国学界和实务界的极大争议,所谓"三振"是指三次侵权行为,"断线"是指将被处以中断网络连线服务的处罚。"三振断线"对平衡侵权行为和用户利益的有效性是争议的焦点。

法国是欧洲大陆各种中对网络侵权严惩的国家代表。早在2006年8月1日对著作权法(简称DADVSI)的修改工作中①,就早早地将欧盟的《电子商务指令》进行了法国本土化,着重强调保护网络环境的著作权及禁止规避技术保护措施。2007年11月23日,文化传播部(Ministère de la Culture et de la communication)发表《信息网络上著作发展保护报告》,由于该报告是由法国FNAC集团总裁Denis Olivennes受法国文化传播部委托研究,专门针对网络盗版问题,结合发展著作权网络商业利用提出的政策建议,因此简称Olivennes报告。② Olivennes报告提出立法建议均从保护被侵权人利益和自由出发点:第一,促进合理使用网络信息资源所带来的经济利益,第二,坚决打击大规模非法下载和转载。Olivennes报告奠定了之后法国著作权法的几次重要修订的议题基础和基调。"三振断线惩罚制度",即对三次侵权的行为人施以中断网络连接的惩罚,该制度由HADOPI1确立,但随后遭到国会反对党提交违宪审查。③ 宪法委员会认定该制度实质条文属于违宪,导致国会再制定2009年10月28日"网络著作权刑法保护法",用于修正HADOPI1,因此又称HADOPI2。法国的做法将三振断线认定为刑法处罚,最终经过违宪审查认为没有任何违宪规则,可见纵观立法目的和程序,法国对于著作权的保护无所不用其极,但是这种用刑法来保护著作权、遏制网络侵权是否存在过度保护之嫌,值得探究。④

实际上Olivennes报告是想要在司法机关行使处罚之外,积极考虑事前防范与教育,HADOPI1法要求建立网络著作权传播与权利保护高级公署(Hadopi),具有独立法律人格的行政机关,《法国的知识产权法典》(Code de la propriété intellectuelle,简称CPI),其中第L.331-12,L.331-13条规定

---

① LOI n° 2006-961 du 1er août 2006 relative au droit d´auteur et aux droits voisins dans la société de l´information(简称 Loi DADVSI),J.O.R.F.du 3 août 2006.
② 转引自陈思廷:《法国对抗网络盗版之著作权政策与法制介绍》,《司法新声》2012年第101期。
③ 陈思廷:《法国著作权网络侵权三振法制之解析》,《智慧产权月刊》2013年第161期;宋廷徽:《"三振出局"法案全球化路途之探讨》,《知识产权》2010年第2期;陈绍玲:《"三振出局"版权保护机制设计研究》,《中国版权》2014年第4期。
④ 参见沈玉忠:《累犯"三振出局"制度之探讨》,《贵州大学学报(社会科学版)》2007年第3期;孙雷:《"三振出局"规则刍议》,《中国版权》2009年第4期。

Hadopi 负责网络侵权的预防和处罚。Hadopi 是由 HADOPI1 演变而来，除保留原有注意技术保护措施之外，新增职能保障网络著作权与邻接权，执行三次侵权的通知义务，并审查网络上著作权与邻接权的合法与合理使用情况。

HADOPI1 的内容，虽然有些被废除有些被保留，但是对于之后美国、新西兰、欧盟以及我国在内的国家和地区仍有巨大的经验价值：①

第一，三次侵权通知与断线的内容包括：Hadopi 下设权利保护委员会（commission de protection des droits），依权利人的请求，对违反规则的用户通过电子邮件寄送规劝信，即第一次通知。此后 6 个月内再次侵权，委员会可通过电子邮件再次寄送规劝信，即第二次通知。如果此后 1 年内再次发现侵权，那么委员会经过讨论程序会依据不同情节处以 2 个月至 1 年不等的断开连接惩罚，断线仅指网络，但是仍维持电话或电视服务。

第二，如果不采取断线惩罚，那么替代的做法是，在委员会作出惩罚决定之前，侵权用户将收到一份协议，内容大体是如何进行和解：第一种情况，用户可以选择同意接受 1 至 3 个月断线，断线期间不代表停止交付使用费用，此期间用户不可以再重新申请连接线路的服务；第二种就是和解不能达成的情况，用户必须依照 Hadopi 规定接受惩罚。但是由于以上规定被 HADOPI2 法替代，断线惩罚已经成为刑事责任，所以已经不存在和解情况，但是和解仍具有可借鉴意义。

第三，ISP 的义务在修订后的法案中被保留。Hadopi 将和解以正式通知的形式发送至 ISP，ISP 应予以及时地执行，具体表现为自收到通知之日起 15 日内采取断线措施，如果 ISP 没有采取断线措施，也应受到惩罚，ISP 有义务在断线之前查看用户是否在黑名单上，ISP 在必要情形下可以请求法院调查和核实，ISP 应对执行事项予以记载，用以证明虽然断线违反了自己与用户之间的服务协议，但是是出于特殊原因为之。

第四，大数据时代为了权衡惩罚和个人信息保护二者关系，应整理违法用户黑名单资料以及建立停权用户黑名单数据库。②

法国国会反对党认为，三振断线关乎公民的正当民事权益，而 Hadopi

---

① 参见卢宝锋：《"三振法案"国际进展》，《电子知识产权》2012 年第 1 期；孙国臻：《网络环境下著作权三振规则引入我国的可能性：三振规则与避风港原则》，《山东审判》2013 年第 3 期；李振、王文强等：《反盗版"三振法"能否中国化》，《科技创新与知识产权》2012 年第 3 期。
② 参见陈思廷：《法国著作权网络侵权三振法制之解析》，《智慧产权月刊》2013 年第 161 期；田扩：《法国"三振出局"法案及其对我国网络版权保护的启示》，《出版发行研究》2012 年第 6 期。

属于行政机关,本不应有剥夺公民民事权益的权力,而且有观点也指出三振断线一定程度违反了比例原则以及无罪推定原则,用户对证据的掌控能力不足,承担的举证责任过重,必须在施行之前提交违宪审查。宪法委员会于2009年6月10日的2008-580决定认为HADOPI1部分违宪,主要是认为宪法虽然不会不保护知识产权,但是不能建立在侵蚀网络用户的重大宪法权利上,例如表达自由、隐私权、无罪推定原则、言词辩论程序等。该决定主要包括了三项内容,分别是网络用户监控义务的正当性、处罚符合比例原则以及程序保障。①

网络用户的管理义务经过违宪审查之后得到保留,管理义务也称之为监控义务,其正当性体现在原发者可以成为侵权人,网络盗用者也可以成为侵权人,盗用网络行为满足完整的侵权构成要件。但是在权利外观上,其他人无法提供证据证明侵权信息是否为用户本人发出,只有用户有承担证明责任的能力,用户在申请了网络服务之后,应确保权利不被他人非法利用,在不能证明的时候,应接受不利后果。② 因此,网络用户未能控制网络使用应负责。在尽到了合理的注意义务时,网络用户不因他人实施的侵权而受处罚,该规定具备法律明确性与可读性。③ 由于行政机关已经对被控侵权用户加以规劝或通知,所以处罚欠缺监控注意义务的行为不存在违宪的情况。

违反管理义务造成的断线处罚由Hadopi执行,其处罚是以法律所赋予行政机关刑事处罚权力,在刑事惩罚并不违反宪法所保障的权利和自由前提下,则认为是合宪。但是,宪法委员会也了解到由Hadopi所决定的断线处罚不仅适用于特定网络用户,而且关系到限制所有人民自由表达的权利,由于欧洲人权法院的前车之鉴,其更注重言论表达自由以及比例原则的展现,所以立法者为规则创设机关的同时,不适宜同时成为执行机关,而应由司法机关负责执行。④

---

① 参见宋廷徽:《"三振出局"法案全球化路途之探讨》,《知识产权》2010年第2期;陈绍玲:《"三振出局"版权保护机制设计研究》,《中国版权》2014年第4期;沈玉忠:《累犯"三振出局"制度之探讨》,《贵州大学学报(社会科学版)》2007年第3期;孙雷:《"三振出局"规则刍议》,《中国版权》2009年第4期;陈思廷:《法国著作权网络侵权三振法制之解析》,《智慧产权月刊》2013年第161期。

② Cf.L.COSTES,"Le projet de loi<création et internet>:un texte d'équilibre", RLDIn°39, juin 2008, p.3.

③ intelligibilité et accessibilité de la loi 翻译为可读性或可获得性,参见陈思廷:《法国著作权网络侵权三振法制之解析》,《智慧产权月刊》2013年第161期。

④ Carine BERNAULTet als., DADVSI 2, HADOPI, <Création et internet>… De bonnes questions? De mauvaises réponses, D.2008, p.2290.

HADOPI2 于 2009 年 10 月 8 日最终通过 22 日的违宪审查予以施行，其将知识产权法典、刑法典、刑事诉讼法典修正，将断线处罚定行为刑法总刑之外的从刑。法国对于网络侵权的法律规制刑罚化和累犯化的设置是偏严厉性的，因为对公民权利和网络言论的欠保护，"三振断线"制度一直受到争议。①

四、网络媒体转载侵权的时效问题

英国的传统媒体转载侵权责任把出版者或发布者的可被诉讼期间限定在首次发表的一年之内。也就是说，自首次发表日之后的一年时间里，被侵权人可以提起诉讼，一年之后被侵权人的诉讼利益不被保护。网络发布者的时效保护却打破了原有的利益平衡，因为网络上首次发表之后，信息的每一次的下载保存等操作行为都将成为一个新的诉因，一年的时间对网络发布而言，也是一次新的发布行为，被侵权人仍然可诉。任何国家不得不承认，由于互联网的技术发展，原有的传统媒体侵权制度受到了冲击，其中一个重大区别就是每一次信息在终端被保存或下载，都产生一个新的诉因，诉讼时效应该重新计算。然而，对于原被告之间的证明责任分担也产生了不同的观点。一方面，如果将诉讼时效限定为一年以内，那么一年的诉讼时效期间，对于权利受害一方的原告而言，并不足以视为充裕的备诉时间。另一方面，如果将诉讼时效延长至为一年以上，那么被告要在大于一年时间里应对若干未知和潜在的诉讼，证据的证明效力随时间推移递减，给律师和法官都带来了很多难题。理论上，在我国根据《民法典》第 1195 条的推定，被侵权人作为原告一方，可以作出具有法律效力的通知，虽然通知的效力目前不波及境外的网络服务提供者，但是至少在国内，通知要求网络服务提供者根据通知所指明的网络地址，将涉及侵权的信息删除，然而网络服务提供者一方面要尊重通知的规则和通知人的意愿，另一方面也要考虑自身的经营行为，保证其平台上的内容及服务规模，往往在是否执行删除行为上优柔寡断。网络媒体和被侵权人之间的权利此消彼长一直没有停止，如果用言论自由精神扩大网络媒体的权利，就是对诽谤等侵权行为的助长；如果执行严格的保护被侵权人人格权规则，那么也会限制网络媒体的行业发展，最终导致公众的表达自由、知情权损失等。

---

① 参见田扩：《法国"三振出局"法案及其对我国网络版权保护的启示》，《出版发行研究》2012 年第 6 期；宋廷徽：《"三振出局"法案全球化路途之探讨》，《知识产权》2010 年第 2 期；陈绍玲：《"三振出局"版权保护机制设计研究》，《中国版权》2014 年第 4 期。

由于互联网的特性,相同的内容传播速度极快,丰富了众多网络平台的信息规模。信息的首次发表人在发表之后,由于被其他用户复制和重复转发,经过多手转发之后,即使首发对侵权信息删除,也不能阻止侵权信息在网络上蔓延。无论经过多少年,该信息还是会随时被挖掘,再次成为重伤被侵权人的信息。信息的首发者和被侵权人可能都不希望这种二次伤害的发生,但是事与愿违的事常常发生,这是之前的更正报道、赔礼道歉、赔偿损失的侵权责任承担方式解决不了的问题。胜诉的原告并不能高枕无忧,而是永远被打了个标签,只要用搜索引擎查找,侵权信息一直如鬼魅般追随。一年的诉讼时效对于互联网侵权虽然不切实际,但是我们最终还是要为网络侵权的时效问题设限,我国民事诉讼的一般诉讼时效期间为三年,然而无论确定为一年、二年还是三年都会遭到一定程度的反对。比较折中的意见就是仍然延续各国传统媒体侵权法中的基准,增加延长时效期间的适用情形,凡满足条件的可获得延长。网络转载侵权的诉讼时效起算时间标准也有发布之日和原告自知道之日的争论,原告何时知道侵权信息应由原告证明,否则难以适用。

第八章　区块链信任危机中的法律对策

开发区块链技术的初衷是在信任极低的环境下,用最小的成本进行最安全可信的数据流转。① 区块链技术应用领域十分广泛,例如加密数字货币、智能合同、数字财产的权属状态、电子证据等领域,一定程度缓解了匿名环境下弱不禁风的信任难题。然而,解决传统信任危机的区块链技术并非所向披靡,无法做到让人不言而信。除去区块链本身的技术局限和人的有限理性,法律在解决区块链信任的问题中应当既不纵容,也不扼杀,与区块链彼此成就,融合发展。

第一节　区块链技术下法律治理面临的信任危机

从2008年区块链概念被中本聪在《比特币:一种点对点电子现金系统》一文提出,②到加密数字货币交易的发展,再到数字财产、智能合同等领域的繁荣,区块链超脱了去中心化初始属性,促进了应对去中心化的社会治理。区块链技术的优势体现在众多方面。首先,在社会组织结构层面上,区块链自由灵活、去中心化;其次,在技术传输层面上,区块链可以提供便捷的点对点、分布式数据传输,更直接且更安全;再次,在经济效率层面上,区块链无需中间方、监管方,从而可以降低成本,提高效率③;最后,在信任机制层面上,由于区块链的加密数据不可篡改,因此无需信任,可直接存证。一方面,区块链技术优势显著,另一方面,区块链也受技术限制和人的有限理性影响,存在一定数据验证促进空间,如果不善加治理,可能导致国家经济秩序危机。苦难往往伏于辉煌,区块链技术的应用繁荣和危机是并存共生的。虽然文明每前进一步,不平等也同时前进一步。随着文明产生的社会

---

① Cf.Greg Kaza, *The Blockchain Revolution* ,41 Regulation,2018,p.53.
② Cf.Satoshi Nakamoto,Bitcoin: *A Peer-to-Peer Electronic Cash System* ,1/1/2021,at https://bitcoin.org/bitcoin.pdf.
③ Cf.David Horton,"Tomorrow´s Inheritance:The Frontiers of Estate Planning Formalism",58 *Boston College Law Review*.vol58,2017,p.576.

为自己建立的一切机构,都转变为它们原来目的的反面。但历史反复印证,人类文明的进展,多是趁着由"小得意"堆积成的"大问题"而爆发的。① 区块链危机治理的意义不仅仅在于完善制度,更是为各主权国家提供了一个培养和检验治理复杂性、综合性社会问题能力的机遇。②

一、区块链技术繁荣的原因

(一)形成去中心化的社会组织结构

在社会组织结构层面,区块链提供自由灵活、去中心化的数据传输服务。区块链语境下的去中心化与网络媒体语境下的去中心化有相似但不同。人类对"中心"的抵触和反抗大爆发可追溯到文艺复兴和启蒙运动时期。对中心化制度的不信任是区块链基础技术的驱动。区块链技术的重要应用包括加密数字货币、智能合同、数字财产权属状态、电子证据等。对于加密数字货币,学者提出私人数字货币(Cryptocurrency)概念。③ 无论是私人数字货币或者加密数字货币,这两种说法都来源于对2018年6月美国国会法律图书馆发布的两部相关法规具体条文的理解与阐释。这两部法规分别是《全球加密货币规则》(Regulation of Cryptocurrency Around the World)和《特定司法管辖区加密货币规则》(Regulation of Cryptocurrency in Selected Jurisdictions)。前者涵盖了全球131个国家的加密货币监管规则,后者选取了14个典型地区的加密货币监管制度进行研究。与加密数字货币、私人数字货币相关的用语还包括加密货币(cryptocurrencies或encrypted currencies)、数字货币(digital currencies)、虚拟货币(virtual currencies)、电子货币(electronic money或e-money)、虚拟资产(virtual asset)以及代币(token)等等。④ 加密数字货币是自由主义思想的产物,提出中心权力制造以外的替代信用体系。⑤

(二)提供分布式的数据传输服务

在传输技术层面,区块链可以提供便捷的点对点、分布式数据传输。区块链被部分学者称为"分布式账簿技术"(Distributed Ledger Technology)。⑥

---

① 参见戴相龙:《当前的国际金融危机及我国的应对措施》,《中国人民大学学报》2009年第3期。
② 参见冯辉:《金融危机、国家治理与法治精神》,《政法论坛》2017年第6期。
③ 参见朱娟:《我国区块链金融的法律规制——基于智慧监管的视角》,《法学》2018年第11期。
④ 参见漆彤、卓峻帆:《加密货币的法律属性与监管框架——以比较研究为视角》,《财经法学》2019年第4期。
⑤ Cf. Susan A. Berson, "Virtual Money", 99 ABA Journal July, 2013, p.32.
⑥ 参见崔志伟:《区块链金融:创新、风险及其法律规制》,《东方法学》2019年第3期;蔡一博:《智能合约与私法体系契合问题研究》,《东方法学》2019年第2期。

严格意义上,并不是所有的分布式账簿都叫区块链,但是区块链是这一类技术的通用说法。① 点对点数据传输可以最大程度减少数据公开程度和保护个人隐私。区块链实质上是信任性传递方式的变革。生活中,一个侃侃而谈的人相比一个孤僻寡言的人,更容易降低他人陌生感,也更容易获取他人信任。一个自愿展示厨房的餐馆,更容易获得消费者对其食品安全的信任。在信息传输不便捷的社会,信任需要依靠父权、家族、人际关系等传递。无论是以个体为圆心的水波纹式建立起来的中国式人际关系,还是西方国家等距的人际关系,人际关系的远近亲疏决定了信息欠发达时代的信任半径。② 随着信息交互的发达,国家通过主导可信任的中介机构,用公开、透明的方式传递信任。③ 例如法院拍卖物品,必须秉承公平、公正、公开的方式进行,再如被冠以驰名商标的产品或者经过认证认可的产品,都在产品的本身或包装上用特殊标志进行说明。相反,区块链却是用隐匿的方式保护信息传输,通过点对点传输,避免第三方介入,免除了信任环节去验证身份、验证交易的效力,为保护个人隐私和数据安全提供了前提,从而使交易方根据自身权限获得应知的充分翔实信息,无需以传统方式了解对方的身份就可以放心地进行交易。

(三) 通过缓和代理崇拜提高经济效率

在经济效率层面,区块链可以缓和代理崇拜,无需中间方、监管方,从而降级成本,提高效率。中间方、监管方等中介机构在现代社会无处不在。在早期学者对新古典经济学带来的问题进行回应的过程中,奥利弗·威廉姆森(Oliver Williamson)认为代理人的出现能够防止管理者吞噬所有利益,然而代理制度虽然能一定程度规制管理不忠诚,但是代理成本是否是必要支出成为经济学家们旷日持久的争论焦点,控制权与所有权的离合运动从来没有停止过。④ 一方面,早期公司治理语境下的代理偏好能够抚平股东对管理者不忠诚的不安;另一方面,市场语境下的代理受到竞争冲击,多快好省的代理总是受欢迎。历史研究表明,帕金森定律(Parkinson´s Law)普遍存在于公权力授权的中介机构。哪怕给定某任务一个最长期间,最后也会以最低效率被完成。中介机构需要谋取利益来维系其自身的运作和员工福利,因此,中介机构自带审查程序,从而降低了效率,扩大了验证成本。区块

---

① Cf.Kevin Werbach;Nicolas Cornell,"Contracts Ex Machina",67 *Duke Law Journal*,2017,p.325.
② 李佳伦:《民法典编纂中遗产酌给请求权的制度重构》,《法学评论》2017年第3期。
③ 汪青松:《信任机制演进下的金融交易异变与法律调整进路——基于信息哲学发展和信息技术进步的视角》,《法学评论》2019年第5期。
④ [美]J.B.希顿:《公司治理与代理崇拜》,林少伟、许瀛彪译,《交大法学》2018年第4期。

链作为"信任机器"(The Trust Machine),①它侧重于降低记录成本,提高记录效率,把成本重点放在了加密储存上。它的横空出世,一定程度上为金融排斥、代理成本所困的群体迎来了春天。② 那些希望完全独立于中介机构的个人,可以在网络上运行自己完整的节点。③ 区块链大大受到因中介机构门槛过高的中小企业和付不起中介费用的群体追捧。对他们而言,区块链与互联网的开放普惠理念一脉相承,极具吸引力。

(四) 建立便于存取证据的数据形态

在信任机制层面,区块链加密数据不可篡改,可直接存证。由于区块链数据上链都附有时间戳,这些时间戳通过共识节点实现多数正确并修正少数错误、进行共同验证和记录,所以上链的信息不可篡改,因此我们可以选取任意时间节点考察状态和选取任意时间段考察数据真实性。区块链运用的 Merkle tree(默克尔树)算法提供了一种证明数据完整性且有效性的手段,支持用较小内存和流量完成和维护较复杂的计算。④ 区块链可广泛用于财产权属状态、病例、公证、版权付费、电子证据、遏制虚假新闻等领域。⑤ 与人工智能的学习能力不同,区块链无法创造价值,只是保证和维持一种交换价值。由于区块链可以保留数据真实状态,因此也被应用于确认数据财产的权属、物上负担、价值评估制度以及电子证据制度上。以网络知识付费服务为例,网络支付、购买和管理都能够通过区块链技术进行数据获取、身份认证、安全验证、自动授权、自动应用等,并且更重要的是,这些流程都能得到完备的记录和存证,能够节省大量记录、文书工作的成本。区块链技术的信任传递是通过保密来完成的,而不是通过公示的方式,共识和信任是区块链技术的价值导向。表征数据财产的权属状态、电子证据等都是对区块链边缘性功能——记录存证功能的衍生应用,区块链技术核心功能——对专利研发的信任和共享才是区块链的核心创新领域,或者说是计算机科学发展的长远价值追求。

---

① Economist (2015), *The Promise of the Blockchain*: *The Trust Machine*, 1/1/2021, at https://http://front.sjtu.edu.cn/datacomm/The%20trust%20machine.pdf.
② [英]哈耶克:《通往奴役之路》,王明毅等译,中国社会科学出版社 2017 年修订版,第 109 页。
③ Kevin Werbach; Nicolas Cornell, "Contracts Ex Machina", 67 *Duke Law Journal*, 2017, p.327.
④ Chris Chinchilla, *A Next-Generation Smart Contract and Decentralized Application Platform*, 1/1/2021, at https://github.com/ethereum/wiki/wiki/White-Paper.
⑤ Stacy-Ann Elvy, "Commodifying Consumer Data in the Era of the Internet of Things", 59 *Boston College Law Review*, 2018, pp.505-511.

二、区块链信任机制面临的危机

（一）数据和隐私大面积泄露的危机

以"区块链+货币""区块链+银行""区块链+证券"为主要内容的区块链金融又被认为是分布式账户，它要求每个数据节点对数据的存储必须完整连续、规范统一、加密不可篡改，且各个节点相互之间独立平等，存储的数据在网络中的每个数据节点同步共享。① 隐私和数据的加密，是否真的难以篡改，值得推敲，可信任程度也值得合理怀疑。如果上链数据是伪造的，那么初始的错误会导致一错百错，再怎么验证也于事无补。抑或者理论上，51%的错误便能够实现修改正确信息。无论是区块链服务，还是云服务，都面临着安全问题，便利的上传、存储和传输，不可能同时带来便利的删除。② 如果说数据安全和隐私保护的问题完全仰仗于加密数据的不可篡改性，那么假设一旦实践中存在可以变更数据的操作，是否就意味着区块链构建的信任王国顷刻崩塌？不难看出，即使刨除"授权拜占庭容错算法"（Delegated Byzantine Fault Tolerance）的影响，③区块链金融中所谓的隐私和数据加密，也并不是真的不可篡改。我国对区块链金融的监管始于2013年底由中国人民银行、工业和信息化部、银监会、证监会、保监会五部委联合发布《关于防范比特币风险的通知》，这是我国第一部对加密数字货币进行治理的规范性文件，该通知为表达我国对加密数字货币的立场，强调了两层内容：一是否认加密数字货币的货币属性，二是否认加密数字货币具有流通性。进而，我国在2017至2018年出台的规范性文件中对上述严禁加密数字流通政策细化，以及对既有产业发展路径进行疏导，包括企业不得发行融资，已发行的逐步进行清退，不得兑换、提供定价或信息中介，引导挖矿企业逐步退出等。目前既然可以对区块链金融进行监管，那么在监管范围内就不存在所谓的秘密和隐私，如同互联网发展初期的匿名性特征，目前为了实现有效的监管，实质匿名性已经无从谈起，那么同理，在监管者视域下，区块链与互联网一样是可驯化的。加密数字货币被排挤不仅出现在中国，目前作为全球首家大型网络巨头发起的加密虚拟货币的Libra，由Facebook创立，Visa、Mastercard、Paypal、Uber等大型机构都参与其中。2019年7月美国参议院银行、住房和城市事务委员会以及众议院金融服务委员会举行两

---

① 朱娟：《我国区块链金融的法律规制——基于智慧监管的视角》，《法学》2018年第11期。
② Dawn E. Holmes, *Big Data: A Very Short Introduction*, Oxford University Press, 2017, pp.93-94.
③ Cf. Ethan Buchman, Jae Kwon and Zarko MilosevicTendermint, *The latest gossip on BFT consensus*, 1/1/2021, at https://arxiv.org/pdf/1807.04938.pdf.

场加密虚拟货币 Libra 的听证会,2019 年 9 月,Libra 在 2020 年正式发布之前被德国和法国抵制,要求在其正式推出之前必须要通过美国最严格的监管规则。新加坡、日本、英国央行都对 Libra 持保守态度,表示 Libra 仍在发展初期,必须要经由一定审查确保其符合现有规则,解决一系列基本问题后才能应用。非法定货币的发行和承兑在主权国家碰壁其实并不意外,早期马克思在研究银行信用理论时就表明,银行处理的主要业务无外乎就是信用本身,然而发行法定货币的银行,实际上是与"私办银行"的混合体,其背后都是以国家信用为后盾的,即便是"私办银行"的货币,也具有合法支付手段的性质,法定货币的本质是信用流通的记号。因此,缺乏甚至是排斥中心化国家后盾支持的"私办银行"提供的信用服务风险极大,主权国家有权遏制金融风险极大的信用服务。目前处于区块链技术发展的初期,对主权国家而言,对隐私泄露和数据不可篡改的监管质疑属于"远虑",禁限加密数字货币流通才是"近忧",但是随着技术的成熟,防止隐私和数据监管泄露问题将日益凸显。

(二)当加密数字货币交易量足够大时,存在撼动市场经济社会根基的危机

区块链支撑的加密数字货币目前有百余种,与主权国家发行的法定货币不同,法定货币是国家对货币控制权的宣誓,法定货币价值更稳定。数字货币这种不经银行或类似机构发行的虚拟货币的价值欠稳定,如果达到足够高的流转数额,一方面会对金融市场造成威胁,给法律监管制造障碍,另一方面为洗钱、恐怖活动融资、逃税等不法行为带来便利。经历过二战后"布雷顿森林体系"的建立和瓦解,各主权国家更加深刻地认识到国家控制国内货币的重要性,其重要程度与立法权不相上下,任何一种主权国家的法定货币成为国际货币或其代币都对良好的国际经济秩序无益,更何况非法定货币。2019 年 10 月 28 日,中国国际经济交流中心副理事长黄奇帆表示,"人民银行对于 DCEP 的研究已经有五六年,我认为已趋于成熟;中国人民银行很可能是全球第一个推出数字货币的央行。"① 可见,一方面,国家对发行货币的权力紧抓不放,另一方面,个体对国内货币的信任下降,试图寻找一种国际化的等价物实现价值流通,因此加密数字货币应运而生,但前提是这种加密数字货币是中央银行发行的。无论是家族纽带、熟人,还是法

---

① 《黄奇帆热评区块链:像更先进的"基因改造术",不相信 Libra 会成功,中国央行或全球首推数字货币!看六大关注点》,载《证券时报》,2021 年 1 月 1 日最后访问,见 https://mbd.baidu.com/newspage/data/landingsuper?context=%7B%22nid%22%3A%22news_10470435788818810583%22%7D&n_type=0&p_from=1。

律保障的中介机构带来的信任,都是市场经济的基石。① 国家和法律尝试构建无限延伸的信任体系,来弥补人际信任半径的不足。当区块链试图在民间辅助增长信任半径时,国家和法律便会介入来确保区块链的合法性、安全性。正是由于不可篡改、隐匿的信息传递有破坏金融秩序、威胁国家货币主权、洗钱、恐怖活动融资、逃税等犯罪风险,因此主权国家对区块链的保守和审慎的接纳态度是必要的。当交易量足够大时,加密数字货币将产生跨越虚拟财产与法定数字货币鸿沟的危机。虚拟财产的界定实质上是对物权法中物的概念的巨大挑战。

（三）超越金融技术,替代法律技术的危机

通常在私法的思维方式下,民商事行为中的主体的意思自治是最为重要的一个环节,这一环节决定了私主体的私法行为是否具有法律效力。正因如此,私法作为权利本位的法律部门,为私权保护提供法律保障,从而抽象出诸如自愿、平等、公平、诚实信用、不得悖俗等基本原则。其中诚实信用是私主体的自律性规则,无论私主体还是公权力机关,诚实信用都是普遍性的行为准则,都可以得到验证。私主体违背诚实信用原则,相对方的利益就会受损,与此同时,权利受损一方获得了相应的请求权;公权力机关则通过宪法来限制权力滥用。如果区块链技术排除了不诚信,那么法律范式的架构就会被打破。区块链对数据的加密,不得篡改的属性,也正是智能合同的核心技术,当现实条件满足预先的设定时,合同便会生效。与非智能合同不同,以往传统的合同成立条件中的要素,例如要约和承诺都被转化成代码,而合同双方的意思表示都是由结果逆推出来的,这与非智能合同成立和生效必须由双方当事人意思表示引起的因果逻辑完全相反,这同样是对既有法律范式的冲击。② 如果诚实信用的验证方式被代码替代,那么在救济机制、权力分配等方面的法律技术设计就需要作出变更。

第二节　我国区块链法律治理的一般性措施

人类社会通过定义和管理风险来实现对自身界定,③在管理区块链技

---

① 参见郑戈:《区块链与未来法治》,《东方法学》2018年第3期。
② Cf. Matthew Jennejohn, "The Architecture of Contract Innovation", 59 *Boston College Law Review*, 2018, p.80.
③ 该观点出自玛丽·道格拉斯（Mary Douglas）的《纯净与危险:对污染与禁忌等观念的分析》（Purity and Danger: An Analysis of Concepts of Pollution and Taboo）一书。See Baruch Fischhoff, Jonh Kadvany, *Risk: A Very Short Introduction*, Oxford University Press, 2011, p.135.

术风险的措施背后,实际上蕴含了我们如何理解身处的科技社会。我国区块链法律治理可以通过一般性应对措施为主要治理方向和目标,辅之以具体法律调整措施来达到治理效果,分别从宏观和微观角度进行法律治理。区块链法律治理的一般应对措施主要体现在宏观治理中。首先,对区块链的法律治理要顺应历史发展趋势;其次,从治理理念上,要以注重保有科技创新的多元环境。最后,在多元价值取向的指导下,采取多中心治理模式,充分发挥多元主体的联合治理优势。

一、顺应治理趋势:驯化"去中心"是历史必然

古典自由主义在二战后一直饱受诟病,然而随着战争经验的远去,近年对国家干预自由市场的反抗成为了西方政治经济改革的核心问题,自省自新的自由主体思潮在学界复位。① 与互联网的接入一样,区块链技术的发展演变是自由主义思想在偶然事件排列的行为中的历史必然。20世纪互联网技术在野蛮生长过后,被主权国家和国际组织驯服,成为治国利器。区块链去中心化的数据传递并不会改变"中心"的地位,任何反抗中心信任机制的新兴技术都会转为服务于有组织、有秩序的主权国家。2013年开始,一方面,我国出台的一系列规范性文件对加密数字货币展开严厉管制;另一方面,我国出台的指导性文件大力支持、激励区块链金融创新,尤其是自贸区区块链创新。国家互联网信息办公室发布的《区块链信息服务管理规定》于2019年2月15日生效,该规定以义务本位条文为主,内容涵盖了区块链服务准入条件、用户实名制、新技术安全评估等系统化的区块链信息服务提供者管理制度。区块链技术的优势在于它的加密性、模糊性。② 加密性在于数据不可篡改,模糊性在于节点身份的不清晰,以及点对点的传输架空了第三方对真实性的验证。然而越模糊就越增加了治理的难度,也越容易让个体滋长侥幸心理,从而滋生犯罪行为、侵权行为等。因此区块链的治理也恰恰要明确的准入条件、实名认证、安全评估等制度来打造一个相对清晰的环境,克服区块链传输的安全风险。有的学者形容今天的计算机技术好比上帝之眼,可以在天空锁定、跟踪、分辨每一片雪花的轨迹,这种能力,在人类历史上没有任何一个政府曾经拥有。③ 进而,在区块链技术创新发

---

① 参见李强:《自由主义》,东方出版社2017年版,第15—19页。
② 区块链技术的模糊性是由节点组合的无规律性决定的,节点不同于传统治理对象,不具有生物属性,不具脸谱化特征,没有统一的准入机制,难以进行身份验证而归入现有的治理流程。
③ 参见徐子沛:《数文明》,中信出版集团2018年版,第143页。

展问题中,有的学者提出适用于中文语境的"共票理论"。由于 Token(代币、加密资产)有多重英文语义,既可以指代权益,也可以指代支配权利的密钥,甚至还可以表示支付工具。"共票理论"以解决英文中 Token 未能涵盖的含义,并认为共票代表了新的权益凭证及其带来的新的分配机制,而区块链在众筹领域的应用是中国特色数字经济的一项伟大实践。与其说对互联网和区块链的驯化,不如说这是一场对人类目前能加以控制的内在和人类本性的最大限度控制,这被庞德称为"文明"。① 因此,从区块链应用层可编程金融(货币)、数据层哈希函数的"去中心"到恢复"中心",为"中心"所用,从文明和社会控制角度而言,这本就是文明发展进程中的规律。

二、坚定治理理念:严厉监管和激励创新并行

在金融科技革命中踏浪的各方主体都十分重视技术风险的控制,对自身行为的控制以及对他人、对行为的预见必不可少。我国当前对区块链法律规制呈现出实质大于形式的态势和穿透式的治理策略,在治理机构上主要依靠"一行两会",一行是指中国人民银行,两会是指银保监会和证监会,外加互联网金融风险专项治理工作领导小组和国家互联网信息办公室。就具体规制内容而言,命令控制类规范偏多,存在追求稳定的单一价值取向倾向,容易造成压抑创新,进而导致错过区块链金融创新的良机。虽然 2019 年 1 月 10 日国家互联网信息办公室发布了《区块链信息服务管理规定》并于 2019 年 2 月 15 日正式实施,对既往严厉监管有一定扭转效果。但我们仍然应该重新审视自上而下的区块链监管理念,重新审视国家或政府与企业的二元主体监管模式,重新审视命令控制型管理策略,重新审视监管规则的解释空间,充分利用多方参与的治理模式,突破治乱循环,才能有效促进创新。② 2019 年 9 月 6 日国务院发布并于同日生效的《国务院关于加强和规范事中事后监管的指导意见》表明,公正监管促进公平竞争,加快打造市场化法治化国际化营商环境,其中提出要根据科学高效的基本原则,"充分发挥现代科技手段在事中事后监管中的作用,依托互联网、大数据、物联网、云计算、人工智能、区块链等新技术推动监管创新,努力做到监管效能最大化、监管成本最优化、对市场主体干扰最小化。"可见监管效能最大化是实现监管成本最优化和对市场主体干扰最小化的有力途径,这与《中华人民

---

① 参见[美]罗斯科·庞德:《通过法律的社会控制》,沈宗灵译,楼邦彦校,商务印书馆 2013 年版,第 10 页。
② 参见杨东:《监管科技:金融科技的监管挑战与维度建构》,《中国社会科学》2018 年第 5 期。

共和国国民经济和社会发展第十三个五年规划纲要》中设立"提高政府监管效能"一节的理念一脉相承,是该纲要在区块链管理和监管领域的延伸和落实。

三、开放治理主体:多边联合

我国的区块链治理工作不能由单一主体承担,尤其不能由代表公权力的治理主体独立承担。区块链参与主体联合治理是完善区块链法律治理体系的重要特征,具体来讲就是在趋同价值理念指导下,发挥各个多边主体的能动性,将传统的控制、监管转变为以参与主体自治为主导的多边主体共同治理,以保障公共利益的最大化。

(一) 从参与主体多元到治理主体多元

公民自治是人类进步的共同趋势,是一切追求人类自由解放的国家、民族和团体的共同理想,它代表了人类文明进步的共同趋势。我国始终坚持中国特色社会主义制度,在国家治理体系中始终坚持人民民主,充分调动人民群众的积极性,依靠人民的力量促进国家发展。在基本经济体制中,我国始终坚持社会主义制度与市场经济紧密结合的道路,具体落脚到区块链治理中,同样依靠人民群众,解放和发展生产力,让广泛的主体参与到区块链的治理中。国家治理体系与国家治理能力现代化之下的区块链治理也需要充分动员和依靠广泛的社会力量。多元化的区块链治理主体要求保证在政府履行职能过程中,行政干预逐步从非政府组织、市场和企业撤离。当前的网络社会治理研究普遍存在着一种"由单边治理向合作治理""由自上而下到自下而上"的构想,这种理论模式主张公民社会构建、公民自治治理,以此来推动治理转型。一方面,"由单边治理向合作治理""由自上而下到自下而上"等理论模式不能否定网格化管理的正当性。另一方面,这样的思路片面强调从一种治理形态转向另一种治理形态,从而忽略了基层治理实践的复杂情况,忽略了目前是否具备"合作治理""自下而上"的治理能力和条件。[①] 多元化的治理理念不是单纯的削弱政府能力,或者架空政府职责,而是要求政府动员、组织、培育和扶持能够在网络治理中发挥作用的非政府组织,共同促进公民自治的实现。因此,面对网络社会多元参与主体的现状挑战,政府应顺应公民参与治理的历史趋势,在强化治理体系角色地位与简化监管行为之间取得平衡。

[①] 参见李杰:《基层社会治理网格化反思——以台湾地区"社区营造运动"为借鉴》,《湖南警察学院学报》2019 年第 5 期。

（二）从内容多元到价值观多元

区块链技术的繁荣带来了信息技术领域的风起云涌，它为更多公众提供了参与交易的便利，也成为了一个重要的网络内容传输方式与社会治理的实践场。21世纪初，有学者对我国社会结构的形态进行研究，认为当时我国社会可分为十大阶层，总体而言，是一个中低层过大，中上层没有壮大，最上层和低层都比较小的一个洋葱头型的结构形态，社会阶层结构尚未合理。① 随着互联网技术对人们社会生活的渗透，人们对社会认同感下降的同时，中国"洋葱头型"结构深化，同时处于强势地位的精英阶层掌握着强势表达权力，而少数精英阶层却不能表达社会大多数的弱势群体的需求。因此，网络视域下的多元主体广泛交流和讨论一定程度上可以促进内容多元，却往往并不能得到广泛价值共识，反而容易产生阶层之间的距离，如果不及时治理，可能助长深层分裂社会的矛盾。去中心化的区块链的设计始于"密码朋克"传导机制中的中介因子理念，其始创者本质上是无政府主义者，持有极端的自由主义思想，早期开发的加密软件中用户身份是完全隐匿性的。② 正如哈耶克的理论认为，钱是最伟大的实践自由的工具之一。③ 区块链让用户无需行为能力、经济能力等证明材料，就可以轻松绕过审核，获得与强势表达权力阶层的平权。但这并不意味着脱离社会信用机制的区块链不需要法律的介入，尽管区块链监管的可行性存证争议，区块链也绝不是犯罪与侵权的温床。区块链在网络内容丰盛的基础之上，允许多元价值在各自的坐标体系中，不互相等同、重叠，也正是顺应了人类内部的多样化生存和多样化利益需求。④

（三）完善"去中心+多中心"治理模式

形成完善的治理体系需要各个治理主体具有明晰的分治职能界限。区块链联合治理主体包括公权力代表、市场参与者、产业和社会成员等层面。代表公权力的包括国家、政府等国家机关，代表市场参与主体的主要是区块链服务提供者，代表产业、职业共同体的是行业协会，代表社会成员层主要是用户、群体组织等。政府等国家机关负责互联网基础设施建设和区块链

---

① 参见陆学艺：《当代中国社会结构的变迁》，《社会科学报》2006年9月7日第2版。
② Cf. Alan Cunningham, Decentralisation, "Distrust & Fear of the Body-the Worrying Rise of Crypto Law", *Scripted*, Volume 13, Issue 3, December 2016, 1/1/2021, at http://script-ed.org/article/decentralisation-distrust-fear-of-the-body-the-worrying-rise-of-crypto-law/.
③ 参见[英]哈耶克：《通往奴役之路》，王明毅等译，中国社会科学出版社2017年版，第109页。
④ 参见李德顺：《价值论（第3版）》，中国人民大学出版社2017年版，第61页。

基础信任机制构建、公共政策保障,实现依法治链,具体到区块链立法动议、诉讼等纠纷解决。区块链服务提供者提供区块链服务,推动产业发展,一方面借用法治排除外部权力独控,另一方面依法履行内部自治。行业协会与职业共同体具体规范先行,通过用户在使用中参与并推动区块链技术发展,群体组织和用户有权对依法治链进行监督。联合治理要求国家克制地让与权力,使多边治理主体齐头并行,顺势均衡地实现"去中心+多中心"治理模式。为了防止区块链治理走向集权化控制与危险式自由中的任意一种极端,分治主体一方面需要加强联合协作,另一方面需要相互制约。唯有如此,区块链治理中的正义、安全、效率等价值才能整合,最终满足广大用户的利益,建构一个促进产业长远创新发展的、开放、稳定的区块链技术空间。

第三节　我国区块链法律治理的具体调整措施

在区块链法律调整的微观路径上,建议从法律主体、法律关系、法律责任三个方面调适。区块链法律主体制度调整中,应当认识到区块链节点是具有抽象人格特质的准主体,在治理观念和活动中,对区块链主体制度做开放性解释;区块链法律关系调整中,以智能合同为例,为了更准确把握和利用区块链优势技术,应当对智能合同进一步细化分类;区块链法律责任中,应依据不同性质的服务对区块链网络服务提供者的行为进行分析、判断,谨慎适用连带责任。

一、区块链法律关系中主体的变异与制度调整

(一) 区块链节点——抽象的变异主体

区块链节点何以成为法律关系中的主体？显然,这在以基督教伦理和经院哲学为根基的自然法思想中无异于煎水作冰。文艺复兴以后,生物学意义的自然人成为西方法律思维和法哲学流派发展的中心。自然人之所以是哲学和法学当仁不让的主体,起决定性作用的是自然人具有思考能力。然而区块链节点是否具有思考能力,并不是如同自然人具有天赋性的思考能力这般无可争议。区块链节点的思考能力是节点行为逆推出来的,也就是说探讨节点的思考能力实属没有必要。在西方法律思想史中,作为私人的权利一直受到一种独特的思想观念支撑——自然法思想。长久以来,自然法思想探讨的自然状态中的个人成为了私人概念的重要组成部分。当私人进入社会交往中,其在国家组织和运作过程中成为了参与国家公共事物的公民,这时作为获得了一定社会成员资格的主体,公民获得了除自然权利

之外的政治权利。然而,公民作为法律主体的地位是经历了漫长历史演变而来的,彼时最早出现公民资格的古希腊和古罗马,一度将公民资格视为特权,自然人法律主体制度曾经一度在肤色、种族、性别、财产、受教育程度、居住期限等方面对自然人进行不同程度的限制。① 显然,自然人虽然在天赋性权利方面具有能力确认的优势,但正是由于生物性本身存在的差异性,使得主体之间的平权一直存在障碍。彼时启蒙思想家们意识到这种障碍主要来自于人权保障制度化和国家化的必要性,在"天赋人权"的基础上发展出社会契约论,为人权的国家化提供理论基础。一方面强调人权与生俱来、不可剥夺的属性,另一方面主张社会契约的根本目的在于通过这种形式组成政治共同体,保护每个结合者的权利。② 卢梭"社会契约"理论中的国家和法律是建立在具有自由意志的自然人的基础上,自然人将自己天赋不受限制的一部分自由转交给国家,用以保护个人的人身和财产安全。③ 自然人将自己一部分自由授权国家行使,即公意政治,公意政治作为现代民主政治的基本范式,构成了现代国家的政治合法化基础。④ 社会契约论所蕴含的公民"同意"的出现及其全球扩展,使得国家组织的合法化不再能溯源于自然本体论中的"自然",而开始转移至个体的"理性意志"。⑤ 而区块链节点之间的无歧视关系恰恰能够跨越人权的障碍,只不过"理性意志"同样依靠节点行为来验证。或者说是推定而来。

追求美丽、幸福和财产安全是人的本性,对自然人的人身自由、财产利益和生活幸福的保护和关注,一直是立法终极目的。无论是早期查士丁尼的《法学阶梯》,还是现代各国民法典,在制定法律规则时均围绕自然人来展开。传统民法中的自然人都是平等的、自由的、有产的,是理性人、善良家父的形象。⑥ 现代法典编纂者开始透过抽象的主体,从具体人格寻找现代市民的典型风格和形象。以民法典为例,国外民法典编纂者心目中,给民法典的风格以烙印的理想形象的,不是小人物、手工业者,更非领薪阶层的理想形象,而是有产者的市民阶级的理想形象;他们有识别、明智、敢于负责,

---

① 郑贤君:《基本权利原理》,法律出版社 2010 年版,第 155—159 页。
② 张善斌:《民法人格权和宪法人格权的独立与互动》,《法学评论》2016 年第 6 期。
③ J. Habermas, *Communication and Social Evolution of Society*, trans. Thomas McCarthy, Cambridge: Polity Press, 1991, pp.183—184.
④ 参见张国旺:《自然状态的困境与人性研究的新范式——卢梭的现代人性论》,《北大法律评论》2012 年第 2 辑。
⑤ 参见孙国东:《公共法哲学与法哲学的"公共转向"》,《法学评论》2017 年第 4 期。
⑥ 参见谢鸿飞:《现代民法中的人》,《北大法律评论》2000 年第 2 辑。

同时也精通本行和熟悉法律。① 近代民法中的自然人能够获得主体地位，是因为他具有理智和思考的能力，正是基于此，才有民法的意思自治原则，才有自己决定和自己责任，并且为了和市民阶级的经济基础及其人格特质相吻合，②然而现实中为了保持民法的平等精神，必须对妇女、儿童、消费者、雇员等弱者给予特殊倾斜保护。因此有的观点认为，现代民法中的人应当是具体的，是"弱而愚"的人，尤其是穷人以及轻率从事、意志薄弱的人。③具体人格是现代民法对现实的反思，进一步实现民法是生活之法、权利之法的品性。④ 现代民法中，自然人的形象已经历经社会结构的变迁和经济的发展，衍生出很多"类人"，但仍是法律的重要规范主体。这种建立在基督教的伦理、经院哲学以及启蒙运动基础上的自然法直至今天仍然决定了具有垄断地位的近代侵权法的个人化倾向，侵权法的主体仍是一个具有天赋理性的意志自由的自然人。⑤ 然而区块链节点与其说是具体人格向抽象人格的逆行，不如说是对具体人格重新排列组合的包容。

从自然人形象中抽象出来的"类人"或者"准人"应当具有抽象的权利能力与行为能力。因此，任何人都有相同的私法上的权利和义务，区块链节点也不例外。法人制度的出现是抽象人格的具体表现，在注释法学派的影响下，只有"在团体成员的多数人之外独立存在的抽象人格"，法人才能得以发生。⑥ 正因如此，作为法律关系主体以外的区块链节点是独立存在的抽象人格，只不过是传统法律主体重新排列组合形成的抽象变异主体。

（二）主体制度开放性调整

生物医学的发展让我们重新审视作为民事主体之间的身份关系，特别是当人工生殖辅助技术的成熟，生物学上的母亲与娩出胎儿的母亲分离。同时，计算机技术的发展让我们重新思考民事主体的财产关系。价值共创（Value Co-creation）打破传统价值理论中企业和消费者二元对立模式，⑦更

---

① 参见 K.茨威格特和 H.克茨：《比较法总论》，潘汉典等译，贵州人民出版社 1992 年版，第 173 页。
② 参见赵晓力：《民法传统经典文本中人的观念》，《北大法律评论》1998 年第 1 卷第 1 辑，第 134 页。
③ 参见星野英一：《私法中的人》，王闯译，中国法制出版社 2004 年版，第 175—194 页。
④ 参见许中缘：《论智能机器人的工具性人格》，《法学评论》2018 年第 5 期。
⑤ 参见布吕格梅耶尔、朱岩：《中国侵权责任法建议稿立法理由》，北京大学出版社 2009 年版，第 22 页。
⑥ 参见张俊浩：《民法学原理》，中国政法大学出版社 1991 年版，第 169 页。
⑦ Cf.Saarijärvi, H., Kannan, P. and Kuusela, H., " Value co-creation: theoretical approaches and practical implications", *European Business Review*, 2013, Vol.25, No.1, pp.6-19.

多的将价值的内涵扩张到社交系统的延伸部分,即所谓的体验价值(Experiential Value)。不仅如此,我们需要重新界定的还包括基于财产价值生成和共创①推导出的新兴权利和这些新兴权利的行使主体。② 区块链技术使生产方式和资本流通方式发生变异,一方面是互联网解构时空引起的变异,一方面是区块链节点对主体人格的分化、重组引起的变异。这让人们重新思考罗马法和教会法中的法人观念,为新型组织的兴起作出调整准备。

首先,区块链节点可以是自然人,也可以是组织。建立在现代管理学意义上的组织,不同于生物学上的组织,可以指多要素构成的体系,也可以指基于同一目标,二人以上的集体性活动群组。有学者认为,组织就是有意识地协调两个或者两个以上的人的活动力量的协作系统,③该定义强调了组织是由个体或者群体集合而成的系统,这个系统并非杂乱无章的罗列,而是按照一定的方式、方法有计划、有准备地相互联系而形成。也有学者进一步认为,组织是一个企业,就是为了企业的经营活动提供必要的原材料、机器设备、资本和工作人员。④ 在此基础之上,有学者认为组织负责决定众多任务如何协调,内部员工的监督,决策从何作出。⑤ 企业型的组织具有比较明确的活动界限、规范的秩序(规则)、权威级层(等级)、沟通系统及成员协调系统(程序)的集合体;这一集合体具有一定的稳定性和连续性,它存在于社会之中,从事的活动往往与多个任务目标有关;活动对组织成员、组织本身即社会产生结果。⑥ 区块链中的节点可以由自然人和公司企业单独或组合构成,也可由介于松散组织与法人组织之间的主体构成。

其次,区块链节点具有人格属性。国家、法人、单位犯罪中的单位等都不是先在的实体,都是人造的"灵魂",都是虚拟的人。⑦ 区块链节点组织人格化的关键在于,其活动过程的顺利实现,更强调组织的结果。⑧ 而不必要

---

① Cf. Venkat Ramaswamy, "Leading the Transformation to Co-creation of Value", *Strategy & Leadership*, 2009, Vol.37(2), pp.32-37.
② Cf. Alan Cunningham, "Decentralisation, Distrust & Fear of the Body-the Worrying Rise of Crypto-Law", *Scripted*, Volume 13, Issue 3, December 2016.http://script-ed.org/article/decentralisation-distrust-fear-of-the-body-the-worrying-rise-of-crypto-law/,2021 年 1 月 1 日最后访问。
③ 参见罗珉:《组织管理学》,西南财经大学出版社 2003 年版,第 5 页。
④ 参见[法]亨利·法约尔:《工业管理与一般管理》,周安华译,中国社会科学出版社 1982 年版,第 61 页。
⑤ 参见任浩:《公共组织行为学》,上海同济大学出版社 2006 年版,第 4 页。
⑥ 参见任浩:《公共组织行为学》,上海同济大学出版社 2006 年版,第 35 页。
⑦ 参见[英]霍布斯:《利维坦》,黎思复、黎廷弼译,商务印书馆 1985 年版,第 1 页。
⑧ Cf. Annemarie Matusche-Beckmann, *Das Organisationsverschulden*, Tübingen, Mohr Siebeck, 2001, p.2.

像企业组织一样是有计划的生产、建立内部规则、流程,形成内部常态结构。应当给予区块链节点虚拟人格(准人格)的法律地位,原因是区块链节点有人格化和组织化特征,虽然区块链系统中的节点已经实现了技术上的人格化,但是距离其具备法律上的人格仍然具有一定难度。虚拟人格权被认为是消极的法律利益而非权利,历史上对人格权否认的观点也是如出一辙,认为作为民事权利核心思想的"意思力",并不是成就一项明示利益顺理成章晋升为民事权利,这正是人格权所欠缺的。意思力集中表现于,被法律认可的特定范围内的自主决定的意思力,即法力。秩序价值所关照的社会整体利益所反射的效果,仅仅是人的行为及其限制,能够惠及个体利益,不足以成就一项权利。① 区块链节点人格化的障碍主要分为两种情况:第一,在区块链节点对主人格的分化情况下,由于节点之间基于无需披露真实身份的机制产生信任,造成承担节点虚拟人格的主人格是否具备适当的行为能力,难以从直观上判断。第二,在区块链节点对主人格重组情况下,由于主体合意、组织行为并不一定都体现人的理性、尊严与情感,节点对人格的重组可能是随机的、无序的,不能满足现行法律规定,无法当然取得法律保障。个案中的区块链节点是否能达到独立行为与独立承担责任的程度,需要进行证明,因此,法律不宜作出抽象性规定。

二、法律关系调整——以智能合同分化为例

智能合同技术的应用发展得益于区块链合约层技术的蓬勃。② 面对智能合同对传统合同制度的冲击,理论上应首当其冲对智能合同进行类型化研究。智能合同概念被首次提出后,关于智能合同是否是真正意义上的合同,学界一直存在争议。③ 在肯定智能合同属于合同的观点中,学者们认为,智能合同作为合同的一种特殊类型,一方面智能合同满足合同的各项要素,包括约束力在内;另一方面智能合同的签订和履行方式受到计算机技术的优化,成为不易产生语言歧义、便于存证的新型合意表达和履行方式。2014 年一个关于 Tezos 的白皮书介绍了作为自我修正式的加密账簿,也适

---

① 参见汪青松:《信任机制演进下的金融交易异变与法律调整进路——基于信息哲学发展和信息技术进步的视角》,《法学评论》2019 年第 5 期。
② Cf.Sloanebrakeville, bhargav perepa, "Blockchain Basics: Introduction to Distributed Ledgers", IBM DEVELOPERWORKS, Published on May 09, 2016/Updated: August 21, 2017, 1/1/2021, https://developer.ibm.com/technologies/blockchain/tutorials/cl - blockchain - basics - intro - bluemix-trs.
③ Cf. Kevin Werbach; Nicolas Cornell, "Contracts Ex Machina", 67 Duke Law Journal., 2017, pp.338-343.

用于权益证明协议,Tezos 开发出一种具有形式化语义的语言 Michelson。①学界的争议焦点在于智能合同是否能涵盖到合同双方签订合同的合意达成范围。在否认智能合同属于合同的观点中,学者们认为,智能合同只是涵盖到合同履行阶段,不承认智能合同属于一般意义上的合同,仅仅认为经过双方合意签订合同的行为能够触发智能合同的履行,"智能"在于自动履行,促使合同达成。例如 fabric 操作系统,将共识和执行分开。② 不难发现,无论哪种观点,在智能合同的场景下,除非合同双方缺乏合意,合同的签订和合同的履行几乎是同时进行的。当然,与传统的合同履行一样,合同双方主体的有限理性③和情势变更④都可能造成履行瑕疵和不能履行,恢复原状、赔偿损失等合同效力回溯也都是潜在问题。但是,这种情况发生在智能合同履行阶段,对于期望合同履行一方的损失会更大。因此,有学者提出根据合同内容是否能修改以及合同是否能撤销,将智能合同细化为可修改、可撤销的软智能合同,相反,不能修改合同内容,排除撤销合同权利的是硬智能合同。⑤ 这样,在智能合同签订阶段,硬智能合同双方可以对合同履行保有较大期待。也有学者建议,在合同履行阶段,根据是否能被法院、仲裁机构裁判执行,将智能合同划分为传统强制执行型智能合同和非传统强制执行型智能合同。⑥ 综上所述,首先,面对智能合同对传统合同制度的挑战,必须正面回答智能合同是合同还是合同的智能化履行;其次,为了智能合同能更广泛地应用和被认可,必须对智能合同做类型化分析,例如硬软区分,无论是对合同履行期待较高的主体,还是希望变通合同内容、对合同履行持审慎保守态度的主体,让志同道合的人相互遇见。至于技术问题的解决可以是多元化的,例如在程序中设置接口,当满足中断、中止合同的条件时自动产生相应效果。再如,在电子产品防伪溯源中设置程序接口,一旦发现有问

---

① Cf.L.M Goodman, Tezos —— a self-amending crypto-ledger (White Paper), https://tezos.com/static/white_paper-2dc8c02267a8fb86bd67a108199441bf.pdf,2021 年 1 月 1 日最后访问.

② Cf.Hyperledger Fabric: A Distributed Operating System for Permissioned Blockchains, https://arxiv.org/pdf/1801.10228.pdf,2021 年 1 月 1 日最后访问.

③ 参见龙卫球、林洹民:《我国智能制造的法律挑战与基本对策研究》,《法学评论》2016 年第 6 期.

④ 参见万方:《我国情势变更制度要件及定位模式之反思》,《法学评论》2018 年第 6 期.

⑤ Cf.Max raskin,"the Law and Legality of Smart Contracts", Georgetown Law and Technology Review,2017,Vol.1,pp.305–341.

⑥ Cf.Christopher D.Clack, Vikram A.Bakshi, Lee Braine, Smart Contract Templates: Foundations, Design Landscape and Research Directions, arXiv:1608.00771 [cs.CY], August 4,2016/Revised March 15,2017, at https://arxiv.org/pdf/1608.00771,2021 年 1 月 1 日最后访问.

题的产品,在不会危及他人生命健康、财产安全的情况下,使产品进入中止使用程序。

三、区块链服务提供者责任的调整

(一) 区块链金融服务提供者与区块链交易平台的责任不同

区块链金融服务提供者应当是指加密数字货币发行者,与加密数字货币的交易平台不同,前者负责激励层中的发行机制,后者承担的是分配机制的工作,因此,二者承担的责任也并不相同,这种观点在法院裁判中也得到了肯定。上海区链网络科技有限公司商标权权属、侵权纠纷一案[1]中,原告阿里巴巴(全球)实业投资控股集团有限公司(以下简称"阿里巴巴公司")诉被告上海区链网络科技有限公司(以下简称"上海区链公司")侵犯其已经注册的商标权。阿里巴巴公司与 A 公司事先签订合作协议,意欲创建新公司,阿里巴巴公司以飞币及其注册商标入股,不料发现上海区链公司负责经营的 19800 网曾经提供过飞币交易服务,但由于中国人民银行等七部委联合发布了《关于防范代币发行融资风险的公告》,其中禁止性的规定使得飞币下架,原告起诉前 19800 网已停止所有虚拟货币的交易业务,并且阿里巴巴公司未对 19800 网交易飞币的情况进行证据保全公证,再者原告飞币商标没有实际投入使用,不具知名度,因此一审判决未支持原告诉讼请求,二审维持原判。[2] 该案争议的焦点在于上海区链公司是否是区块链金融服务提供者,根据案件事实情况判断,19880 网虽然是上海区链公司经营的网站,但是上海区链公司并不是飞币的发行方,飞币的官网是币飞网,而非 19880 网,币飞网背后的 B 公司,作为本案的案外人才是飞币的发行方。因此,该案中 B 公司是区块链金融服务的提供者,被告上海区链公司是区块链交易平台。值得注意的是,区块链服务提供者是不是交易平台这个问题不能一概而论,部分区块链经营服务是混业经营的,那么就需要区分其具体经营行为的性质。

(二) 区块链服务提供者应谨慎适用连带责任

根据特别法优于一般法原则,结合《区块链信息服务管理规定》的规定,一般网络侵权责任中网络服务提供者适用的连带责任情形不适用于区块链信息服务提供者责任。《区块链信息服务管理规定》第 16 条规定了对区块链用户可采取的必要措施和对违法信息应采取的处理措施,分别是区

---

[1] 一审法院:上海市浦东新区人民法院,案号:(2017)沪 0115 民初 85618 号。
[2] 二审法院:上海知识产权法院,案号:(2018)沪 73 民终 366 号。

块链网络服务提供者对违法主体和客体的处置。一方面,区块链信息服务提供者应当对违反法律、行政法规规定和服务协议的区块链信息服务使用者,依法依约采取警示、限制功能、关闭账号等处置措施;另一方面,对违法信息内容及时采取相应的处理措施,防止信息扩散,保存有关记录,并向有关主管部门报告。区块链信息服务提供者不适用连带责任的原因有三:第一,区块链金融服务提供者经过近年来我国法律规制的清理,已经排除了区块链加密数字货币的发行主体的准入,既往的从事发行融资主体已经逐步清退,连带责任适用的场景狭小。第二,区块链信息服务提供者具有更严格的准入条件,遵循更严格的管理规则,而连带责任应当适用于网络服务提供者有一定弹性行为空间的情况,与区块链服务刚性管理规则较多的守法环境不符。第三,区块链信息服务提供者的义务主要是负责提供和维护稳定联通的信息传输服务,例外情况一是因过错行为导致系统漏洞,产生损害结果,此时直接承担侵权责任,二是辅助第三方侵权,此时承担不真正连带责任,先行赔付被侵权人后,获得损害赔偿的追偿权,实际损害赔偿可向第三方主张,与第三方共同分担。① 总而言之,处于网络层、激励层主导传播和分配机制的区块链服务提供者承担连带责任尤其应当谨慎避免,以免义务和责任过重抑制行业创新发展。

区块链技术的创新为众多领域的繁荣带来了驱动力。与新技术和新应用并行的是新思维和新治理。尽管区块链技术具有去中心化、自由灵活、传输便捷、成本低、效率高、可存证等不胜枚举的优势,但是对技术支持下的信任机制保有合理怀疑,不断完善区块链的治理是必要的。面对区块链治理的难题,首先,应当转变传统严厉监管的治理理念。其次,应当明确对"去中心化"的驯化是历史的必然趋势,与此同时,分辨真伪危机。再次,处理好区块链技术对法律技术、法律范式的冲击。最后,建构完备的区块链服务提供者责任制度。为了了解和驯化区块链,以及认识和传播的便利,强行界定区块链的含义是十分必要的,尽管与这种强行界定并行的,既有对科技、金融的无知,也有对其引发的巨大潜在变革的无知。② 在区块链技术繁荣发展的过程中,人们在产品溯源、防伪的反向破解、电子存证、权属证明等事实真伪问题的调查存证中大获裨益,人们在非法定货币的风口或观望或经历起伏。或许未来的云服务、云传输将"以云代链",所有对区块链的研究

---

① 参见李佳伦:《网络侵权行为的过错问题研究》,《华东政法大学学报》2017年第1期。
② Llewellyn Joseph Gibbons, "No Regulation, Government Regulation, Or Self-Regulation: Social Enforcement or Social Contracting for Governance in Cyberspace", 6 Cornell Journal of Law and Public Policy, Spring, 1997, p.479.

丧失价值。尽管如此,通过系统梳理和比较中国和域外的区块链技术发展和法律治理演进,仍然能发现区块链(或云传输)对现实的人、时、空全方位映射的同时,传统法哲学中的人、物、行为、关系都发生了一定程度的变异。因此,无论从应然中解读法律如何一如既往地关照自然人生命体的基本需求,还是实然中法律制度如何调整以达到公平正义地评价人的行为,从而对计算机技术革命中的人类生存发展问题作出整体观的回应。面对区块链引发的信任危机,法律层面的治理应从两方面着手,一方面,宏观上通过顺应治理趋势、坚定治理理念和开放治理主体层面提供切实有效的策略及依据;另一方面,微观上通过反思我国区块链节点法律主体地位、异化的区块链法律关系、区块链服务提供者责任体系。区块链法律治理的方向是总结和提供网上治理的中国经验和中国模式。区块链法律治理的目标是建构我国区块链法律治理理论与方法体系,组建具有中国特色的多边联合治理模式,为构建我国良好的计算机技术创新环境和网络强国战略贡献智力支持,为丰富全球化语境下区块链的治理贡献中国声音。

第九章 保护互联网内容流转的判例实证研究（2012—2020）

互联网对社会生活的影响，正以难以想象的速度和程度改变着人的主观思想和客观世界。互联网内容流转是作为人权的言论自由在网络领域的延伸，被世界上绝大多数国家和地区法律确认并保护。近年来，我国各地法院和各级法院在裁判文书中对互联网人格权侵权、版权侵权等作出了不同程度的理论探索和实践应用。本章通过对 45 个互联网名誉权等侵权样本案例的实证研究，结合名誉权侵权审判实践中具体情形，归纳出司法实践在互联网内容侵权的主体、定义、边界等领域的新难题和新共识。

第一节 案例样本说明与概况分析

一、案例样本说明

2021 年 1 月 13 日（北京时间）笔者通过以"网络名誉权""互联网名誉权"结合"网络言论自由""互联网言论自由"为关键词，在"北大法宝"上对"司法案例"一栏进行全文搜索，去重后得到 45 份样本。由于"北大法宝"根据案件参照级别提供案例分类特色服务，将案例分为典型案例、经典案例、法宝推荐、普通案例等，导致搜索结果有重复，因此进行了去重。本实证研究之所以选取"北大法宝"作为裁判文书数据库，而没有选取作为中国判决书官方发布平台的"中国裁判文书网"，原因有二：一是"北大法宝"抓取的数据比"中国裁判文书网"的数据更全，也就是说从"中国裁判文书网"搜索的全部案件已经包含在"北大法宝"搜索的全部案件里。二是"中国裁判文书网"不提供全文下载服务，不能通过一键保存 Word、PDF 或 TXT 任意版于本地存储，无法为进一步研究裁判文书内容带来更多便利。

二、样本概况分析

（一）关键词的搜索结果差异

在 45 份样本中，以名誉权侵权案件为主，少部分为侵权纠纷案件和行政处罚案件。2 份样本运用"互联网"名誉权的措辞，而 43 份则运用"网络"侵权的说法(见图9-1)。在2份"互联网"侵权案件中,根据案由分类,民事案件1份,知识产权案件1份,均为北京市法院审理。

由此可见,"网络"和"互联网"两个关键词搜索样本结果数量存在巨大差异,以"网络"为关键词的搜索结果为43份,占总数量的96%,而以"互联网"为关键词的样本仅为2份,仅占总数量的4%,且都不是近年审结的案件。本质上,网络和互联网二词在法院判决语境里并没有意思差异,但是由于我国顶层立法设计中,运用网络一词从2010年《侵权责任法》第36条设立单独一条规制网络侵权行为开始,就已经成为了惯用法律术语,并被2021年生效的《民法典》继续沿用。由于《民法典》的效力层级属于法律,《民法典》使用"网络"侵权的说法,从而排除了互联网一词在官方审判文书中的广泛使用,相反互联网一词更高频出现在我国行政法规、部门规章和部门工作性文件等中。

样本总数 45 份

■ "互联网"为关键词   "网络"为关键词

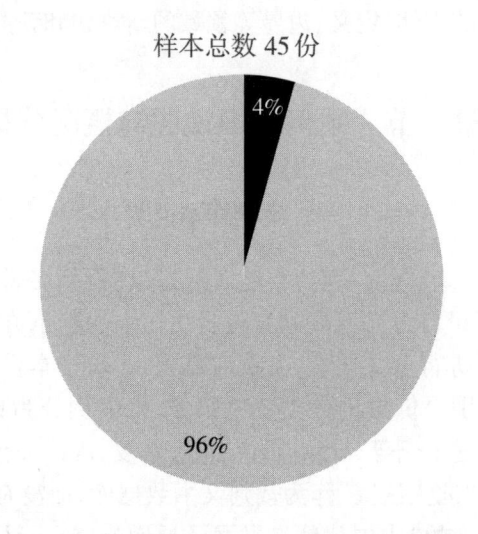

图 9-1　以"互联网"和"网络"为关键字的判决数量占比

（二）根据案由、管辖法院划分的案件分布情况

在45份样本中,行政处罚案件2份,其余43份均为广义上的民事纠纷,其中包括知识产权技术服务合同纠纷案件1份,网络侵权责任纠纷案件5份,网络侵权项下的名誉权纠纷案件37份。在以"网络"为关键词的43份案件中,根据案由分类,分别为民事案件41份和行政案件2份。根据审理法院的地域分布,北京市4份,上海市3份,四川省6份,浙江省4份,江西省4份,山东省4份,广东省4份,广西壮族自治区3份,湖南省3份,吉

林省 2 份,河南省 1 份,安徽省 1 份,江苏省 1 份,陕西省 1 份,福建省 1 份,海南省 1 份。加上以"互联网"为关键词的 2 份北京法院审理案件,根据管辖法院划分的案件分布情况见图 9-2。

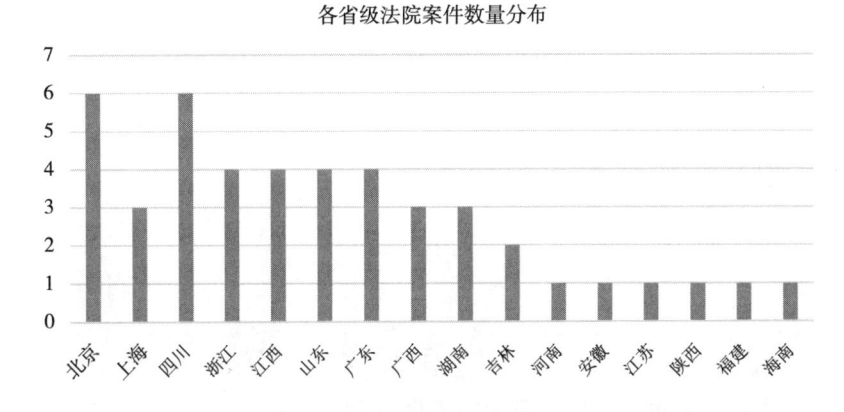

各省级法院案件数量分布

北京	上海	四川	浙江	江西	山东	广东	广西	湖南	吉林	河南	安徽	江苏	陕西	福建	海南
6	3	6	4	4	4	4	3	3	2	1	1	1	1	1	1

■各省级法院案件数量分布

图 9-2　各省级法院案件数量分布

（三）样本时间跨度为 9 年

样本案件结案时间从 2012 年到 2020 年下半年,时间跨度为约 9 年。"网络内容"侵权的判决从 2012 年开始总体呈攀升趋势,每一年的分布情况见图 9-3。这一结果也说明了从 2012 年开始,无论是当事人还是法官对网络内容流转的讨论需求均增加,这不仅与互联网技术发展有密切的关系,而且意味着网络内容流转得到了权利人和审判机关空前的接纳和重视,这是一场传播媒介革命引发的权利革命成果,传统宪法公民权利、民事权利全面向网络场域的迁徙。

然而,2015 年的案件数量为 0,目前不能判定这个断崖式的下降所说明的问题。根据"司法改革与大数据"方面的研究[①],裁判文书上传主要是针对 2014 年、2015 年以后的案件,这是由于裁判文书网是 2013 年 7 月 1 日开通的,所以只有此后的数据可供搜集,实际上裁判文书网正式公开启用是 2014 年初,2014 年上传 558 万份文书,2015 年接近 900 万,比 2014 年提高了 60%,2015 年各类裁判文书整体上上传数量是有增无减的,因此排除了 2015 年整体上传数量减少的情况。另外,由于裁判文书检索时间为 2021

---

① 参见马超、于晓红、何海波:《大数据分析:中国司法裁判文书上网公开报告》,《中国法律评论》2016 年第 4 期。

年1月,因此许多2020年下半年审结的案件未能及时反映在结果样本中,理论上2020年的案件数量应较2019年只增不减。

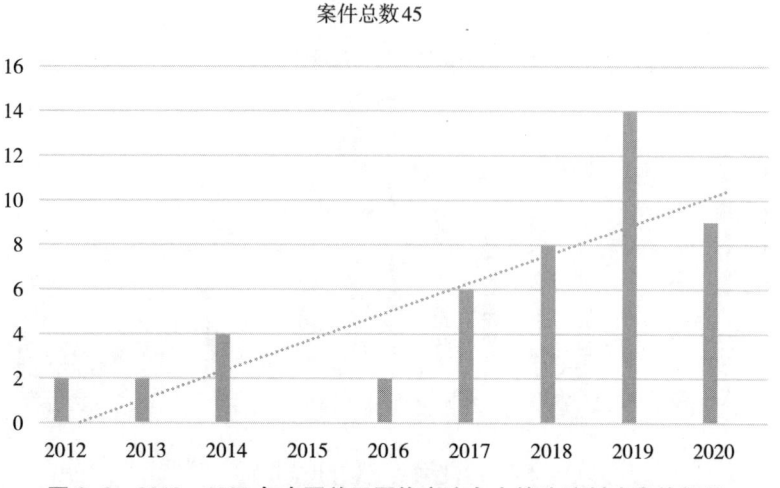

案件总数45

图9-3 2012—2020年中国关于网络言论自由的法院判决案件数量

（四）保护网络内容流转的适用情况

原被告提起网络内容流转权利保护的诉讼请求和法院主动适用、解释保护网络内容流转的情况都存在。仅诉讼当事人提出网络言论保护,法院没有解释的案件有8件,占总数的18%,一审二审法院主动适用、解释网络内容保护的案件有37件,占总数的82%。由此可见,大多数情况法院主动适用与解释网络内容流转的保护,而当事人更多将诉讼请求聚焦在具体人格权即名誉权的损害证明问题上,有少部分当事人顺带提及网络内容流转的保护是公民应有的权利。

（五）本案例研究的不足之处

保护网络内容流转方面的案件是否适合运用裁判文书分析法进行研究,有待进一步证明。首先,应考虑到我国裁判文书上传互联网的规则,网络侵权案件可能因涉及国家秘密、个人隐私、商业秘密、保护未成年人等要素被归为法定不公开,因此搜集到的样本结果未必全面。其次,由于我国对某些特殊案件不公开的惯例以及造成该惯例的国际舆论环境的影响,所搜集到的样本也未必全面。再次,基于各省各地方上传裁判文书的数量、效率等存在较大差异,例如技术较发达省市上传案件全面、上传速度快,技术欠发达省市上传速度慢,造成以某一时间节点为截止时间获取的裁判文书总貌缺乏全面性、完整性、系统性,因此并不能直接得到结论——保护网络内容自流转案件多发于信息技术较发达省市。尽管研究得到的结论不能概括

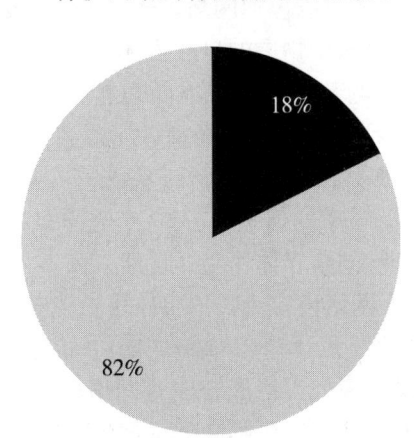

保护网络内容流转的适用情况

■ 诉讼当事人提出　　■ 法官主动适用

图 9-4　诉讼当事人提出与法官主动适用情况占比

网络内容流转案件的客观真实情况,但是这些碎片化的结论经过长久艰辛的拼凑是能够帮助学界发现一些经验和规律的,因此也就达到了本章对网络内容流转保护的实证研究的目的。

第二节　网络内容流转的本体

一、网络内容流转的主体:从公民到网络媒体、虚拟人格的想象

(一) 公民主体

根据我国《宪法》第 35 条的规定,言论自由的主体是中华人民共和国的公民。根据我国《国籍法》的规定,凡是拥有中华人民共和国国籍的视为我国公民。一般认为,网络内容的流转是公民在现实生活中言论自由向网络场景的迁移,因此网络环境中的内容流转是法律确认并保障的公民基本权利客体。作为自然人的公民是网络内容流转的稳定主体,这一点毋庸置疑。现代民法中,自然人的形象已经历经社会结构的变迁和经济的发展,衍生出很多"类人",但自然人仍是法律的重要规范主体。那么裁判文书中的网络言论自由主体从自然人公民这一稳定范围是否向网络媒体和虚拟人格扩张了呢?

（二）对网络媒体作为主体的肯定

网络内容流转的主体可以包括网络媒体。传统宪法中公民和国家二元主体制划分，标志着公民从生物上的自然主体向道德人格的转变。事实上，现代宪法理论已将宪法调整的社会关系予以扩大。社会组织的基本权观念、基本权利的第三人效力理论都已经突破了经典的二元制范式。① 这种对二元主体制度的突破不在少数。现行《宪法》第49条第1款规定："婚姻、家庭、母亲和儿童受国家的保护"，从中可见婚姻和家庭也是宪法调整的法律关系主体。同理，网络媒体作为非自然人民事主体和诉讼主体，法官通常也将网络媒体纳入网络内容流转的主体保护范畴。

（三）虚拟人格作为主体的困难和突围

除了网络媒体以外，虚拟人格能否成为网络内容流转的主体一直存在争议。理论上，虚拟人格既可以包括自然人，还可以包括法人和其他组织，因此自然人和网络媒体是可以具有虚拟人格的。但是反推虚拟人格具有主体地位则存在困难。我国《民法典》是通过保护虚拟财产的方式进而对虚拟人格进行保护，以解决实体法上虚拟人格不具当然价值而不具主体地位，以及程序法上虚拟人格在诉讼中主体不适格等的困境。如果想给予虚拟人格主体地位，那么必须要设定一些前提条件和限制规则。前提条件是承认虚拟人格的准人格性，而非完全人格性，让虚拟人和自然人一定程度分离；限制规则是在虚拟人商业化过程中，为了鼓励虚拟财产的高效流转，应当弱化虚拟主体的人格属性，将虚拟人及其财产合并视为虚拟财产。②

二、对网络内容流转的定义

（一）赋权：宪法视角中的网络内容流转

法官主动适用保护网络内容流转的案件中通常认为网络内容流转与宪法中公民享有的言论权利相去无几。首先，对"公民享有网络言论自由的权利，但在网络发表言论时应当遵守国家有关法律法规的规定，不得侵害他人的隐私、名誉等合法权益"予以肯定；其次，对"侮辱、诽谤等方式损害公民的名誉"行为应予以禁止，损害应以客观标准进行评价；最后，是否构成侵害名誉权的责任，"应当根据受害人确有名誉被损害的事实、行为人行为违法、违法行为与损害后果之间有因果关系、行为人主观上有过错来认定。"③

---

① 参见唐东平：《宪法如何安顿家》，《当代法学》2019年第5期。
② 参见李佳伦：《网络虚拟人格保护的困境与前路》，《比较法研究》2017年第3期。
③ 见"谭某某诉陆某某名誉权纠纷案"，广东省佛山市顺德区人民法院民事判决书，案号：(2014)佛顺法龙民初字第155号。

（二）保障：侵权责任视角中的网络内容流转

在某个由被告主动适用网络内容流转的案件中，被告认为"删帖的行为涉及网络内容流转，故某互联网公司须在收到原告提供的初步证明文件后才能删帖"。① 这是被告对网络服务提供者采取删帖等必要措施应具备的条件给出的理解，由于原告认为删帖措施必需要以原告提供的初步证明文件为要件之一，否则不满足构成要件的"通知"只能是缺陷通知，不能产生法律效果。事实上，通知应当满足何种构成要件，通知的效果，学界早有重视。②

三、网络内容流转的边界新共识与新难题

（一）对网络内容流转的让步

网络内容流转与线下内容流转的区别在于，相较于线下内容流转，更多观点偏向于应当对网络内容流转作出让步和容忍。这一观点投射到法官的理论逻辑中时，法官认为"网络虚拟性及网络言论自由性的特征，使得现实中的人需对网络言论有适度的容忍。"③体现在控辩双方的争论中时，当事人主动适用网络内容流转的同时提出，"在十分有限的范围内传播传言的行为不应予以苛责，原审既认定上诉人存在主观过错，又认定上诉人无侵权故意，二者存在分裂，这是打击网络内容流转的行为。"④

对网络内容流转的让步与容忍不仅应体现在实体法上对比非网络内容流转的让步，而且应该体现在程序法上，即应该将向侵权人或网络服务提供者提出停止侵害等请求无果后，再诉诸诉讼程序，将网络服务提供者居中判断作为诉前纠纷解决机制。在某名誉权纠纷案件中，被告认为自己的言论"已是家喻户晓的事"，原告"行为不检点"在先，原告认为，"言论对其伤害，可向被告提出纠正或向网站删除更正，原告不应该未向被告提出交涉就向法院起诉。"⑤

---

① 见"上海某贸易发展有限公司与邓某等网络侵权责任纠纷案"，上海市徐汇区人民法院民事判决书，案号：(2013)徐民二(商)初字第1480号。
② 参见杨立新、李佳伦：《论网络侵权责任中的通知及效果》，《法律适用》2011年第6期。
③ 见"杨某某等与嘉兴市公安局南湖区分局处罚案"，浙江省嘉兴市中级人民法院行政判决书，案号：(2012)浙嘉行终字第22号。
④ 见"杨某诉上海某食品有限公司名誉权纠纷案"，上海市第一中级人民法院民事判决书，案号：(2013)沪一中民一(民)终字第1387号。
⑤ 见"毛某某与唐某某等名誉权纠纷案"，广西壮族自治区富川瑶族自治县人民法院民事判决书，案号：(2014)富民一初字第504号。

(二) 对网络内容流转让步的界限

上段提到的名誉权纠纷案件里不仅涉及名誉权,还涉及原告的个人隐私,对于隐私的揭露,使得隐私被公开之后不具隐私原有的属性,公开后的隐私保护方式也发生了本质的变化,这是除个人信息以外的部分隐私具有的独特属性。当该隐私本来就已经向"家喻户晓"方向演化,并且已经无限接近"家喻户晓"了,侵权人的主观过错是否较小,能否小到应当被容忍,这是一个充满争议、值得思考的问题。

同样有案件认为网络内容流转不应当予以容忍。虽然,网络具有虚拟性和内容流转性的特征,使得现实中的人需要对网络言语有适度的容忍,但是,有的当事人认为,"网络是虚拟的,但是也是真实的。特别是当原告的姓名和工作单位被长期曝光在网络,网络对原告来说已经不是虚拟的了……公民有言论的自由,但是内容流转并不是绝对的,不是想怎么说就怎么说。"[①]随着互联网的发展,越来越多的法律法规也涉及了网络内容流转的边界问题。

(三) 网络内容流转与网络违法行为的边界

法官在理解网络内容流转与网络违法行为的区别时,遭遇了媒体对违法事实的陈述是否构成意见表达的难题。某新闻媒体对一起行政二审案件的庭审进行公开报道,以《是造谣惑众还是因言获罪》为题在网站上刊载,内容与行政判决书认定的事实基本一致,该网络媒体被行政处罚案件中的相对人提起名誉权诉讼;该篇新闻比较客观地报道了整个事件的过程,内容与行政判决书认定的事实基本一致,文中并未对行政处罚相对人进行诽谤或侮辱,同样未对其行为予以评判。[②] 该案中上诉人(名誉权被侵权人)认为新闻报道内容不够翔实、全面,遗漏关键信息,歪曲事实,且疑似有倾向性报道,足以引起公众误读、误判,降低其社会评价,缺乏事实依据,这一论点十分容易被推翻,导致最终其上诉未得到法院支持。虽然对网络内容流转的内容进行观点表达与事实陈述的二分法,一直以来支持着对言论内容的研究,但是这种划分已经成为了进一步研究网络内容流转与网络违法行为的障碍,这种非此即彼的界分实质上十分含混不清。值得欣慰的是,理论上对观点表达和事实陈述的二元对立并没有在样本裁判中被法官僵化适用,法官仍然立足实际行为与过错等对网络内容流转的侵害进行考量。

[①] 见"孙某某与杭州市公安局下城区分局行政处罚案",杭州市下城区人民法院行政判决书,案号:(2014)杭下行初字第 24 号。

[②] 见"金某某与北京某网络技术有限公司名誉权纠纷上诉案",浙江省温州市中级人民法院民事判决书,案号:(2013)浙温民终字第 817 号。

四、网络内容流转的宪法效力

(一) 宪法对网络内容流转的间接效力

个人意见表达的权利是宪法赋予公民的基本权利,属于宪法规制范畴,由于我国情况特殊,没有设置宪法法院和宪法法庭,因此内容流转的案件基本都是通过民事诉讼和行政诉讼完成权利保障和权利救济的。根据《宪法》第67条的规定,言论自由的解释主体是全国人大常委会,其他机关不具解释宪法的权力。宪法对网络内容流转的间接效力可以分解为以下三个问题:首先,法官是否适用网络内容流转条款进行判决;其次,网络内容流转的条款是否应在民事判决中成为人格权案件的抗辩事由;最后,网络内容流转与线下内容流转在主体和适用场景中有哪些偏差。样本中基本大部分判决都直接或者间接对网络内容流转作为公民的基本权利进行了确认。但是,样本中也有判决提到对网络应当适当容忍,这意味着网络内容流转的适用性与线下内容流转相比欠广泛性。由于侵权人网上发帖等行为,一定程度上贬低了被侵权人的人格,客观上已经对被侵权人的社会评价造成了不良影响,侵权人在发帖前也明知某网名指向现实生活中的被侵权人,因此侵权人的行为构成对被侵权人的侮辱,网络虚拟性及网络内容流转性的特征,使得现实中的人需对网络言论有适度的容忍。

(二) 构成要件理论

公民享有的名誉权受法律保护,禁止用侮辱、诽谤等方式损害公民的名誉。是否构成侵害名誉权的责任,应当根据受害人确有名誉被损害的事实、行为人行为违法、违法行为与损害后果之间有因果关系、行为人主观上有过错来认定。[①] 一般而言,在媒体侵权认定中,应考察其出发点是否为了公共利益的需要,内容是否基本真实,不得对法人名誉故意丑化、侮辱等,还应积极履行真实查证义务;在消费者表达诉求的侵权认定中,应对行为的过错程度和违法性进行查证,采用推定的方式判断名誉损害事实的存在,并应当体现保护弱者的司法理念;在网络侵权案件中,要注重对网络内容流转权的维护,同时严厉打击恶意诽谤、造谣行为。[②]

---

① 见"程某某与林某某名誉权纠纷案",惠州市大亚湾经济技术开发区人民法院民事判决书,案号:(2019)粤139民初186号。

② 见"郑州某集团股份有限公司、河南某物业服务有限公司名誉权纠纷案",河南省郑州市中级人民法院民事判决书,案号:(2019)豫01民终5234号。

第三节　网络内容流转价值的法官智慧

在 45 个样本中,法官主动适用和解释"网络内容流转"的有 37 件,其中一审法院主动适用,二审法院没有适用的有 2 件。在法官主动解释网络内容流转的样本中,说理和阐释的重点集中体现在以下三方面:第一,对网络内容流转的保护与限制。第二,网络内容生产者应当对自己发布的内容负责。第三,以合同方式限制网络内容流转的条款无效。

一、网络内容流转的保护与限制

公民享有网络内容流转的权利,但在网络发表言论时应当遵守国家有关法律法规的规定,不得侵害他人的隐私、名誉等合法权益。公民的意见表达是宪法赋予公民的基本权利。法人的名誉权和公民的意见表达、舆论监督权均应当在相关法律规定和允许的范围内依法行使,对于如何实现这些权利之间的平衡应根据案件的具体情形予以认定。

但是,互联网绝非法外之地。网络自媒体从业人员须树立法治理念,尊重公民的合法权益,在内容编辑、发布过程中秉持法律风险意识,不能以漠视侵害公民合法权益的方式进行自媒体运营。同时,自媒体从业人员应摒弃通过"标题党""爆料""炒作"等方式吸引网络流量,摆脱低质的发展路径,积极发展内容优质的网络生态环境系统。

二、网络内容生产者责任

网络用户对其生产的内容负有审慎义务,因为在网络内容处于公开状态时,任何人都能点击进入,所以当用户注册使用后在网络平台上发表言论,使网络内容流转的同时,应当对其言论中涉及与他人相关的内容负有审慎义务。网络内容的生产者并不局限于网络用户,其他以机构、组织、法人等形式组成的主体也同样可以成为网络内容生产主体,内容的生产者为其内容负责,这符合自己责任原则,内容转发者责任则依法视转发数量以及不利后果的变化而定。

三、以合同方式限制网络内容流转的条款无效

涉及限制网络内容流转的合同条款将影响合同的效力,理由是线下内容流转是宪法赋予公民的一项基本权利,而互联网内容流转是传统线下内容流转在互联网时代的体现。例如某服务合同内容侵犯了公民的线下内容

流转权益,不利于公民的表达权和监督权的实现,损害了社会公共利益,应属无效条款。① 在我国合同无效规则中,合同不得与法律、行政法规强制性规定相违背。网络内容流转不仅是我国《宪法》保护的线下内容流转的一部分,更是《国际人权宪章》②保护的内容。

四、对其他与网络内容流转相关内容的阐述

45个样本中,高频出现的关键词集中在名誉权、网络服务提供者、删帖、删除、公众人物等中,这反映出网络内容流转问题涉及民事权利、责任主体、救济手段、公共利益等与网络内容流转研究密切相关的问题。

(一) 网络内容流转对名誉权的损害

样本中37件案件的案由是名誉权纠纷,其中以自然人名誉权居多,共34件,其中1件是自然人名誉权和荣誉权共同成为诉讼请求的案件,公司名誉权纠纷有3件。民事主体的人格权在网络空间应当受到与现实社会同等的保护。只要是公开的发布行为,无论是通过广播、电视、报刊,还是通过自媒体、网络平台等,都应该遵守国家法律法规,不得侵犯他人的合法权益。发布者应当对自己发布的内容负责,法官应依据侵权责任法中的侵权行为、过错程度、损害结果和因果关系等进行裁判。网络言论涉及的侵害不仅局限于名誉权,但本研究中名誉权侵权较多,实际上,以姓名权、肖像权、隐私权的救济为诉讼请求的案件也十分多见。③ 在自媒体侵害公司名誉权的案件中,应该结合互联网技术发展水平去判断对自媒体人的言论的让步与包容的程度,合理判断利用网络侵害经营主体商业信誉、商品或服务的社会评价的现象。

(二) 原《侵权责任法》第36条的援引情况

网络服务提供者是原《侵权责任法》第36条首次提出的称谓,是对网络信号接入和内容生产、分发的企业或行业的统称。在四川省的6件样本中,法院均援引了第36条作为裁判的依据,其中都提及网络服务提供者采取必要措施等义务。另外,江西省南昌市青山湖区人民法院审理的"曾云诉崔艾春等名誉权纠纷案"也分析了被告作为网络服务提供者,受众面极

---

① 见"北京某科技有限公司与成都某信息技术有限公司技术服务合同纠纷上诉案",北京市第一中级人民法院民事判决书,案号:(2014)一中民终字第1677号。
② 国际人权宪章由《国际人权宣言》《经济、社会、文化权利国际公约》和《公民权利和政治权利国际公约》三部国际性文件组成,是国际人权保护的重要法源。
③ 见2014年10月10日发布的司法解释性质文件——《最高人民法院公布8起利用信息网络侵害人身权益典型案例》。

其广泛,具有很深的社会影响力等特征,并对侵权信息未采取必要措施等事实进行了评价。仍然有不少的法官虽然主动适用了网络内容流转概念,但是没有援引"网络侵权"(第36条)和"过错责任原则"(第6条)方面的法条,而是沿用《宪法》《民法通则》(或《民法总则》)以及人格权法相关司法解释。由于《民法典》在2021年1月1日生效,最新的样本仅更新到2020年下半年,因此所有样本中暂无援引《民法典》的判例。

（三）删帖行为产生的效果

关于删帖、删除的问题,样本中观点普遍认为,网络服务提供者认为删帖行为涉及内容流转,因此要收到通知人提供的初步证明文件后才能删帖。及时删除侵权信息有利于防止损害结果的扩大,同时也能一定程度起到停止侵害、消除影响的作用,结案时或发布几日内已经及时删除、删除+赔礼道歉、删除+更正的情况视为已经尽到了网络服务提供者、转发者的合理义务,根据侵权责任法的规定,在一些案件中视为没有造成损害结果,不承担民事责任。①

（四）网络内容流转中的公共事务

在涉及公众人物的案件中,以往案件结论普遍认为,公众人物掌握更多的社会资源、具有更高的社会地位,据此可以获取更大的经济利益,因此应当对社会评论有更大的容忍义务,不能因个别评价、调侃用语不准确,就主观地认定具有侮辱用意。值得注意的是,样本中对以往公众人物、知名企业在公共讨论空间中的一味权利让渡进行了矫正,法官明确表示,公民在互联网上有自由发表言论的权利,但即便对于负有容忍义务的公众人物或知名企业,在涉及其相关事实行为时也应做到依据充分、评价客观,不应妄加推断,以侵害他人的等合法权益等。② 作为公众人物,基于社会公共利益和公众知情权益的需要,其自身人格权受到必要限缩。作为公众人物,其对个人的私生活享有隐私权,但由于公众人物在社会中的地位、角色,基于回应社会的知情与关切,其必须接受被媒体关注更多的现实。但是,对公众人物人格权利的限制并非没有限度,公众人物的人格尊严依法受到保护,禁止他人恶意侵害公众人物的正当权益。尤其是在部分自媒体账号带有商业运营背景的情况下,通过传播公众人士不实信息,以"标题党""爆料""炒作噱头"等方式吸引网络流量,谋取自身利益,涉及侵害公众人物合法权益的,应依

---

① 见"曾某与崔某某等名誉权纠纷案",江西省南昌市青山湖区人民法院民事判决书,案号:(2016)赣0111民初1762号。

② 见"杨某与上海某食品有限公司名誉权纠纷案",上海市第一中级人民法院民事判决书,案号:(2013)沪一中民一(民)终字第1387号。

法承担相应的法律责任。

五、判决书样本附表

	案件名称	案由	字号	审结日期	审判程序
1	杨某某等与嘉兴市公安局南湖区分局处罚案	行政:行政处罚	（2012）浙嘉行终字第22号	2012年6月18日	二审
2	汤某某与某软件技术有限公司网络侵权纠纷案	民事:网络侵权责任纠纷	（2012）杨民一（民）初字第3029号	2012年9月7日	一审
3	金某某与北京某网络技术有限公司名誉权纠纷案	民事:名誉权纠纷	（2013）浙温民终字第817号	2013年7月12日	二审
4	杨某与某公司网络侵权责任纠纷案	民事:网络侵权责任纠纷	（2013）沪一中民一（民）终字第1387号	2013年7月3日	二审
5	上海某贸易发展有限公司与邓某等网络侵权责任纠纷案	民事:侵权责任纠纷	（2013）徐民二（商）初字第1480号	2014年12月22日	一审
6	谭某某与陆某某名誉权纠纷案	民事:名誉权纠纷	（2014）佛顺法龙民初字第155号	2014年4月4日	一审
7	北京某科技有限公司与成都某信息技术有限公司技术服务合同纠纷案	知识产权:技术合同纠纷	（2014）一中民终字第1677号	2014年4月15日	二审
8	毛某某与唐某某等名誉权纠纷案	民事:名誉权纠纷	（2014）富民一初字第504号	2014年11月25日	一审
9	孙某某与杭州市公安局下城区分局行政处罚案	行政:行政处罚	（2014）杭下行初字第24号	2015年4月17日	一审
10	王某某与深圳某咨讯股份有限公司侵权责任纠纷案	民事:名誉权纠纷	（2016）粤03民终11014号	2016年10月8日	二审
11	刘某某与北京某电子商务有限公司名誉权纠纷案	民事:名誉权纠纷	（2017）京0115民初3516号	2017年5月31日	一审
12	曾某与崔某某等名誉权纠纷案	民事:名誉权纠纷	（2016）赣0111民初1762号	2017年9月27日	一审
13	张某某与肖某某名誉权、荣誉权纠纷案	民事:名誉权纠纷	（2017）赣1123民初1969号	2017年10月24日	一审

续表

	案件名称	案　由	字　号	审结日期	审判程序
14	赵某与黄某某名誉权纠纷案	民事:名誉权纠纷	（2017）皖0621民初5316号	2017年12月9日	一审
15	广西某物业服务有限责任公司与平南县某文化传媒有限公司名誉权纠纷案	民事:名誉权纠纷	（2017）桂0821民初3050号	2018年2月7日	一审
16	霍某某与宋某某等名誉权纠纷案	民事:名誉权纠纷	（2017）京0108民初28538号	2018年12月20日	一审
17	张某某与肖某某名誉权纠纷案	民事:名誉权纠纷	（2018）赣11民终302号	2018年3月28日	二审
18	唐某某与李某名誉权纠纷案	民事:名誉权纠纷	（2018）川1402民初961号	2018年5月15日	一审
19	王某与南昌某有限公司、某网络科技股份有限公司名誉权纠纷案	民事:名誉权纠纷	（2018）赣0111民初774号	2018年5月28日	一审
20	宋某某与吴某名誉权纠纷案	民事:名誉权纠纷	（2018）鲁16民终825号	2018年6月28日	二审
21	王某某与钟某名誉权纠纷案	民事:名誉权纠纷	（2018）吉0193民初1598号	2018年10月30日	一审
22	冷某某与李某名誉权纠纷案	民事:名誉权纠纷	（2018）川1402民初4135号	2018年11月22日	一审
23	胡某与宁夏某网络科技有限公司网络侵权责任纠纷一案	民事:网络侵权责任纠纷	（2018）浙0303民初5071号	2019年2月25日	一审
24	钟某与王某某名誉权纠纷案	民事:名誉权纠纷	（2018）吉01民终5401号	2019年5月14日	二审
25	程某某与林某某名誉权纠纷案	民事:名誉权纠纷	（2019）粤1391民初186号	2019年2月28日	一审
26	张某与杨某某名誉权纠纷案	民事:名誉权纠纷	（2019）川1423民初101号	2019年3月7日	一审
27	郑州某地产集团股份有限公司与河南某物业服务有限公司名誉权纠纷案	民事:名誉权纠纷	（2019）豫01民终5234号	2019年3月7日	二审
28	宋某某等与林某某名誉权纠纷案	民事:名誉权纠纷	（2019）京01民终1653号	2019年3月22日	二审
29	宋某某等与霍某某名誉权纠纷案	民事:名誉权纠纷	（2019）京01民终1656号	2019年3月22日	二审

续表

	案件名称	案　由	字　号	审结日期	审判程序
30	李某与冷某名誉权纠纷案	民事:名誉权纠纷	（2019）川14民终262号	2019年4月29日	二审
31	蔡某某与陈某某名誉权纠纷案	民事:名誉权纠纷	（2019）粤1581民初272号	2019年5月31日	一审
32	广西某物业管理有限公司与吴某某名誉权纠纷案	民事:名誉权纠纷	（2019）桂0702民初2394号	2019年9月10日	一审
33	韩某某与王某名誉权纠纷案	民事:名誉权纠纷	（2019）鲁1625民初2616号	2019年12月2日	一审
34	葛某某与葛某某名誉权纠纷案	民事:名誉权纠纷	（2019）鲁06终7196号	2019年12月6日	二审
35	王某某、马某某等与黄某某、某网络科技股份有限公司等名誉权纠纷案	民事:名誉权纠纷	（2019）琼02民终1554号	2019年12月20日	二审
36	何某某与蔡某某名誉权纠纷案	民事:名誉权纠纷	（2019）川1603民初1700号	2019年12月31日	一审
37	徐某某与北京某互联网信息服务有限公司名誉权纠纷案	民事:名誉权纠纷	（2019）湘0702民初6295号	2020年1月17日	一审
38	蔡某某与余某某名誉权纠纷案	民事:名誉权纠纷	（2019）闽0103民初3525号	2020年3月3日	一审
39	谢某某、李某某等与伍某某名誉权纠纷案	民事:名誉权纠纷	（2020）湘0523民初356号	2020年4月9日	一审
40	陈某某与叶某某名誉权纠纷案	民事:名誉权纠纷	（2020）川0521民初1073号	2020年4月20日	一审
41	韩某某、王某某誉权纠纷案	民事:名誉权纠纷	（2020）鲁16民终790号	2020年4月21日	二审
42	卢某某与李某某名誉权纠纷案	民事:名誉权纠纷	（2020）陕1025民初210号	2020年5月28日	一审
43	刘某、殷某某等与常州市某技术成套设备有限公司、陈某某等侵权责任纠纷案	民事:侵权责任纠纷	（2020）苏04民终1544号	2020年7月9日	二审
44	李某某与成某某网络侵权责任纠纷案	民事:网络侵权责任纠纷	（2020）苏1281民初4344号	2020年9月2日	一审
45	唐某、彭某、陈某与唐某某名誉权纠纷案	民事:名誉权纠纷	（2020）湘05民终1286号	2020年9月18日	二审

第十章　电商直播中的法律关系新脉络与优化救济

第一节　电商直播中"带货网红"主播主体新定位及其法律责任

在"带货"直播行为中,传统的电子商务经营者、销售者主体架构模式难以恰当解读、概括其行为的全部内容,"带货"直播在行为本质上更接近广告受托人,这一集合性主体概念是广告法主体的重组。在明确电商直播主体的属性前提下,才能深入理解其行为适用的法律并推导出相应法律责任,从而引导直播电商在发展社会经济、维护市场秩序、丰富市民生活等方面发挥优势。截至2020年3月,我国网络购物用户规模达7.1亿,较2018年底增长1亿,占网民整体的78.6%。[①] 另据有关研究数据显示,2019年中国直播电商行业的总规模达到4338亿元。[②] 直播电商模式已然成为我国网络消费增长新亮点。尽管仍有观点认为直播电商与传统电视购物别无二致,比如在分析网络用户对直播平台的满意程度中沿用营销学对电视购物的准社会关系理论。[③] 但是直播电商通过直观、真实的产品展示和专人互动式讲解、试用,节约了消费者的选购时间,理论上能够引导消费者买到更满意的产品,加上赠品、价格优惠、秒杀等劝诱消费的手段,使得"直播带货"成为了一种交互性较强的新兴电商模式,在调动下沉市场中发挥了优势,也催生了大量从人格权商业化中获利的"网红"主播。然而,不断涌现的直播电商活动中同时可能滋生违法犯罪、侵权等问题,因此为兼顾规范直播电商活动与保护消费者合法权益,应当首先在具体案件中判断网红主播究竟是广告代言人,还是产品和服务的经营者或销售者,在明确网红主播主

[①] 参见中国互联网络信息中心:《第45次中国互联网络发展状况统计报告》,2020年4月27日,http://www.cac.gov.cn/2020-04/27/c_1589535470378587.htm。
[②] 参见爱媒网:《2019年直播电商市场规模已达4338亿元,2020年发展趋势如何?》,2020年4月26日,https://www.iimedia.cn/c1020/70132.html 最后访问。
[③] 参见马志浩等:《网络直播用户的持续使用行为及主观幸福感》,《新闻与传播评论》2020年第2期。

体地位的前提下,对应到其适用的法律规范,才能公正地对其行为作出合理合法的法律评价。

一、"带货网红"在直播中的主体定位:广告受托人

对于一般消费者而言,"带货"主播是经营者还是消费者尚不明确,这种对主播主体地位的认知模糊,直接导致了消费纠纷维权障碍。[①]"带货"主播的工作内容决定了其超越传统电商平台内经营者、销售者角色,更像是广告代言人。由于直播带货的特色在于日常连续性场景下产品与服务的体验分享,与传统观念中"作品感"强烈的广告相去甚远,也与应当具有可识别性的"互联网广告"不同,因此通常对于主播的主体定位更偏向于是销售者。[②] 广义的直播电商行为泛指主播通过网络平台进行直播宣传、交易等行为。直播电商与传统媒体广告的宣传模式不同,广告主向传统媒体或新媒体投放事先制作完成的广告作品,消费者通过网上链接、搜索或线下店铺进行交易行为,可见宣传行为与交易行为相对分离;而直播电商无论是作为广告主,还是广告发布者、广告代言人,其宣传行为与交易行为几乎同步进行,宣传行为贯穿直播过程始终,宣传行为与交易行为牵连关系更强。直播"带货"是指专门在电商平台利用自有或者合作店铺进行宣传和交易行为,而不是通过网络视听等非电商平台进行宣传行为,向电商平台引流的宣传交易相对分离的情形。直播带货相较于引流带货,脱离平台监管的难度更大,换言之,电商平台直播带货中消费者权益更有保障,不易被主播引导到私下缺乏工商注册登记或备案等无监管无保障交易。

直播过程中主播对于产品的讲解和推荐行为与广告代言人相近,加上主播在直播过程中的身份会在广告经营者、广告发布者与广告代言人三者之间出现交叉重叠,因此概括称其为广告受托人更为恰当。广告主委托主播推荐产品,主播仅作为广告代言人时承担的责任明显较少,根据我国《广告法》的规定,广告代言人是以自己名义或形象进行推荐和证明的主体。在委托合同事项中,广告代言人与广告经营者和广告发布者不同,不以与广告主签订明确的书面委托合同为必要条件,但委托合同应满足某些条件,包

---

① 2020年2月在中国消费者协会组织的"直播电商购物消费者满意度在线调查"中,从消费者对主播的认知来看,38.5%的消费者认为主播就是经营者,30.8%的消费者认为主播不是经营者,还有30.7%的消费者表示并不清楚主播是何种角色。
② 2016年9月实施的《互联网广告管理暂行办法》第7条第1款规定,互联网广告应当具有可识别性,显著标明"广告",使消费者能够明辨其为广告。见中国消费者协会网站,http://www.cca.org.cn/jmxf/detail/29533.html,2020年4月26日访问。

括广告宣传内容,即对产品和服务的推荐和证明两类内容。广告代言人推荐和证明的积极要件是必须基于事实,消极要件一是不得违反法律、行政法规以及广告法其他条文规定,二是不得为未使用过的产品或未接受过的服务进行推荐和证明,三是未满10周岁不能成为广告代言人,四是有虚假广告"前科"的主体。① 实际上,"带货"主播不以代言人身份做推荐和证明,而仅仅只是真实客观地分享体验,并身兼广告经营者和广告发布者双重身份的情形较为多见,但前提是该主播是具有合法经营资质的广告经营者或广告发布者的法定代表人或雇员。主播即便参与直播节目设计、制作、发布等广告经营者和广告发布者的工作,但所在公司若不具有广告经营者、广告发布者资质,也只能是广告代言人。主播接受广告主委托为自己联名产品或服务带货,则属于广告经营者、广告发布者与广告代言人三重身份重叠的情形。

"带货"直播中的主播行为不能完全套用广告经营者、广告发布者或广告代言人责任,对于符合主播自产自销的"带货"直播,主播既属于广告主又属于广告经营者、发布者、广告代言人,这种主体身份的混同,直接导致《广告法》中的主体责任分担理论被架空,因此适用《电子商务法》和《消费者权益保护法》中经营者、销售者责任更合理。

二、"带货"主播的法律责任

2020年2月在中国消费者协会组织的"直播电商购物消费者满意度在线调查"中,在"没有使用直播电商购物的原因"的数据中,"对主播不信任"排在明确列举的7个选项中最后一位,仅占17.5%。这表明对主播的不信任成为没有使用直播电商购物中影响最小的因素,"担心商品质量没有保障"和"担心售后问题"是消费者两大主要顾虑,分别占比60.5%和44.8%。但调查也表明,一些主播带货时存在夸大宣传、引导消费者绕开平台私下交易等现象,部分消费者遭遇假冒伪劣商品、售后服务难以得到保障的情况。只要不是脱离平台的私下交易行为,大部分依托平台的支付、物流、售后服

---

① 见《广告法(2018年修正)》第2、30、37、38条。除《广告法》外,其他规范性文件中也重申广告代言人禁止性规定,例如2019年3月国家广播电视总局发布了《未成年人节目管理规定》,第18条关于未成年人节目的规定中,第3款明确规定未满十周岁的未成年人不得成为广告代言人。2019年3月国家市场监督管理总局发布了《市场监管总局关于深入开展互联网广告整治工作的通知》,互联网违法广告重点查处的内容包括了"含有表示功效、安全性的断言保证,说明治愈率、有效率,利用广告代言人作推荐、证明等违法内容的医疗、药品、医疗器械、保健食品广告"。

务纠纷都可遵照传统的电商交易模式。在"瑞士债法"中,有商事推销合同这一类别,起先作为一种雇佣合同,后来被归为特殊劳动合同范围。"法国债法"中将不动产推销合同列为有名合同中的一种,这一思路在《欧洲示范民法典草案》中也有体现。其实是用特殊方式界定商业推销行为,以便通过不同的经营者义务和举证责任分配,更好地保护消费者的利益。我国电子商务平台遵循严格的市场准入机制,平台对内部的经营者、销售者以及主播都创建了注册登记程序和信用机制,消费者维权可以从自身与电商平台、电商平台与主播,以及主播与广告主等法律关系入手(见图10-1),依据《消费者权益保护法》《电子商务法》《广告法》《合同法》等法律法规理清各自权利义务关系以及证明责任分担。对于"带货"主播而言,只有在其仅仅担任广告代言人,不担任广告经营者和广告发布者时,其责任才较轻微,只有在涉及损害消费者生命健康的虚假广告中,才会成为不真正连带责任人,最终责任人应当是广告主,广告代言人在履行了赔偿义务后,有权向广告主追偿。"带货"主播作为广告经营者和广告发布者时,在不能履行提供广告主实名信息义务时,应当对消费者先行赔偿。

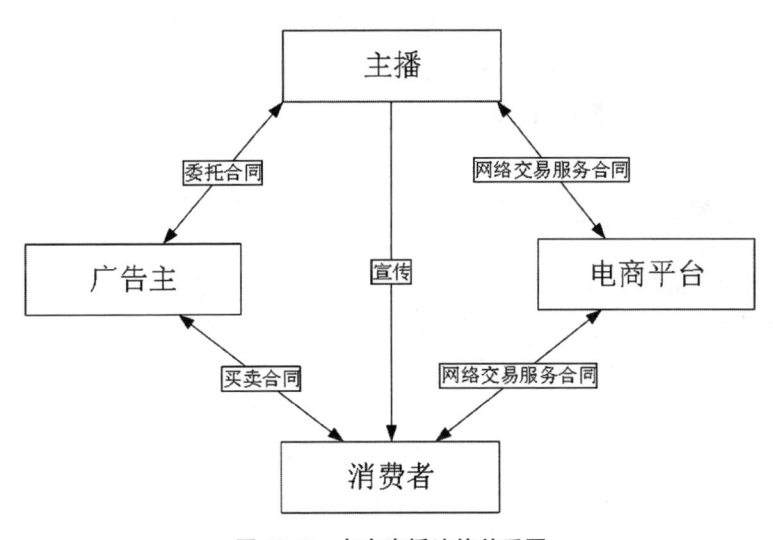

图 10-1 电商直播法律关系图

三、强化"带货"主播行为规范

直播电商中的"带货"主播是带货模式中的关键主体,主播的规则意识和行为规范尤为重要。电商平台一方面应当完善主播注册登记机制,另一方面应当加强主播个人信用机制,对出现严重问题和屡次出现问题的主播可采取剥夺直播权限和清退等措施,保证平台提供安全优质的信息内容。网络直播平台应当进一步完善主播的准入机制,对已经进入"黑名单"的主播,防止其以"小号"复活,网络平台之间应尽量共享"黑名单",进而防止跨平台复活。主播自身行为习惯应文明得体,对推荐和证明的产品或服务保持认真负责的态度,对涉及著作权、商标权、产品质量、低俗内容等问题应尽到合理的注意义务,将诚实信用原则贯穿直播环节始终,保证向消费者提供真实可靠的内容,坚决不宣传、推销虚假产品或服务信息。电商直播内容同样要重视传递正确导向和正能量,无论是针对未成年人消费者还是成年人消费者,都不诱导无节制、不可持续发展、违背商业伦理的消费观念。在疫情期间,直播应适当增加扶贫产品、服务等公益内容,一方面利用新技术进行精准推荐,服务经济社会大局,助力扶贫事业;另一方面延续电视直播重视群众广泛参与的传统,以电商直播形式服务基层人民群众,不仅丰富市民文化生活,还能唤醒下沉市场。总而言之,电商直播的"带货"主播应当明确自己在直播中的主体定位,理清不同主体身份所处的法律关系,重视履行经营者、销售者、广告受托人等多重主体身份的义务,积极履行对推荐产品或服务合理的注意义务,承担传递正向能量、优质内容等社会责任,扭转"网红"污名化的社会风气,逐步促进形成可以反复适用的,符合电商直播行业发展需求的主播团体规范。

第二节　电商直播中的法律关系与消费者权利救济

　　传统电商模式随着市场规模不断扩大,竞争日益激烈,内卷严重。直播带货作为新兴的卖货形式,通过短视频等社交平台,使本来就有关注度的主播能够拥有潜在消费者。主播在直播带货中对产品的介绍更生动,观众的体验感更佳。2018 年"双十一",张大奕在自己的淘宝店卖出了 1 亿元;2019 年"618",快手辛有志在 20 万观众的直播间卖出了 30 万桶洗衣液;2019 年"双十一"的晚上,李佳琦的直播间观众人数达到 4300 万,当晚销售额超过 10 亿元;同样也是 2019 年的"双十一",薇娅在淘宝直播间卖出了 27 亿的销售额;2020 年 1 月,李佳琦 3000 万观众的直播间 15 秒卖掉 18 万份零食。① 直播带货销售额惊人,直播带货产业风起云涌,多家直播平台甚至重金邀请网红带货主播入驻,报酬从 6 千万到 1 亿元不等。信息经济学

---

① 参见招商证券:《直播电商三国杀:从"猫拼狗"到"猫快抖"》,2020 年 12 月 23 日,http://www.100ec.cn/detail--6541259.html。

的观点认为广告本身是消费者的重要信息来源,而消费者寻找产品需要花费时间成本,广告因为能够减少寻找产品的时间成本,因此消费者愿意为广告付费。① 直播带货的本质就是广告行为。

一、电商直播中带货中的法律关系

电商直播模式的交易行为体系与传统电商交易行为体系存在明显区别,其中主播和网络服务机构(MCN)的加入使得原始的电子商务法律关系系统增加了权利与义务主体,同时在消费者寻求救济时,主播和网络服务机构有成为责任主体的可能。然而主播和网络服务机构的加入却不仅仅是网络服务法律主体的增量,更重要的是,主播和网络服务机构的加入令传统电子商务法律关系发生了微妙复杂且客观的改变,具体体现在四对法律关系的改变:第一,广告主与主播或网络服务机构之间的委托合同关系;第二,电商平台与广告主之间的网络交易服务合同关系;第三,主播与消费者之间的广告宣传关系;第四,广告主与消费者之间的买卖合同关系。

(一) 广告主与主播或网络服务机构(MCN)之间的委托合同关系

网络服务机构即 MCN(Multi-Channel Network)是一种新的网红经济运作模式催化下产生的营利性组织机构。网络服务机构是自媒体用户生产内容 UGC(User-generated Content,也称 UCC,User-created Content)蓬勃发展之后,网络内容细化、专业化②、职业化③的必然产物。电商直播法律关系产生于广告主与主播或其所在网络服务机构之间的委托合同,委托合同通常在法律实践中以《销售合同》《直播推广合作协议》或《MCN 商务合作协议》等形式存在。委托合同一方主体为广告主,通常也是生产商、供货商,另一方主体为主播或网络服务机构,委托的内容为主播一方为产品或者服务进行宣传和推销,以促进销售量。在主播和网络服务机构内部法律关系中,存在劳动合同关系,也存在劳务合同关系,具体区分主播与网络服务机构订立的是哪种合同取决于双方的约定,如双方对约定有争议的,在司法实务中通常以双方管理服从关系、一方报酬以工资方式发放、一方稳定持续为另一方提供劳务等为界定合同类型的关键因素。例如"承德德合集韵商贸有限公司与冯佳慧合同纠纷"一案中,法官根据合同内容分析,认为主播(被告)接受网络服务机构(原告)管理,遵守原告规章制度,服从原告工作

---

① 参见迈克尔·所罗门:《消费者行为学(第 12 版)》,杨晓燕译,中国人民大学出版社 2018 年版,第 27 页。
② 专业生产内容简称 PGC,即 Professionally-generated Content。
③ 职业生产内容简称 OGC,即 Occupationally-generated Content。

安排,报酬以工资形式定期支付,二者之间具有管理与被管理、支配与被支配的权利和义务,即被告接受原告劳动管理从事原告安排的有报酬劳动,在合同有效期内是一种稳定的、持续的生产资料、劳动者与劳动对象结合的劳动合同关系,因此,应依照劳动争议处理基本程序解决纠纷。① 由于劳动合同隶属于经济法领域,经济法的宗旨是倾斜保护弱势一方,而劳务合同隶属于合同法领域,即私法领域,合同法强调双方地位平等,因此,界定合同的类型和性质对主播维权尤为重要。显然,将双方合同认定为劳动合同对主播而言更为有利,反之将合同认定为劳务合同则对网络服务机构更为有利。总而言之,生产商、供货商与主播或网络服务机构之间的委托合同是一种不同于生产者与销售者之间的委托合同,而是根据主播宣传行为为内容的广告服务。此时的生产商和供货商的主体定位是广告法主体——广告主,通常为了保障宣传服务能够达到良好效果,该委托合同会以明确条款要求主播一方承诺宣传行为达到一定销售量、销售额,否则视为合同未能履行。②

(二) 电商平台与广告主之间的网络交易服务合同关系

通常情况下,广告主作为店铺主人,或根据我国广告协会2020年6月发布的《网络直播营销行为规范》中称之为"商家",其负责与电商平台签订直播营销服务协议,在电商平台开通直播空间。也有电商平台与主播或MCN网络服务机构为自己品牌带货的情形,此时广告主与主播之间的主体身份是混同的。广告主与电商平台之间的网络交易服务协议是一个一揽子服务合同,不仅包括网络平台直播服务协议这一前提性合同,还包含后续的托管合同,托管的内容包括但不限于营销、宣传、商品美化、店铺装潢等。网络平台服务协议为直播带货提供可操作化平台,托管合同为直播带货服务提升质量。通常在电商平台积累一定商誉的店铺就有资格申请开通直播带货服务,广告主、主播应当向电商平台提供真实的身份信息、联系方式和与从事经营相对应的行政许可手续等,以便电商平台对产品或服务侵权溯源和追责。其中提供药品、医疗器械、保健品等用于医疗用途的产品或服务必须有相应的资质。电商平台对广告主即商家的申请信息进行审查,审查通

---

① 审理法院:河北省承德市双桥区人民法院,案号:(2020)冀0802民初3017号。
② 典型案例包括:天津某影视文化传媒有限公司与安徽某文化传媒有限公司网络服务合同纠纷案,审理法院:天津市宝坻区人民法院,案号(2020)津0115民初5943号;新兴县某贸易有限公司与广州某影视传媒有限公司委托合同纠纷案,审理法院:广东省新兴县人民法院,案号:(2020)粤5321民初413号;天津某进出口贸易有限公司与天津某传媒有限公司、马某某买卖合同纠纷案,审理法院:天津市滨海新区人民法院,案号:(2020)津0116民初20563号;广州某文化传媒有限公司与广州某文化传媒有限公司服务合同纠纷案,审理法院:广东省广州市中级人民法院,案号:(2020)粤01民终12380号。

过方可开通直播营销功能。主播等主体的直播活动不得违反电商平台的规则,注重保护商品或服务的知识产权、未成年人利益以及商业秘密等。电商平台与广告主之间的网络交易服务合同成立及生效是为了促进广告主与消费者之间买卖合同的缔约,换言之,网络交易服务合同生效之后,为买卖合同提供了必要条件,主播为了履行与广告主之间的销售协议,同时也参与到促进买卖合同缔约的活动中。

(三) 主播与消费者之间的广告宣传关系

在直播带货营销的法律关系语境下,主播与消费者之间形成的法律关系是广告宣传关系,或者更确切地说与主播形成广告宣传关系的主体实际上是潜在消费者,是观看直播内容的观众,比真正与广告主订立买卖合同的消费者主体范围更宽泛。然而在直播带货营销的法律责任语境下,在民法领域能享有债权请求权、侵权请求权的主体,以及在经济法领域能有权维护权益保障的只能是买卖合同的相对人,即买方或消费者。在直播带货节目中,主播的营销宣传对象是不特定的多数人,在直播带货活动所形成的正当广告宣传关系,既涵盖了直播带货作为直播服务的下位概念,应该遵循直播视听节目内容的合法性与合规性要求,又辐射到广告内容对消费者及潜在消费者的行为和体验影响,以及主播粉丝经济、内容本身对市民文化生活的影响。在直播带货内容的合法性和合规性问题中,首先,主播应维护和提高自身良好的媒介素养;其次,MCN机构可通过对主播的培训、考核等方式对主播素养及内容进行严格把关;再次,平台运用有效措施对直播带货内容进行监管、治理,做好事前预防、事中纠正、事后惩罚,创造良好的直播带货网络生态环境。最后,观看直播的观众享有对直播内容的批评监督权利。尽管在著作权法语境下,直播带货节目普遍缺乏作为著作权法客体——作品的创造性与艺术品位,但是直播带货在当下发挥满足丰富大众文化娱乐生活的同时,应当注重内容的审美品位与正向价值导向。

(四) 广告主与消费者之间的买卖合同关系

广告主与消费者之间的买卖合同是直播带货活动最终的目的,也就是买方与卖方订立的合同,其他主体的加入与其他合同的成立都是为广告主与消费者的买卖合同做铺垫的。在不同效力位阶的法律规范中,卖方和买方的称谓有所不同,具体见表10-1。2020年11月20日,中消协发布《"双11"消费维权舆情分析报告》,点名某主播直播带货涉嫌机器刷量数据造假。2020年11月4日,有消费者质疑某网红主播在直播间售卖的即食燕窝"是糖水而非燕窝",最终由网红主播对消费者先行赔付、召回产品、退一赔三收尾。在乱象丛生的直播带货生态中,少部分商家利用虚假数据欺骗误导消费者，或以假乱真、以次充好向消费者提供有质量问题的商品或服务，从而扰乱市场秩序，损害消费者及第三方合法权益。多重法律规制同一类型网络营销行为，势必会造成消费者掌握多重权益救济路径，那么消费者在不同情形下究竟选择哪种救济路径，具体每种路径有何损益就成为了具有研究价值的问题。

表 10-1　典型法律规范中卖方和买方的名称

法律规范	卖　方	买　方
《民法典》合同编	出卖人	买受人
《民法典》侵权责任编	侵权人	被侵权人
《消费者权益保护法》	经营者	消费者
《广告法》	广告主	消费者
《产品质量法》	生产者、销售者	消费者、当事人
《网络直播营销行为规范》	商家	买方、消费者

二、电商直播带货中消费者的权利救济

（一）众多部门法中消费者请求权选择范围

在表 10-1 所列举的法律规范中，其中《民法典》合同编、《消费者权益保护法》《广告法》《产品质量法》是可以作为起诉的法律依据的，《网络直播营销行为规范》属于行业规定，旨在事前预防、行业内倡导，是不具有法律强制性的。因此，在高位阶法律中，《民法典》合同编、《消费者权益保护法》《广告法》中的条文才是消费者救济选择的范围，《民法典》合同编、《消费者权益保护法》《广告法》未予以明确规定，其他部门规章、地方性法规进行细化规定的，从其规定，前提是不得与上位法相冲突。尽管依据侵权责任法的归责原则，一般情况下，侵权行为人为自己的行为承担责任，即自己责任，但是根据侵权责任承担规则，主播、网络服务机构、直播平台、广告主都可能成为不真正连带责任人，对消费者履行先行赔付责任，使得消费者的损失及时得到填补。先行赔付责任人在履行了损害赔偿责任后，可以向真实的侵权人进行追偿。

（二）消费者权利救济的最佳路径

1. 电商直播活动中带货主体的获利逻辑。

直播带货中各方主体的法律关系背后暗含了带货主体营利的逻辑。第一，广告主即卖家通过注册使用电商平台的服务，从而支付给电商平台一定

的营销推广费用。第二,广告主需要找到心仪的主播或通过 MCN 网络服务机构确定主播为其推荐商品或服务,广告主一方面向主播支付劳务报酬即"坑位费",另一方面主播根据销售额收取一定佣金。第三,电商平台除了向广告主收取营销推广费用,还要按约定根据销售额抽取一定比例的佣金,一般情况下抽取后的剩余佣金返还主播,或者有的网络平台收取佣金固定比例的技术服务费用作为佣金。第四,没有独立电商平台的直播服务平台在带货活动中还会被电商平台抽取佣金,例如快手和抖音都没有独立的电商平台,最终交易行为会跳转到淘宝和京东等电商平台,因此快手、抖音的一定比例佣金将被淘宝、京东抽取。第五,如果是主播为自己的产品或服务带货,也就是不存在广告主的情况下,此时不存在佣金给付,因此电商平台按照交易额的一定比例收取服务费。总而言之,在直播带货中,从网络平台角度出发,网络平台凭借收取服务费获利,服务费包括抽取佣金、收取技术服务费、软件服务费等,平台上带货活动越多,平台获利更多。从主播及 MCN 网络服务机构角度而言,佣金和坑位费是其主要的获利来源,接到越多广告主的带货委托,则获利越多。从广告主角度出发,找到带货能力更强的主播,会带来更高的销售量,卖得更多,营利更多。

2. 电商直播带货中消费者最佳救济路径。

由于直播带货中卖买方以及促成卖方与买方订立合同的各方主体都从中获取了一定利益,根据风险与收益并存的原理,无论是电商平台还是带货主播都要承担一定程度的风险,而这种风险更具象地体现在先行赔付责任上。相反,在消费者立场上,作为买方,由于受到法律的倾斜保护,则在更广泛情况下适用无过错责任的归责原则而免除对卖方及其他主体过错的证明责任。

在宏观的救济路径选择上,我国《消费者权益保护法》第 36 条给出了几种方案,根据该条的列举,对于消费者在与经营者发生权益争议时,法条给出的消费者维权路径有五种:一是双方协商和解;二是请求消费者协会或其他依法成立的组织进行调解;三是向有关行政部门投诉;四是根据双方仲裁协议进行仲裁;五是向人民法院提起诉讼。

在微观的救济路径选择上,为了使消费者的救济方案更具象化,需要明确现有的法律体系中可供消费者作为维权依据的法律部门和法律文本,不同的法律部门确定不同类型的法律责任,如侵权责任、行政责任等。[①] 由此

---

① 参见秦静:《行政罚没款的可追偿性问题研究——以行政法律责任的构成与归责原则为中心的考察》,《政法论坛》2020 年第 2 期。

可见,这些法律尽管都是对消费者权益的保护,都对生产者、经营者等规定了罚则和责任,但是由于各个法律文本的价值取向各有偏重,导致不同救济路径在归责原则、构成要件等等方面存在差异。

在归责原则问题上,过错责任原则需要消费者承担举证责任,当消费者要承担较高的举证责任时,则会导致其因鉴定、退货物流以及时间成本过高而放弃维权。而无过错原则由于不需要过错因素作为构成要件,因此消费者不存在举证责任负担,这对消费者维权十分有利。

在先行赔付责任问题上,首先,先行赔付发生在多数人侵权情况下,如果缺乏两个及以上侵权人,不适用先行赔付问题。其次,由于《民法典》侵权责任编、《消费者权益保护法》和《广告法》的立法目的和价值取向,都是及时填补消费者损害,倾向于给消费者提供更多的保护,因此先行赔付在侵权请求权、消费者权益诉求和广告法纠纷中都是被支持的,先行赔付一方不是最终责任人,因此在其赔付被侵权人即消费者后,取得向最终责任人的追偿权。在《食品安全法》第148条第1款中,作为特殊产品的食品造成消费者损害时,生产者或销售者被明文要求"先行赔付,不得推诿"。再次,《产品质量法》中即使先行赔付被不真正侵权一方履行,但是先行赔付一方向最终责任人追偿的诉讼请求却不是都能得到满足的,司法实践中法院根据《产品质量法》给出了对追偿权支持与反对两种截然不同的判决。因此消费者和先行赔付人都应当在情况允许下尽量避开主动适用《产品质量法》,以免增加获赔风险和诉讼风险。

表10-2 消费者在直播带货中的诉讼救济路径及其制度适用差异

诉讼救济路径依据	归责原则	先行赔付	责任类型
《民法典》合同编	过错责任	不适用	违约责任
《民法典》侵权责任编	无过错责任	支持	侵权责任
《消费者权益保护法》	无过错责任	支持	行政责任、民事责任
《广告法》	过错责任	支持	行政责任、民事责任
《产品质量法》	无过错责任	适用困难	行政责任、民事责任

直播带货产业风起云涌,传统单一的买卖合同法律关系变得复杂化,多方主体的加入不仅丰富了消费者购物的形式和体验,刺激消费者的购物欲望,一定程度增加了消费需求,促进民商经济的发展。在复杂的直播带货法律关系中,包括了广告主与主播或网络服务机构之间的委托合同关系、电商平台与广告主之间的网络交易服务合同关系、主播与消费者之间的广告宣

传关系以及广告主与消费者之间的买卖合同关系等。前四个法律关系的缔结都是为广告主与消费者即卖方与买方之间买卖合同的订立做铺垫的。理清直播带货中的多重法律关系,对确定各方主体的法律责任,对确定消费者救济适用的法律是十分有必要的。

在直播带货的法律关系中,消费者权利救济的途径是多元化的,在诉诸诉讼程序时,应当注意避免选择证明责任偏高的法律依据,而要更多地适用无过错责任原则,尽量援引《民法典》侵权责任编、《消费者权益保护法》。在请求先行赔付的情形下,避免主动适用《产品质量法》,以免先行赔付一方追偿不能得到实现而怠于履行先行赔付义务。

第十一章　互联网约谈制度评价

约谈作为一种国家治理方式,在现代国家产生前后均发挥了颇有成效的社会调解作用。随着约谈制度在互联网领域的广泛运用,一方面,互联网约谈的实践证明了其在互联网内容治理中取得了显著成就;另一方面,实践经验的不断积累也反映出互联网约谈制度存在一定风险。以下主要通过互联网约谈主体和约谈目的两方面对互联网约谈制度的风险进行分析,进而科学地评价互联网约谈制度在监督互联网企业履行主体责任、维护网络信息传播秩序方面取得的明显成效,但是处在不断发展过程中的互联网约谈制度仍然需要不断完善求精。

约谈是现阶段我国互联网内容治理中一个十分重要的治理手段,也是互联网治理研究中的一个十分重要的领域。约谈涉及诸如民主、平等、效率、秩序等互联网价值。中国的互联网发展长期受到世界的广泛关注,由于曾经长期受到计划和行政强制性规则的影响,转型后的社会治理如何熟练运用柔性的政策引导显得尤为重要。总结和梳理互联网约谈在中国社会产生的思想基础和制度条件,对于中国特色的互联网约谈制度发展趋势的研究必不可少,进而为拓宽互联网社会共治空间,提高公民公共理性观念,提高互联网现代化治理水平贡献中国经验。

第一节　约谈:一种国家治理方式的缘起

国家与社会之间的调试需求是一直存在的,不同经济社会发展阶段都需要有民族性组织或国家性组织去承担这份责任。国家性组织一定比民族性组织拥有更多强制性规则和暴力手段,[1]因此在国家和公民的二元对立模式中,即便行政机关参与其中调试二者之间的需求,但是二者身份地位的不对等是不可弥补的。这就导致了国家授权的行政机关在行使行政权时,行政干预的色彩天然浓重,因而一定程度挤压了社会自治的空间。不同历史时期,无论是现代国家产生之前,还是现代国家产生之后,以及位于成熟

---

[1] 参见[德]威廉·冯·洪堡:《论国家的作用》,林荣远、冯兴元译,中国社会科学出版社1998年版,第56页。

的行政法律系统之中,约谈、或者说早期的和谈,一直发挥着调试国家和社会关系的作用。

一、现代国家产生之前的事实行为约谈

在现代国家产生之前,纠纷解决机制与生活生产方式紧密相关,无论在仰韶文化之前的母系氏族,还是农耕业在社会经济部门中的稳固,导致父系氏族在亲属制中占主导。① 与母系氏族对女性威望的维护相同,父系氏族尊崇父权至上,其作用一是进行管理和解调纠纷,二是导致了成员间关系的不对等。氏族解体进入阶级社会以后,一直没有改变的是成员间关系的不平等。中国古代生产方式与恩格斯在《家庭、私有制和国家的起源》中认为的欧洲西部、南部不同,氏族没落并没有立即被家族取代,而是经历了长时间的宗族家长制度。为了解决这种成员之间的不平等,拓展家庭自治空间,中国古代纠纷柔性解决机制中的亲属会制度起到了不容小觑的作用。民国时期,亲属会制度以家族聚集、熟人社会为基础,受到地缘、亲缘关系的约束,与中国的文化传统中儒家、法家思想紧密相连,深受家长制、父权思想的影响。与那些较为精致繁复的设计相比,一些并非经由任何人的发明而自我发展起来的制度,有时候可以为文化的发展提供一个更好的框架。② 亲属会制度便是如此,亲属会制度在协调不平等主体之间的利益关系的磋商过程中出现,其最突出的贡献就是为地位不平等的家庭成员提供面对面的平等沟通场合,在双方充分表达意见的基础上定分止争。在历史上协调人口众多、地域辽阔、多民族特色的亲属关系中,亲属会制度起到了不可替代的作用。可见,在国家机器的暴力之外,软性解决纠纷的选择也是同时存在的,也能为解决纠纷作出贡献。亲属会制度通过将不平等主体置于平等的对话场景,由具有亲缘、地缘关系的主体主持参与,通过双方充分的陈述、沟通、交流等方式达成和解,灵活解决问题,约谈的雏形初现。民国时期这种民间软性纠纷解决机制在解决亲属矛盾中具有的天然优势,约谈的结果也受法律保护,而后由于在解决亲属矛盾领域效果良好,逐渐被亲属关系以外的不平等主体关系延续适用,但此时的约谈仅停留在事实行为的和谈、和解,并没有形成具有独立性的约谈行为。

---

① 参见王玉波:《中国家长制家庭制度史》,天津社会科学出版社1989年版,第11—13、29页。
② 参见[英]冯·哈耶克:《知识的僭妄——哈耶克哲学、社会科学论文集》,邓正来译,首都经济贸易大学出版社2014年版,第25页。

二、现代国家产生之后的行政活动过程中的约谈

现代国家产生之后,约谈的发展呈现国家内部对科层与外部对市场监管的双轨发展模式。内部约谈行为在我国检察、审判等领域早就已经有了实践。检察制度中约谈内部干部,起到预防职务型犯罪和调查案件事实真伪的作用。① 审判制度中,法院系统内部对法院负责人的约谈属于审判机关内部对审判权中自由裁量弹性空间的监督措施。② 外部行政对市场主体的监管制度中的约谈更侧重行政过程中的约谈活动,其功能性体现在对行政和解、行政处罚所产生的约束力。约谈最早是从我国香港地区"喝咖啡制度"引入的,泛指任何没有获得法庭强制令的机构希望与当事人见面的要约。③ 行政过程中的约谈程序在美国、日本以及我国香港地区、台湾地区的税务监管领域早已广泛运用。此时的行政约谈已经演化成国家公权力机关系统内部对干部的职务约束装置,与此同时也演化出了行政机关对有组织的行政相对人的市场调节装置。前者具有隐蔽性,其过程的公开度欠缺,后者面向的对象广泛,是公众熟悉的约谈模式,是约谈研究中的显学。二者共同构成了现代国家对社会的调节装置,尽管二者在外观上存在很大区别,但是二者从权力机关内部和外部揭示了面对国家权力分配与市场竞争环境共同作用下的中国特色发展困局。作为行政和解和行政处罚等行政活动过程中的约谈行为近年来逐渐被熟练应用。与我国大陆地区迥异,受美国诉讼法的影响,很多国家和地区在税务约谈制度中的辩诉交易日趋流行,同时形成了税务义务履行不利和讨价还价的惯例。党的十八大报告提出,"加强网络社会管理,推进网络依法规范有序运行"。虽然我国互联网技术发展与产业发展时间并不长,但是互联网作为新型领域,其带来的问题既复杂又不可预测,即所谓"变量",网络的匿名化和虚拟化为犯罪和侵权创造了土壤,为了规范网民依法上网、文明上网,营造清朗的网络空间,增加网络治理的筹码,因此《互联网新闻信息服务单位约谈工作规定》(以下简称"约谈十条")应运而生。国家网信办指出约谈是指国家互联网信息办公室、地方互联网信息办公室在互联网新闻信息服务单位发生严重违法违规情形时,

---

① 参见叶明忠:《驻所检察应积极落实检察官要约谈话制度》,《人民检察》2009 年第 24 期;王立:《检察建议约谈制度研究——以北京市朝阳区人民检察院的实践探索为视角》,《人民检察》2010 年第 19 期。
② 参见 2016 年 3 月发布的《最高人民法院关于建立执行约谈机制的若干规定》。
③ 参见孟强龙:《行政约谈法治化研究》,《行政法学研究》2015 年第 6 期。

约见其相关负责人,进行警示谈话、指出问题、责令整改纠正的行政行为。①"约谈十条"与"微信十条"共同建立起一套互联网内容服务的一体化管理体系,为推进依法执法奠定了基础。

第二节 约谈在互联网内容治理中的运用

目前,针对互联网约谈的基础性研究和系统性研究远不如上位概念"行政约谈"繁荣丰富,除在互联网约谈发起人、互联网约谈"软法"性质、柔性行政工具、约谈滥用等方面存在共识以外,在互联网约谈治理对象、独立属性、效力、完善等方面还没有形成流派性观点。在互联网治理对象问题中,有的研究认为,从对互联网约谈法规的文义解释出发,互联网约谈的治理客体仅是互联网新闻信息,未扩张适用到其他互联网信息。② 也有的研究认为,互联网约谈不仅局限于新闻信息的治理,而是互联网信息或互联网信息内容这一更大范畴。③ 有的研究触及到互联网约谈的性质问题,针对其是否是独立的制度展开了分析,认为互联网约谈不是行政指导,也不是单一行为,而是多个行为的组合,部分属于行政事实行为,部分属于具体行政行为,总之不是独立的制度,而是从属性制度。④ 对于互联网约谈的性质问题,也有学者从功能角度,认为互联网约谈是互联网规制工具箱中的工具,间接否认了互联网约谈制度的独立性。⑤ 在互联网约谈效力问题上,有的研究认为互联网约谈是非正式惩戒工具,只有在互联网约谈无效时才能启动正式惩戒工具,即行政处罚。⑥ 在互联网约谈的完善问题上,有的学者从实体角度提出应当增加互联网约谈的基本原则;⑦有的学者建议从程序角

---

① 《国家网信办有关负责人就〈互联网新闻信息服务单位约谈工作规定〉答记者问》,中华人民共和国国家互联网信息办公室,2015年4月28日,http://www.cac.gov.cn/2015-04/28/c_1115115699.htm。
② 参见王四新、徐菱骏:《约谈,互联网新闻信息服务单位管理新措施解读》,《中国广播》2015年第10期。
③ 参见郑宁:《互联网信息内容监管领域的约谈制度——理论阐析与制度完善》,《行政法学研究》2015年第5期;卢超:《社会性规制中约谈工具的双重角色》,《法治与社会发展》2019年第1期。
④ 郑宁:《互联网信息内容监管领域的约谈制度——理论阐析与制度完善》,载《行政法学研究》2015年第5期。
⑤ 参见卢超:《社会性规制中约谈工具的双重角色》,《法治与社会发展》2019年第1期。
⑥ 参见王四新、徐菱骏:《约谈,互联网新闻信息服务单位管理新措施解读》,《中国广播》2015年第10期;卢超:《社会性规制中约谈工具的双重角色》,《法治与社会发展》2019年第1期。
⑦ 参见聂帅钧:《行政约谈制度的产生背景、现实困境及完善路径》,《党政干部学刊》2015年第9期。

度强化约谈延期、回避等约谈参与人的程序性权利;①有的学者从国家组织形式这个角度分析认为,互联网约谈治理空间的碎片化问题可以通过国家机构改革解决。②

一、约谈在互联网内容治理中的成就

我国在2015年4月出台《互联网新闻信息服务单位约谈工作规定》(简称"约谈十条")以前已经有了互联网约谈实践。从早期的计算机信息安全保护管理制度中规定公安机关监察机构组织互联单位、接入单位进行安全检查,及时发现问题,提出改进意见,并记录存档等,就能发现互联网约谈的早期模样。③ 从2014年开始,互联网约谈初具规模,国家网信办已经在社会举报、新闻单位年检等日常巡查工作中发现问题,并要求相对人就问题及时整改。约谈是发起人采取的主动行为,即便大部分约谈是因广泛社会举报受到重视,但约谈发起不以任何人的请求为条件。④ 约谈并非由"约谈十条"始创,而是"约谈十条"的实施辅助实践中的约谈工作朝着规范化和体系化方向发展。

表11-1　以国家网信办为发起人的重点互联网约谈(2015.2—2020.2)

	时间	相对人	事由	类型	其他
1	2015-02-02	网易公司	违法转载新闻信息、传播淫秽色情信息、传播谣言	整改	"约谈十条"以前
2	2015-04-10	新浪公司	违法登载新闻信息、账号审核把关不严、抢发散播不实消息	整改、处罚	"约谈十条"以前
3	2015-06-25	金山公司	弹窗存在传播淫秽色情等违法信息	整改	
4	2015-07-15	新浪、腾讯	"试衣间不雅视频"快速传播	警示	集中约谈
5	2015-08-05	凤凰网	传播违法和不良信息、违法登载新闻信息、抢发散播不实消息	整改	
6	2015-08-18	滴滴打车等4家平台	用私家车从事非法运营,以及低价促销扰乱运营秩序	整改	5部门联合约谈

① 参见郑宁:《互联网信息内容监管领域的约谈制度——理论阐析与制度完善》,《行政法学研究》2015年第5期。
② 参见卢超:《社会性规制中约谈工具的双重角色》,《法治与社会发展》2019年第1期。
③ 参见1997年12月30日生效,2011年1月8日修订的《计算机信息网络国际联网安全保护管理办法》第17条第2款。
④ 杨华权:《知识产权纠纷中的政府约谈》,《科技创新与知识产权》2011年第17期。

续表

	时间	相对人	事由	类型	其他
7	2015-11-12	凤凰网	编发虚假新闻、传播淫秽色情信息	整改、处罚	联合北京市网信办
8	2016-01-15	百度公司	贴吧违法违规信息及商业化运作管理混乱、部分搜索结果有失客观公正、百度新闻炒作渲染暴力恐怖等有害信息	整改、处罚	
9	2016-02-25	新浪微博	传播淫秽色情信息	整改	联合北京市网信办
10	2018-01-06	支付宝公司、芝麻信用公司	违法收集使用个人信息	整改	
11	2018-04-06	"快手""火山小视频"直播短视频平台	传播涉未成年人低俗不良信息、未成年人担任主播	整改	
12	2018-06-01	"美拍"网络直播短视频平台	作出停止更新服务处罚后，整改不到位	整改	4部门联合约谈
13	2018-11-12	腾讯微信、新浪微博	就各平台存在的自媒体乱象自查自纠	警示	
14	2018-11-14	百度等10家客户端自媒体平台	就各平台存在的自媒体乱象自查自纠	警示	
15	2019-02-01	"微信7.0版"等4款新发布社交类应用企业	互联网企业应强化安全和法治意识，依法依规经营	警示	
16	2019-11-11	滴滴出行等8家网约车顺风车平台公司	听取平台公司意见建议，共同为交通运输新业态规范健康发展营造良好环境，并对各企业的安全生产、维护稳定等工作再提醒再督导	警示	6部门联合集中约谈
17	2019-12-10	视觉中国网站、IC photo网站	未经安全评估情况下与境外企业开展涉及互联网新闻信息服务业务的合作	整改	指导约谈

续表

	时间	相对人	事由	类型	其他
18	2020-01-19	滴滴出行、嘀嗒出行	安全生产、行业稳定、合规经营、保障驾驶员和乘客合法权益、春运保障	整改	4部门联合约谈
19	2020-02-14	凤凰网、凤凰新闻客户端	持续传播低俗庸俗信息	整改	指导约谈

从2015年2月到2020年2月期间，根据国家网信办网站公布的约谈情况（表11-1仅展示约谈发起人为国家网信办的重点约谈），我国互联网约谈在实践运用中展现出了鲜明的特色：第一，在约谈相对人方面，我国互联网约谈的相对人从开始以新闻单位为主，逐渐扩展到微博、微信公众号等混营内容服务提供者。第二，在约谈形式方面，对约谈内容相似的相对人采取集中约谈的方式；对约谈内容复杂的相对人采取多部门联合和上下级联合、指导约谈的方式。例如国家网信办和地方网信部门也联合其他部门参加网约车平台、直播短视频网站等涉及网络内容整改的约谈。而联合约谈在反复实践运用后被写进法律文本。① 第三，在约谈事由方面，既包括不具新闻发布转载权限、内容非法违规、侵犯未成年人权益等质或量达到一定程度的问题，还包括拒不整改、整改不符合要求的后续处置。第四，从约谈内容、约谈履行方面，约谈可分为警示、整改、处罚三种类型，同一次约谈可以包括其中的一种或多种类型，避免忽视整体，只顾局部的治理缺陷。第五，网信部门内部分工方面，国家网信办主要负责重大、严重的约谈事项，地方网信部门根据属地原则对约谈进行"管辖"，国家与地方网信部门的协作方式主要是指导约谈和联合约谈。存在国家网信办首次约谈，后续监督履行全部交由地方网信部门或由国家网信办参与指导的情形；也有国家网信办约谈后，交由地方网信部门进行处罚的情形。第六，在约谈及时性方面，我国互联网约谈的及时性较强，约谈几乎是在发现问题的当天或隔天进行，并且互联网约谈的公开程度较普遍，公开的内容不仅包括约谈过程，还涵盖了约谈协议结果和后续履行情况，如果后续整改不到位，可能触发再次约谈。

约谈在互联网内容治理领域的独特性发展源自约谈的宏观政策背景。互联网约谈在主体、内容以及约谈程序方面都展现了具象化的独特性。互联网约谈的复杂程度与网络服务提供者闯入市场、网络信息熵增密切相关。

---

① 参见2017年6月1日生效的《互联网新闻信息服务管理规定》第21条第2款。

(一) 约谈发起人：国家网信办、地方网信部门

随着党的十八届四中全会进一步要求深入推进依法行政，加快法治政府建设，依法规范网络行为，在这一要求下，2011年成立、2014年重组的国家互联网信息办公室（以下简称"国家网信办"）成为了网络内容监管的中央核心机构。2015年4月28日，国家网信办发布《互联网新闻信息服务单位约谈工作规定》（简称"约谈十条"），正式建立了我国互联网信息内容监管领域的约谈制度。"约谈十条"出台之前，在监管实践中，国家网信办和北京网信办就已经对网易、新浪等互联网企业负责人开展了约谈工作。"约谈十条"出台之后，自此正式确立了国家网信办和地方网信部门作为网络内容监管约谈发起人的法律主体地位。与环境等领域约谈不同，互联网约谈鲜少采取跨区域多个地方或部门联合约谈的形式，而是主要依据属地原则进行分工。互联网约谈的发起与实施大体遵循我国社会治安治理的方式，遵循属地原则，重大事项或情节严重的则由国家网信办单独或联合地方网信部门负责组织。

(二) 约谈相对人：互联网内容服务提供者

互联网约谈的相对人是互联网内容服务提供者，而不是普通网络用户，具体受邀约谈人为互联网内容服务提供者的责任人。作为具体规定的"约谈十条"认为，约谈相对人被框定为互联网新闻信息服务单位，具体约谈受邀人为互联网新闻信息服务单位的责任人、总编辑。约谈相对人在一般意义上来讲，应当是从事互联网产品生产经营的市场主体，可称之为互联网内容服务提供者，并不仅仅局限为"约谈十条"明确列出的互联网新闻信息服务单位。约谈相对人的选择不是随机性的，约谈相对人一定是具有典型特征的互联网内容经营主体，典型特征可以扩展解释为经营规模、问题严重度、问题量度等综合考量，其目的是为了帮扶互联网内容经营主体解决重点和难点问题，为同行提供借鉴性指引，预防、及时中止、纠正不当行为。

(三) 约谈内容

与税务、重大安全事故、食品安全、生态环境约谈相比，互联网约谈内容具有很强的独特性。税务约谈以被约谈对象欠缴、未缴纳税款为主要约谈内容，一过性的欠缴、未缴在缴纳之后就视为约谈达到最终效果，税务约谈对约谈内容的监督执行也较为直观，对同行行为引导性和借鉴性较低。重大安全事故约谈也是一过性的，属于突发事件等不可预测情势下的特殊情况的规范化处置方式，然而不可抗力和意外事件的约谈经验对同行常规经营活动的借鉴意义也比较有限。互联网约谈内容既不直观，也不是一过性的，而是具有聚合性、复杂性、持续性等特点，这直接影响了互联网约谈的监

督执行的量度和难度。

（四）约谈程序

约谈发起人向约谈相对人发出约谈通知书,通知上应当列明约谈单位、约谈责任人、约谈参加人员、约谈时间、约谈地点、约谈事由等。约谈过程中应当秉承平等、协商、沟通方式,约谈结束后应形成约谈纪录,一般以公开为原则,特殊情况下不予公开。我国审判活动中的智慧法院建设工作中,也有实行电话约谈和网上约谈的具体实践操作。约谈纪录中涉及国家机密、军事机密等一律不予公开,约谈记录中涉及商业秘密、个人隐私、未成年人的,原则上不公开。互联网约谈从行政过程中的环节、行政行为、行政制度转变为兼具社会治理手段功能的社会治理制度。

二、互联网约谈发展的合理性

互联网约谈有别于税务、环境、安全事故、食品安全等领域的约谈,其独特性的异化发展具有其自身的合理性和恰当性,符合互联网发展的逻辑。互联网约谈发展的合理性是由互联网治理中问题频发引起的,并且互联网约谈能够有效帮助调和国家与社会之间的矛盾。互联网产业结构的特性便于约谈有代表性的、问题较多、规模较大的相对人,与此同时,互联网约谈在实践中确实产生了良好的治理效果。

（一）互联网带来的不确定因素导致的问题频发

现代社会的发展和互联网的发展已经形成了相互作用的关系,究竟是现代社会发展催生了互联网的建立使用,还是互联网推动了经济社会发展,这几乎已经成为了类似"鸡与蛋"的问题。在现代社会发展和互联网的同时作用下,现代生活已经进入了一个互联网出现以来几乎不可逆转的境地。电子邮件是早期的互联网社交行为,当时商务精英使用互联网一方面是追赶潮流,一方面是拓展一种新颖的工作、社交方式。由于缺乏趣味性和娱乐性,人们对以电子邮件为例的早期互联网社交绝对谈不上依赖,对互联网的认知仅仅停留在其增加了一种信息交换和价值交换的方式。随着互联网技术的发展,人们在互联网社会的交往更加频繁,移动互联网的发展推动了互联网交互性的强化,进而催生出新的生产关系、社会关系,从此丰富了社会组织的形式。伴随着计算机技术的日新月异,互联网深深融入社会生活的各个面向,现代人的生活对互联网产生了空前依赖。物理空间的种种问题迁移至互联网,再也没有任何主权国家认为互联网是自由无序的法外空间。互联网治理问题经历了从治理的必要性到治理的合理性的进程。如何使治理遵从依法、合规取决于如何认识治理的内容、如何看待互联网、如何规划经济社会理想的发展前景。

（二）互联网约谈调和国家与社会之间的矛盾

如果说人们对互联网的痴迷和流连源于互联网带来的公众广泛参与、物美价廉、传播效率高，那么这些优势同样也存在不少劣势。如何监管和治理互联网引发的危机，取决于如何定义治理主体的职能，或者说如何定义互联网的价值。如果认为互联网治理主体的职能是确保安全，这里的安全包括国家安全、社会安全、个人的生命财产安全，那么只要惩罚违法犯罪行为，预防犯罪，或者相反鼓励正面行为，树立积极榜样，原有的现实社会治理模式不需要做太大变革。如果认为互联网价值在安全的基础之上，还包括促进人们生活幸福、安居乐业，那么引导人们的行为模式，塑造人们的道德观念和良好品味就需要被考虑到治理范畴。仅仅认为互联网行为是传统社会行为的映射，实际上是否认了互联网交互性具备派生新互动模式的能力，但是互联网产业发展的现状已经证明了互联网不仅能派生新的互动模式，还能产生全新的财产形式、融资关系等。面对异化的信息丰盛、物权资金飞速流转、人格商业异化，传统行政范式失语失灵，互联网约谈应运而生，负责调试国家在市场化变革中的治理需求。约谈起到弱化行政强制性的作用，是软性应对自我约束力不足的新型治理理念。随着经济社会的发展变化，社会治理理念也应随之变化，过度的行政干预逐渐从市场中撤离，约谈作为诉讼机制的前置机制和辅助机制，在肯定市场主体一定程度的自主权的基础上，成为一种便捷、和平的问题解决路径。

（三）互联网产业结构特征便于确定具有典型性的约谈相对人

互联网产业相对集中，约谈对象具有典型性、代表性，对同行具有指导性。寡头垄断是我国互联网产业结构发展中的突出特征，互联网领域、数字经济领域的垄断仍然是阻碍市场公平、活力的重要因素。[①] 不仅是互联网约谈制度，在财政约谈制度中，也表现出主要对问题较多、整改难度较大的单位负责人进行重点约谈的倾向。[②] 从国家网信办公布的最早一次互联网约谈——2014年7月4日工商总局、中消协约谈电商落实"七日无理由退货"至今，除一对一约谈以外，多部门联合式约谈和多对象集中式约谈形式逐渐出现。

---

① 参见2019年10月24日发布的《最高人民法院关于为推动经济高质量发展提供司法服务和保障的意见》第4条。
② 参见2019年12月25日发布的《国务院关于2018年度中央预算执行和其他财政收支审计查出问题整改情况的报告》第1条第2款。

(四) 坚持以问题为导向促进实现互联网约谈效果

任何政策的制定都是基于两点考虑：一是体现国家的目标与意志，二是解决当下具体的实际问题，互联网约谈作为科技政策也不例外。① 互联网约谈顺应直面问题、解决问题的思路，以实事求是贯穿约谈始终。约谈与西方"回应性规制"模型的金字塔底层中的柔性行政②具有异曲同工之妙，然而柔性行政由于磋商属性过强，属于内嵌于行政领域的契约机制，一方面利于解决问题，另一方面则导致不利于磋商协议履行，尤其在地方性执行资源和监督资源不均衡的环境下，无法实现"回应性"的本位功效。③ 具体而言，约谈相对人拒不参加约谈的责任尚不明确，因为约谈通知书的效力有限，不能溯及约谈未发生之前，并不存在类似"缔约过失"责任，未发生的约谈也自然不会公开约谈过程，因此理论上拒不参加约谈的情形很难被公众知晓。④ 因此，互联网约谈借鉴其他领域的约谈制度，将信用机制纳入执行和监督执行约谈协议中，具象性表现为约谈情况记入互联网新闻信息服务单位日常考核和年检档案，并对未按约履行的进行重至吊销行政许可的处罚。⑤ 引入信用机制的目的在于取得约谈及时性效果的同时，巩固约谈的长远性效果。

三、摸索中的互联网约谈制度存在的风险

尽管互联网约谈的独特性发展有其自洽性，其在互联网内容治理中产生了一定正面效果，然而，互联网约谈制度本身也存在先天不足和后天隐患，在互联网约谈制度日趋成熟的过程中，仍然存在扩张适用、侵犯约谈相对人名誉权等问题，这些问题如果长期得到不重视，势必造成约谈泛化、有"罪"推定等风险。

---

① 参见李侠：《科技政策：分配与规训的技术》，上海科学技术文献出版社2014年版，第13页。
② 参见[美]诺内特、塞尔兹尼克：《转变中的法律与社会》，张志铭译，中国政法大学出版社1994年版，第8、81—116页。
③ 参见卢超：《社会性规制中约谈工具的双重角色》，《法治与社会发展》2019年第1期。
④ 参见马迅、杨海坤：《行政约谈实效性的保障机制建构——兼论约谈法治化进阶》，《山东大学学报(哲学社会科学版)》2017年第1期。
⑤ 互联网新闻信息服务单位未按要求整改，或经综合评估未达到整改要求的，将依照《互联网信息服务管理办法》《互联网新闻信息服务管理规定》的有关规定给予警告、罚款、责令停业整顿、吊销许可证等处罚；互联网新闻信息服务单位被多次约谈仍然存在违法行为的，依法从重处罚。此外，约谈情况也将记入互联网新闻信息服务单位日常考核和年检档案。见《国家网信办有关负责人就〈互联网新闻信息服务单位约谈工作规定〉答记者问》2015年4月28日，见http://www.cac.gov.cn/2015-04/28/c_1115115699.htm。

第一,约谈双方地位不平等,能否实现平等协商堪忧。互联网约谈的主体关系是行政主体与行政相对人的关系,二者地位天然不平等。德国学者洪堡认为,人有一种欲望,即总是想超越合法为他们划定的范围,去干涉他人的领域,并由此产生弊病,进而又从中产生不和。① 因此,应尽量减少约谈发起人的干预,重视减少行政干预的作用,也不要忽视淡化行政干预的限度,避免约谈走向另一个极端——辩诉交易。

第二,约谈的警示作用不宜被夸大,否则责罚大过于解决问题将背离约谈的初衷。约谈的目的是不再约谈,而不是压制反弹和制造更多约谈。约谈发起人坚持问题导向去帮助约谈相对人解决问题,防止滥用约谈,减少形式化,不能重约轻谈。关于如何防止约谈的警示作用被滥用,实际上触及到互联网约谈的目的是重在事后惩罚还是在于纠正隐患的事前预防。② 如果已经构成严重的违法情形,就应当诉诸法律程序,而不是约谈,缺乏科学事由适用互联网约谈,只会造成与互联网约谈制度的目的背道而驰。

第三,约谈的普遍适用性有限,仅适合解决个案问题。因此,约谈产生的具体行政行为、行政指导是具有严格相对性的,不能约束相对人以外的第三方主体。约谈对相对人同行的警示作用是有局限性的,约谈的结果只能给同行一种导向性的指示,决策权仍在各市场主体手中。

第四,约谈的公开对商誉、名誉的影响。在提示约谈或轻微的警示约谈中,约谈发起人对于没有发生的行为进行事前提示和警示,此类信息公开后对约谈相对人的社会评价起到消极影响,相对人有权利请求恢复原状、损害赔偿等救济措施。保障人民基本权利是法治国家原则的核心,约谈必须遵守法律规定,符合行政法基本原则,不能侵犯相对人的基本权利。③ 互联网约谈中对于约谈内容计入考核和年检档案这种暗含惩罚意味的规定,虽然不违背《行政处罚法》第 10 条和第 11 条关于具体行政行为对行政处罚方式的创设权限和种类,但是这显然不适用事前预防类约谈和部分事中中止类约谈。否则,随着不适当的惩罚性约谈内容的公开和备案,互联网信息服务单位的商誉和名誉也会随之遭到贬损。在"北京快手科技有限公司与孙某某等名誉权纠纷案"中,被告孙某某发布明显超出合理评价范围的文章,造成快手公司促使犯罪发生和低俗文化传播的不良公众印象,孙某某还提

---

① 参见[德]威廉·冯·洪堡:《论国家的作用》,林荣远、冯兴元译,中国社会科学出版社 1998 年版,第 59 页。
② 参见邓禾等:《环境行政约谈的实践考察及制度完善》,《重庆大学学报(社会科学版)》2018 年第 4 期。
③ 参见张忠:《论行政约谈的法律意蕴与救济》,《河南财经政法大学学报》2016 年第 6 期。

供了关于快手公司被有关部门要求整改、约谈和行政处罚的证据,意图证明快手公司支持低俗直播,并以此获利。对此,法官认为该证据只能证明快手公司在信息网络传播问题上仍需不断改进,但不能证明快手公司没有就这一问题作出积极整改。本案审判结果是孙某某就侵害快手公司的名誉权进行赔礼道歉和赔偿损失。① 在同类案件中可以看出,互联网企业被约谈、被要求整改的事实常常被等同于被行政处罚,进而引起审核把关不严,内容不合法、不合规的推测。②

第三节 互联网约谈的风险分析

互联网约谈是一项网络内容治理制度,而不仅仅是一种网络内容治理手段,究其原因,是由互联网约谈的属性决定的。作为一项网络内容治理制度,互联网约谈独具特色、目标明确。互联网约谈在实体与程序中表现出灵活的治理方式、多元价值取向、公开透明的特征。互联网约谈的目标是贯彻依法治网,促进网络主体行为合法合规,维护互联网内容传播秩序。应对互联网约谈制度风险必须解决实体和程序两个方面的问题,一是约谈实体中的主体地位问题,二是约谈程序中的目的实现问题。

一、互联网约谈主体层面的风险分析

尽管行政主体与行政相对人天然地位不平等,但是互联网约谈双方主体约谈在约谈场合的对话地位应当是平等的。任何约谈都是通过指导约谈相对人,目的是为了放手,而不是持续干预。在保证约谈双方对话地位平等的基础之上,同时也应防止因缺乏约谈对象违法犯罪的证据,假借约谈名义,掩盖非常规程序获取证据的不法约谈目的。

互联网约谈双方主体地位不对等的隐忧是一直存在的,究其原因,主要在于互联网约谈是否可诉,这就要从如何认定互联网约谈的属性入手,即其到底是不是独立的行政行为。互联网约谈应属于独立的行政行为,而独立的行政行为意味着互联网约谈的可诉性。从行政制度角度而言,互联网约谈属于新型的柔性行政制度,不是行政处罚等制度附属,这意味着互联网约谈可以产生行政处罚,而非行政处罚的前置装置。《互联网信息内容管理

---

① 案号:(2018)京 0108 民初 13952 号。
② 同类案件还有"北京字节跳动科技有限公司与北京微梦创科网络技术有限公司等网络侵权责任纠纷案",案号:(2019)京 0491 民初 4290 号,"京字节跳动科技有限公司与凌某某名誉权纠纷案",案号:(2018)北京 0108 民初 18745 号。

行政执法程序规定》中也表明，在行政处罚作出之前，可以实施约谈，而不是必须约谈。① 广义上的约谈有独立行政行为说和非独立行政行为说。独立行政行为说认为约谈是独立的行政行为，能够独立产生法律后果；非独立行政行为说认为约谈与和谈、和解类似，属于行政过程中的事实行为。② 事实行为概念下的约谈是行政指导的实现方式之一，反应调试国家与社会关系的度。对此，《食品安全法》中的责任约谈制度也被认为是带有警告意味的行政指导。③ 行政约谈可能走向两种结果截然不同的极端，一端是行政处罚，另一端是协商、和谈。然而，已有的实践经验得出的结论证明互联网约谈的结果是具有法律约束力的，因此互联网约谈已经不是非独立的行政行为，约谈不仅仅是行政过程中的一部分，而且产生独立的法律后果，进而属于行政法律行为，而不是行政事实行为。

互联网约谈双方主体地位的平等是建立在互联网约谈的协商性、合作性、共治性特点之上的。以往强制性命令式的传统行政制度日渐丧失了思想动力和现实条件基础，取而代之的是法治政府、有限政府、服务型政府等观念。④ 约谈行为的运用越来越普遍、广泛，原因是其保留了行政指导的软性色彩，突破了行政指导的单边性，既保留行政行为的独立性，又创新了行政行为类型，因此有观点将其定位"类行政指导"。⑤ 互联网约谈的结果不仅包括行政指导，还包括行政处罚。如果认为互联网约谈不是一项独立的制度，而是从属于行政许可或行政处罚，是前置性工具，那么互联网约谈则不可能产生行政处罚，只可能触发行政处罚的作出，这与实践情形不符。并且，如果互联网约谈不是独立的制度，那么约谈相对人则不具有名誉和商誉受损的诉权，这显然对约谈相对人的权利保障十分不利。因此，反推之，互联网约谈是独立性制度。互联网约谈从约谈通知、约谈过程到约谈结果，各个环节紧密相连，形成一套独立的流程制度体系，引导互联网经营主体把握市场规律，遵守经济规则，具有不可替代的功能与地位。

---

① 参见 2017 年 6 月 1 日生效的《互联网信息内容管理行政执法程序规定》第 35 条。
② 参见郑宁：《互联网信息内容监管领域的约谈制度——理论阐析与制度完善》，《行政法学研究》2015 年第 5 期。
③ 参见冀玮、明星星：《食品安全法实务精解与案例指引》，中国法制出版社 2016 年版，第 193 页。
④ 参见曹静晖：《论中国行政指导的完善与强化》，中国经济出版社 1997 年版，第 1 页；胡明：《论行政约谈——以政府对市场的干预为视角》，《现代法学》2015 年第 1 期。
⑤ 参见郑毅：《现代行政法视野下的约谈——从价格约谈说起》，《行政法学研究》2012 年第 4 期。

二、互联网约谈目的实现层面的风险分析

互联网约谈的制度目标是在动态化的行政活动流程中,呈现多面向、多价值向的科层内部和市场外部约谈。促进互联网市场主体行为合规化、法治化,提高网络内容治理水平,向灵活化、民主化、现代化方向发展。互联网约谈目标的实现一定不是一帆风顺的,这个过程必然充满了重重障碍。检验互联网约谈的目的是否顺利实现,需要从约谈方式是否灵活、多元价值取向是否被尊重、约谈过程是否公开透明三方面进行考察,如果互联网约谈的目的未能实现,那么就会导致相关的问题和风险的产生。

（一）互联网约谈是否以沟通、协商、灵活的治理方式进行

与其他领域的约谈一样,互联网约谈作为柔性执法手段,蕴含着"服务行政"和"协商合作"的精神。[1] 作为市场主体的约谈相对人可以通过"营造合情性"来唤起行政机关对情理与法律间差异的关注,并最终增进行政决策的合理性。[2] 虽然"约谈十条"中第6条未将"充分听取相对人陈述"等明确固定在条文中,但是相对人充分陈述事实情况,扭转约谈惩罚性结果是可以从法律解释中获得的,从互联网约谈并不直接导致"整改"可以反推之。明确提出相对人有陈述权利的表述集中体现在1部地方性法规和11部地方规范性文件中,并已有较丰富的实践。[3] 其中乌鲁木齐市工商行政管理局2017年6月18日发布《工商行政管理、市场监督管理机关消费维权行政约谈制度》第8条"约谈内容"中第2款规定:"听取约谈对象对有关商品质量和服务质量问题及自律制度等方面情况说明,分析产生问题的原因,提出整改建议"。这值得还处于空白地带的互联网约谈地方立法借鉴学习。互联网约谈发起人应充分认识到约谈对象主要是由以营利为目的的互联网商事主体组成,既然是商主体,其首要生存前提就是以提供互联网商品、服务获取交换价值。因此约谈发起人不应当在未听取约谈对象充分说明事实情况之前,作出不利于约谈对象的预判。在行政机关作出正式的处罚决定之前,约谈对象应当有机会通过对商品和服务特征、行为正当性等与约谈发起人共同分析问题产生的原因,从而得出约谈的最终结果。与沟通

---

[1] 参见吴志红、李兆鹤:《我国环境行政约谈制度之完善》,《行政与法》2018年第11期。
[2] 参见王虎:《风险社会中的行政约谈制度:因应、反思与完善》,《法商研究》2018年第1期。
[3] 1部地方性政府规章是《天津市安全生产责任制规定(2009)》,11部地方规范性文件从2010年至今包括《广西壮族自治区社会保险基金安全监管三项制度(2017)》《乌鲁木齐市工商行政管理、市场监督管理机关消费维权行政约谈制度(2017)》《甘肃省工商行政管理机关消费维权行政约谈制度(2015)》等。

和灵活匹配的是明确的目标和正确的导向。如果缺乏贯穿始终的目标和正确的导向，容易走向丧失约谈效率、过度行政干预、限制约谈对象固有自主权的危险。

（二）互联网约谈是否做到尊重多元利益的治理取向

多边的联合而产生的多样性是社会给予的最大财富，然而这种多样性总是随着国家干预程度的上升而逐渐丧失。互联网技术成就了互联网市场主体，作为商事主体的互联网内容服务提供者连结着全球用户，也连结着国家与公民、社会与生活，他不仅要考虑网络用户的使用体验，还要及时对内容审核把关，在保持服务丰盛、流畅、稳定的基础上，还要提升内容的品质，肩负起引导用户良好品味和理性素养的社会责任。互联网的国度不再是各种臣仆与他们国家之间的关系，而是一个民族的成员们共同生活在一个共同体中，在这个共同体中，作为居间方的互联网服务提供者无可选择地直面权衡多元价值之间矛盾的挑战。在互联网服务提供者深陷抉择困境时，如果一味强调政府占据的统治地位，在这样一种关系里，单单国家的优势权力就已妨碍各种力量自由运作。①

（三）互联网约谈是否以公开、透明贯穿始终

根据《互联网信息内容管理行政执法程序规定》的文义解释，约谈结束后应当制作《执法约谈笔录》。然而根据目的解释，约谈的信息、约谈的过程都应当公开透明，一方面，能够有效防止网信部门约谈裁量权的滥用，另一方面，能够使公众知晓约谈的结果，更好地独立判断，正确认识约谈的目的和意义。在现有的法律文本中，已经出现"提示约谈"与"警示约谈"的划分，可见区分约谈事项不同的严重程度已经得到了相当重视，并且约谈结果建立与社会信用体系的关联，强化了柔性行政约谈的事后约束力。② 在事前预防约谈中，公开、透明的约谈过程有利于保护被约谈主体合法权益，避免被约谈主体陷入因事实不清造成名誉、商誉受损。在事中中止约谈和事后处罚约谈中，公开、透明的约谈过程有利于防止约谈发起人滥用行政裁量权。在事中中止约谈后，责令被约谈人整改的约谈结果，通过公开、透明的约谈后续执行过程，为公众、媒体对整改行为进行有效监督提供了可能。

---

① 参见[德]威廉·冯·洪堡：《论国家的作用》，林荣远、冯兴元译，中国社会科学出版社1998年版，第38页。
② 参见2019年7月9日发布的《国务院办公厅关于加快推进社会信用体系建设　构建以信用为基础的新型监管机制的指导意见》第4条第9款。

第四节　互联网约谈制度的评价与完善

我国互联网约谈制度自实施以来，在监督互联网企业履行主体责任，维护网络信息传播秩序方面取得了明显的成效，也为互联网内容生态良性发展作出了突出贡献。与此同时，在互联网约谈制度运用的过程中，也存在一些现实的问题和风险，针对这些问题和风险，互联网约谈制度本身也需要不断完善，以回应现实社会活动中出现的问题。

一、互联网约谈制度的评价

2014年在"约谈十条"出台以前，我国网购人数已经超过3亿，[①]当时互联网领域广泛应用的约谈主要是由工商总局、中国消费者协会发起的针对电商平台的约谈。随着互联网产业的均衡细化，新兴线上产业不断涌现，越来越多的线下产业发展出线上产业，导致互联网约谈的分工需求迫切。伴随着"约谈十条"的初始实施，以互联网新闻产业为代表的互联网内容产业约谈主体、约谈流程逐渐独特化、体系化。狭义的互联网约谈特指"约谈十条"中规定的相对人为互联网新闻信息服务提供者以及其他互联网内容服务提供者的约谈。此后，符合我国"中央——地方"的纵向约谈分工逐渐明确，网络文学、网约车、网络旅游等横向行业约谈分工协作也逐渐成熟。反言之，约谈互联网企业不是网信部门的专属职能，公安机关、工信部、工商局、消协等都可以约谈互联网企业。

我国互联网约谈在监督企业履行主体责任，维护网络信息传播秩序方面取得了明显的成效。我国互联网约谈的及时性较强，约谈几乎是在发现问题的当天或隔天进行，形成了与"互联网速度"匹配的约谈速度。与此同时，互联网约谈以公开为原则。在警示和整改类型的约谈中，所有的约谈相对人无一例外表态履行自查自纠、配合整改，达到了较好的警示和整改效果。更有相对人承诺额外的整改行为，例如公开赔礼道歉等，不仅利于挽回企业名誉，也能够有效杜绝类似问题再次发生。约谈与我国特色的互联网专项行动并行，例如"净网""清朗"等专项行动，集中治理专项问题，为广大网民特别是青少年营造风清气正的网络空间。据统计，2019年全国网信系

[①] 据中国电子商务研究中心（100EC.CN）监测，截至2014年5月我国网购人数已达3亿人，网商数量超过8300万家。见"网经社"："C2C 数据"，http://www.100ec.cn/detail--6175882.html。

统依法约谈网站2767家,警告网站2174家,暂停更新网站384家,会同电信主管部门取消违法网站许可或备案、关闭违法网站11767家,移送司法机关相关案件线索1572件。2015年,仅四川省就有142家单位因网站安全隐患被约谈,在先后开展"铁帚净网""打击网络贩毒""打击网络涉黄"等专项行动中,全年删除、封堵各类有害信息3.7万条、抓获"助考"犯罪嫌疑人48人。① 通过"约谈"这一过程,约谈的内容对约谈相对人起到了很好的提醒、警示、劝诫、震慑作用,对于改进工作方法、提高工作效率作用明显。② 上述我国互联网约谈在运用实践过程中展现出的特色与互联网约谈的特点紧密相连(见图11-1)。互联网约谈制度的特点是推动网站落实主体责任的"达摩克利斯之剑",也是构筑网络清朗的"防火墙"。③ 综上,我国互联网约谈的整体评价应当是及时、透明、有效的,并不断向法治化、规范化、体系化方向完善,这不仅与互联网约谈方式灵活、利益多元、公开透明的特征紧密相连,使公众对网信部门的信任大大提升。④ 同时也有力解释了互联网约谈的独立行政行为、新型行政制度以及网络社会治理手段三重属性。

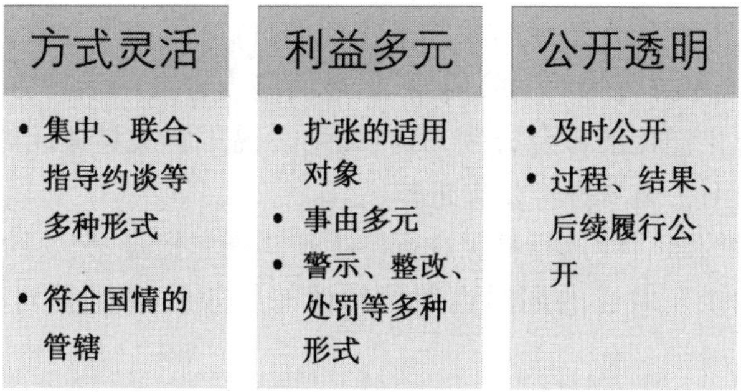

图11-1 互联网约谈制度特征与我国近年约谈实践特色

---

① 参见刘洪顺:《2015年四川142家单位因网站安全隐患被约谈》,《四川日报》2016年2月14日。
② 参见吴俊:"约谈十条"吹响网络文明"行军令"》,来源"荆楚网"转载自"国家互联网信息办公室官网",2015年5月2日,http://www.cac.gov.cn/2015-05/02/c_1115154423.htm。
③ 参见搜狐:《"约谈十条"筑起网络"防火墙"》,来源"人民网",转载自"国家互联网信息办公室官网",http://www.cac.gov.cn/2015-05/05/c_1115175652.htm。
④ 参见陈虹:《互联网使用、公共事件关注度、信息公开评价与政府信任度研究》,《新闻大学》2015年第3期。

二、互联网约谈的制度完善

随着我国互联网约谈制度的不断发展,还有诸多细化规则亟待完善。目前我国互联网约谈的公开形式还没有发展出常规化的直播约谈、录播约谈等与互联网相匹配的留痕化约谈形式。约谈相对人几乎对发起人提出的要求照单全收。尽管互联网约谈程序上的参与者仅仅是约谈发起人和约谈相对人,但是互联网约谈尊重多元的价值取向,意在营造健康、清朗的互联网环境,因此互联网约谈的效力波及主体还包括约谈相对人同行和相关公众。透过这些目前存在的互联网约谈现状,结合上文对互联网约谈制度的风险分析,回归到互联网约谈制度完善问题上,互联网约谈制度依然从互联网约谈主体层面和互联网约谈目的实现层面进行完善。

(一) 从约谈的参与主体、相关主体权责角度而言,互联网约谈制度仍有完善求精的空间

1.约谈发起者的义务。

互联网约谈发起者作为行政机关,其法律地位导致其权力是受到广泛监督的,自然而然,约谈发起者的义务更受关注,更应当明确。

第一,充分听取被约谈对象的事实说明,调试约谈不对等偏差,防止陷入约谈发起人单方行为的危险局面,促进网络内容文明治理方式。避免唯理性主义,防止僵化解释合法性,从微观生活视角解决具体问题的合情性、正当性,进而对公共理性产生促进作用。

第二,对约谈后续执行情况进行持续性调查和指导,完善约谈效果评价机制,注重约谈及时性的同时也兼顾约谈的长效性,①加强对市场秩序的维护。

第三,充分发挥自身在约谈过程中的组织、牵头、引导作用,提高我国互联网内容科学、民主的治理水平。

2.约谈相对人的权利和义务。

约谈相对人的权利和义务是一致的,其正当权利和应负义务应当被法律确定和认可。约谈相对人有充分陈述事实和观点的权利,也有对约谈侵权的损害赔偿请求权。约谈相对人依据诚实信用原则有履行约谈协议的义务,并对陈述事实真实性负责。

第一,约谈相对人程序性权利和救济性权利。对约谈相对人的制度建议包括完善和明晰约谈相对人的权利和义务。约谈相对人的权利主要需要

---

① 参见汪太贤、陈应珍:《环保督政约谈的祛魅与重塑》,《河北法学》2018年第11期。

明确的是程序性权利和救济性权利。约谈相对人的程序性权利包括充分陈述等基本权利,引导约谈结果合情化与合理化。约谈相对人的救济性权利是对不当约谈产生的损害结果有权请求赔偿。

第二,约谈相对人义务。约谈相对人的义务主要有以下两个方面:一是诚实信用,对自己提供的事实情况真实性负责。约谈是督促相对人自觉遵守承诺,自觉遵守法律的有力途径。二是及时履行约谈结果,对约谈后续进行反馈。要做到自主、自律、及时。相对人确有问题,拒不参加约谈和拒不配合整改的应予以处罚。避免约谈结果落实散漫,否则将使约谈流于静态、局部、形式。这里与约谈对话的平等协商场合不矛盾,约谈方式虽然是协商式的、灵活的,但是约谈的结果是有约束力的。

3. 对约谈相对人同行的效力。

约谈相对的同行应对被矫正的行为引以为戒。虽然约谈结果不具有理论工具范式作用,加上约谈是相对性的,对约谈相对人同行不产生直接法律效力,但是也能在一定程度对互联网企业同业产生行为指导作用,帮助相关主体预防不当行为,优化市场竞争环境。

4. 公众知情和参与。

考虑增加相关约谈参加人,例如同行、网民(消费者)等。为增强社会公众的实质性参与能力,我们需要通过法律制度的构建赋予约谈参与人知情权、参与权、听证权等程序性权利。帮助公众正确认识约谈的目的和意义,明辨是非区直,不当然认为约谈属于行政处罚,维护被约谈对象正当的商誉和名誉不受损害。

(二)约谈分级规则和约谈公开的界限

1. 约谈分级的规则。

与约谈事项分级相关的两个问题一是明确启动约谈的标准,二是尽量避免约谈缺位、约谈失职和越权约谈。明确约谈启动的标准是将约谈内容大致按预防、中止、事后约谈划分。预防对应的是事前约谈,中止对应的是事中约谈,处罚对应的是事后约谈。事前约谈是行政监督方式从事后追责到事前预防转变的体现;事中约谈主要是及时中止、纠正不当行为,这在互联网领域尤为重要,及时中止能够有效避免损害进一步扩大;事后约谈是对未达到严重违法犯罪程度的行为进行事后惩罚。预先对不同行为产生的约谈内容对应到不同的约谈类别,明确启动不同类别约谈的标准,鼓励一次性就统合好的事项与约谈对象进行约谈。这样一是提高约谈的效率和积极效果,二是防止约谈人滥用权力和预防补救不及时。过程论的视角为约谈裁量权的有效治理提供了事前、事中和事后三重法律机制。事前阶段重在预防,制定明确的约谈启动裁量基准;事中阶段重在控制,妥善处理约谈信息公开和公众参与;事后阶段重在补救,着力拓宽补救渠道。明确启动约谈的标准之于"约谈十条"第 4 条对约谈启动情形的不完全列举,更有利于避免约谈缺位、约谈失职和越权约谈。

2. 约谈公开的界限。

与约谈公开相关的两个值得注意的问题,一是公开约谈信息应注意保护个人隐私与商业秘密,二是视约谈内容决定是否需要公众参与,如果需要,应一并解决公众的参与不足问题。有的观点认为约谈应该明确其程序性权利,包括但不限于约谈知情权、约谈参与权、约谈听证权等。细化约谈的程序性权利,有利于我国《政府信息公开条例》的基本原则和指导思想在约谈领域的延伸和落地。"约谈十条"第 8 条对约谈公开问题规定为"可以"公开,并非"应当"公开,但是为了保证约谈的目标,应当将"可以"公开做限制性解释,即以公开为原则,以不公开为例外,不公开事项尽量避免扩大化解释,国家机密、商业机密、个人信息的内容等不应当公开,其他内容应以公开为原则,不公开则需解释原因。

第十二章　互联网属地管理原则的内在逻辑

网络空间的行为发生地和行为结果呈现分散化特征,动摇了属地管辖原则的支配地位。原有的属地管辖在网络犯罪、网络侵权领域的适用以及网络管理执法问题都存在一定困难,暴露出执法部门分工不明,缺乏统一协调等问题。① 互联网发展初期,传统的空间效力原则在网络空间的适用障碍已经显露。尽管针对网络行为管辖的国内法和国际法层出不穷,但是主权国家对于本国内的网络内容治理如何变通适用属地管理制度,仍然值得探讨。既然如此,研究我国属地管理的治理逻辑以及其随着经济社会发展的变通性创新显得尤为重要。本章所指的网络内容或互联网内容有狭义和广义之分,狭义的互联网内容是指,互联网用户、互联网平台等互联网主体在自由意识的支配下(明知)或在其权限范围内(应知)利用特定技术方式,发布在互联网平台上、可被其他互联网主体受领的文字、图片、视频等数据信息;广义上互联网内容管理并不仅局限于互联网内容本身,还包括支撑互联网内容可被他人受领的技术、维持互联网内容安全和品质的规则。②

面对网络内容治理管辖分工的重重困难,面对属地管理原则在网络空间的"排异"局面,无非有两种选择:一是脱离属地管理原则创设全新的治理模式,二是沿用属地原则并作出调整,以适应网络环境。第一种选择脱离既往管理基础,另辟蹊径,那么则需要论证其必要性和可行性。在制定新规的问题上,奥地利经济学家、政治哲学家哈耶克认为,我们固然能够通过修改承袭下来的规则减少法律适用上的冲突,通过努力调试作出改进,但是,我们绝不能肆意专断地制定任何新规则,而只能够去解决由现行秩序的不完善而引发的某个具体明确的问题。③ 显然第二种选择更具有理论上的合理性和实践上的可行性。我们必须承认,在化解网络矛盾纠纷问题中,属地

---

① 参见秦前红、熊威:《从网络公共领域看网络立法》,《社会治理法治前沿年刊》,2013年刊第158—172页。

② 参见谢新洲、李佳伦:《中国互联网内容管理宏观政策与基本制度发展简史》,《信息资源管理学报》2019年第3期。

③ [英]冯·哈耶克:《知识的僭妄——哈耶克哲学、社会科学论文集》,邓正来译,首都经济贸易大学出版社2014年版,第39—41页。

管辖原则具有先天优势地位。① 随着互联网与现实社会的交融,人们的活动对网络的依赖越发强烈,人们在网络进行意思表达和交互行为时,对行为的评价又回归到属地管理,并对属地管理原则进行了网络化的实践创新。

一、网络内容属地管理的正当性

对于安全与自由的因果关系,德国教育改革家洪堡认为,没有安全,人就既不能培养各种力量,也不能享受这些力量带来的成果,因此没有安全就没有自由。② 在国家缺乏对网络主权的确认下,网络空间只有自由,属人管辖、属地管辖等原则不能适用,网络空间的安全难以保障。属地管辖权的定义是指国家对其领土内一切事物的最高权力。③ 我国《刑法》第 6 条第 3 款规定了属地管辖原则。我国《行政处罚法》第 20 条也为行政处罚的属地管辖提供了依据。④ 我国行政监管的属地管辖原则具有很强的代表性。⑤ 对于网络是否属于领土,学界有不同的观点。在传统刑法理念中地域管辖素有"四空间说",相反,有的学者则认为网络是领土的自然延伸,网络也是人们交互性行为的空间,属于人类社会系统中的子系统。⑥ 网络社会也是现实社会的组成部分,人类历史不断积累的社会治理经验会自然而然地向网络延伸适用。⑦ 尽管学理解释有理有据,但是网络空间的属地管理真正被法律确认仍差临门一脚。其实,无论各国所奉行的管辖理论如何,也无论各国受案法院所依循的管辖根据有何不同,从根本上言之,都或多或少地确立在某种属地主权观念基础之上。⑧ 2015 年修订的《国家安全法》第 17 条也提出"保卫领陆、内水、领海和领空安全",而第 8 条"非传统安全"是否包含网络安全,从该条文本解释来看,尚不明确。但是通过体系解释,结合《国家安全法》第 25 条,其明确提出了国家对网络空间享有国家主权,这是我

---

① 南京铁路运输法院课题组:《跨区划集中管辖背景下行政争议实质性化解研究》,载《法律适用》2019 年第 12 期。
② [德]威廉·冯·洪堡:《论国家的作用》,林荣远、冯兴元译,中国社会科学出版社 1998 年版,第 60 页。
③ 王虎华、张磊:《国家主权与互联网国际行为准则的制定》,《河北法学》2015 年第 12 期。
④ 《行政处罚法》第 20 条第 1 款规定:行政处罚由违法行为发生地的县级以上地方人民政府具有行政处罚权的行政机关管辖。
⑤ 王锡锌:《网络交易监管的管辖权配置研究》,《东方法学》2018 年第 1 期。
⑥ 郭玉锦、王欢:《网络社会学》,中国人民大学出版社 2010 年版,第 11—18 页。
⑦ 徐家力:《论网络治理法治化的正当性、路径及建议》,《东北师大学报(哲学社会科学版)》2017 年第 4 期。
⑧ 孙尚鸿:《中国涉外网络侵权管辖权研究》,《法律科学》(西北政法大学学报)2015 年第 2 期。

国现行生效的法律中首次对"网络空间"归属问题的明确关照。这一理论被 2016 年 11 月通过的《网络安全法》采纳,在总则部分从预防和惩罚网络空间犯罪和网络空间国家治理角度对网络空间的国家主权进行了抽象规定。此外,在《国民经济和社会发展第十三个五年规划纲要》(简称"十三五规划")中继续针对网络空间治理提出了网络实名制、内容审查、应急管理、国际合作等具体规划。因此,我国在法律文本中已经承认了网络空间的国家主权,那么属地原则在网络空间的同等适用不言自明。

网络属地原则的原理是当网络活动发生在国家领土内、涉及有形物体并且是由个人或实体实施的,国家可以对此行使主权权利。[①] 2016 年 12 月 27 日国家互联网信息办公室发布的《国家网络空间安全战略》中直接承认了网络空间为"国家主权的新疆域"。属地管辖原则是司法、执法资源空间分配的一项基础性规则,在属地管辖原则的基础之上建立起来的网络内容治理制度还包括网络实名制、属地网警管辖。网络属地管辖应当考虑网络特殊性和网络行为一体化对网络行为的影响。网络犯罪和网络侵权利用计算机和网络,摆脱了传统犯罪和侵权对地域的依赖,侵害过程对客体的"接触"也不复存在,这极易造成管辖的混乱。有效控制属地管辖原则的无限扩大,是解决网络犯罪、网络侵权管辖权冲突问题的重中之重。

二、网络内容属地管理的可行性

由于在网络空间早期发展阶段各国对其认识不足,不能顺利适用各国属地管辖原则,才令作为网络发源地的美国对网络的"全球公域说"开始发挥作用。网络全球公域的说法来源于"海权论之父"阿尔弗雷德·赛耶·马汉(Alfred Thayer Mahan)对海洋作为"全球公域"的迁移,由于海洋领土意味着商业利益和海洋资源,在马汉的观念中制海权是评价国力的最重要指标。同理,从商业利益和资源角度出发,美国 2009 年《国家安全战略报告》认为除网络空间外,海洋、外太空、航空也属于全球公域。所谓全球公域,即不为任何一个国家所支配而所有国家的安全与繁荣所依赖的领域或区域。实际上,全球公域说一早就受到英国学者加勒特·哈丁(Garrett Hardin)的驳斥,他著名的"公地悲剧"(The Tragedy of the Commons)理论认为有限的资源注定因自由使用和不受限的要求而被过度剥削。[②] 历史上的公

[①] [美]迈克尔·施密特:《网络行动国际法塔林手册 2.0 版》,黄志雄等译,社会科学文献出版社 2017 年版,第 58 页。

[②] Garrett Hardin,"The Tragedy of the Commons",Science 162(1968),pp.1243-1248.

地悲剧不断重演,全球公域说之危机日益突出,随着"斯诺登事件"揭露美国"棱镜计划",网络空间全球公域说被大多数国家识破是美国霸权合法化的幌子。冷战以后,国际格局和国际秩序重新调整,网络空间这一重要战略资源也是全球新规则、新秩序的博弈场,正因如此,近年来各国都对网络空间国内、国际规则研究给予了极大的重视。① 在国家战略方面,各国政府都非常重视网络安全问题,以国界为边界的国家主权导向日盛,全球已有60多个国家和地区建立自己的国别网络安全战略。② 在法律实践中,各国网络空间也都遵循属地原则。2003年《日内瓦原则宣言》提出,互联网公共政策的决策权是各国主权。《网络行动国际法塔林手册2.0版》也反对全球公域说。2013年联合国信息安全政府专家组报告指出:"国家主权和源自主权的国际规范和原则适用于国家进行的通信技术活动,以及国家在其领土内对通信技术基础设施的管辖权。"③全球公域说经历了从兴盛到衰落的过程。此外,关于网络空间还有"新主权理论",即认为网络空间不属于任何国家,而是需要自行约束的空间。这种理论与全球公域都是对主权国家行使权力的否认。

只要有主权国家存在,在国家安全问题上就不存在"去中心化"。全球公域说本质是想制造"中心"。中心是相对边缘而言的,只要存在着中心与边缘结构,就意味着行动者之间是一种不对等的关系,就会带来控制。④ 尽管网络的行为与结果地与物理空间存在很大区别,但网络基础设施、网络用户等都是可以遵从属地原则进行管理的。具体行为中网站所在地、下载地等都可以是属地原则之"地"。例如在网络贩枪案件的属地管辖问题中,实践中犯罪预谋地、枪支生产地、网络交易实施地、枪资筹集地、运输途经地、枪弹藏匿地、转移销毁地和贩卖目的地等均纳入"犯罪地"范围进行打击处罚。⑤

---

① 参见黄志雄:《网络空间规则博弈中的"软实力"——近年来国内外网络空间国际法研究综述》,《人大法律评论》2017年第3期。

② 参见李晓明、李文吉:《跨国网络犯罪刑事管辖权解析》,《苏州大学学报(哲学社会科学版)》2018年第1期。

③ Cf. United Nations General Assembly, *Report of the Group of Governmental Experts on Developments in the Field of Information and Telecommunications in the Context of International Security* (24 June 2013), Sixty-eighth session, A/68/98, p.8, http://www.un.org/en/ga/search/view_doc.asp?symbol = A/68/98.2020年8月27日最后访问。

④ 参见张康之、向玉琼:《政策问题建构权的历史演进》,上海人民出版社2016年版,第301页。

⑤ 参见明乐齐:《网络贩枪犯罪的防控困境及对策》,《四川警察学院学报》2018年第5期。

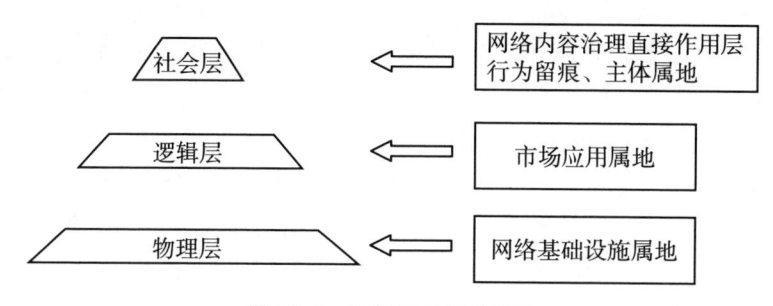

```
社会层  ⟸  网络内容治理直接作用层
              行为留痕、主体属地

逻辑层  ⟸  市场应用属地

物理层  ⟸  网络基础设施属地
```

图 12-1 网络各层级的属地

按照人们通常对网络的层级划分,网络可分为物理层、逻辑层和社会层(见图 12-1),那么社会层是属地管辖原则应用最广泛的领域。物理层包括计算机、服务器、路由器、电缆、光线等基础设施,网络基础设施是完全遵循属地管理的本质进行投资建设和使用的,没有任何网络基础设施能够脱离物理空间建立。逻辑层包括数据交换协议、软件等,逻辑层的市场应用行为包括市场准入、经营、监管等都要受到属地政策法规的限制。社会层包含网络使用主体、服务主体及其行为与活动,社会层是国家对互联网的治理层,是属地管辖原则重要适用领域。网络的匿名性尽管是网络的天然属性,但是仔细推敲,互联网留痕也是其特性,现有技术完全可以通过技术追踪对其进行定位,因此根本不存在实质匿名性。即使网络空间具有虚拟性,但根据 IP 地址能够确定行为人的地址,网络行为也并非毫无逻辑和规律,因此国内的网络行为规制都可以适用属地管辖原则。① 因此,在全球公域说等否认主权国家网络力的理论失道之后,由于属地管理原则延续各主权的社会治理传统,不违背网络技术的内在逻辑,在网络内容治理中效果显著,因此属地管理原则成为了网络内容治理的不二之选。

三、网络内容属地管理的现实性

网络内容属地管理的现实性以正当性和可行性为基础。在网络侵权中,侵权行为地、被告侵权设备所在地、原告发现侵权信息的计算机终端设备所在地等都是基于属地管辖原则衍生出来的与侵权最密切联系的物理空间,以其作为管辖地的理论都是以属地管辖原则作为一般性的基础管辖规则。② 在网络犯罪中,我国虽然在《刑法》和《关于维护计算机网络安全的

---

① 参见陈大鹏:《移动互联背景下跨境网络诈骗法律制度研究》,《江西警察学院学报》2016 年第 3 期。
② 参见崔明健:《网络侵权案件的侵权行为地管辖依据评析》,《河北法学》2010 年第 12 期。

决定》中对网络案件管辖作出了相关规定,但仍需以更加明确集中的方式加以规定。网络犯罪的计算机终端所在地、服务器所在地、网络作案所侵入的计算机终端设备所在地或显示犯罪结果信息的计算机终端所在地都可视为属地管辖之"地"。① 以打击暗网为例,各国司法实践均严格遵循属地管理原则,并配备严格的法律依据。2019 年 4 月 30 日,2018 年度全世界规模最大、运营时间最长、使用人数最多的暗网 Dream 关闭。② 2016 年,北京市公安局网安总队首次成功打掉一个利用"暗网"等互联网媒介传播儿童淫秽信息的群体,抓获 8 名犯罪嫌疑人,该案件成为中国破获的首例境外隐秘网络违法犯罪案件。③ 暗网犯罪活动几乎遭到全球主权国家的曝光和严厉打击,我国规制暗网的路径是通过网络服务提供者的市场准入制度开始的,再者发现网络产品、网络服务存在安全缺陷和漏洞等风险时应当立即采取措施,这在我国《刑法》"非法经营罪"和《网络安全法》中都有具体的规定。《欧盟电子商务指令》第 5 条和第 6 条对电子商务服务提供者也有相同的规定。可见,暗网的管理无论在国外还是国内,都是严格遵循属地管理原则的。在我国网络内容治理实践中,属地管理原则的运行模式主要分为三种,这三种模式都是以传统地域管辖为一般规则,在属地管理确定性基础之上,无论是机构的承继发展,还是政策的存废变迁,逐步发展出兼具灵活性和创新性的操作。

（一）属地管理原则的运行模式和配套制度

依据属地原则建立的制度主要包括三种运作模式,第一种是直接利用法条明确提出"属地管理原则"的一般性规定,这种模式的表述方式较为概括和模糊,仅在网络出版领域出现,是对新闻出版领域既有管理习惯的延续;④第二种是通过设立"本行政区域"的地域适用条件,比第一种模式的表述更为明确与具体;第三种是凭借"登记——审批"或"登记——备案"建立属地化的网络服务提供者市场准入、监督机制,特殊信息服务要增加行政许可门槛,在网络服务运营过程中通过属地化的日常检查与管理建立起属地网络企业与管理机构的管理归属关系,分别从行政许可、备案、执法、监督等

---

① 参见陈大鹏:《移动互联背景下跨境网络诈骗法律制度研究》,《江西警察学院学报》2016 年第 3 期。
② Cf. Dreammarket, https://dreammarket.link/, 2020 年 8 月 27 日最后访问。
③ 参见刁世峰:《"暗网"毒瘤,得全球联手铲》,《人民日报（海外版）》2019 年 7 月 22 日。
④ 《新闻出版许可证管理办法（2017 修正）》在许可证的换发制度中规定:"除国家新闻出版广电总局直接换发的许可证外,其余旧证按属地管理原则由属地许可证换发部门同一等级销毁……"。

制度发挥属地管理的功能,直到网络服务提供者从市场中退出,也要在属地管理机构办理注销手续。

表 12-1 属地管理原则在典型领域规章中的运作模式

	运作模式	立法特征	典型法条/法律法规
1	概括原则模式	设单独条文规定属地管理原则	《网络出版服务管理规定》第 36 条
2	行政区域模式	设单独条文规定管理部门在"本行政区域内"履职	《电子商务法》第 6 条 《网络信息内容生态治理规定》第 3 条 《区块链信息服务管理规定》第 3 条 《互联网域名管理办法》第 4 条 《电信条例》第 3 条 《互联网视听节目服务管理规定》第 3 条 《互联网文化管理暂行规定》第 6 条 《互联网信息内容管理行政执法程序规定》第 7 条
3	全程管理模式	从网络企业设立到注销全程管理	《网络安全法》 《互联网信息服务管理办法》 《计算机信息网络国际联网安全保护管理办法》 《规范互联网信息服务市场秩序若干规定》 《电信和互联网用户个人信息保护规定》

我国与属地管理原则运作模式配套的制度包括网络实名制与属地网警制度。网络实名制是一种有效的责任到人的网络治理手段,对作为民事主体的网络用户建立服务准入机制、行为、内容监管。实名制背后需要依靠强大的技术支持,是国家治理能力现代化的体现。网络实名制利用成熟的计算机存储调取功能,更有利于国家对海量网络信息进行认证和记录。[①] 近年来,实名制从网吧、大学 BBS 迁移适用于网络社交平台、网络游戏平台、网络直播平台等信息交互聚集的场景。网络实名制在于约束网络行为,责任落实在个人,便于犯罪的预防和惩罚,也便于侵权的预防和救济。尽管我国网络实名制经历了一段时间的发展,但是不乏质疑网络实名制的观点认为其在隐私权、表达自由方面均存在一定负面效应。"寒蝉效应"(Chilling Effect)形象地表达了实名制下的表达受限情形,然而后台实名而非前台实名很好地解决了对受限制表达权利的担忧,后台实名制负责事后溯源将责任落实到个人而实现监管目的。

---

① 参见胡凌:《中国网络实名制管理:由来、实践与反思》,《中国网络传播研究》2010 年第 4 期。

网络企业不断涌现,基于电子数据侦查调取难度和成本较高,属地网警部门面对全国各地的调证需求激增,浙江省杭州市属地网警外协数量居全国第一。① 然而网络治理实践中长期存在的行政执法部门林立、分段执法、分兵把口、相互掣肘有余、协调配合不足的情况没有彻底解决,网警与其他众多行政执法部门,仍然存在职权不清,权责模糊的问题。② 尤其面对跨地域的犯罪,属地管理原则适用困难,绝大多数案件不具备报案人,公安机关没有主动启动侦查的责任和压力,侦查的随意性很大。③ 在具体案件中,建立起省级单位协调联络,市级网警具体办理,基层网警立案初查的树状管辖体系。④

(二) 属地管理机构的发展进步

1991年1月,国务院成立了新闻办公室(简称国务院新闻办),它曾经是我国早期的互联网事业发展规划和协调部门。2011年5月,经国务院同意,国务院办公厅就设立国家互联网信息办公室发出通知,明确国家互联网信息办公室的主要职责包括,落实互联网信息传播方针政策和推动互联网信息传播法制建设,指导、协调、督促有关部门加强互联网信息内容管理,负责网络新闻业务及其他相关业务的审批和日常监管,指导有关部门做好网络游戏、网络视听、网络出版等网络文化领域业务布局规划,协调有关部门做好网络文化阵地建设的规划和实施工作,负责重点新闻网站的规划建设,组织、协调网上宣传工作,依法查处违法违规网站,指导有关部门督促电信运营企业、接入服务企业、域名注册管理和服务机构等做好域名注册、互联网地址(IP地址)分配、网站登记备案、接入等互联网基础管理工作,在职责范围内指导各地互联网有关部门开展工作。国家互联网信息办公室不另设新的机构,在国务院新闻办公室加挂国家互联网信息办公室牌子。我国中央级主要负责网络内容管理的机构和部门(见表12-2)在国家互联网信息办公室成立之前对网络内容管理一直延续协作共治的分工思路,各中央级地方机构和部门至今在跨领域、跨地区的网络内容治理中仍保持联合治理的模式。

---

① 参见黄生林、李忠强:《网络犯罪案件电子签章取证程序之优化》,《人民检察》2019年第12期。
② 参见徐汉明、张新平:《网络社会治理的法治模式》,《中国社会科学》2018年第2期。
③ 参见李跃洋:《探析中国网络贩枪犯罪形势》,《犯罪研究》2018年第3期。
④ 参见陈大鹏:《移动互联背景下跨境网络诈骗法律制度研究》,《江西警察学院学报》2016年第3期。

表 12-2　中央级主要网络内容属地管理机构/部门

	机构/部门名称
1	国家互联网信息办公室
2	国家广播电视总局（原国家新闻出版广电总局）
3	工业和信息化部
4	文化部
5	国务院新闻办
6	公安部

专门、独立的网信机构产生的宏观背景是《国家网络空间安全战略》的发布，它意味着网络安全不再仅是犯罪与侵权问题，转而上升为国家战略。为了确保国家网络安全战略的具体执行，一个"中央——地方"的纵向网络安全治理体系应运而生。2014年2月，国家成立了专门的、中央级别的网络安全和信息化领导小组，并授权重新组建国家互联网信息办公室，具体负责监督及管理全国互联网信息内容。① 与此同时，各地方政府也在所属党委的推动下，采取与中央相同的建制方式比照成立地方省市县三级网信机构，形成一个金字塔形的管理格局，利于地域化分工。纵向的三级网信机构严格执行上级党委组织的决定，由此形成"以党领政"的中国特色的网络安全治理体系。② 在地方和基层，网络执法对于属地政府等组织的资源依赖不言自明，基于现有资源的路径依赖是有保障的，也是难以有其他全新介入因素替代的。③ 执法资源与执法需求之间的矛盾关系是长久存在的，执法"条块关系"作为一种国家治理的模式与结构，生成于国家维护稳固与实现治理绩效间的相互推动之中，这是当代中国国家治理中的一对关键关系，并作为国家选择治理模式的主要依据而存在。④ 以网络交易纠纷管辖权为例，实践中建立了以传统的属地管辖原则为基础的平台集中管辖模式，结合网络交易行为跨地区、不集中等特点，应对传统的属地管辖原则效率欠缺的问题。⑤ 基层网信部门组织属地网络企业进行常规化的工作座谈、集中述

---

① 王玉薇：《网络犯罪治理：从层级模式到功能分化》，《河北法学》2018年第4期。
② 王玉薇：《网络犯罪治理：从层级模式到功能分化》，《河北法学》2018年第4期。
③ 甘霆浩：《资源依赖与保护性执法：基于基层土地执法机构运作的解释》，《思想战线》2017年第4期。
④ 周雪光：《权威体制与有效治理：当代中国国家治理的制度逻辑》，《开放时代》2011年第10期。
⑤ 王锡锌：《网络交易监管的管辖权配置研究》，《东方法学》2018年第1期。

职、党建活动,使属地网络企业之间团体联系更紧密,使网信部门从多方面为属地网络企业提供指导,形成管理者与被管理者相互便利的健康管理结构,助力网上网下"同心圆"的完善。

(三) 属地管理法规的创新调整

我国网络服务提供者的经营行为许可都是依照属地原则进行办理和发放的,属地联系、许可联系都是网络活动的原因。属地管理的基础性地位是不可动摇的。以电信网络诈骗管辖为例,其具有跨时空性,具有非接触性、跨地域性、分工合作、被害人众多且分散等特点,传统犯罪属地管辖原则之于电信网络诈骗管理存在适用困难。因此,各机关之间容易造成管辖争议,管辖争议的结果就是司法执法不力。对此,2016 年 12 月 19 日,最高人民法院、最高人民检察院、公安部联合下发《关于办理电信网络诈骗等刑事案件适用法律若干问题的意见》,一方面完善了侦查管辖体系,另一方面沿用了最高人民法院、最高人民检察院、公安部于 2014 年联合发布的《关于办理网络犯罪案件适用刑事诉讼程序若干问题的意见》中关于网络犯罪案件管辖的规定,在犯罪行为发生地、犯罪结果发生地、并案侦查案件范围、指定管辖等方面都予以继承,充分体现了属地原则的基础性地位。①

属地管理原则的原理在于被监管的行为与某个特定的地理位置产生勾连。属地管理原则的判断标准是"最密切联系原则""权利义务相一致原则"和"关键问题区分原则"以及在此基础上制定新的归因标准。② 全国人大法工委在对《中华人民共和国行政处罚法》的释义中认为违法行为着手地、实施地、经过地和危害结果发生地,都可被视为行为发生地。由于在行为发生地通常比较容易获取有关该行为的信息,因此基于这一原则分配管辖权,有利于及时节约执法成本,形成有效的管辖,但是前提是网络经营场所与经营行为都具有属地性。网络经营场所的属地性表现为一段时间内在物理空间中稳定不变,经营行为的属地性表现为进货、仓储、销售以及消费者等在物理空间中被局限在一定范围内。以行为发生地为连接点而确定地域管辖,有利于监管和执法的有效性和效率。③

当然,也有观点认为属地原则的公法色彩过重,进而认为《网络安全法》基于对我国网络主权的确认,该法第 1 条明确指出了维护网络主权的重要性,因此导致网络主权整体观之下的私权保护问题具有强烈的公法属

---

① 黄河、张庆彬、刘涛:《破解打击电信网络诈骗犯罪的五大难题——〈关于办理电信网络诈骗等刑事案件适用法律若干问题的意见〉解读》,《人民检察》2017 年第 11 期。
② 王国语:《外空活动中的网络安全国际规则探析》,《当代法学》2019 年第 1 期。
③ 王锡锌:《网络交易监管的管辖权配置研究》,《东方法学》2018 年第 1 期。

地色彩,然而依靠单边力量进行跨境保护则可能为私权保护的国际合作设置障碍。[1] 另外,在美国《云法案》出台以后,网络信息数据云传输对属地原则的挑战逐渐被放大,网络信息数据对属地原则的突破势不可挡,尽管网络空间法目前尚未打破属地原则这一基础,而是继续通过数据的归属地来解决问题,随着计算机技术的发展,判断数据的属地性必将越来越困难,甚至到无法判断,属地原则的可行性逐渐被削弱。[2] 但是在此之前,以属地管理原则为基础建立起来的一系列制度仍将持续在我国网络内容治理中发挥法制保障的作用。

---

[1] 冯硕:《网络个人信息保护国际合作的障碍与选择:以软法为路径》,《网络法律评论》2016年第2期。
[2] 田旭:《美国〈云法案〉对跨境司法机制的新发展》,《海关与经贸研究》2018年第4期;弓永钦、钮贵芳:《云计算隐私保护法律的管辖权研究》,《国际商务研究》2017年第4期。

参考文献

一、著　作

（一）中文著作

1. 段永朝：《互联网:碎片化生存》，中信出版社 2009 年版。
2. 费孝通：《乡土中国》，上海人民出版社 2006 年版。
3. 高铭暄、马克昌：《刑法学》（第八版），北京大学出版社、高等教育出版社 2017 年版。
4. 郭玉锦、王欢：《网络社会学》，中国人民大学出版社 2010 年版。
5. 胡泳：《众声喧哗——网络时代的个人表达与公共讨论》，广西师范大学出版社 2013 年版。
6. 江伟、邵明、陈刚：《民事诉权研究》，法律出版社 2002 年版。
7. 李德顺：《价值论》（第三版），中国人民大学出版社 2017 年版。
8. 李佃来：《公共领域与生活世界——哈贝马斯市民社会理论研究》，人民出版社 2006 年版。
9. 李强：《自由主义》（第三版），东方出版社 2017 年版。
10. 李秋零主编：《康德著作全集》（第 6 卷），中国人民大学出版社 2007 年版。
11. 梁慧星：《民法总论》，法律出版社 2007 年版。
12. 刘海涛等：《中国新闻官司二十年(1987-2007)》，中国广播电视出版社 2007 年版。
13. 罗珉：《组织管理学》，西南财经大学出版社 2003 年版。
14. 马俊驹：《人格和人格权理论讲稿》，法律出版社 2009 年版。
15. 钱福臣、魏建国：《民事权利与宪政——法哲学视角》，法律出版社 2010 年版。
16. 任浩：《公共组织行为学》，同济大学出版社 2006 年版。
17. 王利明、杨立新等：《民法学》，法律出版社 2005 年版。
18. 王利明：《民法总则研究》，中国人民大学出版社 2003 年版。
19. 王利明：《侵权行为法归责原则研究》，中国政法大学出版社 2003 年版。
20. 王利明：《侵权行为法研究》，中国人民大学出版社 2004 年版。
21. 王利明：《侵权责任法研究》（上卷），中国人民大学出版社 2010 年版。
22. 王利明：《人格权法研究》，中国人民大学出版社 2005 年版。
23. 王胜明：《中华人民共和国侵权责任解读》，中国法制出版社 2010 年版。
24. 王胜明主编：《中华人民共和国侵权责任法释义》，法律出版社 2010 年版。

25. 王泽鉴:《侵权行为》,北京大学出版社 2009 年版。
26. 魏永征:《新闻传播法教程》(第二版),中国人民大学出版社 2006 年版。
27. 吴汉东、胡开忠:《走向知识经济时代的知识产权法》,法律出版社 2002 年版。
28. 谢怀栻:《民法总则讲要》,北京大学出版社 2007 年版。
29. 谢鸿飞:《现代民法中的人》,《北大法律评论》第 2 辑,北京大学出版社 2000 年版。
30. 徐迅:《新闻(媒体)侵权研究新论》,法律出版社 2009 年版。
31. 徐子沛:《数文明》,中信出版集团 2018 年版。
32. 杨立新:《民法总论》,高等教育出版社 2009 年版。
33. 杨立新:《侵权法论》(第三版),人民法院出版社 2005 年版。
34. 杨立新:《侵权法论(上)》(第五版),人民法院出版社 2013 年版。
35. 杨立新:《侵权责任法:条文背后的故事与难题》,法律出版社 2010 年版。
36. 杨立新:《请求权与民事裁判应用》,法律出版社 2011 年版。
37. 杨立新:《人格权法》,法律出版社 2011 年版。
38. 杨立新:《人格权法专论》,高等教育出版社 2005 年版。
39. 杨立新主编:《民法总则重大疑难问题研究》,中国法制出版社 2011 年版。
40. 岳业鹏:《媒体诽谤侵权责任研究》,中国政法大学出版社 2014 年版。
41. 张俊浩:《民法学原理》,中国政法大学出版社 1991 年版。
42. 张康之、向玉琼:《政策问题建构权的历史演进》,上海人民出版社 2016 年版。
43. 张民安主编:《名誉侵权责任的法律救济》,中山大学出版社 2011 年版。
44. 张明楷:《刑法学》(第五版),法律出版社 2016 年版。
45. 张文显:《法理学》(第四版),高等教育出版社、北京大学出版社 2011 年版。
46. 张晓明、胡惠林:《2006 年:中国文化产业发展报告》,社会科学文献出版社 2006 年版。
47. 张新宝:《侵权责任法原理》,中国人民大学出版社 2005 年版。
48. 赵晓力:《民法传统经典文本中人的观念》,《北大法律评论》第一卷第 1 辑,北京大学出版社 1998 年版。
49. 郑文明:《诽谤的法律规制——兼论媒体诽谤》,法律出版社 2011 年版。
50. 郑贤君:《基本权利原理》,法律出版社 2010 年版。
51. 周枏:《罗马法原论》(下册),商务印书馆 2001 年版。
52. 中华人民共和国最高人民法院:《中国法院的互联网司法》,人民法院出版社 2019 年版。

(二)译著

1. [奥]凯尔森:《法与国家的一般理论》,沈宗灵译,商务印书馆 2014 年版。
2. [德]卡尔·拉伦茨:《法学方法论》,陈爱娥译,商务印书馆 2003 年版。
3. [德]K.茨威格特和 H.克茨:《比较法总论》,潘汉典等译,贵州人民出版社 1992 年版。

4. [德]布吕格梅耶尔、朱岩:《中国侵权责任法建议稿立法理由》,北京大学出版社 2009 年版。

5. [德]威廉·冯·洪堡:《论国家的作用》,林荣远、冯兴元译,中国社会科学出版社 1998 年版。

6. [德]乌尔里希·贝克:《风险社会》,何博闻译,译林出版社 2004 年版。

7. [德]尤尔根·哈贝马斯:《交往行为理论——第一卷行为合理性与社会合理化》,曹卫东译,上海人民出版社 2004 年版。

8. [法]亨利·法约尔:《工业管理与一般管理》,中国社会科学出版社 1982 年版。

9. [法]皮埃尔·勒鲁:《论平等》,王允道译,商务印书馆 2012 年版。

10. [法]雅克·盖斯旦等:《法国民法总论》,陈鹏等译,法律出版社 2004 年版。

11. [古希腊]柏拉图:《理想国》,郭斌和、张竹明译,商务印书馆 1986 年版。

12. [韩]圭浩永:《回应权和新闻自由权关系的比较研究》,温良苑译,载张民安主编:《名誉侵权责任的法律救济》,中山大学出版社 2011 年版。

13. [韩]李宰镇:《韩国名誉侵权法中的新闻自由和回应权》,温良苑译,载张民安主编:《名誉侵权责任的法律救济》,中山大学出版社 2011 年版。

14. [美]布鲁斯·阿克曼:《我们人民:奠基》,汪庆华译,中国政法大学出版社 2013 年版。

15. [美]杜威:《自由与文化》,傅统先译,商务印书馆 2017 年版。

16. [美]弗里德里希·沃特金:《西方政治传统》,黄辉译,吉林人民出版社 2001 年版。

17. [美]迈克尔·施密特:《网络行动国际法塔林手册 2.0 版》,社会科学文献出版社 2017 年版。

18. [美]劳拉·德拉迪斯:《互联网治理全球博弈》,覃庆玲、陈慧慧等译,中国人民大学出版社 2017 年版。

19. [美]理查德·A.波斯纳:《联邦法院:挑战与改革》,邓海平译,中国政法大学出版社 2002 年版。

20. [美]罗斯科·庞德:《通过法律的社会控制》,沈宗灵译,商务印书馆 2013 年版。

21. [美]约纳森·罗森诺:《网络法——关于因特网的法律》,张皋彤等译,中国政法大学出版社 2003 年版。

22. [日]高桥宏志:《民事诉讼制度与理论的深层分析》,林剑锋译,法律出版社 2003 年版。

23. [日]松冈义正:《民事证据论》(上、下册),张知本译,中国政法大学出版社 2004 年版。

24. [日]五十岚清:《人格权法》,铃木贤、葛敏译,北京大学出版社 2009 年版。

25. [日]星野英一:《私法中的人》,王闯译,中国法制出版社 2004 年版。

26. [意]布鲁诺·莱奥尼等:《自由与与法律》,秋风译,吉林人民出版社 2004

年版。

27. [意]圭多德·拉吉罗:《欧洲自由主义史》,杨军译,吉林人民出版社 2001 年版。

28. [意]莫诺·卡佩莱蒂:《比较法视野中的司法程序》,徐昕等译,清华大学出版社 2005 年版。

29. [英]弗里德里希·冯·哈耶克:《知识的僭妄——哈耶克哲学、社会科学论文集》,邓正来译,首都经济贸易大学出版社 2014 年版。

30. [英]弗里德里希·冯·哈耶克:《法律、立法与自由》(第 1 卷),邓正来译,中国大百科全书出版社 2000 年版。

31. [英]弗里德里希·冯·哈耶克:《通往奴役之路》,王明毅等译,中国社会科学出版社 2017 年修订版。

32. [英]霍布斯:《利维坦》,黎思复、黎廷弼译,商务印书馆 1985 年版。

33. [英]梅因:《古代法》,沈景一译,商务印书馆 1959 年版。

(三)外文著作

1. Annemarie Matusche-Beckmann, *Das Organisationsverschulden*, Tübingen, Mohr Siebeck, 2001, p.2.

2. Bard, Alexander and Jan Soderqvist, *Netocracy: The New Power Elite and Life After Capitalism*, London: Pearson Education, 2002.

3. Baruch Fischhoff, Jonh Kadvany, *Risk: A Very Short Introduction*, Oxford University Press, 2011, p.135.

4. Dawn E.Holmes, *Big Data: A Very Short Introduction*, Oxford University Press, 2017, pp.93-94.

5. Deleuze, Gilles and Felix Guattari, *Anti-Oedipus: Capitalism and Schizophrenia*, Minneapolis, MN: University of Minnesota Press, 1983.

6. Deleuze, *Difference and Repetition*, New York: Columbia University Press, 1995.

7. Figueroa Sarriera H., "In and Out of the Digital Closet", in A.J.Gordo-Lopez and I. Parker eds., *Cyber psychology*, New York: Routledge, 1999.

8. Friedrich A. Hayek, *Individualism and Economic Order*, The University of Chicago Press, 1948, pp.121-122.

9. Habermas, Jurgen, *Moral Consciousness and Communicative Action*, Cambridge: Polity, 1990.

10. Heidegger Martin, translated and with an introduction by William Lovitt, *The Question Concerning Technology and other essays*, Harper&Row, Publishers Inc., 1977.

11. J.Habermas, *Communication and Social Evolution of Society*, trans.Thomas McCarthy, Cambridge: Polity Press, 1991, pp.183-184.

12. J.Habermas, *The Philosophical Discourse of Modernity*, Cambridge: Polity Press, 1987.

13. Lecky, P., *Self-Consistency: A Theory of Personality*, New York: Island Press, 1945.

14. Lifton, Robert Jay, *The Protean Self: Human Resilience in an Age of Fragmentation*, New York: Basic Books, 1993.

15. Packard Ashley, *DigitalMedia Law* (2ndEdition), Wiley-Blackwell, 2010.

16. Peter Murhpy, *A Practical Approach to Evidence*, Blackstone Press Limited, 1992.

17. Tajfel, H. and J. C. Turner, "The Social Identity Theory of Inter-Group Behavior", in S. Worchel and L. W. Austin eds., *Psychology of Intergroup Relations*, Chicago: Nelson-Hall, 1986.

二、论　文

（一）中文论文

1. 白净、魏永征：《论英国诽谤法改革的趋势》，《国际新闻界》2011年第6期。

2. 百晓锋：《诉讼迟延、案件管理与对抗制——英美民事诉讼案件管理运动对传统对抗制的影响》，《民事程序法研究》2010年第5辑。

3. 毕玉谦：《解读民事证明责任在语义上的表述与基本属性》，《法律适用》2008年第7期。

4. 蔡唱、颜瑶：《网络服务提供者侵权规则实施的实证研究》，《时代法学》2014年第2期。

5. 蔡一博：《智能合约与私法体系契合问题研究》，《东方法学》2019年第2期。

6. 曹如中、曾瑜、郭华：《基于网络信息安全的国家竞争情报体系构建研究》，《情报杂志》2014年第8期。

7. 曹兴权：《民法典如何对待个体工商户》，《环球法律评论》2016年第6期。

8. 曹阳：《互联网平台提供商的民事侵权责任分析》，《东方法学》2017年第3期。

9. 常江：《以先锋的姿态怀旧：中国互联网文化生产者的身份认同研究》，《国际新闻界》2015年第5期。

10. 陈大鹏：《移动互联背景下跨境网络诈骗法律制度研究》，《江西警察学院学报》2016年第3期。

11. 陈洪兵：《论拒不履行信息网络安全管理义务罪的适用空间》，《政治与法律》2017年第12期。

12. 陈华彬：《论我国〈民法总则（草案）〉的构造、创新与完善》，《比较法研究》2016年第5期。

13. 陈金钊：《多元规范的思维统合》，《清华法学》2016年第5期。

14. 陈年冰：《中国语境下的请求权方法》，《法制与社会发展》2015年第4期。

15. 陈平：《数字化城市管理模式探析》，《北京大学学报（哲学社会科学版）》2006年第1期。

16. 陈清：《〈新闻侵权肯定说〉——兼与张新宝教授商榷》，《武汉科技大学学报》2010年第5期。

17. 陈绍玲：《"三振出局"版权保护机制设计研究》，《中国版权》2014年第4期。

18. 陈思廷:《法国对抗网络盗版之著作权政策与法制介绍》,《司法新声》2012 年第 101 期。

19. 陈思廷:《法国著作权网络侵权三振法制之解析》,《智慧产权月刊》2013 年第 161 期。

20. 成勇:《论侵权责任法中无过错责任原则存在的妥当性》,《沧桑》2009 年第 1 期。

21. 程合红:《商事人格权——人格权的商业利用与保护》,《政法论坛》2000 年第 5 期。

22. 崔明健:《网络侵权案件的侵权行为地管辖依据评析》,《河北法学》2010 年第 12 期。

23. 崔志伟:《区块链金融:创新、风险及其法律规制》,《东方法学》2019 年第 3 期。

24. 戴相龙:《当前的国际金融危机及我国的应对措施》,《中国人民大学学报》2009 年第 3 期。

25. 邓泽球、张桂群《论网络虚拟人格》,《常德师范学院学报(社会科学版)》2002 年第 2 期。

26. 杜前、倪德锋、肖芃:《杭州互联网法院服务保障电子商务创新发展的实践》,《人民司法(应用)》2019 年第 25 期。

27. 方兴东、陈帅:《中国参与 ICANN 的演进历程、经验总结和对策建议》,《新闻与写作》2017 年第 6 期。

28. 方兴东:《中国互联网治理模式的演进与创新——兼论"九龙治水"模式作为互联网治理制度的重要意义》,《人民论坛·学术前沿》2016 年第 6 期。

29. 冯刚:《侵害信息网络传播权纠纷案件审理问题研究》,《知识产权》2015 年第 11 期。

30. 冯辉:《金融危机、国家治理与法治精神》,《政法论坛》2017 年第 6 期。

31. 冯术杰:《论网络服务提供者间接侵权责任的过错形态》,《中国法学》2016 年第 4 期。

32. 冯术杰:《网络服务提供者的商标侵权责任认定——兼论〈侵权责任法〉第 36 条及其适用》,《知识产权》2015 年第 5 期。

33. 冯硕:《网络个人信息保护国际合作的障碍与选择:以软法为路径》,《网络法律评论》2016 年第 2 期。

34. 甘霆浩:《资源依赖与保护性执法:基于基层土地执法机构运作的解释》,《思想战线》2017 年第 4 期。

35. 高景民:《网络侵权行为归责原则研究》,《内蒙古大学学报》2005 年第 2 期。

36. 戈亮、李文强:《互联网发展的法治保障研究》,《犯罪研究》2017 年第 5 期。

37. 弓永钦,钮贵芳:《云计算隐私保护法律的管辖权研究》,《国际商务研究》2017 年第 4 期。

38. 郭明瑞:《权利冲突的研究现状、基本类型与处理原则》,《法学论坛》2006 年第

1期。

39. 韩艳:《我国民事证明责任分配规则之正本清源——以"规范说"为理论基础》,《政治与法律》2014年第1期。

40. 胡开忠:《"避风港规则"在视频分享网站版权侵权认定中的适用》,《法学》2009年第12期。

41. 胡开忠:《屏蔽网站禁令的制度分析及其对我国的启示》,《法学》2017年第3期。

42. 胡凌:《中国网络实名制管理:由来、实践与反思》,《中国网络传播研究》2010年第1辑。

43. 胡莎:《非法利用信息网络罪适用问题研究——"被虚置"与"口袋化"》,《法治社会》2019年第3期。

44. 黄河、张庆彬、刘涛:《破解打击电信网络诈骗犯罪的五大难题——关于办理电信网络诈骗等刑事案件适用法律若干问题的意见解读》,《人民检察》2017年第11期。

45. 黄河、王芳菲:《新媒体如何影响社会管理——兼论新媒体在社会管理中的角色与功能》,《国际新闻界》2013年第1期。

46. 黄静文:《网络侵权及违法犯罪行为分析及应对》,《信息网络安全》2011年第2期。

47. 黄生林、李忠强:《网络犯罪案件电子签章取证程序之优化》,《人民检察》2019年第12期。

48. 黄薇莘:《网络视听节目内容监管的探析》,《信息网络安全》2010年第8期。

49. 黄志雄:《网络空间规则博弈中的"软实力"——近年来国内外网络空间国际法研究综述》,《人大法律评论》2017年第3期。

50. 江海洋:《论共享经济时代使用盗窃之可罚性》,《财经法学》2019年第6期。

51. 蒋大兴:《论民法典(民法总则)对商行为之调整——透视法观念、法技术与商行为之特殊性》,《比较法研究》2015年第4期。

52. 靳羽:《域外回应权制度及其启示》,《中共南京市委党校学报》2013年第3期。

53. 李会彬:《网络言论的刑法规制范围》,《法治研究》2014年第3期。

54. 李佳伦:《民法典编纂中遗产酌给请求权的制度重构》,《法学评论》2017年第3期。

55. 李佳伦:《网络侵权行为的过错问题研究》,《华东政法大学学报》2017年第1期。

56. 李佳伦:《网络虚拟人格保护的困境与前路》,《比较法研究》2017年第3期。

57. 李建华:《权利本位文化反思与我国民法典编纂》,《法学家》2016年第1期。

58. 李杰:《基层社会治理网格化反思——以台湾地区"社区营造运动"为借鉴》,《湖南警察学院学报》2019年第5期。

59. 李可眉:《论网络服务提供者的间接侵权责任》,《邵阳学院学报》2010年第5期。

60. 李丽婷:《网络服务商在商标侵权中的法律责任》,《中华商标》2010年2月。

61. 李晓明、李文吉:《跨国网络犯罪刑事管辖权解析》,《苏州大学学报(哲学社会科学版)》2018年第1期。

62. 李源粒:《破坏计算机信息系统罪"网络化"转型中的规范结构透视》,《法学论坛》2019年第2期。

63. 李跃洋:《探析中国网络贩枪犯罪形势》,《犯罪研究》2018年第3期。

64. 李振、王文强等:《反盗版"三振法"能否中国化》,《科技创新与知识产权》2012年第3期。

65. 梁上上:《异质利益衡量的公度性难题及其求解》,《政法论坛》2014年第4期。

66. 刘海川:《霍布斯的代表与授权理论》,《政治与法律评论》2014年第1期。

67. 刘家瑞:《论我国网络服务商的避风港规则》,《知识产权》2009年第2期。

68. 刘权:《目的正当性与比例原则的重构》,《中国法学》2014年第4期。

69. 刘权:《适当性原则的适用困境与出路》,《政治与法律》2016年第7期。

70. 刘守芬、孙晓芳:《论网络犯罪》,《北京大学学报(哲学社会科学版)》2001年第3期。

71. 刘太刚:《表达自由:美国非营利组织的宪政基石》,《法学家》2007年第2期。

72. 刘西平:《网络服务提供者的版权侵权责任界定》,《电子知识产权》2010年第8期。

73. 刘夏:《德国保安处分制度中的适当性原则及其启示》,《法商研究》2014年第2期。

74. 刘小燕、崔远航:《话语霸权:美国"互联网自由"治理理念的"普适化"推广》,《新闻与传播研究》2019年第5期。

75. 刘艳红:《论刑法的网络空间效力》,《中国法学》2018年第3期。

76. 刘一帆、刘双阳、李川:《复合法益视野下网络数据的刑法保护问题研究》,《法律适用》2019年第21期。

77. 刘颖、黄琼:《论〈侵权责任法〉中网络服务提供者的责任》,《暨南学报》2011年第3期。

78. 刘召成:《民事权利的双重属性:人格权权利地位的法理证成》,《政治与法律》2016年第3期。

79. 刘召成:《人格权商业化利用权的教义学构造》,《清华法学》2014年第3期。

80. 刘召成:《胎儿的准人格构成》,《法学家》2011年第6期。

81. 龙丹:《易趣案与间接侵权责任》,《武汉理工大学学报》2005年第6期。

82. 龙卫球、林洹民:《我国智能制造的法律挑战与基本对策研究》,《法学评论》2016年第6期。

83. 卢宝锋:《"三振法案"国际进展》,《电子知识产权》2012年第1期。

84. 卢群星:《规范性文件的审查标准:适当性原则的展开与应用》,《浙江社会科学》2010年第2期。

85. 陆学艺:《当代中国社会结构的变迁》,《社会科学报》2006年9月7日。

86. 罗勇:《论"网络服务提供者"的法律界定——以中日比较为中心》,《学术交流》2016年第6期。

87. 吕凯、李婷:《网络服务提供者的著作权保护责任》,《天津法学》2016年第1期。

88. 马超、于晓红、何海波:《大数据分析:中国司法裁判文书上网公开报告》,《中国法律评论》2016年第4期。

89. 马俊驹:《关于人格权基础理论问题的探讨》,《法学杂志》2007年第5期。

90. 马俊驹:《民法上支配权与请求权的不同逻辑构成——简论人格权请求权之独立性》,《法学研究》2007年第3期。

91. 梅夏英、刘明:《网络服务提供者侵权中的提示规则》,《法学杂志》2010年第6期。

92. 梅夏英:《数据的法律属性及其民法定位》,《中国社会科学》2016年第9期。

93. 蒙晓阳、李华:《中国网络立法的法理前瞻》,《西南政法大学学报》2015年第4期。

94. 孟楠:《工信部加大网络新技术治理力度》,《信息安全与通信保密》2015年第2期。

95. 明乐齐:《网络贩枪犯罪的防控困境及对策》,《四川警察学院学报》2018年第5期。

96. 牛萌:《"正反通知+删除"制度的建构》,《中国版权》2014年第4期。

97. 漆彤、卓峻帆:《加密货币的法律属性与监管框架——以比较研究为视角》,《财经法学》2019年第4期。

98. 齐玎:《论家事审判体制的专业化及其改革路径》,《河南财经政法大学学报》2016年第4期。

99. 秦珂:《"通知——反通知"机制下网络服务提供者版权责任的法律比较》,《河南图书馆学刊》2005年第3期。

100. 秦前红、熊威:《从网络公共领域看网络立法》,《社会治理法治前沿年刊》,2013年。

101. 秦天、张铭训:《网络服务提供者不作为犯罪要素解构——基于"技术措施"的考察》,《中国刑事法杂志》2009年第9期。

102. 秦小建:《言论自由、政治结构与民主协商程序的多元结构》,《法制与社会发展》2016年第5期。

103. 任重:《民事迟延裁判治理转型》,《国家检察官学院学报》2016年第3期。

104. 申卫星:《中国民法典的品性》,《法学研究》2006年第3期。

105. 沈玉忠:《累犯"三振出局"制度之探讨》,《贵州大学学报(社会科学版)》2007年第3期。

106. 石英、王勇:《经济法视野下公共利益保护的法律限度》,《当代法学》2012年第4期。

107. 舒金平：《侵权责任法的概念厘定》，《山东省农业管理干部学院学报》2011年第1期。

108. 舒泳飞、刘社瑞：《内容自制：视频网站差异化突围之道》，《编辑之友》2013年第12期。

109. 司晓、范露琼：《通知删除规则的理解与适用——兼评"十大唱片公司诉雅虎案"》，《中国版权》2009年第3期。

110. 宋廷徽：《"三振出局"法案全球化路途之探讨》，《知识产权》2010年第2期。

111. 苏永钦：《体系为纲，总分相宜》，《中国法律评论》2017年第3期。

112. 孙道萃：《非法利用信息网络罪的适用疑难与教义学表达》，《浙江工商大学学报》2018年第1期。

113. 孙道萃：《网络刑法知识转型与立法回应》，《现代法学》2017年第1期。

114. 孙道萃：《网络刑事制裁范畴的理论视域与制度具象之前瞻》，《西南政法大学学报》2019年第4期。

115. 孙国东：《公共法哲学与法哲学的"公共转向"》，《法学评论》2017年第4期。

116. 孙国臻：《网络环境下著作权三振规则引入我国的可能性：三振规则与避风港原则》，《山东审判》2013年第3期。

117. 孙雷：《"三振出局"规则刍议》，《中国版权》2009年第4期。

118. 孙平：《系统构筑个人信息保护立法的基本权利模式》，《法学》2016年第4期。

119. 孙尚鸿：《中国涉外网络侵权管辖权研究》，《法律科学（西北政法大学学报）》2015年第2期。

120. 孙万怀：《慎终如始的民刑推演》，《政法论坛》2015年第1期。

121. 孙旭培、董柳：《辨证法视域中的新闻自由相对性辨析》，《国际新闻界》2009年第12期。

122. 孙禹：《论网络服务提供者的合规规则——以德国〈网络执行法〉为借鉴》，《政治与法律》2018年第11期。

123. 谭启平：《民事主体与民事诉讼主体有限分离论之反思》，《现代法学》2007年第5期。

124. 唐东平：《宪法如何安顿家》，《当代法学》2019年第5期。

125. 唐力：《论协商性司法的理论基础》，《现代法学》2008年第6期。

126. 唐潇霖、钱华林：《中国互联网的见证人》，《互联网周刊》2003年第25期。

127. 田华银：《充足理由原则的尴尬及其消解》，《西南民族大学学报》2005年第7期。

128. 田扩：《法国"三振出局"法案及其对我国网络版权保护的启示》，《出版发行研究》2012年第6期。

129. 田旭：《美国云法案对跨境司法机制的新发展》，《海关与经贸研究》2018年第4期。

130. 佟雪娜、谢引风：《数字在线音乐付费服务模式探讨》，《科技与出版》2014年第

12 期。

131. 童之磊:《〈信息网络传播保护条例〉与网络行业发展》,《中国版权》2006 年第 4 期。

132. 涂凌波:《草根、公知与网红:中国网络意见领袖二十年变迁阐释》,《当代传播》2016 年第 5 期。

133. 万方:《我国情势变更制度要件及定位模式之反思》,《法学评论》2018 年第 6 期。

134. 汪青松:《信任机制演进下的金融交易异变与法律调整进路——基于信息哲学发展和信息技术进步的视角》,《法学评论》2019 年第 5 期。

135. 汪庆华:《宪法与人民——从布鲁斯·阿克曼〈我们人民·奠基〉谈起》,《政法论坛》2005 年第 6 期。

136. 王方玉:《论权利的内在悖论与平衡交易》,《甘肃政法学院学报》2009 年第 3 期。

137. 王福华、融天明:《民事诉讼审限制度的存与废》,《法律科学》2007 年第 4 期。

138. 王国语:《外空活动中的网络安全国际规则探析》,《当代法学》2019 年第 1 期。

139. 王洪亮:《德国债权法的现代化》,《比较法研究》2003 年第 3 期。

140. 王洪亮:《强制履行请求权的性质及其行使》,《法学》2012 年第 1 期。

141. 王虎华、张磊:《国家主权与互联网国际行为准则的制定》,《河北法学》2015 年第 33 期。

142. 王建源:《迈向对话的正义——协商行司法的制度逻辑及本土实践》,《司法改革论评》2007 年第 1 期。

143. 王利明:《论互联网立法的重点问题》,《法律科学》2016 年第 5 期。

144. 王利明:《论网络环境下人格权的保护》,《中国地质大学学报(社会科学版)》2012 年第 4 期。

145. 王利明:《论网络侵权中的通知规则》,《北方法学》2014 年第 2 期。

146. 王利明:《论我国侵权责任法分则的体系及其完善》,《清华法学》2016 年第 1 期。

147. 王利明:《人格权法中的人格尊严价值及其实现》,《清华法学》2013 年第 5 期。

148. 王利明:《我国侵权法的体系构建——以救济法为中心的思考》,《中国法学》2008 年第 4 期。

149. 王平:《社会主义精神文明下的网络文化建设》,《哈尔滨学院学报》2004 年第 6 期。

150. 王迁:《荒谬的逻辑,无力的要求——评 2008 年度美国〈特别 301 报告〉要求我国政府对网络服务商施加的"强制移除义务"》,《中国版权》2008 年第 3 期。

151. 王迁:《论"信息定位服务"提供者"间接侵权"行为的认定》,《知识产权》2006 年第 1 期。

152. 王迁:《论"通知与移除"规则对专利领域的适用性——兼评《专利法修订草案

（送审稿）》第 63 条第 2 款》，《知识产权》2016 年第 3 期。

153. 王四新、徐菱骏：《网络立法：重构网络生态环境》，《新闻与写作》2016 年第 7 期。

154. 王晓涛：《消除 App 乱象，从大型热门应用商店入手》，《中国经济导报》2014 年第 12 期。

155. 王玉薇：《网络犯罪治理：从层级模式到功能分化》，《河北法学》2018 年第 4 期。

156. 王占明：《论作为人格权救济之媒体回应权》，《私法研究》2012 年第 1 期。

157. 王臻：《隐喻的魅力——网络流行语"井喷"的社会背景分析》，《新闻知识》2009 年第 3 期。

158. 魏永征、周丽娜：《〈世界新闻报〉事件和英国隐私保护》，《中国广播》2011 年第 10 期。

159. 魏永征：《从"新闻侵权"到"媒介侵权"》，《新闻与传播研究》2014 年第 2 期。

160. 吴汉东：《论网络服务提供者的著作权侵权责任》，《中国法学》2011 年第 2 期。

161. 吴汉东：《侵权责任法视野下的网络侵权责任解析》，《法商研究》2010 年第 6 期。

162. 吴秋余：《网络服务提供者侵害人格权问题研究》，《判解研究》2010 年第 2 期。

163. 向文瀚：《浅析信息网络传播权的侵权行为及其认定》，《理论月刊》2008 年第 6 期。

164. 肖建华：《诉权与实体权利主体相分离的类型化分析》，《法学评论》2002 年第 1 期。

165. 谢光旗：《普遍与特殊：网络服务提供者的著作权审查义务》，《西部法学评论》2013 年第 3 期。

166. 谢鸿飞：《民法典与人的美德》，《中国法律评论》2015 年第 4 期。

167. 熊澄宇：《新媒体思考：我国网络传播的现状与趋势》，《中国广播电视学刊》2008 年第 8 期。

168. 熊敏瑞：《论网络服务提供者版权侵权责任的限制》，《中国市场》2008 年第 5 期。

169. 徐汉明、张新平：《网络社会治理的法治模式》，《中国社会科学》2018 年第 2 期。

170. 徐家力：《论网络治理法治化的正当性、路径及建议》，《东北师大学报（哲学社会科学版）》2017 年第 4 期。

171. 徐建平、史珂：《试述浮动抵押在个体工商户融资担保中的作用》，《云南大学学报（法学版）》2016 年第 5 期。

172. 徐伟：《通知移除制度的重新定性及其体系效应》，《现代法学》2013 年第 1 期。

173. 许德风：《法教义学的应用》，《中外法学》2013 年第 5 期。

174. 许娟：《法律何以能被信仰？》，《法律科学》2009 年第 5 期。

175. 许少波:《民事诉讼当事人诉讼权利的法律救济》,《河北法学》2005年第1期。
176. 许中缘:《论智能机器人的工具性人格》,《法学评论》2018年第5期。
177. 荀红、梁奇烽:《论规制网络侵权的另一种途径——间接网络实名制》,《新闻知识》2010年第11期。
178. 杨东:《Libra:数字货币型跨境支付清算模式与治理》,《东方法学》2019年第6期。
179. 杨东:《监管科技:金融科技的监管挑战与维度建构》,《中国社会科学》2018年第5期。
180. 杨立新、李佳伦:《论网络侵权责任中的通知及其效果》,《法律适用》2011年第6期。
181. 杨立新、李颖:《中国媒体侵权责任案件法律适用指引——中国侵权责任法重述之媒体侵权责任》,《河南财经政法大学学报》2012年第1期。
182. 杨立新:《〈侵权责任法〉规定的网络侵权则责任的理解与解释》,《国家检察官学院学报》2010年第2期。
183. 杨立新:《〈中华人民共和国侵权责任法〉司法解释草案建议稿》,《河北法学》2010年第11期。
184. 杨立新:《论竞合侵权行为》,《清华法学》2013年第1期。
185. 杨立新:《媒体侵权和媒体权利保护的司法界限研究:由〈媒体侵权责任案件法律适用指引〉的制定探讨私域软规范的概念和司法实践功能》,《法律适用》2014年第9期。
186. 杨立新:《网络媒介平台的性质转变及其提供者的责任承担》,《法治研究》2016年第3期。
187. 杨立新:《我国的媒体侵权责任与媒体权利保护——兼与张新宝教授〈新闻(媒体)侵权否认说〉商榷》,《中国法学》2011年第6期。
188. 杨明:《〈侵权责任法〉第36条释义及其展开》,《华东政法大学学报》2010年第3期。
189. 杨树:《结合〈侵权责任法〉探讨网络新闻侵权问题》,《新闻知识》2011年第3期。
190. 杨长海:《简论国际货物买卖合同的形式》,《西藏民族学院学报》2005年第2期。
191. 杨震:《民法总则"自然人"立法研究》,《法学家》2016年第5期。
192. 姚宝华:《网络侵权责任立法初探》,《人民司法》2009年第23期。
193. 姚辉:《关于人格权商业化利用的若干问题》,《法学论坛》2011年第6期。
194. 尹田:《人格权独立成编的再批评》,《比较法研究》2015年第1期。
195. 尹志强:《法人人格权的理论解读》,《山东审判》2015年第3期。
196. 于志刚:《网络安全对公共安全、国家安全的嵌入态势和应对策略》,《法学论坛》2014年第6期。

197. 余军:《"公共利益"的论证方法探析》,《当代法学》2012 年第 4 期。
198. 余祖:《学习机被指侵犯著作权》,《中国版权》2006 年第 4 期。
199. 喻磊、谢绍浬:《网络服务提供者侵权归责原则新论》,《江西科技师范学院学报》2010 年第 4 期。
200. 袁伟:《著作权人发出要求删除链接的通知时应提供明确的网络地址—从技术角度浅谈〈信息网络传播权保护条例〉第 14 条第 1 款第 2 项》,《电子知识产权》2009 年第 7 期。
201. 悦洋、魏东:《网络平台犯罪的政策调适与刑法应对》,《河南社会科学》2019 年第 5 期。
202. 张帆:《网络服务提供者侵犯著作权的归责原则浅析》,《中国青岛市委党校行政学院学报》2007 年第 1 期。
203. 张国旺:《自然状态的困境与人性研究的新范式——卢梭的现代人性论》,《北大法律评论》2012 年第 2 辑。
204. 张虹:《网络服务提供者的民事责任问题浅析——以欧盟电子商务指令中的相关规范为中心》,《法律适用》2005 年第 1 期。
205. 张建文、廖磊:《竞价排名服务商审查义务研究》,《甘肃政法学院学报》2016 年第 5 期。
206. 张建肖:《安全软件号码标注的合法性分析》,《中国应用法学》2017 年第 5 期。
207. 张丽滢、高英彤:《我国网络游戏法律规制的历史演进探析》,《北华大学学报(社会科学版)》2016 年第 4 期。
208. 张莉:《论胎儿的准人格及其人格利益的保护》,《政法论坛》2007 年第 4 期。
209. 张莉:《人格权法中的"特殊主体"及其权益的特殊保护》,《清华法学》2013 年第 2 期。
210. 张平:《互联网法律规制的若干问题探讨》,《知识产权》2012 年第 8 期。
211. 张倩:《网络教育负效应的纾解对策》,《福建师范大学学报(哲学社会科学版)》2008 年第 2 期。
212. 张善斌:《民法人格权和宪法人格权的独立与互动》,《法学评论》2016 年第 6 期。
213. 张双梅:《中国互联网金融立法与科技乐观主义》,《政法论坛》2018 年第 4 期。
214. 张新宝:《我国个人信息保护法立法主要矛盾研讨》,《吉林大学社会科学学报》2018 年第 5 期。
215. 张新宝:《新闻(媒体)侵权否定说》,《中国法学》2008 年第 6 期。
216. 赵晨笑:《个人网店的民事主体定位》,《山东审判》2016 年第 3 期。
217. 赵家祥:《必然王国与自由王国的含义及其关系》,《北京大学学报(哲学社会科学版)》2013 年第 6 期。
218. 赵鹏:《论私人审查的界限——论网络交易平台对用户内容的行政责任》,《清华法学》2016 年第 6 期。

219. 赵晓力:《民法传统经典文本中"人"的观念》,《北大法律评论》1998 年第 1 期。

220. 赵馨:《新浪微博的公关之路》,《新闻传播》2013 年第 5 期。

221. 郑高建、周元军:《商业诽谤犯罪中网络服务提供者行为的技术与法律分析》,《信息网络安全》2011 年第 1 期。

222. 郑戈:《区块链与未来法治》,《东方法学》2018 年第 3 期。

223. 郑宇:《论知识产权民事案件中的法律续造——以〈最高人民法院公报〉案例为研究》,《法律适用》2014 年第 9 期。

224. 中国人民大学民商事法律科学研究中心"侵权责任法司法解释研究"课题组:《中华人民共和国侵权责任法司法解释建议稿》,《河北法学》2010 年第 11 期。

225. 周彬彬:《试论"人肉搜索"纠纷中网络服务提供者的侵权责任》,《信息网络安全》2008 年第 10 期。

226. 周汉华:《论互联网法》,《中国法学》2015 年第 3 期。

227. 周加海、喻海松:《〈关于办理非法利用信息网络、帮助信息网络犯罪活动等刑事案件适用法律若干问题的解释〉的理解与适用》,《人民司法(应用)》2019 年第 31 期。

228. 周强:《全面落实司法责任制切实提升审判质效和司法公信力》,《人民司法(应用)》2019 年第 19 期。

229. 周强:《网络服务提供者的侵权责任》,《北京政法职业学院学报》2011 年第 1 期。

230. 周雪光:《权威体制与有效治理:当代中国国家治理的制度逻辑》,《开放时代》2011 年第 10 期。

231. 朱冬:《网络交易平台商标侵权中避风港规则的适用及其限制》,《知识产权》2016 年第 7 期。

232. 朱娟:《我国区块链金融的法律规制——基于智慧监管的视角》,《法学》2018 年第 11 期。

233. 朱巍:《互联网+对民法典编纂的影响》,《国家检察官学院学报》2016 年第 3 期。

234. 朱新春:《充足理由律及其与矛盾律的关系——从笛卡尔、斯宾诺莎到莱布尼茨》,《温州大学学报》2010 年第 5 期。

235. 邹立军:《"人肉搜索"下的未成年人信息网络保护——以〈侵权责任法〉第 36 条之"网络服务提供者"为视角》,《青少年犯罪问题》2015 年第 2 期。

236. 邹海林:《私法规范文本解释之价值判断》,《环球法律评论》2013 年第 5 期。

(二)外文论文

1. Akdeniz, Y., "Case Analysis: Laurence Godfrey v. Demon Internet Limited," *Journal of Civil Liberties*, 4(2), 1999(July), at www.cyber-right.org/reports/demon.htm.

2. Alan Cunningham, "Decentralisation, Distrust & Fear of the Body-the Worrying Rise of CryptoLaw", *Scripted*, Volume 13, Issue 3, December.

3. Andrew M. Jung, "Twittering Away The Right of Publicity: Personality Rights and Ce-

lebrity Impersonation on Social Networking Websites", *Chicago - Kent Law Review*, vol (86),2011.

4. Annette Kur, "Secondary Liability for Trademark Infringement on the Internet: The Situation in Germany and Throughout the EU", *Columbia Journal of Law & the Arts*, Vol.37, Issue 4(2014), pp.525-540.

5. Anu Helkkula, Carol Kelleher, Minna Pihlström, "Characterizing Value as an Experience: Implications for Service Researchers and Managers", *Journal of Service Research*, 2012, Vol.15, at http://dx.doi.org/10.1177/1094670511426897.

6. Barbara M.Ryga, "Cyberporn: Contemplating the First Amendment in Cyberspace", *Seton Hall Constitutional Law Journal*, 1995.

7. C.H.van Rhee, "Introduction", in*Comparative Studies in Continental and Anglo-American Legal History, Band 28: Within a Reasonable Time: The History of Due and Undue Delay in Civil Litigation*, Duncker & Humblot, 2010, p.7.

8. Carine BERNAULTet als., 《DADVSI 2, HADOPI, <Création et internet>…De bonnes questions? De mauvaises réponses》, D.2008.

9. Cattleya M.Concepcion, "Beyond the Lens of Lenz: Looking to Protect Fair Use During the Safe Harbor Process Under the DMCA", GEO.Mason L.REV.18(2010).

10. Chicago Law Review 70(spring 2003): 639-62; Lori A.Wood, "Note: Cyber-Defamation and the Single Publication Rule", *Boston University Law Review* 81 (October 2001): 895-915.

11. Chris Chinchilla, *A Next - Generation Smart Contract and Decentralized Application Platform*, https://github.com/ethereum/wiki/wiki/White-Paper.

12. Christopher D.Clack, Vikram A.Bakshi, Lee Braine, *Smart Contract Templates: foundations, design landscape and research directions*, arXiv: 1608.00771 [cs.CY], August 4, 2016/Revised March 15, 2017, https://arxiv.org/pdf/1608.00771.pdf.

13. Dana Elena Morar, "The Natural Person's Right to a Name", *Supplement* 2005 *Acta Universitatis Lucian Blaga* 71.

14. David Ardia, "Free Speech Savior or Shield for Scoundrels: An Empirical Study of Intermediary Immunity under Section 230 of the Communications Decency Act", *Loyola of Los Angeles Law Review* 403, winter 2010.

15. David Horton, "Tomorrow's Inheritance: The Frontiers of Estate Planning Formalism, Boston College Law Review", vol58, 2017.

16. Daxton R. "Chip" Stewart, "When Retweets Attack: Are Twitter Users Liable for Republishing the Defamatory Tweets of Others?", *Journalism & Mass Communication Quarterly*, Summer, 2013, Vol.90 Issue 2, pp.233-234.

17. Detroit Mich, Addison G.Mckean, "A Reasonable Time", The Central Law Journal, 1884(18).

18. Dworkin, Ronald M., "The Model of Rules", 1967, Faculty Scholarship Series, Paper 3609, http://digitalcommons.law.yale.edu/fss_papers/3609.

19. Ethan Buchman, Jae Kwon and Zarko MilosevicTendermint, *The latest gossip on BFT consensus*, 5/11/2019, at https://arxiv.org/pdf/1807.04938.pdf.

20. Faye Bohan, "Liability of Internet Search Engines", *Hibernian Law Journal*, winter 2006.

21. Gasset, Jose Ortega Y, The Revolt of the Masses, W. W. Norton and Company (New York), 1993, p.76.

22. Graeme B. Dinwoodie, "Secondary Liability for Online Trademark Infringement: The International Landscape", Columbia Journal of Law & the Arts, Vol.37, Issue 4(2014).

23. Gregory J. Thwaite, Wolfgang Brehm, "German Privacy and Defamation Law: the Right to Publish in the Shadow of the Right to Human Dignity", *European Intellectual Property Review*, August 1994, Vol.16 Issue 8.

24. H.R. Rep. No. 105 – 551, pt. 2, at 53 (1998). – "Subsection (c) limits liability of qualifying service providers for claims of direct, vicarious and contributory infringement…"

25. Haitham A. Haloush, Bashar H. Malkawi, "Internet Characteristics and Online Alternative Dispute Resolution", *Harvard Negotiation Law Review*, 2008 Vol(13).

26. *Hyperledger Fabric: A Distributed Operating System for Permissioned Blockchains*, https://arxiv.org/pdf/1801.10228.pdf.

27. J. Blackie, "Delay and its Control in Mid to Late Nineteenth Century Scottish Civil Procedure", *in Comparative Studies in Continental and Anglo-American Legal History, Band 28: Within a Reasonable Time: The History of Due and Undue Delay in Civil Litigation, Duncker&Humblot*, 2010, p.183.

28. J.G Fleming, "Retraction and Reply: Alternative Remedies for Defamation", U British Columbia LR(1987).

29. Jae-Jin Lee, "Yoonmo Sang, How to strike a balance between copeting interests on the Internet: A Comparative study of the right fo reply between the United States and South Korea", *The Media and the Law*, 2013, vol.12.

30. James P. Jenal, "When is a User Not a 'User'? –Finding the Proper Role for Republication Liability on the Internet", *Loyola of Los Angeles Entertainment Law Review*, Vol.24, Issue 3(2004), pp.464–470.

31. James Weinstein, "Free Speech, Abortion Access, and the Problem of Judicial Viewpoint Discrimination", *U.C. Davis Law Review*, Vol.29, Issue 3(Spring 1996).

32. John C. Martin, "Comment, The Role of Retraction in Defamation Suits", Chi. Legal F.

33. John Perrry Barlow, A Cyberspace Independence Declaration, 6/12/2019, at https://www.eff.org/cyberspace-independence.

34. Joshua Crawford, "Importing German Defamationg Principles: A Constitutional Right

of Reply",*Florida State University Law Review*,2014.Vol.41.

35. Kevin Werbach, Nicolas Cornell, "Contracts Ex Machina" stacy, *Duke Law Journal*, 67,2017.

36. Kyu Ho Youm, "The George Washington University Law School Access to the Media-1967 to 2007 and Beyond: A Symosium Honoring Jerome A. Barron's Path-Breaking Article: The Right fo Reply and Freedom of the Press: An International and Comparative Perspective", *The George Washington Law Review*,2008.Vol.76.

37. L.COSTES.《Le projet de loi<création et internet>:un texte d'équilibre》,RLDIn°39, juin 2008,p.3.

38. Lackland H Bloom, "Proof of Fault in Media Defamation Litigation, Venderbilt law review",1985(3),vol.38.

39. L.M Goodman, *Tezos—a self-amending crypto-ledger(White Paper)*, https://tezos.com/static/white_paper-2dc8c02267a8fb86bd67a108199441bf.pdf.

40. La loi du 12 juin 2009 sur la duffusion et la protection de la création sur internet complétée par la loi du 28 octobre 2009 relative à la protection pénale de la propriété littéraire et artistique sur internet.Dit la loi Hadopi,la haute autorité pour la diffusion des oeuvres et la protection des droits sur internet.

41. Lackland H.Bloom, "Proof of fault in media defamation litigation", *Venderbilt law review*,1985(3),vol.38.

42. Llewellyn Joseph Gibbons, "No Regulation, Government Regulation, Or Self-Rugaltion:Social Enforcement or Social Contracting for Governance in Cyberspace", Cornell Journal of Law and Public Policy,Spring,6,1997.

43. LOI n° 2009-1311 du 28 octobre 2009 relative à la protection pénale de la propriétélittéraire et artistique sur internet.第 2009-1311 号 2009 年 10 月 28 日关于互联网文学和艺术知识产权的刑事保护的法令,见 http://www.legifrance.gouv.fr/,2015 年 5 月 1 日访问。

44. Mark A.Lemley,Rationalizing Internet safe harbors,*J.Telecomm.&High Techl*,6,n.23(2007).

45. Mark A. Lemley, "Place and Cyberspace", *California Law Review*, Vol. 91, No. 2 (Mar.,2003).

46. Matthew Jennejohn, "The Architecture of Contract Innovation", *Boston College Law Review*,59,2018.

47. Max raskin, "the Law and Legality of Smart Contracts", *Georgetown Law and Technology Review*,2017,Vol.1,pp.305-341.

48. P.Brand., "To None Will We Sell, to None Will We Deny or Delay Right or Justice: Expedition and Delay in Civil Proceedings in the English Medieval Royal Courts", *in Comparative Studies in Continental and Anglo-American Legal History*,Band 28: *Within a Rea-*

sonable Time: The History of Due and Undue Delay in Civil Litigation, Duncker&Humblot, 2010, p.57.

49. Paula Vargas, Argentina's Supreme Court Decides Landmark Intermediary Liability Case, 15/4/2020, at https://www.iptjournal.com/argentinas-supreme-court-decides-landmark-intermediary-liability-case/.

50. Peter H Lewis, "Judge Stands By Ruling on Prodigy's Liability", N.Y.TIMES, Dec. 14, 1995.

51. R.Anthony Reese, "The Relationship Between the ISP Safe Harbors and the Ordinary Rules of Copyright Liability", Colum.J.L.&ARTS 32(2009).

52. Robert Corvino, Heffron v.International Society For Krishna Consciousness, Inc.: Reasonable Time, Placeand Manner Restrictions, The John Marshall Law Review, 1982, vol(15).

53. S. Fockedey, "Reducing Undue Delay in Nineteenth Century Belgium: a Sisyphean Task", *Comparative Studies in Continental and Anglo-American Legal History*, Band 28: *Within a Reasonable Time: The History of Due and Undue Delay in Civil Litigation*, Duncker&Humblot, 2010, pp.225-226.

54. Saarijärvi, H., Kannan, P. and Kuusela, H., "Value Co - creation: Theoretical Approaches and Practical Implications", *European Business Review*, 2013, Vol.25, No.1.

55. Scott Wilson, "Corporate Criticism on the lnternet: The Fine Line Between Anonymous Speech and Cybersmear", 29 PEPP.L.REV.533, 555 n.136(2002).

56. Scott, Micheal D, "Would a right of reply fix Section 230 of the Communications Decency Act.", International Journal of Law and Information Technology, vol.20, Issue1 (spring 2012), pp.73-81.

57. Sloane brakeville, bhargav perepa, Blockchain Basics: Introduction to Distributed Ledgers, Ibm Developermorks, Published on May 09, 2016/Updated: August 21, 2017, at https://perma.cc/8CL9-76S7.

58. Stacy - Ann Elvy, "Commodifying Consumer Data in the Era of the Internet of Things", *Boston College Law Review*, 59, 2018.

59. Susan A.Berson, Virtual Money, ABA Journal, July, 2013.

60. Thomas R.Julin and D.Patricia Wallace, "who's That Crack Shot Trouser Thief?", Litigation 28, summer2002. Lionel Rothkrug, "Torts: Defamation: Uniform Single Publication Act: Civil Code Sections 3425.3, 3425.4", *California Law Review* 44, March 1956.

61. *Tribunal de grande instance de Paris 3ème chambre*, 2ème section Jugement du 19 octobre 2007, http://www.legalis.net/spip.php?page=jurisprudence-decision&id_article=2072.

62. Venkat Ramaswamy, Leading the Transformation to Co - creation of Value, Strategy&Leadership, 2009, Vol.37(2).

63. William Charron, "Twitter: A 'Caveat Emptor' Exception to Libel Law?", Berkeley

Journal of Entertainment and Sports Law 1, April 2012.

64. Zonk Pesochinsky, "Almost Famous: Preventing Username-Squatting on Social Networking Websites", *Cardozo Arts&Entertainment Law Journal*, vol(28), 2010-2011.

责任编辑：李之美

图书在版编目(CIP)数据

互联网法律新思维与适用/李佳伦 著. —北京：人民出版社，2022.2
ISBN 978－7－01－023365－9

Ⅰ.①互… Ⅱ.①李… Ⅲ.①互联网络-科学技术管理法规-研究-中国
Ⅳ.①D922.174

中国版本图书馆 CIP 数据核字(2021)第 073863 号

互联网法律新思维与适用
HULIANWANG FALÜ XIN SIWEI YU SHIYONG

李佳伦 著

人民出版社 出版发行
(100706 北京市东城区隆福寺街 99 号)

北京汇林印务有限公司印刷　新华书店经销

2022 年 2 月第 1 版　2022 年 2 月北京第 1 次印刷
开本：710 毫米×1000 毫米 1/16　印张：22
字数：400 千字

ISBN 978－7－01－023365－9　定价：72.00 元

邮购地址 100706　北京市东城区隆福寺街 99 号
人民东方图书销售中心　电话 (010)65250042　65289539

版权所有·侵权必究
凡购买本社图书，如有印制质量问题，我社负责调换。
服务电话：(010)65250042